中国矿业发展报告(2022)
# 提高能源和矿产资源供给保障能力研究

成金华　汤尚颖　主编

中国地质大学出版社
ZHONGGUO DIZHI DAXUE CHUBANSHE

图书在版编目(CIP)数据

中国矿业发展报告.2022:提高能源和矿产资源供给保障能力研究/成金华,汤尚颖主编.—武汉:中国地质大学出版社,2023.1
ISBN 978-7-5625-5545-2

Ⅰ.①中… Ⅱ.①成… ②汤… Ⅲ.①矿业发展-研究报告-中国-2022 Ⅳ.①F426.1

中国国家版本馆CIP数据核字(2023)第129845号

| 提高能源和资产资源供给保障能力研究:<br>中国矿业发展报告(2022) | 成金华 汤尚颖 **主编** |
|---|---|
| 责任编辑:龙昭月 | 责任校对:何澍语 |
| 出版发行:中国地质大学出版社(武汉市洪山区鲁磨路388号) | 邮政编码:430074 |
| 电 话:(027)67883511   传 真:(027)67883580 | E-mail:cbb@cug.edu.cn |
| 经 销:全国新华书店 | http://cugp.cug.edu.cn |
| 开本:787毫米×1092毫米 1/16 | 字数:390千字 印张:16 |
| 版次:2023年1月第1版 | 印次:2023年1月第1次印刷 |
| 印刷:武汉市籍缘印刷厂 | |
| ISBN 978-7-5625-5545-2 | 定价:198.00元 |

如有印装质量问题请与印刷厂联系调换

# 前言

党的十八大以来,以习近平同志为核心的党中央高度重视初级产品保障供给,反复强调"中国人的饭碗任何时候都要牢牢端在自己手中"。2021年12月,习近平总书记在中央经济工作会议上明确提出,进入新的发展阶段,需要正确认识和把握我国发展面临的新的重大理论和实践问题,其中一个重要方面就是"正确认识和把握初级产品供给保障"。矿产品作为重要的初级产品是整个经济运行中最为基础的部分,矿产品供应竞争风险有可能演变成为"灰犀牛"事件。因此,加强高科技矿产和紧缺大宗矿产等战略性矿产的安全管理,提高供给保障能力,对国家安全和经济高质量发展具有重要的理论意义和实践意义。

能源和矿产资源供给保障既是新发展格局的安全底线,也是经济高质量发展的基础。在经济复苏需求增长、贸易摩擦加剧和新冠病毒感染疫情影响等背景下,全球供给不确定性增加,矿产品供给风险持续上升,战略性矿产资源的供需矛盾日益突出。以铁矿石为代表的大宗矿产价格大幅持续上涨,2021年5月达到233.10美元/t,同比增长了94.4%。矿产品价格上升提高了相关产业链的生产成本,加大了通货膨胀的压力,极易引发系统性风险。同时,新一轮工业革命和科技革命,催生了新能源汽车、风力发电、太阳能光伏、人工智能、量子通信等战略性新兴产业的快速发展,带动了市场对锂、钴、镍、稀土、铂族金属等高科技矿产的需求。相比于大宗矿产,高技术矿产供应更加集中,产业链更为复杂,全球各国纷纷加强了高科技矿产的投资和争夺,美欧实施的关键矿产战略采取供应链多元化保障战略性矿产资源供给。新时代,中国也非常重视紧缺大宗矿产和高科技矿产的供给保障,在《中共中央关于制定国民经济和社会发展第十四个五年规划和二〇三五年远景目标的建议》中明确要求"强化国家经济安全保障",要"加强战略性矿产资源规划管控,提升储备安全保障能力,实施新一轮的找矿突破行动"。

目前,我国能源和矿产资源保障能力存在三大短板:其一,矿产品的对外依存度高且缺乏矿产品定价的话语权。受资源禀赋制约与"压缩式"工业化发展路径的推动,我国约2/3的战略性矿产还需要进口,铜、铝、镍、钴、锆等对外依存度已经超过70%,使得利用境外资源的经济代价巨大。其二,战略性矿产资源国内储量和生产能力不足,战略储备品种、规模与资源安全形势不匹配,国内生产和战略储备应急机制不完善。其三,矿产品的资源利用效率低,资源浪费现象严重。

我国作为世界第一大工业生产国,对战略性矿产资源的供给保障既是确保国家资源安全以促进战略性新兴产业的发展、带动产业转型升级的现实需要,更是以"工业强国"筑就中国梦的基础性工作。针对国际矿产品的复杂竞争格局和中国矿产品供给保障短板,如何界定、量化并追踪战略性矿产资源供给能力与风险;基于国内供给与国际竞争形势,如何优化战略性矿产资源国际贸易网络结构以提升国际话语权,如何确定战略储备的矿种和规模,如何构建科学的矿产品储备管理机制,如何识别现有战略性矿产资源供给保障政策的有效性以寻求全局最优策略……厘清这些问题对完善矿产品国家供给保障体系、保障矿产品供给安全具有重要意义。

本书从理论与实证相结合的原则出发,基于新时代中国能源和矿产资源保障供给战略要求,以现代经济学、管理学和国家安全学的基本分析框架为基础,在总结现有文献中有关资源稀缺理论、外部性理论、产权经济学、博弈论、复杂系统、地质技术经济等理论与方法的基础上,研究中国能源和矿产资源供给保障面临的全球竞争格局和国内供给保障短板,识别系统中存在的关键主体和行为,研判矿产资源供给保障风险传导的关键路径,找出与系统风险相匹配的资源优化配置方案与风险控制策略,提出矿产品安全保障能力的优化策略,实现自主可控、安全可靠的矿产品供给安全保障机制。

本书的出版得到了中国地质大学(武汉)资源环境经济研究中心(湖北省高等学校人文与社会科学重点研究基地)、中国地质大学(武汉)中国矿产资源战略与政策研究中心[中国地质大学(武汉)学术创新基地]2022年度开放基金重点项目"中国矿业发展报告(2022)"的资助。全书由成金华负责统稿工作,汤尚颖负责协调、写作分工和修改工作。初稿撰写:第一章,龚承柱、凌慧婷;第二章,洪水峰、李梦亚、罗伊敏;第三章,孙莉、陈茜、齐睿;第四章,易杏花、王笑笑、程亚男;第五章,倪琳、梅梦;第六章,徐翔、邹莎、周莹、刘伟超;第七章,刘江宜、金斐翔。资料整理:袁紫璇、车佩娟、郭瑛洁、张钺、冷文翔。

编著者<br>2022 年 10 月

# 目 录

**第一章　能源和矿产资源供给保障能力评价的理论与方法构建** ……………（1）
　　第一节　能源和矿产资源供给保障能力内涵的界定 ……………………（1）
　　第二节　提升能源和矿产资源勘探开发技术的驱动机制 ………………（7）
　　第三节　能源和矿产资源供给保障能力的影响机制 ……………………（11）

**第二章　新时代能源和矿产资源国际贸易风险分析** ………………………（20）
　　第一节　我国能源和矿产资源市场国际话语权缺失原因分析 …………（20）
　　第二节　新形势下矿企海外投资面临的问题及实现路径 ………………（32）
　　第三节　提升能源和矿产资源国际贸易话语权的路径分析 ……………（45）

**第三章　我国能源和矿产资源生产与应急响应能力分析** …………………（59）
　　第一节　我国石油天然气生产与应急响应能力分析 ……………………（59）
　　第二节　我国大宗紧缺金属矿产生产与应急响应能力分析 ……………（73）
　　第三节　我国关键矿产生产与应急响应能力分析 ………………………（83）

**第四章　新时代我国能源和矿产资源储备能力分析** ………………………（90）
　　第一节　中国石油、天然气储备能力分析 ………………………………（90）
　　第二节　中国大宗紧缺金属矿产储备能力分析 …………………………（114）
　　第三节　中国关键矿产储备能力分析 ……………………………………（142）

**第五章　新时代我国矿产资源回收能力分析** ………………………………（155）
　　第一节　我国钢铁回收利用能力分析 ……………………………………（155）
　　第二节　我国大宗有色金属回收能力分析 ………………………………（162）
　　第三节　我国关键矿产回收利用能力分析 ………………………………（167）

**第六章　我国能源和矿产资源利用效率评价** ………………………………（176）
　　第一节　我国能源利用效率分析 …………………………………………（176）

第二节　我国大宗紧缺金属矿产资源利用效率分析 …………………… (190)

　　第三节　我国关键矿产利用效率分析 …………………………………… (207)

第七章　提升能源和矿产资源供给保障能力政策建议 ………………………… (228)

　　第一节　主要的发达经济体能源和矿产资源供给保障策略 …………… (228)

　　第二节　政策对大宗矿产和高技术矿产的供给保障影响 ……………… (230)

　　第三节　能源和矿产资源供给安全的资源优化配置方案与管理策略 … (235)

主要参考文献 ……………………………………………………………………… (240)

# 第一章　能源和矿产资源供给保障能力评价的理论与方法构建

能源和矿产资源作为人类社会生存和发展的重要物质基础,是国家经济发展的重要支撑,在国家安全中占有极其重要的地位。持续、稳定、高效的矿产资源供给不仅是我国转变经济发展方式、优化经济结构、转换增长动力的重要基础,更是应对贸易摩擦、新冠病毒感染疫情、国际冲突、资源危机等重大国际挑战的重要保障。因此,提升能源和矿产资源的供给保障能力,既是重大的经济任务,也是涉及国家能源安全的政治任务。为此,本章从界定能源和矿产资源供给保障能力的概念出发,概述能源和矿产资源供给保障能力的评价方法,探讨提升能源和矿产资源供给保障能力的技术路径,最后探讨能源和矿产资源供给保障能力的影响因素与影响机制,指出我国能源和矿产资源供给保障能力的短板,为我国能源和矿产资源供给保障能力研究提供理论和方法支撑。

## 第一节　能源和矿产资源供给保障能力内涵的界定

随着经济社会的发展和国内外形势的变化,特别是受突发事件的影响,能源和矿产资源供给保障能力的内涵也有了新的内容。

### 一、能源和矿产资源供给保障能力的基本概念和多维内涵

党的十八大至今,以习近平同志为核心的党中央重视初级商品供应,反复强调"中国人的饭碗任何时候都要牢牢端在自己手中"。矿产资源是工业发展的"粮食",作为初级产品之一,保证其供给保障能力既是我国守住新发展格局的安全底线,又是经济高质量发展的重要基础。中国是矿产资源的生产大国,更是矿产资源的消费大国。我国矿产资源总量较大,矿种较齐全,但仍面临着人均资源少、资源利用率较低、部分资源供需失衡、对外依赖性强等困境。当今世界正处于百年未有之大变局,在资源总量日趋紧张的客观约束下,在国际格局风云变化和中国经济结构转型的社会经济条件下,从地质、经济、技术、环境和应对突发事件能力的多维角度界定能源和矿产资源供给保障能力的内涵成为了理论与实际的需要。

目前,学界通常以矿产资源可供性(mineral availability)来衡量能源和矿产资源的供给保障能力。矿产资源可供性这一专业术语最早在20世纪70年代由美国矿务局提出。美国矿务局对矿产资源可供性的界定:在一定的经济技术条件下,根据实际测得特定矿床或矿山地质的、技术的、经济的指标建立特定的可供性分析系统,并采用技术经济评价方法,计算出可为社会提供的矿产储量(张莓,2002)。

在矿产资源可供性这一概念被引入国内后,不同学者对其内涵提出了不同的理解。卢大伟(2005)强调可供性的动态性,认为矿产资源可供性是指在经济发展一定时期内,矿产资源对经济建设的可供性程度,从资源角度看应是在经济技术开采合理条件下可提供的矿产资源量和矿产品采出量,以及与需求量之间的对比分析。梁凯(2005)借鉴了美国矿产可供性理论方法,并根据中国现阶段的矿产资源论证任务,提出了中国矿产资源可供性的广义范畴,主张中国矿产资源的可供性是指在社会主义市场经济发展条件下,利用科学技术经济评估,确定了一个或多个矿藏资源在某种社会经济技术条件下,能够为中国经济社会发展所供给的总矿物资源量,并在此基础上全面考查了其他因素,以综合分析矿产资源对中国经济社会发展的总供给潜力。鹿爱莉等(2010)强调经济环境条件对矿产资源可供性的重要作用,并认为矿产资源可供性是指在充分考查自然资源状况、市场物价变化、科技进展、经济环境制约等各种因素的前提下,合理推算某种矿产资源在某种经济环境下的可供储量与可供生产力,其基础在于确定矿产资源对经济活动的一次有效供应能力。刘慧芳(2013)认为由于没有一个国家可以做到矿产资源的自给自足,所以国家与国家矿产资源的贸易及投资是可供性的决定因素之一。

国内学者对矿产资源可供性定义的侧重不一,但究其研究核心,都是在地质条件、经济波动、技术进步、环境约束等条件下,确定矿山的可供价格,再通过比较可供价格与市场价格来确定可供储量。在以往的研究中,学者们对能源和矿产资源供给保障能力的地质、经济、技术、环境内涵研究较多,而对其应对突发事件能力的研究较少。然而,新冠病毒感染疫情的冲击导致全球主要矿产品产量下降、俄乌冲突导致原油价格短期飙升等事件都反映出"黑天鹅"事件冲击对能源和矿产资源的巨大影响。2020年,受新冠病毒感染疫情影响,世界主要矿产品总生产量相对于2019年下降3.7%,其中,能源、金属和非金属矿产品产量分别同比下降了5.1%、1.4%和0.5%(许勇,2021)。2022年,在俄罗斯军队对乌克兰发起特别军事行动的14d内,布伦特原油期货价格一度飙升至139美元/桶,相较于军事行动前的94.2美元/桶,涨幅高达47.6%。有分析师表示,如果俄罗斯和乌克兰之间的冲突在全球市场引发"供应冲击",未来油价可能会持续维持在高位状态。基于以上背景,突发事件冲击是影响供给保障能力不可忽视的外生因素。

由此,本书将能源和矿产资源供给保障能力定义为在一定的地质条件、经济波动、技术进步、环境约束以及突发事件的冲击下,从国内外可获得的能源和矿产资源对经济社会发展的供应能力(图1-1)。

根据能源和矿产资源供给保障能力的定义,其内涵可以概括为以下几点:

(1)能源和矿产资源供给保障能力是一个涉及地质、经济、技术、环境、突发事件的复杂体系。研究能源和矿产资源供给保障能力要综合考虑多因素的共同作用。

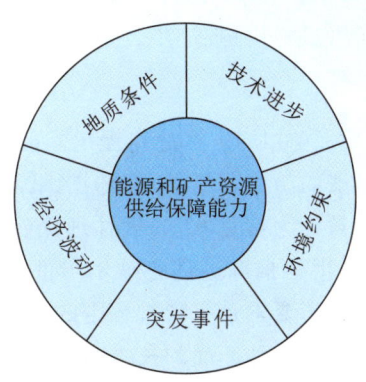

图 1-1　能源和矿产资源供给保障能力的影响因素

(2)能源和矿产资源供给保障能力的核心是论证资源的可得性。计算资源的可得性既要考虑以资源最终可采量为核心的物理研究范式,也要考虑以机会成本为核心的经济学研究范式。

(3)能源和矿产资源供给保障能力具有动态性。在市场经济条件下,供给保障能力随着社会经济发展、矿产资源供需形势及矿业技术经济条件的变化而不断发生变化。

(4)能源和矿产资源供给保障能力需要强调环境约束和突发事件的外生冲击。

## 二、能源和矿产资源供给保障能力的理论基础

### 1. 资源稀缺理论

资源稀缺理论经历了从马尔萨斯的资源绝对稀缺论到李嘉图的资源相对稀缺论,再到新古典经济学的效率利用论的发展历程。

1789年,马尔萨斯在《人口原理》中提出绝对稀缺论观点,认为资源在物理数量方面具有有限性并且在经济方面具有稀缺性,以算数级数增长的矿产资源必然满足不了以几何增长的人类需求(穆光宗,2010)。绝对稀缺论强调了资源供给的自然限制,但错误地判断了资源总量的增长模式,忽略了技术进步的重要影响。

李嘉图否认自然资源的绝对稀缺,以自然资源的不均质性为起点,提出资源的供给是相对稀缺的,并且这种稀缺并不构成对经济发展的绝对制约(王翊,2008)。根据李嘉图的观点,虽然品位较低、开采成本较高的矿产资源储量有限,但品位较低、开采成本较高的矿产资源会因为分工的发展和技术的进步而不断进入经济开采中,因此高品位矿产资源的稀缺其实是相对稀缺。相对稀缺论最大的进步在于看到了技术进步在资源供给中的重要作用。

以马歇尔、庇古为代表的新古典经济学派主张效率利用论,他们注重的问题并不在于自然资源的稀缺,而是将目光投入研究在资源稀缺的约束下实现在各种资源配置环境下达到帕累托最优状态的路径(任春梅,2007)。

资源稀缺论对能源和矿产资源供给保障能力的研究具有重要意义。在资源稀缺理论的

体系下,能源和矿产资源作为不可再生资源的总量是有限的,但稀缺性是相对的。由此,能源和矿产资源的供给保障能力可以通过科技进步、经济发展和资源优化配置提高。

### 2. 资源禀赋理论

资源禀赋说的观点由赫克歇尔在1919年首先提出。此后,在1929—1933年资本主义全球经济危机、贸易主义情绪高涨的历史背景下,俄林在《域际贸易和国际贸易》一书中进一步系统地论述了资源禀赋理论,被称为赫克歇尔-俄林理论(H-O理论)。资源禀赋理论最重要的意义是阐述了国际贸易产生的根源。赫克歇尔与俄林认为,现实生产中投入的生产要素有多个而非单个,投入两种生产要素是生产过程中的基本要求(佟家栋,2000)。按照生产要素禀赋说,如果各国或地区生产同种产品的技术水平相同,那么两国生产产品的成本差异导致了该产品的价格差异,而各种生产要素的相对禀赋差异又导致了生产产品成本的差异。由此,生产要素的相对禀赋差异是国际贸易和国际分工的根源。

资源禀赋理论与能源和矿产资源供给保障能力的研究紧密相关。由于能源和矿产资源的不均质性,它在地理上的分布极不均匀,例如波斯湾地区的石油储量占到了全球的50%以上,而中国生产了全球90%以上的稀土。在资源禀赋理论的观点下,进口和投资海外资源是提高我国能源和矿产资源供给保障能力的重要途径。从现实来看,在经济全球化的背景下,各国越来越不可能依靠自有资源来满足经济社会发展的需要。因此,保障资源的供给能力要警惕贸易保护主义抬头,充分利用国内国际两个市场、两种资源,以多种渠道共同保障资源的供给保障能力。

### 3. 可持续发展理论

1980年,世界自然保护联盟(International Union for Conservation of Nature,IUCN)在《世界自然保护战略:面向可持续发展的生命资源保护》报告中首次提出"可持续发展"这一全球性的新观点。1987年,联合国世界环境与发展委员会(World Commission on Environment and Development,WCED)在《我们共同的未来》报告中介绍了可持续发展完整的理论体系,并将可持续发展定义为既满足当代人的需要,又不对后代人满足其需要的能力构成危害的发展。可持续发展的原则由公平性原则、共同性原则和持续性原则3个部分组成(何兴华,1997)。其中,公平性原则强调稀缺资源的利用应该遵循横向公平(代内公平)与纵向公平(代际公平)的规则;共同性原则强调可持续发展的实现要全球形成共识、共同担责;持续性原则强调人类的经济和社会发展必须在资源与环境的可承受范围内。

可持续发展理论对提升能源和矿产资源供给保障能力具有指导性的意义。能源和矿产资源的持续供给是经济社会健康发展的重要条件。在可持续发展观的引领下,提高能源和矿产资源的供给保障能力不能走"先破坏再治理"的老路,而是要走出一条"经济社会生态协调发展"的新路。在可持续发展观的启发下,提升能源和矿产资源的可供性需要做到如下几点:一是依靠科技创新,不断开拓新的资源领域,包括发现更多可替代资源等;二是努力挖掘资源潜力、提高资源利用效率,包括增加矿山服务年限等;三是注重环境保护,在提高供给保障能力的同时最大限度地降低对生态环境的破坏。

## 三、能源和矿产资源供给保障能力的评价方法

战略性矿产资源供给保障能力的评价方法主要有 3 种：一是中国学者王安建等(1999)提出的地质-技术经济-环境三维综合评价方法构想，二是财务模型，三是 Hubbert 产量峰值预测模型。

### 1. 地质-技术经济-环境三维综合评价方法

王安建等(1999)提出要构建国土资源"地质-技术经济-环境"综合评价框架，除强调资源的地质属性外，还要强化评价体系中的技术、经济、环境指标。此后，基于此视角，学者们对全国和地区范围内各种矿产资源的可供性展开了研究，对可供性评价的理论和方法进行了创新。例如，苗琦等(2020)在资源储量、开采技术条件、开采经济、环境保护等条件约束下对各区域的煤炭供给能力进行了评估；成金华等(2021)经研究认为未来的矿产品供应不容乐观，政府需要实施有效的政策以保证其可供性。近年来，基于早前提出的矿产资源地质-技术经济-环境三维综合评价框架，王安建等(2019)对矿产资源可供性评价理论与方法进行了多维创新。他的研究一方面提出了集资源潜力转化系数、勘查投入产出比、资源发现率于一体的潜在资源量-资源储量转化模型与技术参数；另一方面提出了基于不同区域、不同类型典型矿区资源储量-可回收储量-可供储量的转化模型和技术参数。该研究突破了矿产资源可供性评价由静态向动态跨越的瓶颈。

地质-技术经济-环境三维综合评价方法为矿产资源可供性的评价提供了很好的角度。虽然各学者在此角度下对矿产资源的可供性进行研究时选取的指标不同，但方法核心都是从地质、技术、经济、环境 4 个方面对影响能源和矿产资源可供储量的定量因素、定性因素进行分析，以此判断矿产资源的可供性。

### 2. 财务模型

能源和矿产资源可供性分析使用的基本财务模型是贴现的现金流量表(discounted cash flow, DCF)模型。该模型基于对现金流量的预估，结合未来矿山建设和运营情况，进而将矿山未来每一期的成本进行评估并贴现到当期求出可供价格，再将可供价格与市场价格进行比对，从而判断矿山是否可供。若可供价格低于市场价格，则该矿区的储量、产能和产量是可供的；若可供价格高于市场价格，则该矿区的储量、产能和产量是不可供的。财务模型在国内矿产资源可供性研究中被广泛应用，并发展出静态评价方法与动态评价方法两种模型构建方法。静态评价方法常用下述指标：项目总利润额、投资利润率、静态投资收益率和静态回收投资期。动态评价方法包括总现值(present value, PV)法、净现值(net present value, NPV)法、净现值比率(net present value rate, NPVR)法、内部收益率(internal rate of return, IRR)法和动态投资回收期法。

财务模型应用广泛，我国学者以铁矿、铜矿、铝土矿等各种矿产资源为研究对象构建了多类型的可供性财务分析模型(徐曙光等，2009；李裕伟，2015；江光宇等，2017)，为初步掌握我国矿产资源的供给情况起到了重要作用。然而，随着研究的深入，部分学者提出财务模型

仅考虑到资源空间上差异性,在"储量-价格-时间"静止断面上提出刚性预判,并不能动态观察可供储量、产量的变化,而且以财务报告作为计算可供价格的基础数据忽略了未来政策导致的潜在成本,计算结果的参考意义不大。

### 3. Hubbert 产量峰值预测模型

Hubbert 产量峰值预测模型(简称 Hubbert 模型)在 1956 年由著名的石油地质学家 M. King Hubbert 创立。最初,该模型主要被用于预测油气能源的产量峰值。Hubbert 认为石油资源的总产出随时间遵循"钟形曲线"特点。曲线前半段由缓慢上升转变为急剧上升,并随着时间的推移趋于指数增长,最终到达一个顶点,而顶点过后,后半段曲线的形状变得向下凹,整个图形服从正态分布(图 1-2)。资源开采率和资源总量是 Hubbert 产量峰值模型的重要指标。从资源开采率角度看,有限资源的生产增长率小于资源开采率,在经历几个高峰后,开采率将下降,直至零点,即所有可利用资源开发完毕。另外,Hubbert 模型曲线下的面积即是可开采矿产资源总量。随着研究的深入,Hubbert 模型被不断延伸修正,应用范围也由研究能源矿产逐渐向研究非能源矿产扩展。李天骄等(2019)利用多种已探明资源的储量数据,用 Hubbert 模型分析我国的 10 余种金属矿藏产量峰值年限。朱永光(2021)提出了 Copula - Hubbert 模型,建立了共伴生矿产资源的产量曲线,并通过实证研究发现 Copula - Hubbert 模型显著改善了金属铟的预测结果,降低了预测误差,为解决传统 Hubbert 模型无法体现矿产资源的共伴生性问题提供了解决路径。

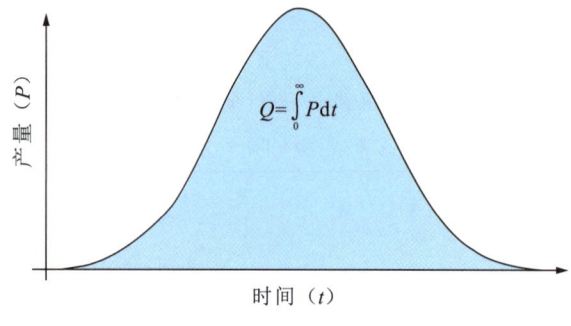

图 1-2 Hubbert 曲线

Hubbert 产量峰值预测模型是研究能源和矿产资源供给保障能力的重要方法,该模型预测的结果可以粗略地应用在国家战略管理和企业运营中,对促进矿业可持续发展的影响深远。该模型仍有部分缺点:一方面,模型本身的应用对数据类型、矿产资源类型及开采量的限制较大;另一方面,该模型直接将诸多影响资源开发的地质、经济、环境因素,体现在参数设定中,缺少动态性。

## 第二节　提升能源和矿产资源勘探开发技术的驱动机制

科技是发展的第一动力,勘探开发技术直接影响矿企的生产能力。提高勘探开发技术是提升能源和矿产资源供给保障能力最直接有效的途径。技术发展可以促进我国矿产资源勘查与开发由传统产业向现代产业、由劳动密集型向技术密集型、由粗放经营向集约经营转变。

### 一、能源和矿产资源勘探开发技术的发展现状

能源和矿产资源勘探开发技术分为勘探技术与开发技术两个部分。我国常用的勘探技术包括地质方法、物探、化探、遥感、工程五大类,开发技术包括采矿、选矿、冶炼三大类。

#### 1. 勘探技术发展现状

我国矿产资源勘探技术的发展大致可以分为传统地质方法找矿阶段、现代物探和化探找矿阶段、矿产勘查技术综合应用找矿阶段3个阶段。目前,矿产勘查工作中常使用的技术有地质勘查技术、地球物理勘查技术、地球化学勘查技术、遥感地质勘查技术以及多种勘查技术的组合。

地质勘查技术法是指以地质理论和技术为基础的找矿方法。该方法从研究成矿作用的地质原理入手,综合运用矿物学、岩石学、构造地质学、矿床学等知识,总结成矿地质条件和找矿地质判据,寻找矿产。常用的地质勘查方法包括地质填图法、重砂找矿法、砾石找矿法3种。地质类找矿方法虽然传统,但贯穿着整个找矿过程,并且在找矿初期起着决定性作用。

地球物理勘查技术又称物探,是指利用分析和观察各类地球物理场的变化规律探索地层岩性状态、地质结构和地质情况。物探法主要是以不同岩层和矿物的压力、磁性、电力、弹性和放射性等物理性质的不同变化规律作为研究依据,通过不同的物理性质和物探设备监测自然的或人造的地球物理场的变动,从而找到物探异常,通过解释评价物探异常而进行找矿的方法。按照所采用的岩层物理性质,物探的方式主要包含了重力勘查、磁法勘查、电法勘查、地震勘查、地温法勘查(魏巍,2017)。物探方法通常在矿产资源勘探的后期起主导作用。目前,在计算机和互联网快速发展的背景下,地球物理勘查技术正在向智能化、轻便化、高精度、多功能方向发展。

地球化学勘查技术又称化探,是指一种利用系统方法测定天然物质的地球化学特性,从而找到各种各样地球化学异常的研究方式。天然物质,可能是岩石、土壤、水、水系沉淀物、植被及废气等。所测定的地球化学性质主要是元素的含量。化探的主要目的一直是利用地球化学异常的线索来寻找新矿藏,目前化探方法的使用范围正在逐渐变广。根据采样对象的性质不同,化探方法可以分为岩土地球化学测量、土壤地球化学测量、水地球化学测量、水系沉积物地球化学测量、湖积物地球化学测量、气体地球化学测量和生物地球化学勘查。矿

产资源勘探的早期阶段常由化探方法主导,但最后阶段使用较少。化探技术的识别能力强,信息具有代表性和客观性,效率较高且可用范围逐渐由陆地扩大到海陆空通用。此方法的使用和创新为我国资源勘查打开了新局面。

遥感地质勘查技术简称遥感,通过遥感平台上的传感装置,远距离接受地面目标发射或反射的电磁辐射信息,经过对这些信息的处理,对地球环境和资源进行判别和确认。遥感技术可以分为传统遥感技术和成像光谱遥感技术。遥感技术是在空中(不与目标直接接触)获得地质信息的,具有不受地面限制、应用范围广、速度快、成本低、效率高等优点。目前,遥感技术主要应用于地质填图、发现及研究与矿产有关的地质构造现象。遥感技术被用在探矿的最初阶段,对成矿条件问题的研究具有重要作用。

勘查技术组合是指将地质、物探、化探、遥感等多种方法进行合理组合。该方法的广泛使用推动了地质勘查进入矿产勘查技术综合应用阶段。使用勘查技术组合方法找矿需要专业化的团队联合作业,根据勘查特点联合使用多种勘查方法。该方法具有风险低、可探矿种多、可查区域广的特点。

### 2. 开发技术发展现状

矿产资源开发是指把经济矿床的矿石矿物开采出来,通过选矿、冶炼等一系列工序,将有用矿物提炼或提纯成为一定形式产品的工艺过程。

目前,我国常用的采矿技术以空场采矿法、崩落采矿法、充填采矿法为主(陈田林,2011)。我国经济的快速发展导致矿产资源的需求日益增大,同时使得采矿技术取得很大进步。但相比于发达国家,我国的采矿技术较为落后(汤明明,2021)。采矿技术的进步还面临着机械设备落后、对矿产资源位置及数量检测和统计的误差大以及对矿产资源价值评估缺失等阻碍。在新形势下,相对落后的采矿技术难以匹配我国经济高质量、绿色发展的趋势,浅部矿产开采程度的提高也要求开采技术走向更具挑战性的深部阶段。寻求高效、安全、环保、低成本的采矿技术成为当务之急,目前以下提高采矿技术的路径得到了学者们的广泛认同:一是加强采矿设备的机械化、大型化、自动化、高效化;二是发展绿色矿山,将无废、少废采矿技术纳入国内采矿技术发展规划;三是发展智能矿山,利用人工智能、大数据、虚拟现实等技术逐步实现无人采矿(乔宇,2022);四是发展深部开采技术,开拓深地矿床前沿,寻找更丰富的矿产资源。

选矿技术是根据矿石的特性和有用组分赋存状态不同而分离脉石与有用组分的技术。选矿技术是以物理、化学和生物等学科为基础的一门科学技术。物理的方法包括常见矿物的洗选、筛分、重选、磁选等;化学的选矿技术如用药剂改变矿物表面差异特性的浮选工艺;生物的方法如微生物氧化选矿工艺。合理的选矿技术可以高效筛选有用组分,减少冶炼或其他加工过程中燃料、运输等的损耗,使更多低品位的贫矿石能得到经济利用。国内选矿多使用中小型设备,类型多样但效率有待提高。目前国外在选矿设备研发上取得重要进展,如美国、加拿大、瑞典等国家在大型颚式破碎机、圆锥破碎机、超细碎圆锥破碎机、球磨机等设备的大型化、节能化和多样化方面取得突破性进展,有效地降低了选矿技术的成本与能耗。研发高效的选矿设备、开发高效低毒选矿药剂和加强选矿废物的循环利用是发展我国选矿技术的未来方向。

冶炼技术是一种提炼技术,是指通过焙烧、冶炼、电解或应用化工制剂等手段将矿物中的元素提炼起来,进而进一步降低金属中所含的杂质或提高金属中某些成分,从而提炼出所需的元素。与选矿技术相同,我国的冶炼技术较发达国家落后。为解决这样的困境,促使行业发展,近年来,国家大力发展钨冶金、钼冶金、钒冶金等冶金技术。例如对火法冶金技术的发展和管理方面进行优化创新,推动其工艺、管理的多种组合,可进一步生产出优质的有色金属合金产品。

## 二、能源和矿产资源勘探开发技术的驱动因素

在新技术的带动下,能源和矿产资源勘探开发技术的驱动因素也发生了变化。

### 1. 制度驱动

制度是影响能源和矿产资源勘探开发技术的外部驱动因素之一。制度因素通常通过两种路径影响勘探开发技术的发展。一种路径主要是给公司内部形成压力,如制度压力。制度理论解释了制度的外部压力对企业提升勘探开发技术的驱动机制。Scott(1995)提出根据各种逻辑机理和合法性依据,政治制度的外在压力源包括政府管理压力、规范压力和认知压力。其中,政府部门的行政命令、规章制度以及限制条件的强制力是政府管理压力的典型表征;规范压力则可以理解为普世的价值观与行为准则,也类似于社会道德的规范;而认知压力是一个被具体领域中的公司普遍认可的榜样或行动指南,其产生的可能是模仿效应。另一种路径是制度环境对企业的支持作用,即制度支持。制度支持指的是管理部门为企业提供政策、资金和信息等方面的帮助。矿产资源的勘查与开发属于国家严格管控领域,制度的驱动作用尤为明显。以政策驱动为例,《生态环境保护纲要》《国务院关于全面整顿和规范矿产资源开发秩序的通知》等一系列提倡保护矿山生态环境文件的发布对勘探开发技术向绿色化发展产生了显著影响。

### 2. 市场驱动

除了制度以外,市场是能源和矿产资源勘探开发技术的又一个外部驱动因素之一。需求推动说解释了市场驱动机制。Schmookler(1966)提出"需求引致创新"理论,第一次在市场与技术的关系中确立了需求推动说,后被众多经济学者用理论与实证加以验证。该学说认为市场需求的变化推动技术的创新,具体表现为市场的需求不断更新对产品和技术的要求,从而导致科学技术的发展,进而制造出适应市场的产品,最终满足市场的需求。矿产资源的勘探与开发属于典型的市场需求推动技术创新的行业。以石油的开采为例,石油是工业生产必需的原料,属于刚性需求。由于工业化发展,石油需求量快速增长,石油开采业长期处于供不应求的状态。在市场需求的刺激下,三大石油集团自行进行技术创新,大大地促进了石油开采技术的发展。

### 3. 创新驱动

技术创新的研发与成果的转化对能源和矿产资源勘探开发技术的发展具有双重影响(孙燕铭等,2021)。一方面,优质的创新成果可以大大促进勘探开发技术向高效化、低耗化、

低成本方向发展。例如,由中国石油宝鸡石油机械有限公司与中国石油川庆钻探工程有限公司、石油管工程技术研究院等单位联合研制的国内首套一键式人机交互7000m自动化钻机在四川页岩气威204H62平台成功应用,实现了用工总量降低1/3,重体力劳动降低90%,采购成本降低1/3。另一方面,高昂的技术创新成本也会给企业带来压力,可能导致技术发展的停滞。近年来,我国高度重视勘探开发技术的创新投入,以非油气矿产资源为例,其创新投资额连年上升,占地质勘查投入的比重不断增加,为技术创新注入资金动力(图1-3)。

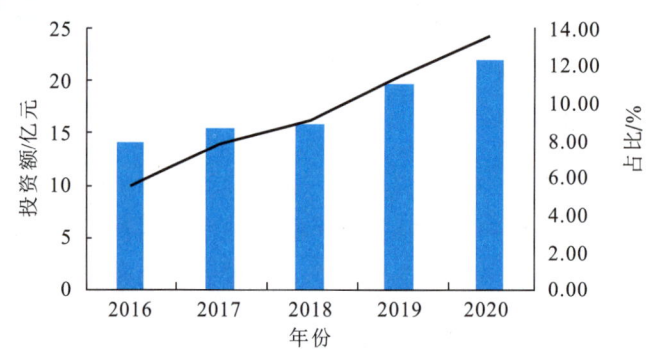

图1-3 2016—2020年非油气矿产地质科技与综合研究投资额及其占比

### 4. 人力资本驱动

人力资本是知识和技术的载体,其中高端技术人才更是创新驱动的动力源泉(李静等,2019),是技术快速发展必不可少的因素。矿产资源的勘探与开发是技术密集型产业,涉及知识范围广,学科多,需要专业型、复合型人才。目前,我国矿产从业人员面临结构性紧缺的问题。近年来,我国地质勘查单位工作人员数量波动减少。就人员构成来看,地质勘查从业人员占比最高,长期在40%以上,其次随着地质勘查单位改革与矿产资源勘查市场变化,其他从业人员占比从40%左右下降至30%左右,到2019年又出现强势增长(图1-4)。人力资本无论在过去还是在未来都是促进勘探开发技术发展的重要因素。随着地质勘查人员总量的减少与结构性调整,加强对探采工作人员的管理是提升技术的重要手段。

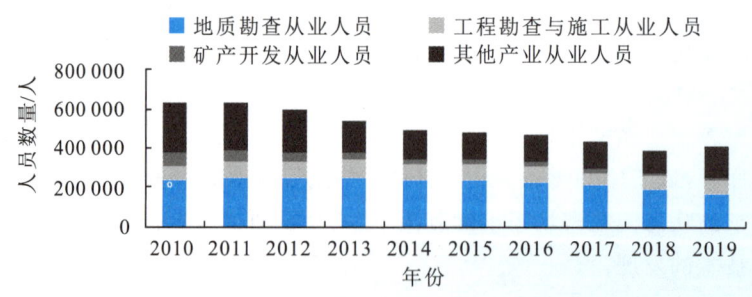

图1-4 2010—2019年全国地质勘查单位人员数量及其构成

## 三、能源和矿产资源勘探开发技术的提高路径

结合新时代的要求,能源和矿产资源勘探开发技术的提高路径主要包括以下几个方面。

### 1. 部署技术发展方向,借力政策资金支持

随着我国经济由高速发展阶段向高质量发展阶段转型,绿色与高效成为了矿业发展的战略方向。国家与各地区出台了一系列涉及资金补贴、税收减免、矿业权配置优化、矿产资源管理简化等各方面的优惠引导政策。然而,由于探采技术的落后,我国矿产资源开发利用中的环境污染与浪费现象较为突出。部署矿产资源探采技术绿色、高效的发展方向符合我国矿业发展趋势,为矿产资源勘探开发技术的提高奠定制度基础。

### 2. 重视科技创新作用,全方位提升勘探开发效率

创新是提高探采技术自主性、高效性的第一动力。技术创新可以使探采技术提升道路全方位地畅通。重视科技创新力量,首先要加强新理论的研究,提升探采技术发展的基础性支撑力量;其次要寻找新方法,加快关键核心技术攻关,实现探采技术高效升级、自立自强;最后要研发新设备,为知识形态的生产力转化为直接、现实的生产力提供高效载体。

### 3. 加大人力资本投入,打造复合型人才队伍

目前,我国矿产资源勘探开发面临着人才结构性紧缺的困境。工作环境较为恶劣,工资较低,发展前途较为局限等。这些因素一方面导致现有工作人员流失,另一方面使高校在相关专业招生困难,导致人才后备力量不足。然而,人才是探采技术发展的长期动能。探采技术智能化、多学科交叉融合发展的趋势不仅要求企业要重视地质方面的专业型人才,更要打造复合型的人才团队。其措施如下:提高探采技术要加大人力资本投入;注重培养与引进专家型技术人才、复合型管理人才;建立通畅的优秀人才晋升通道,营造尊重知识、优待人才、鼓励创造的工作环境。

## 第三节 能源和矿产资源供给保障能力的影响机制

### 一、能源和矿产资源供给保障能力的影响因素

当前对能源和矿产资源供给保障能力(简称供给保障能力)的研究范式可以分为物理学研究范式和经济学研究范式。其中,物理学研究范式的关键词是最终可采资源量,经济学研究范式的核心则是矿产资源利用的机会成本。地质学家和矿业工程学家的共识是地球矿产资源不是无尽的,一种元素的地壳平均丰裕度是其可获得性的"天花板"。因此,该类学者认

为包括最终可采资源量、品位变化、能源消耗在内的物理因素是供给保障能力的决定因素。经济学家普遍认可衡量供给保障能力应该优先考虑生产者和消费者的机会成本,因而,该类学者更加关注价格对矿产资源可供性的影响。

在实际应用中,部分学者通常从矿山的成本出发,建立包含地质、经济和技术3个维度的内生评价系统。随着绿色发展理念的深入贯彻,环境保护、碳排放问题在矿产资源开发利用中的地位上升,因此,环境因素成为了影响供给保障能力的重要外生因素。近年来,新冠病毒感染疫情、俄乌冲突等突发事件在短期内对矿产资源价格、产量、供应链产生巨大冲击,又让学者们注意到突发事件这一影响供给保障能力的外生因素。

基于以上背景,本书将影响能源和矿产资源供给保障能力的因素分为内生因素和外生因素。其中,内生因素包括地质因素、经济因素以及技术因素,外生因素包括环境因素和突发事件因素(图1-5)。

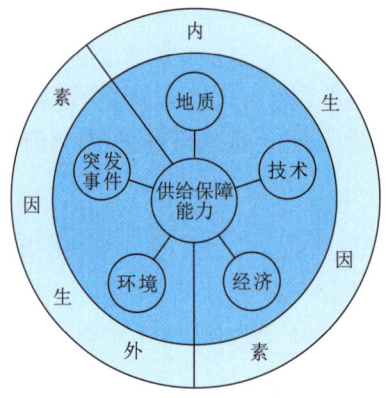

图1-5 能源和矿产资源供给保障能力的影响因素

### 1.地质因素

地质因素是影响供给保障能力的首要因素。矿产资源的储量、品位以及空间分布的不均衡性是影响供给保障能力的具有代表性的地质因素(Northey et al.,2018)。矿产资源储量决定了供给保障能力的物理上限,矿床的深度、矿物颗粒的复杂性、脉石矿物的存在、矿石硬度等地质因素都会对矿产资源可供性产生不同程度的影响。矿产品位是地质因素中的关键:一方面它是衡量矿产是否开采的标准,矿石品位的下降通常会导致开采和加工更多的矿石,才能生产同样数量的矿产品(West,2011);另一方面它决定与矿产生产相关的能源、材料和水需求的走向(Northey et al.,2014)。从宏观上来看,矿产资源在世界分布的不均衡性是地质因素对矿产资源供给保障能力产生影响的根源。以铁矿为例,澳大利亚凭借铁矿储量及品位的优势,成为了世界铁矿出口大国,而中国由于铁矿储量品位相对较低,不足以满足国内发展需求,必须从澳大利亚大量进口高品位铁矿。

### 2.经济因素

经济因素对供给保障能力的影响主要体现在矿产资源的供给端与需求端。在供给端,矿业权的分配、税费的制定、开采需要资源的供给影响着矿产资源的供给规模(杨丹辉等，2017)；在需求端,产业结构的升级与演变影响矿产资源的消费结构。以我国为例,我国影响矿产资源可供性的产业政策主要为供给端服务,如限制石墨、稀土的开采总量,资源税费的改革,矿业权制度的完善；体现在需求端主要是指矿产资源需求终端产业结构演变带来的矿产资源可供性结构的变动,从最初的大宗矿产到后来的工业金属再到现在的关键"三稀"矿产,产业结构的变化对整体供给保障能力产生了较大影响。

### 3. 技术因素

技术因素主要通过增加最终可采储量对供给保障能力产生影响。现代科学、仪器、工程设计的进步和对勘探实践的总结使矿产资源的勘探开发技术不断提高。技术的逐渐成熟降低了与采矿和矿石加工相关的资本、劳动力、材料和能源的成本,而较低的生产成本又使较低品位的矿产资源能够开发利用(Yaksic et al.,2009)。以铜为例,浮选方法、溶剂萃取和电积工艺被引入铜行业后,铜的生产成本大幅下降,再加上大规模采矿技术带来的规模效率,导致了低品位矿石铜产量的大幅增长。因此,在过去的100年里虽然铜资源耗竭的速度高速增长,但是经济上可开采的铜资源储量也在高速增长,铜矿的最终可采储量不减反增。当然,不同的技术演进速度对矿产资源未来的供给保障能力的影响不同。如图1-6所示,渐进式技术演进只会使矿产资源供给保障能力的峰值延迟到来,变革式技术演进则可能将不可供的矿山变为可供的。

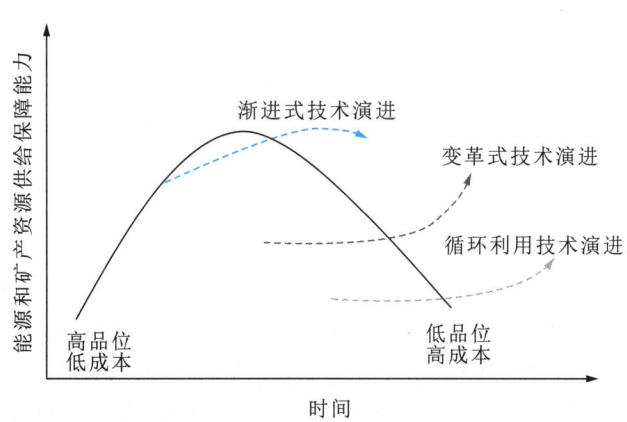

图1-6 不同技术演进对供给保障能力的影响

### 4. 环境因素

总的来看,影响能源和矿产资源供给保障能力的环境因素可以分为两大类,即强制型环境规制和约束型环境规制(图1-7)。其中,强制型环境规制是指矿山受到环境政策要求或法律法规限制停止经营,如我国生态红线内的矿业权退出政策。约束型环境规制指的是通过严格的环境政策给矿产资源开发的速度、强度设置上限,以保证矿产资源的开发在生态可承载的范围内,常见的措施有矿山地质环境修复。在传统的可供性评价中,税费是环境成本的主要体现。但随着环境保护观念更加深入人心,矿山的隐形环境成本受到更多关注,但对隐性成本的评估主观性较大,往往难以得出准确结果。环境成本对矿产资源可供性有着长期的影响。以我国自然保护区内矿业权退出为例,该政策使部分矿山经营中断,由可供变为不可供。在此案例中,环境因素成了影响部分矿种的决定性因素。因此,环境因素是矿产资源供给保障能力的重要影响因素。

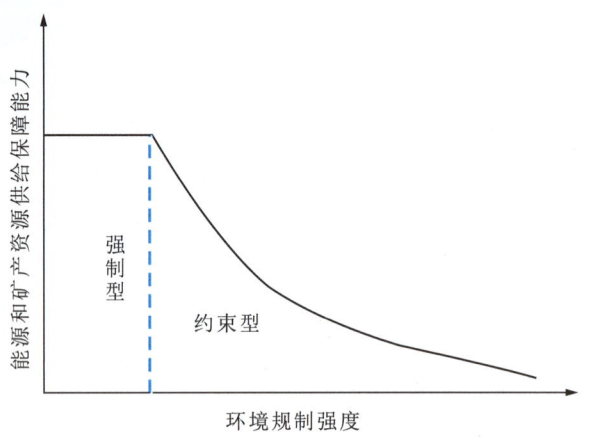

图 1-7 不同环境规制类型对能源和矿产资源供给保障能力的影响

### 5. 突发事件因素

突发事件对能源和矿产资源供给保障能力的影响可以分为短期冲击和长期影响。此处以在全球流行的新型冠状病毒为例,分析突发事件对供给保障能力的影响。从短期来看,新冠病毒感染疫情对矿产资源的供给和需求都产生了极大的负面冲击。从供给端看,新冠病毒感染疫情的突然来袭在短期内导致大量劳动力停工,大量矿企停产,矿产资源供应链中断。据不完全统计,在新冠病毒感染疫情暴发后,先后有 36 个国家或地区一度关停 276 座矿山;受新冠病毒感染疫情影响的且与矿产资源开采相关的项目超过 1600 个;同时,疫情期间的封锁和边境关闭政策导致矿产品正常国际贸易也受到影响,严重影响全球矿产资源供应链安全稳定。从需求端看,新冠病毒感染疫情导致矿产品需求总体萎缩,2020 年,石油、煤炭和天然气等重要能源矿产需求分别下降 9.5%、3.9% 和 2.1%;铁和铝等重要矿产资源需求分别下降 0.2% 和 0.7%。从长期角度出发,新冠病毒感染疫情对资源供给保障能力的冲击将逐渐减小,同时可能为矿业未来的发展带来一些技术创新、制度创新和管理创新。一方面,因为新冠病毒感染疫情这一类突发事故对市场经济发展的外生冲击,并非由市场经济自身所产生的内部经济结构性问题,也非受市场经济的趋势性、周期性因素影响所产生的,所以它的危害也是不持久的。另一方面,从历史上看,技术创新、制度创新和管理创新的契机总是产生在诸如灾难、战争和一些突如其来的社会历史条件巨变之中。以技术创新为例,生产要素之间是密切相关的。在新冠病毒感染疫情导致劳动要素供给短缺、均衡供给价格提高的情况下,技术创新等要素会在推动均衡价格下降中起到很关键性的作用,建设智能化、数字化、自动化矿山将受到更多人的关注。因此,突发事件的发生通常会使能源和矿产资源供给保障能力经历一个从断崖式下降再逐步上升的过程。

## 二、能源和矿产资源供给保障能力影响因素的耦合作用机制

基于不同立场,地质和工程学家与经济学家分别提出物理机制与市场机制对能源和矿产资源供给保障能力影响因素的作用机制作出解释。对矿产资源的依赖问题,地质和工程学家提出的解决方案是改变社会发展的速度。经济学家则认为价格和成本的变化可以在市场机制下降低对矿产资源的依赖。

这两种不同的立场在某种程度上是不全面的:经济学家会忽略矿产资源的物理特性,地质和工程学家也会忽略市场在其中扮演的重要角色(Watson et al.,2021)。想要更系统地解释矿产资源的可供性,充分结合矿产资源可供性的物理机制和市场机制是必要前提。例如,一种矿产资源在地壳中的丰裕度,以及开采一种矿产资源所需的能源,从某种程度上反映出其生产成本和销售价格的高低。同时,由于矿产资源的地质成矿决定了地球的最终资源可采量,这与市场没有任何关系。但一些数量或质量指标对矿产资源的可采量具有重要的经济推动作用。从经济上讲,开发的首选是数量多、品位高的矿产。再者,地质工作者在进行资源量评估时,也不能脱离经济性。鉴于各种金属储量和资源在特定时间内的相对规模,潜在资源量和经济因素需要同时被纳入考虑范围。在特定时点开采的矿石品位,不仅反映了诸如开采成本预期等资源数量分布情况,同时也反映了经济因素,如成本的高低。因此,物理机制和市场机制像是一枚硬币的两面,是可供性评价的某一特定维度,单个机制均无法完全表示可供性的内涵。另外,环境、突发事件等外部性因素在物理机制和市场机制中均很难得到体现。

因此,本书提出了一种评估能源和矿产资源供应保障能力的基本理论框架(图1-8),将能源和矿产资源供给保障能力($A_{MRSGC}$)划分为3个部分:物理机制($P$)、市场机制($M$)以及环境等外生机制($E$)[式(1-1)]。其中对供给机理地质条件和开发技术的研究主要集中在物理机制上。市场机制是指企业、矿山依据市场情况进行生产决策的过程。外生机制是指环境规制、突发事件等对可供性约束的冲击。

$$A_{MRSGC}=(P,M,E) \qquad (1-1)$$

1. 物理机制

供给保障能力的物理机制维度主要是从地球科学角度对矿产资源可供性的相关影响因素及其作用机制进行定义。在物理机制中,地质条件($G$)与开发技术($T$)起关键作用,计算公式如下:

$$P=(G,T) \qquad (1-2)$$

式中:地质条件是指具有显著空间属性的矿石品位、厚度和深度等维度;开发技术是指矿产资源勘探开发技术。

在物理机制中,矿石品位这一地质特征最为重要。矿石品位是指资源在矿床围岩中的集中程度。由于可乘性效应的显著作用和存在零点的下界,自然现象近似于对数正态分布

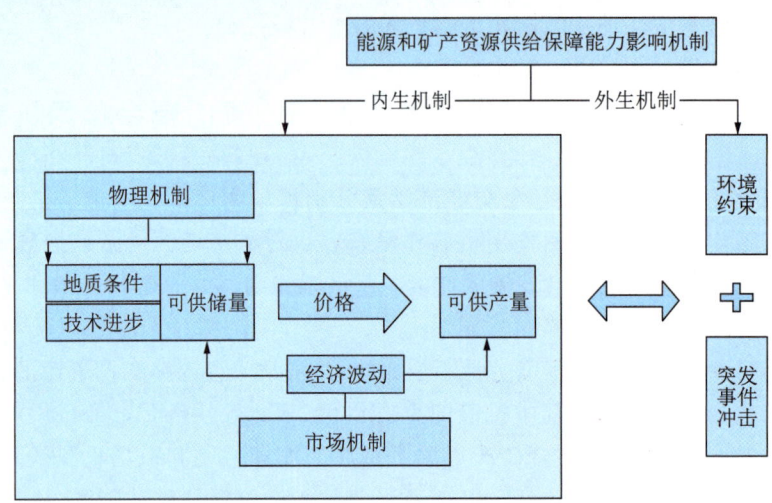

图1-8 能源和矿产资源供给保障能力影响因素作用机制

的情况十分常见(Blackwood,1992)。例如,储集层中的石油含量是岩石体积、孔隙度和孔隙含油饱和度的数学乘积。每个参数都呈正态分布,它们的乘法效应导致其结果呈对数正态分布。Ahrens(1954)的研究表明地壳中的每种化学元素都呈现对数正态的等级数量分布。因此,在矿产资源储量管理中,矿产资源品位和资源量间对数正态分布的假设已经成为基本定律,计算公式如下:

$$\begin{cases} R_e = -\gamma \ln O_m \\ \gamma \in R_+ \\ O_m \in (0,1) \end{cases} \tag{1-3}$$

式中:$R_e$ 表示矿产资源的储量;$O_m$ 表示矿石品位。

同时,另一个影响矿产资源物理机制可供性的重要因素是矿产资源的勘探开发技术。技术在创新过程中并不存在总的不确定性。Acemoglu(2002)提出了技术创新增长理论。假定矿业技术公司可以自由地进行开发研究,其中,矿业公司在研发技术上的投入为 $M_R$,技术产出为 $T_R$。假定该研发技术产生的专利最终在部门间的流动率为 $\eta_R$,则专利的研发成本是 $\frac{1}{\eta_R}$。因此,技术的产出和投入之间呈线性关系[式(1-4)]。尽管单位时间内的可研发技术数量是固定,但在给定的时间间隔内,新技术的数量会随着时间的推移而增加。并且,技术研发知识会随着时间的推移得到更广泛的普及。

$$T_R = \eta_R M_R \tag{1-4}$$

与利用低品位矿产资源密切相关的是矿业的技术研发。随着开采力度的加大,开采品位低的矿石越来越难。想要继续开采还需对尖端的技术予以更多的支持。Schwerhoff 等(2019)指出,技术创新的边际效益递减,矿产资源的边际收益递增,技术水平与资源储量间保持线性关系,意味着每单位新增储量的技术成本 $\mu$ 不变[式(1-5)]。

$$O_m = e^{-\mu T_R} \tag{1-5}$$

综合式(1-3)~式(1-5),资源可采储量最终与技术投入之间是线性关系[式(1-6)],表示技术投入对资源开采量的边际收益。

$$R_e = \gamma \mu \eta_R M_R \tag{1-6}$$

总之,物理机制变量之间的内生关系是显著的。随着开发和利用强度的提高,开采资源的品位逐渐下降,开发难度也随之增加。矿业公司通过对开采技术的投资,研究先进的开采技术,降低开采成本或难度,进而增加对低品位矿石的开采强度,最终实现矿产资源的可持续供应。

### 2. 市场机制

保障供给能力的市场机制维度是指价格因素如何影响可供性,即在现有定价下,矿产资源的产量是多少。在市场机制中,通常假定在特定时期资源的供需情况处于平衡状态,进而得到资源的价格[式(1-7)]。

$$Q_{it}^D(P_{it}^D; Z_{it}^D; X_{it}) = Q_{it}^s(P_{it}^s; Z_{it}^s; X_{it}) \tag{1-7}$$

式中:$Q_{it}^D$ 表示矿种 $i$ 在 $t$ 时的需求量;$P_{it}^D$ 表示矿种 $i$ 在 $t$ 时刻的需求价格;$Z_{it}^D$ 表示影响矿种 $i$ 需求的核心内生解释变量;$X_{it}$ 表示影响供需的外生解释变量;$Q_{it}^s$ 表示矿种 $i$ 在 $t$ 时的供应量;$P_{it}^s$ 表示 $i$ 在 $t$ 时刻的供应价格;$Z_{it}^s$ 表示影响矿种 $i$ 供应的核心内生解释变量。

依据 Hotelling 模型的基本假定,矿产资源价格是利率的复利形式增长。因此,我们假定矿产资源市场供需价格皆呈对数线性模式,进而得到价格相关函数形式[式(1-8)和式(1-9)],最终设定矿产资源市场出清条件则是均衡价格,即供应价格等于需求价格[式(1-10)]。

$$P_{it}^D = \alpha_D Q_{it}^D e^{\beta_D Z_{it}^D + \gamma_D X_{it}} \tag{1-8}$$

$$P_{it}^s = \alpha_s Q_{it}^s e^{\beta_s Z_{it}^s + \gamma_s X_{it}} \tag{1-9}$$

$$P_{it}^D = P_{it}^s \tag{1-10}$$

市场机制的关键在于供需平衡,无论是 Hotelling 模型还是 CAC 曲线,供应价格和需求价格的平衡是最终市场出清的条件。市场机制主要是围绕着价格来评估可供性,这是物理机制没有办法反映出来的。物理机制中的技术开发成本、品位在市场机制中均是以价格形式反映的,而价格这一指标,在纯粹的市场机制研究中,并未考虑技术研发等间接成本。因此,两者之间属于互补关系。因此,利用单一的机制对可供性评价并不科学与完整。

### 3. 外生机制

外生机制主要包括环境规制和突发事件的冲击,其影响机制基本上是相同的。无论是环境规制还是突发事件,主要直接影响矿山的经营生产,进而对矿产资源的可供性产生影响。环境规制和突发事件可能导致在产矿山直接关停,即环境规制或突发事件导致了在产的矿山停止生产,如我国生态保护区内的矿业权退出、新冠病毒感染疫情等导致的矿山关停等。就矿山生命周期而言,在产矿山的关停通常是矿山生命停止行为,本书将其定义为矿山关停风险,这是一种典型的 Cox 比例风险发生机制。比例风险回归模型又称 Cox 回归模型,是由英国统计学家 D.R.Cox 于 1972 年提出的,是一种半参数回归模型。该模型以生存结局和生存时间为因变量,主要用于评估众多因素对生存期的影响。

$$h_i(t,X)=h_0(t)\exp\left(\beta X+\rho\frac{P_i^{close}}{P_i^{open}}\right) \quad (1-11)$$

式中:$h_i(t,X)$ 表示 $t$ 时矿山 $i$ 的关停风险;$X$ 表示影响矿山生命周期的内生因素;$P_i^{close}$ 表示矿山 $i$ 关停后的市场价格;$P_i^{open}$ 表示矿山 $i$ 不关停的市场价格;$h_0(t)$ 表示初始状态下的矿山生命周期分布。环境规制与突发事件主要通过影响矿山是否关停,进而影响模型的参数变化。

## 三、我国能源和矿产资源供给保障能力的主要短板

综合来看,我国能源和矿产资源供给保障能力建设和提升主要存在以下几个方面的问题。

### 1. 矿产品的对外依存度高且缺乏矿产品定价的话语权

中国的矿产资源生产能力随着不断取得的矿产勘探新成果而不断攀升。然而,我国新增资源储量跟不上储量消耗增长速度,大宗矿产品生产供给跟不上实际消费增长速度,矿产资源缺口不减反增,使得我国矿产品对外依存度不断升高,这是受资源禀赋制约和"压缩式"工业化发展路径驱动的结果。目前,我国天然气对外依存度为41.81%,石油对外依存度为70.41%,对外依存度超过70%的矿产有铜、铁、锂、镍等,对外依存度超过95%的矿产有铬、钴、锰等。过高的对外依存度使得中国的能源供应深受国际市场钳制,国家经济安全受到严重冲击。

近年来,我国积极规划海外矿业投资项目,积极参与全球矿产治理体系变革并积极发挥引领作用,国际影响力日趋提高。我国还是世界矿产的最大进口国,石油、铜、铝、铅、锌等矿产品进口量居世界第一,但投资与消费大国的身份并没有为我国争取到相应的矿业定价话语权。一方面,发达国家掌控矿商品的定价权和交易规则,运用期货交易把握市场定价机制的主导权,从而使需求方在定价方面基本没有话语权。另一方面,分散的国内采购、恶性竞争、相对落后的勘探开发技术等也削弱了我国的矿产定价话语权。矿产品定价话语权的缺失使我国在国际矿产品交易中往往只能成为价格的被动接受者,被迫"高买低卖",给我国造成了巨大的经济损失。

### 2. 战略性矿产资源供给保障能力不足

战略性矿产资源是国家资源安全的命脉,对国家经济、国防和战略性新兴产业的发展起着举足轻重的作用。2016 年,经国务院审批通过的《全国矿产资源规划(2016—2020 年)》,首次将石油、天然气、煤炭、稀土、晶质石墨等 24 种矿产纳入战略性矿产目录。将战略性矿产列为全国矿产资源宏观调控和监督管理的重点对象,将在国家资源配置、财政投入、重大项目建设、矿业用地审批等方面享受优先地位,可以提升国家资源安全供给能力与有效利用水平。战略性矿产资源供给保障能力研究是我国能源和矿产资源保障能力研究最核心的

话题。

目前,我国战略性矿产资源供应能力与需求还不够匹配。这主要体现在3个方面:一是战略性矿产资源国内储量和生产能力不足。从数量上看,我国六成以上的战略性矿产资源储量在世界占比很低,石油、天然气、铁、铜、铝、镍等15种战略性矿产的资源储量占全球比重均不足20%。尤其是影响能源安全的石油,其储量仅为全球总量的1.5%,而煤炭的储量也仅为全球总量的13.2%。二是战略储备品种、规模与资源安全形势不匹配。目前石油、天然气等能源矿产和钴、锂等新兴产业发展急需的金属矿产是国际争夺的焦点,但我国对于大部分这类矿产的储备与开发尚不充分。三是国内生产应急机制不健全,战略储备不足。传统战略矿产资源应急治理模式下的碎片化、滞后化问题等弊端,在全球疫情持续变异扩散、俄乌冲突等突发事件的考验下更加凸显。

### 3. 环境污染问题严重,矿产品的资源利用率较低

由于国家矿产资源生产格局的调整,部分开采与利用水平低下、不符合当前需求情况的矿山企业被淘汰,矿业资源利用率稳中有进。《全国矿产资源节约与综合利用报告(2020)》显示,"十三五"时期,随着采选技术水平的提升,多数矿产资源的开采回采率及选矿回收率均有所提高,特别是有色金属选矿回收达到了较高水平。但有用组分回收、共伴生有用组分综合利用效率还有很大的上升空间。据统计,我国矿产资源总回收率和共伴生矿产资源综合利用率平均分别为30%和35%左右,比国际先进水平低20%。在品种上,我国综合利用的矿种只占可以开展综合利用矿种总数的一半左右。在数量上,我国铜铅锌矿产伴生金属冶炼回收率平均为50%左右,发达国家平均在80%以上,相差30个百分点左右。我国伴生金的选矿回收率只有50%～60%,伴生银的选矿回收率只有60%～70%,与国外先进水平相比均落后10个百分点左右。

另外,目前国内对矿山废渣、废气、废水等方面的治理尚处在发展初期,特别是数量较大的尾矿、固体废弃物等的开发与应用尚处于起步阶段。部分矿山企业生态环境保护意识薄弱,环保设施不完善,导致治理不到位甚至没有治理的"三废"被排入环境。"三废"给土地、大气、地表水和地下水带来了大量的污染,在短期之内难以治理。

# 第二章 新时代能源和矿产资源国际贸易风险分析

中国是全球能源资源和矿产资源的生产大国与消费大国,能源与矿产资源的开发利用是我国经济发展的重要物质基础,攸关国计民生和国家战略竞争力。美国地质调查局(United States Geological Survey,USGS)数据显示,在全球统计的40多种矿产资源中,我国能源和重要矿产消费量中占全球比例超过50%的矿种有12种,超过40%的有23种,其中包括石油、天然气等能源资源,铁、铜、铝等大宗矿产和锂、钴、镍、稀土等关键矿产资源。自然资源部运用积极的矿业权管理政策,服务经济社会发展大局,在调整矿产开发结构、转变矿业发展方式、提高大宗紧缺矿产保障能力、保护优势矿产等方面取得明显的成效。然而,面对气候变化、环境风险挑战、能源资源约束等日益严峻的全球问题,能源资源和矿产资源发展仍面临诸多的风险挑战。为提高我国能源资源和矿产资源市场国际话语权,我国应全面推进能源消费方式变革,构建多元清洁的能源供应体系,实施创新驱动发展战略,不断深化能源体制改革,持续推进能源领域国际合作,使中国能源进入高质量发展新阶段。

## 第一节 我国能源和矿产资源市场国际话语权缺失原因分析

党的二十大报告明确指出,"深入推进能源革命""加快规划建设新型能源体系""确保能源安全"。我国形成了石油、天然气、矿产资源、可再生能源全面发展的能源供给体系,以能源消费年均2.8%的增长支撑了国民经济年均7%的增长。然而,全球能源治理博弈主导权仍掌握在美国等国家手中,加之以美国为首的西方国家长期对我国施行媒体霸权与平台压迫,我国能源发展仍然面临着国际话语权缺失的困境。同时,我国能源市场在诸多方面仍存在不足,在国际能源市场规则制定和话语权方面并未取得实质性进展,未能充分将市场优势转化为话语权优势,战略性新兴产业有待突破,在专利布局、产学研合作和成果转化方面与美、德、日尚存较大差距。与发达国家相比,我国在参与海外能源合作、区域和全球能源治理等方面的时间较短且经验有限,在能源企业"走出去"的过程中容易受到全球和地区及国家内部地缘政治、经济的影响。

# 一、能源资源市场话语权缺失原因

我国能源产业快速发展,但"富煤、贫油、少气"的资源禀赋特点使我国长期以来形成了以化石能源为主的能源消费结构,由此带来了生态环境破坏和能源资源瓶颈等问题。同时,我国政府向世界承诺到 2030 年碳排放达到峰值。如何在国际气候协议制约及国内环保压力下,既保障能源供给安全,又满足能源结构变革与产业结构转型的要求,促进能源、经济、社会、环境的协调发展,提高我国能源市场话语权,是我国能源领域面临的重大挑战。

## (一)石油定价话语权缺失原因

我国是全球石油消费和进口大国,在国际石油市场上已占有举足轻重的地位,但是在国际石油价格定价权方面的话语权仍不高。2021 年,我国石油产量 1.99 亿 t(同比增长 2.4%)(图 2-1),进口量 5.13 亿 t(同比降低 5.4%),进口金额 16 618 亿元(同比增长 34.4%),对外依存度为 72.05%。我国在国际市场竞争中面临越来越大的石油价格风险,如何提高我国石油定价话语权和影响力成为当前亟须研究并解决的问题。以下从金融市场、基准油市场、进口结构、石油储备 4 个角度分析我国石油话语权缺失的原因。

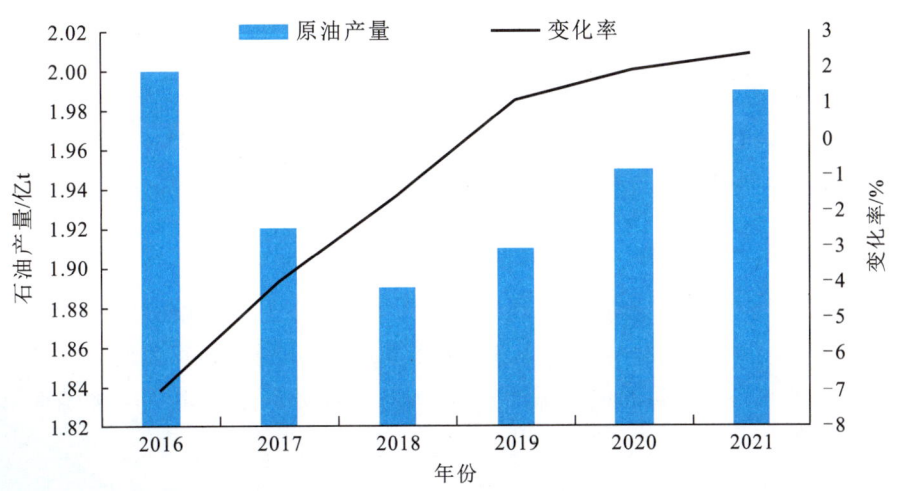

图 2-1 2016—2021 年中国石油产量及变化趋势

(数据来源:国家统计局)

**1. 金融市场因素:上海原油期货市场合约流动性、市场活跃度不高**

2018 年 3 月 26 日,中国原油期货市场在上海证券交易所正式上市交易(胡争光等,2019)。上海原油期货作为中国期货市场对外开放的第一个品种,在平台建设、市场参与主体、计价方式等诸多方面与国内现行期货品种有所不同。国外期货市场的实践经验表明,一个期货品种从上市到成熟并发挥功能需要一个逐步培育的过程,只有通过深入研究原油期货运行机制,不断进行理论创新和制度完善,上海原油期货才能更好地发挥功能。虽然上海原油期货市场运行较为平稳,但与国际成熟的原油市场(图2-2)相比,境外主体参与度有待进一步提高。目前市场除首行合约交投活跃外,次行合约与远期合约流动性严重不足,参与套期保值的交易占比小,投机较多,制约了参与主体企业套期保值等功能的进一步实现。

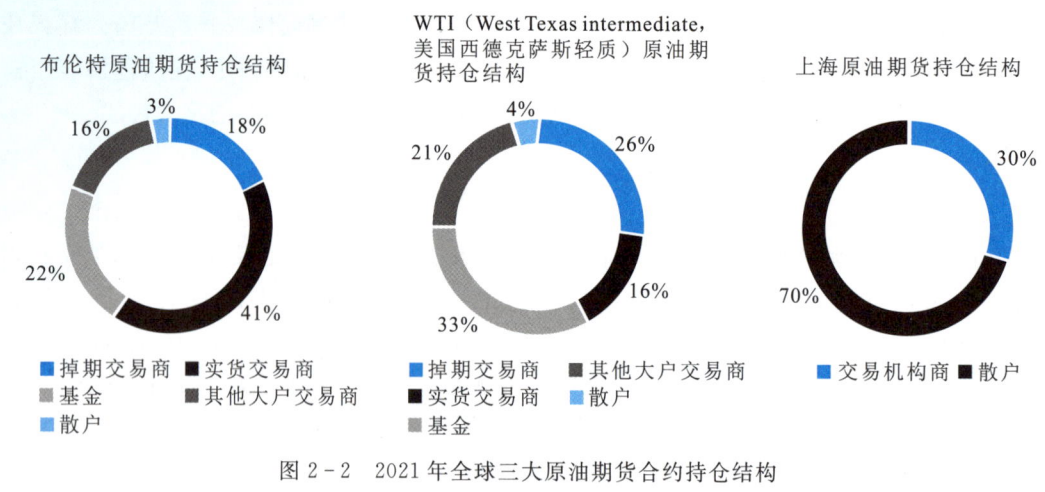

图2-2 2021年全球三大原油期货合约持仓结构

(数据来源:期货交易所)

### 2. 基准油市场因素:我国基准油参与程度较低,缺乏权威的基准价格

我国基准油参与国际石油市场的程度都较低,缺乏自己的基准油价格标准。当前,全球石油消费正在逐渐集中于亚太地区,但太平洋地区仍缺乏独立的基准原油价格标杆,特别是随着美国对中东地区依赖程度降低,WTI油价在更大程度上反映的是北美市场的原油价格。欧洲市场主要依赖于俄罗斯、非洲地区,从中东地区的进口原油占比仅为20%。作为欧洲地区进口原油基准价的布伦特价格,其欧洲化趋势愈加明显。这就意味着WTI和布伦特两大基准油价不能很好地反映全球石油市场的基本面,更不能反映亚太地区新兴市场的需求。在亚洲,新加坡港口装运的迪拜原油被视为地区原油标示等级,作为亚太基准原油价格标杆还不够权威。

### 3. 进口结构因素:我国石油进口高度依赖中东地区,议价能力较弱

我国石油已查明储量较低,截至2021年底,我国石油查明储量36亿t,占全球储量的1.5%。我国石油严重依赖进口。据海关总署数据,2015—2019年中国石油进口量持续增长。2019年,中国石油进口量达到50 572万t,同比增长了9.5%,石油进口规模创下历史新高(王迪狄,2022)。2021年我国石油进口量为51 297.8万t,较2020年的54 200.7万t减少5.4%,为近20年来的首次下降(图2-3)。

从中国石油进口国别或地区来看,我国主要向沙特阿拉伯、西非、俄罗斯等地进口石油(图2-4)。沙特阿拉伯、西非、俄罗斯等地的石油查明储量丰富,是净出口国;我国石油需求旺盛,查明储量不足,是净进口国。亚洲主要石油进口国对中东石油的依赖程度很高,而美

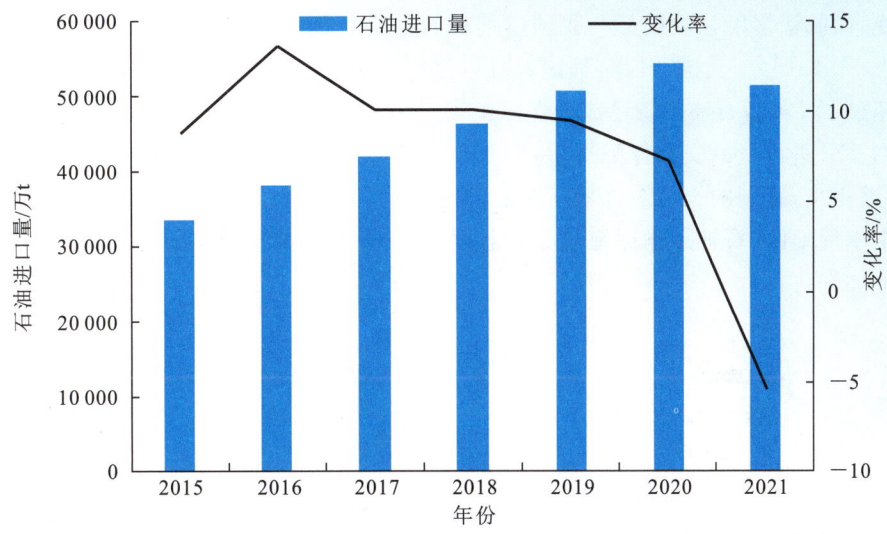

图 2-3 2015—2021 年中国石油进口量及变化趋势

(数据来源:海关总署)

国和欧洲的石油来源较分散。具体来看,美国以南美、加拿大和墨西哥的石油作为主力油源,欧洲以俄罗斯的石油作为稳定的油源。为了保证自产石油在欧美市场的竞争力,中东国家必然要在价格上让步;而对亚洲石油市场来说,中东石油处于相对的垄断地位,中东产油国在定价问题上有主导权。中东产油国也借此实行地区差异化定价。为了实现利润最大化,"亚洲溢价"长期存在。

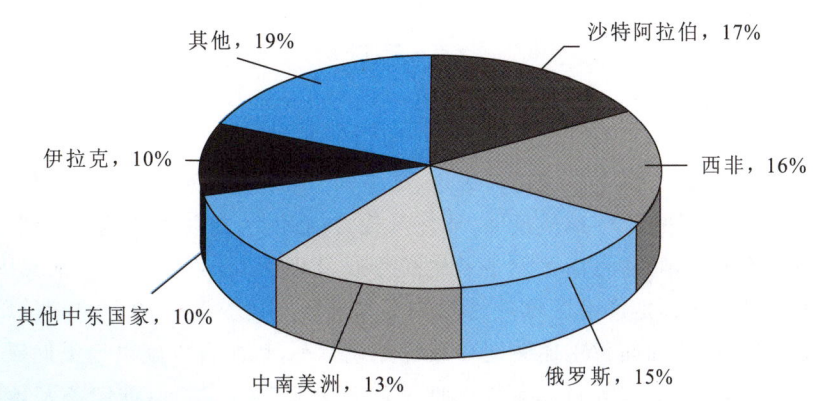

图 2-4 2019 年中国原油进口国(地区)情况

(数据来源:BP)

注:"其他中东国家"表示除伊拉克、沙特阿拉伯以外的中东国家;"其他"表示除图中所有国家之外的国家,不包括中东国家。

**4. 石油储备因素:储备基地空间分布不合理,储备主体类别和储备方式单一**

石油储备是减少国家对国际石油市场依赖的关键战略性措施。我国的石油储备体系建设起步晚,面临诸多的风险挑战。我国目前的石油储备能力与保障国家能源安全的要求差距仍较大(图2-5)。美国、日本、韩国、法国、德国作为世界上主要的石油消费国,其石油储备量都超过了100d,石油储备已成为保障国家经济稳定的重要手段。我国的石油储备规划尚未达到90d进口量的安全保障要求,石油储备能力与发达国家的差距十分明显(张帅等,2008)。近年来,我国的石油对外依存度上升至70%,仍有继续攀升的趋势,石油供应地主要集中在中东等地区,石油运输通道过于依赖马六甲海峡,风险较大,石油稳定安全供应的压力持续增加。

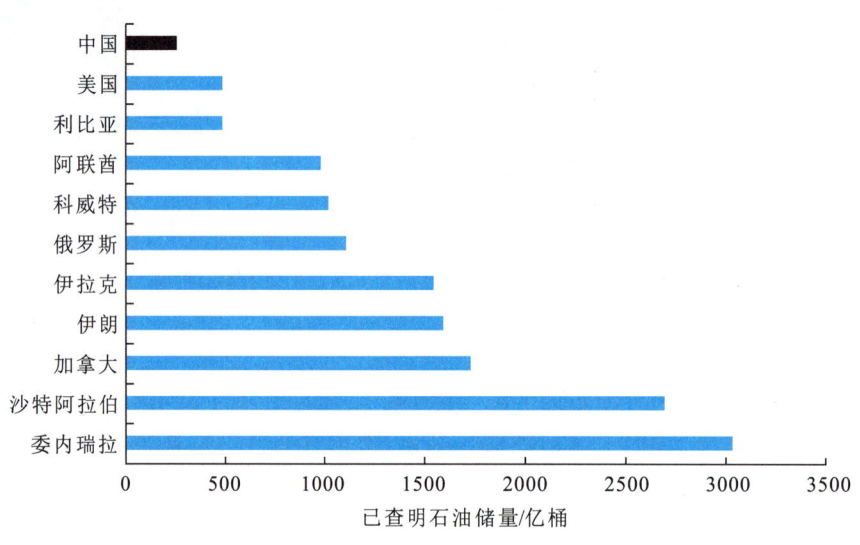

图2-5　2021年各国已查明石油储量

(数据来源:BP)

储备基地的空间分布不合理,我国现有石油储备基地空间分布亟待优化。现有的石油储备基地设施主要考虑与海上石油进口通道、陆上油气管道输送通道、石油炼化基地等相匹配,而没有充分考虑军事安全、地质条件、环境承载力、石油消费区等其他综合因素。从已公开的数据来看,除浙江镇海、舟山等储备基地位于长江以南外,其余基地都在我国北方炼化集中地区,南方沿海尤其是华南区域缺乏相关石油储备基地。我国的石油储备以政府储备为主,企业储备较少,石油储备主体类别和储备方式单一,且储备设施以地上储罐为主,利用废弃油气藏、地下盐穴、洞穴等自然条件的地下储备设施非常少。石油储备基地建设滞后,库容量不足。由于建设部分石油储备基地征地困难,我国在建的国家战略原油储备库二期工程出现工期延长现象,三期工程基地选址及落地也面临困难。此外,我国的成品油还存在储备轮换机制不完善、定价方式与市场脱节、企业社会责任储备机制尚未建立等问题(陈蕊等,2014)。

(二)天然气话语权缺失原因

天然气作为有利于经济社会可持续发展的清洁能源,已成为改善我国能源产业发展的重要选择之一。据国家发展和改革委员会、国家统计局和海关总署发布的数据,2021年我国天然气产量为 2053 亿 m³,表观消费量为 3726 亿 m³,天然气进口量为 1675 亿 m³(12 135.6万 t),其中 LNG(liquefied natural gas,液化天然气)进口量为 1089 亿 m³(7893 万 t),约占天然气总进口量的 65%,PNG(pipeline natural gas,管道天然气)进口量为 585.5 亿 m³(4243 万 t),占比约为 35%[其中,来自中亚管道天然气为 441 亿 m³,来自中俄东线的管道天然气约为 100 亿 m³(俄罗斯从 2021 年开始成为仅次于土库曼斯坦的我国第二大管道天然气进口国),其余 40 多亿立方米来自中缅天然气管道](图 2-6)。由此可知,2021 年,我国天然气供需缺口为 1673 亿 m³,此缺口量与消费量之比为 44.9%,即为当年的对外依存度(刘梅等,2020)。

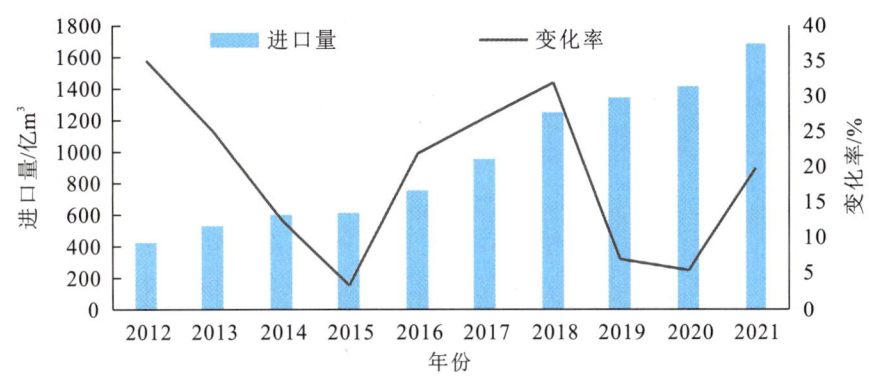

图 2-6  2012—2021 年天然气进口量及变化趋势

(数据来源:国家统计局)

在国际市场竞争中,我国天然气定价话语权缺失主要有以下原因。

### 1. 对外依存度高,存在地缘政治风险

2021 年中国天然气进口金额 3 601.0 亿元,同比增长 56.3%。2021 年以来,中国进口天然气价格整体呈大幅增长态势,进口管道气价格相对稳定,进口 LNG 价格涨幅明显。2021 年中国液化天然气进口来源国为 27 个,其中来自澳大利亚的进口量仍居首位,占总进口量的 39%,美国位居第二,占比 11%,其次依次为卡塔尔、马来西亚、印度尼西亚、俄罗斯联邦。2021 年中国管道天然气进口来源国有 6 个,分别为土库曼斯坦、俄罗斯、哈萨克斯坦、乌兹别克斯坦、缅甸、美国。2021 年中国从俄罗斯进口的管道天然气大幅增加,同比增长 154%,目前俄罗斯已成为中国第二大管道天然气供应国。数据显示,2021 年 2 月 23 日,LNG 价格为 9327 元/t,而 2 月初,其价格才为 5200 元/t 左右,受俄乌局势的影响,近期 LNG 价格已经上涨接近 1 倍。由于欧洲是天然气使用最大的地区,一旦"北溪-2"停摆,俄罗斯断供,那么全球天然气价格毫无争议地将大幅度上涨,我国也必须面对增加的天然气进口成本。但整体而言,我国天然气稳定局面可以控制,进口来源国渠道基本不会受到太大影响。

管道运输和海上运输都对我国天然气进口安全造成较大的威胁,管道运输的威胁主要

来自中亚、缅甸、俄罗斯等地区或国家地缘政治的不稳定性,液化天然气进口主要面临运输航线中的海盗抢掠、恐怖主义等风险。

#### 2. 季节性矛盾难以避免

2022年全国天然气总需求量在4070亿 m³左右,新增需求约350亿 m³,同比增长约9%,低于2021年的12.7%,增长领域主要为工业燃料和发电,4个季度增速总体将呈现前低后高走势。资源供应稳步提升但季节性矛盾仍然难免。几大石油公司持续推进勘探开发七年行动计划,预计2022年国产气可增加130亿~140亿 m³。全年可供资源合计4050亿~4080亿 m³,年度供需融合上基本平衡。但是,年内计划投产的北燃天津、新天唐山、中国海油滨海、国家管网漳州等LNG接收站基本都在10月份之后甚至年底才投产,采暖季前难以形成有效接收能力。同时,储气库建设也相对滞后,高峰月特别是高月高日保供能力仍将有欠缺,局部时段、局部地区继续承压,还需要采取需求侧调节措施。

#### 3. 天然气战略储备欠佳

储气库是天然气进行季节间资源调配不可缺少的保障设施。根据国际煤气工业联合会(International Gas Union,IGU)的标准,当天然气的对外依存度超过30%时,天然气储气库的工作气量应当超过消费量的12%。而截至2021年底,我国地下储气库工作气量约为170亿 m³,在当年天然气消费量中占比不足5%,累计建成31座地下储气库,地下储气库设计总库容增加23.93亿 m³,工作气量增加约10.02亿 m³,但对外依存度高达44.9%,战略储备水平仅维持在5%左右,与12%~15%的世界水平还有较大差距。

## 二、大宗紧缺矿产资源市场话语权缺失原因

我国虽然大宗矿产资源利用潜力巨大,但贫矿多,选矿难。这对我国矿产资源开发利用产生了非常重要的影响。在我国铁矿储量中,贫铁矿占铁矿总储量的98.1%,其他的如铜矿、铝土矿也是贫矿占比甚高。2021年,我国铁矿石对外依存度高达80.6%,铁矿石进口量的80%来自澳大利亚和巴西两国,进口矿受全球四大矿商高度垄断,四大矿商掌握着铁矿石的定价话语权。

### (一)铁矿石话语权缺失的原因

国家统计局数据显示(图2-7):2018—2021年中国铁矿石产量呈增长态势,2021年中国铁矿石产量达到了98 052.8万 t;2020年铁矿石进口量达到11.7亿 t,较2019年的10.69亿 t增加了9.4%,突破了2017年铁矿石进口量10.75亿 t的历史高位。

我国是全球最大的铁矿石进口国和需求国,大量铁矿石依赖进口。从进口国家结构来看,我国铁矿石进口来源国有30多个。自2014年以来,来自澳大利亚与巴西的铁矿石进口量占据我国铁矿石全部进口量的近80%,其中来自澳大利亚的进口量超过了60%。可以说在全球的铁矿石供应市场,澳大利亚和巴西形成了双寡头垄断的局面。我国铁矿石市场仍面临着话语权弱、对外依存度高等问题。现从以下几点分析我国铁矿石话语权缺失的原因。

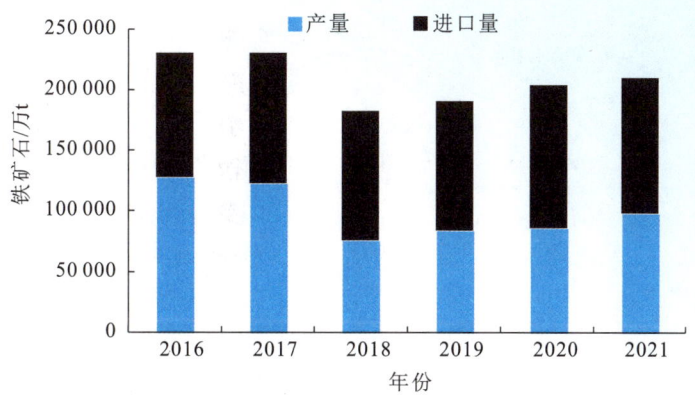

图 2-7 2016—2021 年铁矿石产量和进口量

（数据来源：国家统计局）

### 1. 国内铁矿生产方面

国内矿山受到资源和环境的双重约束，资源禀赋呈现"贫、杂、细""小、广、深"的特点。这些特点决定了铁矿企业分布"多、小、散、乱"，意味着国内矿山利用难度大、环境扰动大、安全生产压力大。在安全、环保、能耗、质量、标准等要求越来越高的形势下，小型矿山数量持续减少，国内铁矿难有大幅增产。国内矿山规模较小，发展易受国际市场影响。在国内铁矿石需求强度上升的情况下，全球铁矿石供应增长乏力，供应偏紧，使得全球铁矿石市场价格陡增，国内矿山盈利能力同步大涨。随着国际矿业巨头的复产，全球铁矿供应将再超需求，导致全球铁矿石市场价格骤降，国内矿山盈利能力受国际市场供应恢复影响而再次大幅下滑。如此，矿价频繁大幅波动，国内矿山盈利能力高低不定，不利于国内铁矿行业的健康稳定发展。

### 2. 中国铁矿进口方面

我国铁矿对外依存度保持高位，且进口矿来源高度集中。2021年中国铁矿石进口量112 432万t，对外依存度为75%，为历年来的首次下跌。国内铁矿石存在供给不足、品位较低等问题，是我国铁矿石的对外依存度居高不下的主要原因。在铁矿石供应方面，世界四大铁矿石生产公司(淡水河谷、力拓、必和必拓以及FMG)拥有大量优质铁矿资源。2021年，全球铁矿石产量约为26亿t，其中四大铁矿石生产公司的铁矿石产量合计约为10.85亿t，占全球产量的41.73%。我国钢铁行业的铁矿石进口也主要来自这四大矿商(图2-8)，且近年的铁矿石进口额达到全球铁矿石贸易总额的一半左右(高波，2021)。经济全球化使得我国铁矿石行业暴露在激烈的国际竞争环境中。基于我国铁矿石资源的巨大需求，国际铁矿石贸易商联合起来操控国际市场，调高铁矿石价格，这对我国(支柱产业钢铁行业)的健康发展产生了巨大打击。境外优质铁矿资源生产基地建设进展缓慢，且权益矿占比低。目前，我国海外投产权益矿产能仅7300万t，占全年进口量的6%，与韩、日等发达国家海外权益矿比例仍有较大差距。

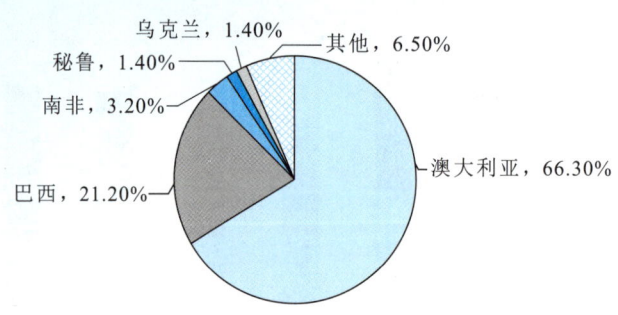

图 2-8　2021 年中国铁矿石进口来源及其占比

（数据来源：海关总署）

### 3. 铁矿石价格方面

我国进口铁矿石价格从 2011 年的 163.8 美元/t 先降至 2016 年的 56.3 美元/t，后增至 2020 年的 101.7 美元/t，再增至 2021 年 5 月的 230 美元/t，随后迅速下降至 2021 年 12 月的 102.6 美元/t。进口矿价格大幅波动，极大增加了我国钢铁行业的铁矿资源保障风险。高矿价下黑色产业链上游国外矿业公司和钢铁企业及下游的用钢企业利润分配模式已完全失衡，从巴西或澳大利亚开采出的铁矿石到岸成本仅为 30～40 美元/t，但销售价格却远高于成本价，严重侵蚀钢铁企业及用钢企业的利润空间，对钢铁上下游产业的可持续发展造成极为不利的后果。

目前，国内铁矿石价格发现功能尚不明显，定价机制重塑未能取得实质进展，铁矿石定价都由卖方主导，我国在铁矿石定价方面没有话语权的局面并没有得到有效改善。目前，铁矿石现货市场定价机制主要依赖普氏指数进行定价，而普氏指数与期货市场呈正相关关系，导致期货市场与现货市场联动性明显，铁矿石金融属性增强，易受市场投机影响，使价格容易受铁矿石金融产品及其衍生品的过度投机影响而剧烈波动（侯永丰，2021）。

## （二）铜话语权缺失原因

2021 年，我国铜行业运行总体平稳，价格高位震荡。据国家统计局数据：2021 年，精炼铜产量 1049 万 t，同比增长 4.6%，两年平均增长 3.5%（图 2-9）；铜材产量 2124 万 t，同比下降 0.9%。据中国有色金属工业协会统计，2021 年全年现货均价 68 490 元/t，同比上涨 40.5%。2021 年，铜精矿（实物量）、铜废碎料分别进口 2 340.4 万 t、169.3 万 t，同比增长 7.6%、79.6%；粗铜、精炼铜、铜材分别进口 93.7 万 t、362.7 万 t、56.4 万 t，同比下降 9%、22.3%、7.4%。2021 年，未锻轧铜及铜材出口 93.2 万 t，同比增长 25.2%。

铜资源话语权缺失的原因有以下几点。

### 1. 铜冶炼产业结构性矛盾凸显

一方面，我国铜精矿资源短缺，对外依存度高。USGS 数据显示，2021 年我国铜储量 2600 万 t，仅占世界储量的 2.97%。铜矿资源可采储量持续下降，相关研究表明，在现有技

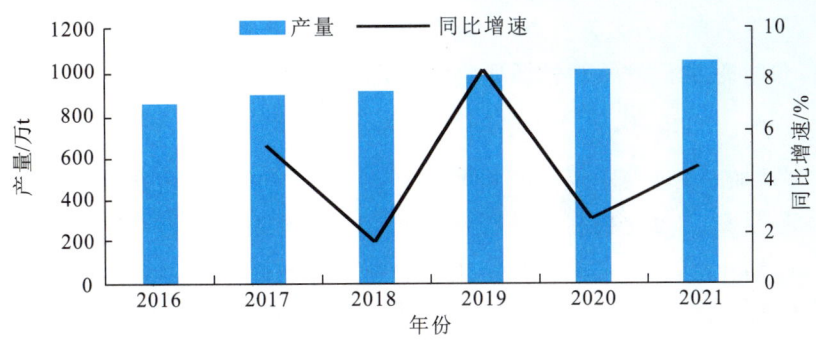

图 2-9 2016—2021年中国精炼铜产量及同比增速

（数据来源：国家统计局）

术经济条件下，国内能开采出来的铜矿仅有 3500 万 t，大多位于青藏高原等生态脆弱区。中国是铜消费大国，铜精矿进口量持续增长，对外依存度不断加大，加深了铜资源出口方对我国铜加工产品定价的影响程度。另一方面，我国铜冶炼产能利用率不高，产能过剩加剧。2021 年我国精炼铜产能已达 1354 万 t，然而 2019 年精炼铜产量为 1 048.7 万 t，产能利用率仅约为 77.5%。

2. 铜产业集中度较低，高精铜产品匮乏

当前，中国经济仍处于快速发展阶段，工业化和城市化的发展必然带来铜需求的增长。铜消费量持续增长的同时，铜产业迅速发展扩张，这种无序增长和盲目扩张导致了铜产业相关企业集中度低下的问题（马骏，2021）。铜产业结构整体呈现出规模小、分布散、发展混乱的特点，集中度低下使得国内许多铜加工企业处于初级水平，产品存在同质化问题，铜产业竞争激烈，利润空间小。从我国铜加工行业市场集中度来看，2021 年铜加工代表企业产量 $CR_2$（$CR_n$ 指该行业前 $n$ 家企业的行业集中度）的值为 15.01%，相较于 2020 年增长了 2.78 个百分点；2021 年铜加工产量 $CR_6$ 的值为 28.07%，相较于 2020 年增长了 3.16 个百分点（图 2-10）。总的来看，铜加工行业的集中度有一定程度的提高，但仍然较低。

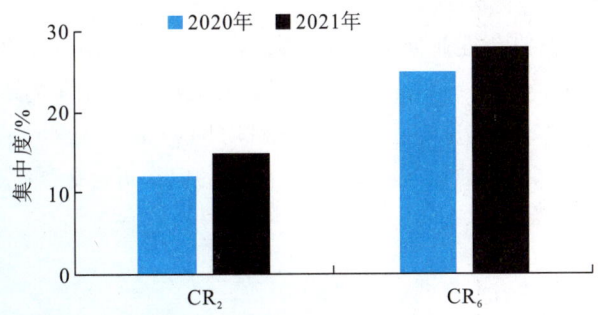

图 2-10 2020—2021年中国铜加工企业的 $CR_2$ 和 $CR_6$

（数据来源：相关公司年报汇总）

铜企业获得银行信贷支持的门槛较高。很多铜企业,尤其是中小铜企业获取信贷资金困难,而技术研发需要投入大量资源,且存在较大的研发风险,使得铜加工企业研发进程搁置,采用压低价格的方式竞争,恶性循环后导致国内高精铜产品匮乏。

### 3. 企业创新能力不强,竞争能力差

我国许多铜加工企业技术装备水平低下,产出规模小,产品技术含量低。与当前世界铜材生产的大型、精密、自动化控制发展趋势相比,我国铜材生产企业与发达国家之间还存在很大差距。尤其是在研发资金投入不足、整体创新能力薄弱、自主知识产权的核心技术研发不足等方面表现得尤为明显。我国铜材生产的熔铸、轧制等工艺技术与国际先进水平相比仍比较落后,缺乏先进技术装备,无法应对日趋激烈的国际化竞争。

综上所述,我国铜加工产业的整体实力与国际先进水平相比还有很大的距离,需要不断提升我国铜加工产业的竞争力(杨宏明,2006)。

## 三、关键矿产资源市场话语权缺失的原因

关键矿产(锂、锡、铷、铍、铌和锰等)在我国储量较大,但因技术和其他条件制约,回收利用率较低,产量较小。我国盐湖卤水型锂资源丰富,这类锂矿分别占我国锂资源储量和查明储量的89.8%和85.1%,但是普遍具有较高的镁锂比值,开采和提取难度大。另外,我国硬岩锂(即伟晶岩型锂辉石矿)资源丰富,找矿潜力大,尤其近年在川西甲基卡一带和西昆仑大红柳滩查明了多个超大型矿床。但由于这些矿产地处偏僻,交通困难,电力不足,近期难以大规模开采。由于一些关键矿产开采成本较高,市场需求极其有限,所以大量矿产资源难以开发利用。以下以关键矿产中的锂为例来分析中国话语权缺失的主要原因(张苏江等,2020)。

我国是全球第一大锂资源消费国和第二大锂资源国,但本土供应能力较差,现有供应体系对外依存度较高。我国锂资源分布具有3个方面的特点:

(1)矿石种类齐全,以液体卤水锂矿为主。

(2)矿产地分布广泛,但储量相对集中于几个省(区)。

(3)锂矿主要分布于5个成锂区带。

据中国有色金属工业协会锂业分会发布的数据,2021年我国锂行业保持了较快增长速度:碳酸锂产量29.82万t(产能约50万t),同比增幅约为59.47%;氢氧化锂产量19.03万t(产能约26万t),同比增幅约为105%。我国利用国内盐湖卤水(6万t)、锂云母精矿(6万t)及锂辉石(1万t)、回收含锂废料(3万t)生产的锂盐折合碳酸锂当量约16万t,锂原料的对外依存度约为65%(图2-11)。

### (一)我国锂资源供应能力弱、开发成本高

我国锂储量居全球第二,但整体上盐湖锂资源品质和外部开发条件较差,开发难度大,成本高,供应能力较弱。

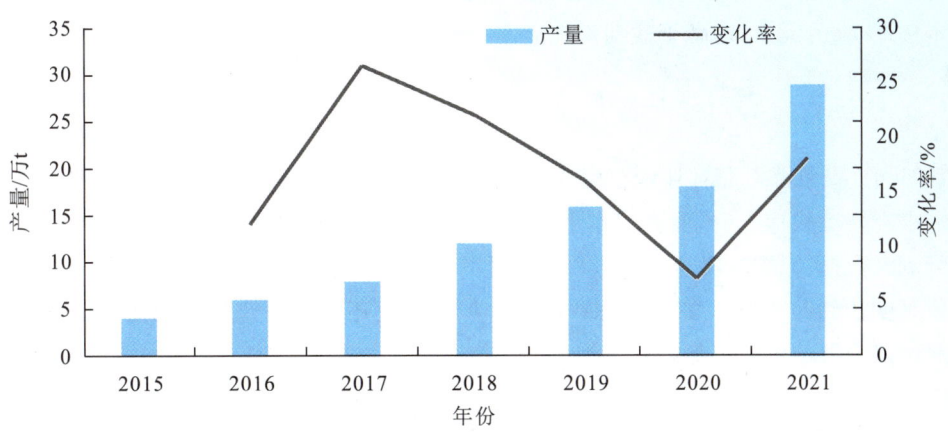

图 2-11 2015—2021 年中国锂产量(折合碳酸锂)变化情况
(数据来源:金属工业协会)

青海柴达木盆地是我国锂资源量最丰富的地区(图 2-12),但品位偏低,镁锂比值高,分离难度大(周园园,2019)。察尔汗盐湖锂资源储量占到我国盐湖锂的 40%,但其氯化锂品位仅为 96.4mg/L,镁锂比值高达 500 以上,约为南美优质盐湖氧化锂平均品位和镁锂比值的 1/60 和 80 倍(阿塔卡玛等南美优质盐湖的平均品位在 6000mg/L 以上,镁锂比值仅为 6.4)(卢正源等,2021)。这导致我国青海盐湖锂资源的开发平均成本为 4 万元/t,约为南美优质盐湖的 2 倍。

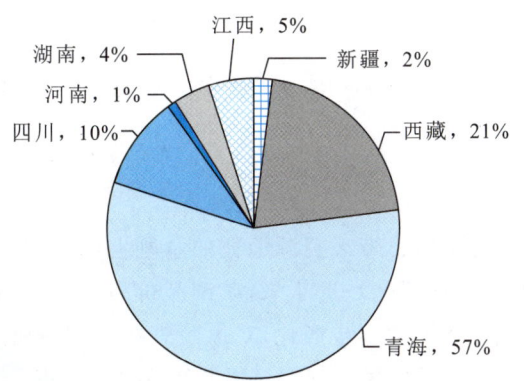

图 2-12 2021 年中国查明金属锂资源储量分布
(数据来源:国家统计局)

锂辉石矿、锂云母矿属于硬岩型锂资源。锂辉石矿主要分布在四川西部地区。由于此地区海拔高,基础设施差,因此,锂辉石矿的开发受到很大限制,目前,基本处于停滞状态。锂云母矿主要分布在江西宜春地区。由于锂云母矿的成分较锂辉石矿的复杂,提锂成本较高,而且锂云母主要从铌钽矿尾矿回收利用,产能扩张也会受到铌钽等资源开发规模的限制。目前,国内进口澳大利亚锂辉石在国内提锂成本高达5.8万元/t,利用国内的锂云母提锂成本接近10万元/t,远高于盐湖提锂成本。

### (二)我国锂资源对外依存度高

2021年,我国锂资源对外依存度为65%。未来,随着我国新能源汽车的产业发展,锂资源的需求会持续快速上升,而我国本土锂资源供应能力较弱,供需缺口将长期存在。预测到2025年,我国锂资源需求将达到43.38万t,而本土供应能力仅为18万t,缺口达到25.38万t,对外依存度达到58.5%。如果考虑我国锂盐加工产业还需要一定的资源进行加工后出口,那么我国锂资源的供应形势将更加严峻。

### (三)海外锂资源投资布局和供应存在结构性失衡

全球的锂资源供应能力较强,但我国海外锂资源投资布局和供应存在结构性失衡的问题。为弥补国内供应缺口,包括天齐锂业、赣锋锂业等10多家企业纷纷到海外进行锂矿资源开发和布局,供应我国锂资源需求,但海外锂矿投资过度集中于澳大利亚的锂辉石资源。2017年我国从澳大利亚进口的锂辉石原矿和精矿占总进口量的80%,从智利和阿根廷进口的盐湖锂产品仅占20%,所进口的澳大利亚锂辉石矿产主要来自我国企业在澳大利亚的投资项目。锂辉石矿开发成本较盐湖锂平均高出1.4倍,抵御市场价格波动风险的能力较差,一旦锂资源价格出现较大下降,将直接威胁我国在澳大利亚锂矿投资项目的运行,进而威胁到我国锂资源安全供应。

## 第二节 新形势下矿企海外投资面临的问题及实现路径

我国国民经济的持续高速增长带来资源消耗的急剧上升,国内矿产资源保障程度明显不足,对国外资源的依赖性越来越强。近年来,矿产品价格的飙升,反过来刺激矿产勘查投资,投机行为愈演愈烈,风险意识被逐步淡化,对风险管控不到位将会导致投资回报无法达到预期,因此,矿业行业投资项目的风险管理显得尤为重要。本书从结构性权力的视角以及生产、金融、知识和安全4个维度,构建了中国对外矿业投资安全保障体系。

### 一、矿企海外投资现状

近年来,中国海外矿业投资数量之多、规模之大、节奏之快令人目不暇接。不论是中国铝业集团有限公司洽购力拓资产,还是中国海洋石油集团有限公司收购尼克森石油公司,中国海外资源投资始终是国外媒体的热点话题。在过去30年里,中国企业海外资源投资足迹遍及62国,加拿大、澳大利亚是主要东道国,博茨瓦纳等陌生国度正渐入眼帘;油气、煤炭等能源类矿业最受青睐,占投资总宗数的22.5%。

### (一)中国对外投资总体概况

2020年,中国对外直接投资净额(简称流量)为1 537.1亿美元,同比增长12.3%(表2-1)。其中:新增股权投资630.3亿美元,占41%;当期收益再投资716.4亿美元,占46.6%;债务工具投资190.4亿美元,占12.4%。

截至2020年底,中国2.8万家境内投资者在国(境)外共设立对外直接投资企业(以下简称境外企业)4.5万家,分布在全球189个国家(地区),年末境外企业资产总额7.9万亿美元,对外直接投资累计净额(简称存量)25 806.6亿美元(表2-1)。其中:股权投资14 777.3亿美元,占57.3%;收益再投资7 860.4亿美元,占30.4%;债务工具投资3 168.9亿美元,占12.3%。

表2-1 2020年中国流量、存量分类构成情况

(数据来源:《2020年度中国对外直接投资统计公报》)

| 指标分类 | 流量 | | | 存量 | |
| --- | --- | --- | --- | --- | --- |
| | 金额/亿美元 | 同比/% | 比重/% | 金额/亿美元 | 比重/% |
| 合计 | 1 537.1 | 12.3 | 100.0 | 25 806.6 | 100.0 |
| 金融类 | 196.6 | -1.5 | 12.8 | 2 700.6 | 10.5 |
| 非金融类 | 1 340.5 | 14.6 | 87.2 | 23 106.0 | 89.5 |

联合国贸易和发展会议(United Nations Conference on Trade and Development,UNCTAD)《2021世界投资报告》显示,2020年,全球外国直接投资流量7399亿美元,年末存量39.1万亿美元。2020年,中国对外直接投资净额、累计净额分别占全球投资流量、存量总额的20.2%和6.6%,流量位列全球流量排名的第一,存量位列第三(中华人民共和国商务部等,2020)。

自2012年以来,中国连续10年位列全球流量前三(表2-2),对全球经济的贡献日益凸显。2020年中国流量约为2002年的57倍,首次位居全球第一,占比达两成(图2-13)。中国对外投资在全球直接投资中的影响力不断扩大。

### (二)中国对外矿业投资概况

自2000年以来,我国积极推动实施"走出去"战略,充分利用国外和国内两个市场,促进国内经济社会的快速发展。2002—2016年,我国对外直接投资连续快速增长,2016年更是达到1 961.5亿美元的历史最高值,仅次于美国,位列全球第二;采矿业在我国对外直接投资活动中曾一度占据主导地位,但近年来的占比整体呈下降趋势(表2-2)。

# 提高能源和资产资源供给保障能力研究

表 2-2 2002—2021 年中国存量和流量以及行业分布情况

(数据来源:中华人民共和国商务部)

| 年份 | 全行业总计 流量/亿美元 | 流量排名 | 增长率/% | 存量/亿美元 | 存量排名 | 采矿业 流量/亿美元 | 占比/% | 存量/亿美元 | 占比/% | 科学研究、技术服务和地质勘查业 流量/亿美元 | 占比/% | 存量/亿美元 | 占比/% |
|---|---|---|---|---|---|---|---|---|---|---|---|---|---|
| 2002 | 27.0 | 26 | — | 299.0 | 25 | — | — | — | — | — | — | — | — |
| 2003 | 28.5 | 21 | 5.6 | 332.0 | 25 | 13.8 | 48.4 | — | — | 0.06 | 0.2 | — | — |
| 2004 | 55.0 | 20 | 93.0 | 448.0 | 27 | 18.0 | 32.7 | 59.5 | 13.3 | 0.2 | 0.3 | 1.2 | 0.3 |
| 2005 | 122.6 | 17 | 122.9 | 572.0 | 24 | 16.8 | 13.7 | 86.5 | 15.1 | 1.3 | 1.1 | 6.0 | 1.1 |
| 2006 | 211.6 | 13 | 72.6 | 906.3 | 23 | 85.4 | 40.4 | 179.0 | 19.8 | 2.8 | 1.3 | 11.2 | 1.2 |
| 2007 | 265.1 | 17 | 25.3 | 1 179.1 | 22 | 40.6 | 15.3 | 150.1 | 12.7 | 3.0 | 1.1 | 15.2 | 1.3 |
| 2008 | 559.1 | 12 | 110.9 | 1 839.7 | 18 | 58.2 | 10.4 | 228.7 | 12.4 | 1.7 | 0.3 | 19.8 | 1.1 |
| 2009 | 565.3 | 5 | 1.1 | 2 457.5 | 16 | 133.4 | 23.6 | 405.8 | 16.5 | 7.8 | 1.4 | 28.7 | 1.2 |
| 2010 | 688.1 | 5 | 21.7 | 3 172.1 | 17 | 57.1 | 8.3 | 446.6 | 14.1 | 10.2 | 1.5 | 39.7 | 1.3 |
| 2011 | 746.5 | 6 | 8.5 | 4 247.8 | 13 | 144.5 | 19.4 | 670.0 | 15.8 | 7.1 | 0.9 | 43.9 | 1.0 |
| 2012 | 878.0 | 3 | 17.6 | 5 319.4 | 13 | 135.4 | 15.4 | 747.8 | 14.1 | 14.8 | 1.7 | 67.9 | 1.3 |
| 2013 | 1 078.4 | 3 | 22.8 | 6 604.8 | 11 | 248.1 | 23.0 | 1 061.7 | 16.1 | 17.9 | 1.7 | 86.7 | 1.3 |
| 2014 | 1 231.2 | 3 | 14.2 | 8 826.4 | 8 | 165.5 | 13.4 | 1 237.3 | 14.0 | 16.7 | 1.4 | 108.7 | 1.2 |
| 2015 | 1 456.7 | 2 | 18.3 | 10 978.6 | 8 | 112.5 | 7.7 | 1 423.8 | 13.0 | 33.5 | 2.3 | 144.3 | 1.3 |
| 2016 | 1 961.5 | 2 | 34.7 | 13 573.9 | 6 | 19.3 | 1.0 | 1 523.7 | 11.2 | 42.4 | 2.2 | 197.2 | 1.5 |
| 2017 | 1 582.9 | 3 | −19.3 | 18 090.4 | 2 | −37.0 | −2.3 | 1 576.7 | 8.7 | 23.9 | 1.5 | 216.8 | 1.2 |
| 2018 | 1 430.4 | 2 | −9.6 | 19 822.7 | 3 | 46.3 | 3.2 | 1 734.8 | 8.8 | 38.0 | 2.7 | 442.5 | 2.2 |
| 2019 | 1 369.1 | 2 | −4.3 | 21 988.8 | 3 | 51.3 | 2.8 | 1 754.0 | 8.0 | 34.3 | 2.5 | 460.1 | 2.1 |
| 2020 | 1 537.1 | 1 | 12.3 | 25 806.6 | 3 | 61.3 | 4.0 | 1 758.8 | 6.8 | 37.3 | 8.7 | 605.8 | 2.3 |
| 2021 | 1 788.2 | 2 | 16.3 | 27 851.5 | 3 | 84.1 | 4.7 | 1 815.1 | 6.5 | 50.7 | 2.8 | 450.8 | 1.6 |

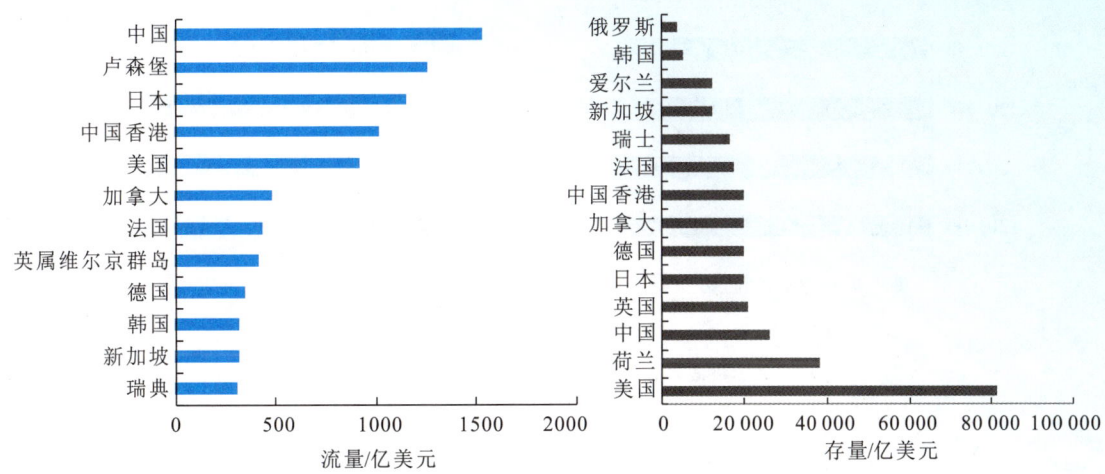

图 2-13  2020 年中国与全球主要国家(地区)的流量及存量比较

(数据来源:《2020 年度中国对外直接投资统计公报》《2021 世界投资报告》)

### (三)矿业投资格局的演变

#### 1. 投资主体的变化

自 2004 年以来,矿业就成为了中国对外投资四大行业之一,中国矿企在全球都比较活跃,从最早由国有企业主导,到现在民营企业所占比例越来越大。矿企在海外进行投资的方式也愈加多元化。

从企业性质看,早期到海外投资矿业的多是国有企业、国有地质勘查单位。自 2011 年后,民营企业加入得越来越多,目前民营企业数量占比达 90% 左右。金融危机后,部分有实力的个人、机构投资者通过私募资金、组建联合体等方式,加入到海外矿业投资者的行列中。2019 年,中央企业和单位对外非金融类流量为 272.1 亿美元,同比增长 18%;地方企业对外非金融类流量为 897.4 亿美元,同比下降 8.7%,占全国非金融类流量的 76.7%,较 2018 年下降 4.3 个百分点。2019 年中国对外非金融类流量:非公有经济控股的境内投资者对外投资 588.7 亿美元,同比下降 22.2%,占 50.3%;公有经济控股对外投资 580.8 亿美元,同比增长 27%,占 49.7%(图 2-14)。

#### 2. 投资行业的变化

1)采矿业对外投资先波动上升后快速降低

采矿业曾一度是我国对外投资中的主导行业,但近年来的占比整体呈下降趋势。自 2003 年以来的我国采矿业对外投资可以划分为两个阶段。2003—2013 年为第一阶段,总体呈波动增长趋势,采矿流量在 2013 年达到最高,约为 248.1 亿美元;2013 年至今进入快速下降的第二阶段,2016 年的采矿业流量骤降至 19.3 亿美元。

2)采矿业在对外投资并购中的比重骤降

2013 年我国对外投资并购项目 424 宗,其中采矿业并购项目 43 宗,并购金额

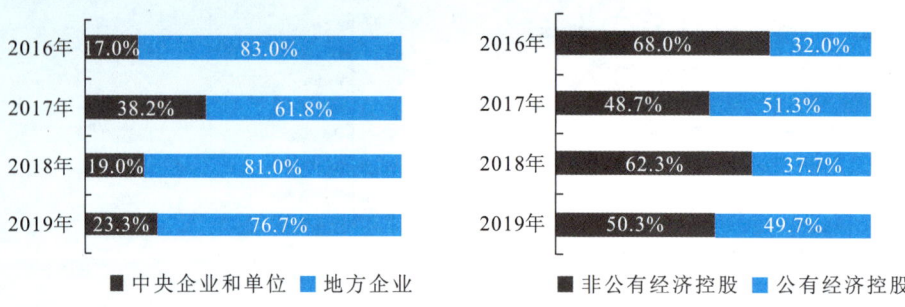

图 2-14 2016—2019 年中国对外投资变化

（数据来源：商务部、前瞻产业研究院）

342.3 亿美元。之后，采矿业对外投资并购数量不断下滑，2017 年采矿业并购项目 22 宗，涉及金额 114.1 亿美元，仅占当年我国全行业对外投资并购金额的 9.5%。

从行业类型看，跨行业、矿山企业、综合类企业的协议投资额分别占总投资额的 76%、17%、7%，跨行业企业以制造业和房地产企业居多。制造业企业投资目的是满足自身的资源需求，降低生产成本。能源与金属一直是对外投资的主要领域，除此之外，对外投资的领域伴随对外投资总金额的增加也在不断拓展，投资结构不断优化，能源投资占比在不断下降。

### 3. 投资区域的变化

经过近 30 年的努力，我国矿业海外投资项目已经遍布全球。据标准普尔全球市场情报统计，截至 2018 年 11 月，中国投资境外非油气矿山项目总计 353 个，70% 的项目集中在亚太地区和非洲地区，其中亚太地区 179 个，非洲地区 70 个。

从国家（地区）分布来看，我国矿业投资项目主要集中在澳大利亚（127 个）、加拿大（35 个）、蒙古国（15 个）、赞比亚（15 个）、南非（12 个）、刚果（金）（11 个）、吉尔吉斯斯坦（11 个）等地，其矿业投资项目数占到我国海外矿业投资项目总数的 60% 以上（图 2-15）。

从投资矿种来看，中国对外矿业投资的矿种集中程度十分明显，最主要的矿种为金（70 个）、铜（66 个）、铁矿石（59 个）、煤（53 个）。这 4 个矿种所涉及的项目共 248 个，占海外矿业投资总项目数的 70% 以上。其他主要矿种还有铀（27 个）、镍（17 个）、铝土矿（10 个）、铅（10 个）、锌（10 个）、锂（9 个）、钾盐（5 个）等。

### 4. 投资方式的变化

在 2008 年以前，我国对外矿业投资方式以传统的绿地投资为主。2008 年发生的全球金融危机使得西方很多企业面临着一系列危机，而这恰好给寻求投资的中国矿企提供了机会，中国矿企得以收购国外成熟企业的股权（朱日平等，2016）。因此，在 2008 年后，金属矿对外投资方式变成了以并购为主。2013—2014 年，绿地投资又占据主导地位。对外承包方式在 2010 年前占比微弱，在 2010 年迅猛增加，其后又处于波动变化状态（图 2-16）。

能源企业的绿地投资具体分为单项建设和一体化建设两种。非绿地投资又分为股权并购和资产并购，其中股权并购包括购买公司股份和收购勘探区块权益，资产并购则包括收购

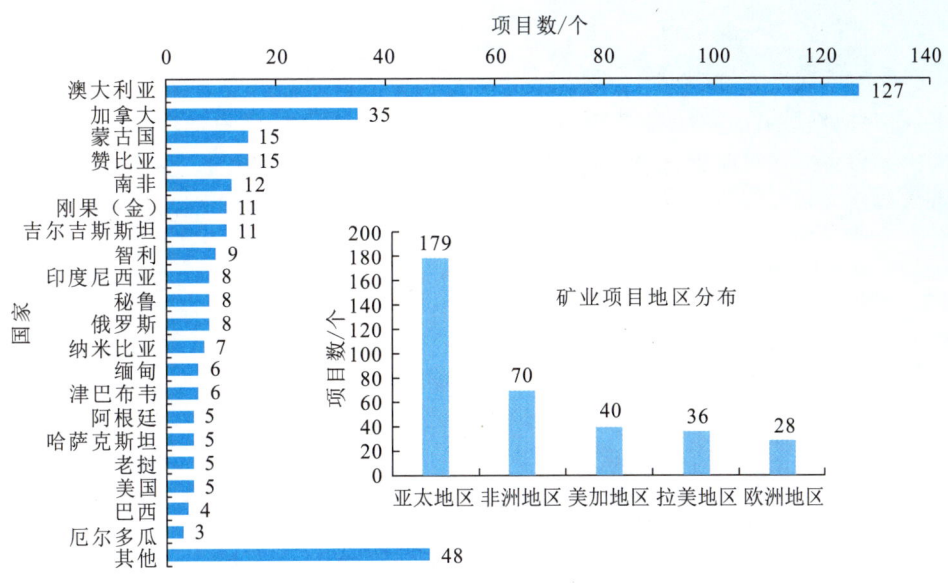

图 2-15 我国矿业海外投资项目的国家和地区分布（截至 2018 年 11 月）

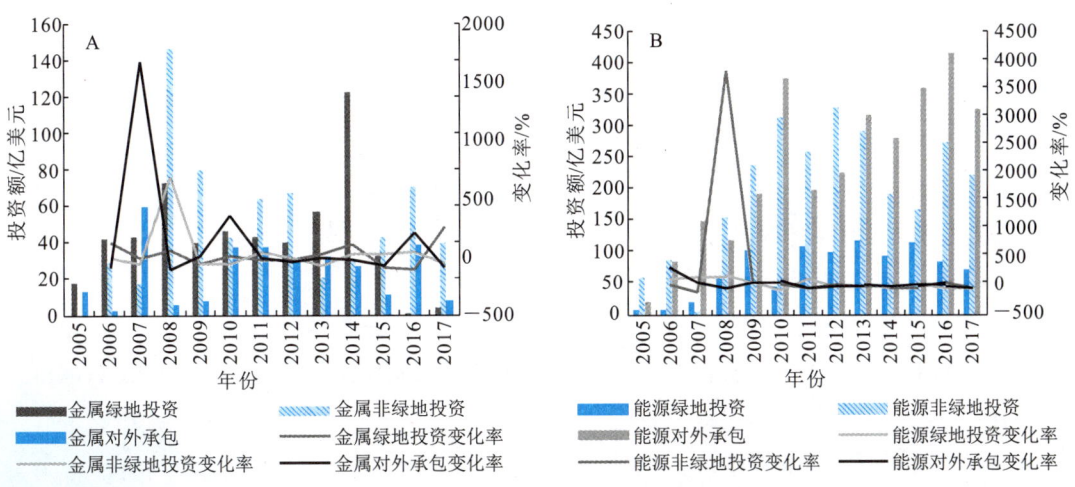

图 2-16 2005—2017 年中国对外矿业投资方式

A. 金属对外投资方式；B. 能源对外投资方式

能源公司资产和收购能源公司储量资产。能源企业在选择投资方式时，对市场规模、自然资源会展现出异质性偏好。面对市场规模较大的东道国，跨国公司倾向于选择绿地投资；面对自然资源丰富的东道国，则选择对外承包方式比非绿地投资方式的概率大。能源海外投资应向经济效益较好且风险较小的非股权投资方式过渡。

能源的海外投资方式却呈现出与金属投资大不相同的特点。在能源投资领域，绿地投资的比重始终略低，从 2011 年保持较为稳定的趋势。非绿地投资则在一开始就呈不断上升的趋势，在 2012 年达到峰值后呈波动下降趋势，而能源的对外承包方式在波动中不断上升。

总体来看,以能源为主的投资,其方式还是以并购和对外承包为主。

1) 跨国并购成为主要渠道

跨国并购已经成为中国境外投资最常见的形式。这是因为我国对外投资以股权投资方式为主,而非债权投资。2016 年我国股权投资的占比超过 80%。与绿地投资相比,跨国并购可以比较容易地获得融资,能够充分享有对外直接投资的融资便利,迅速进入他国市场并扩大市场份额。2016 年中国企业跨国并购投资总额达到 2 340.2 亿美元的高位(图 2-17)。

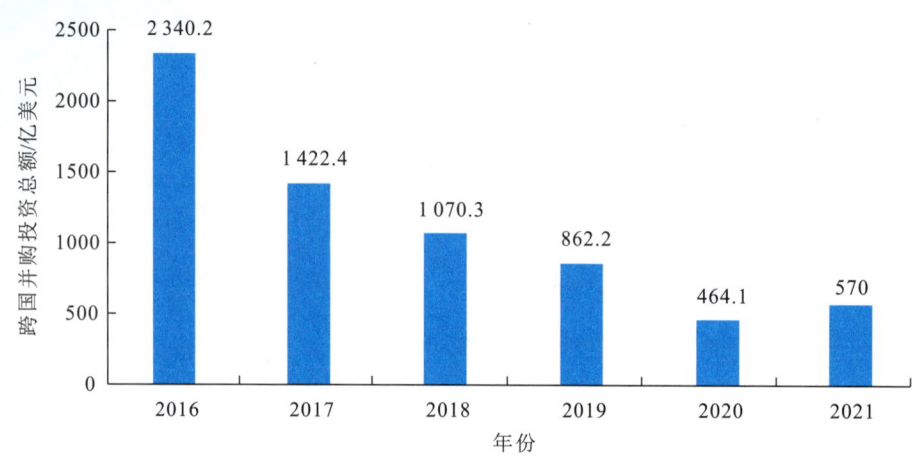

图 2-17　2016—2021 年中国企业跨国并购情况

兼并和收购已经成为中国企业投资海外矿业项目的普遍方式。通过并购企业可以迅速获得先进的技术、销售网络和占据已有市场,还可以获得已经建立的品牌和其他战略性资产。近年来,一些自然资源领域高额收购的案例不断登上新闻头版头条。中国石油化工集团有限公司、中国海洋石油集团有限公司(China National Offshore Oil Corporation,CNOOC)和中国石油天然气集团有限公司(China National Petroleum Corporation,CNPC)等国有企业已全部参与了大型跨国并购。

2) 绿地投资所占份额较小

对外矿业投资按其投资方式的不同可以分为绿地投资、非绿地投资与对外承包 3 种。绿地投资是国际投资中的传统方式,进行绿地投资的企业能够自主选择符合其战略目标的生产规模和投资区位,且能够较大程度地把控风险;但绿地投资的建设周期长,速度慢,对跨国公司的资金实力、经营经验等都有着较为严格的要求,面临的不确定性风险也较大。

在全球的投资范围下,绿地投资占比始终较小,而非绿地投资即并购收购与对外承包呈现出此消彼长的发展趋势。在 2016 年之前,对外承包金额总体上略高于跨国并购,但是在此之后,跨国并购远高于对外承包以及绿地投资,成为中国企业最主要的对外投资方式。与其他投资方式相比,跨国并购并不需要很长的建设期,因此,该方式成为了许多想要加快市场规模扩大速度,在短时间内进入目标市场的跨国公司的首选方式。另外,并购可以帮助获得目标企业的关键能力与无形资产,比如研究与开发能力、商标、商誉、技术、管理和销售渠道等,并且可以通过一定的跨领域并购来实现企业业务组合的优化。

## 二、矿企海外投资面临的问题

我国国民经济的持续高速增长带来了资源消耗的急剧上升,国内矿产资源保障程度明显不足,对国外资源的依赖性越来越强。近年来,矿产品价格的飙升,反过来刺激矿产勘查投资,投机行为愈演愈烈,风险意识被逐步淡化,对风险管控不到位将会导致投资回报无法达到预期。因此,针对矿业行业投资项目的风险管理显得尤为重要。

### (一)矿企海外投资风险识别

中国对外矿业投资起步晚,实战经验不足,投资的成功率低于30%。投资失败的主要原因可以归结为以下4点:

(1)对项目可行性的判断不足,过于看重资源本身的条件,如储量、品位等,而忽略长期投资收益。

(2)对矿区所在地的政治生态、政策和当地文化缺乏深入了解。

(3)投资成本过高。比如某些矿山位于基建严重匮乏的地区,中国企业除了矿山建设,还要修建各种配套的基础设施,导致成本大幅增加。

(4)对投资时机的把握出现偏差。例如中国的铁矿石、铜等行业都尝试过投资布局海外矿山,然而结果并不尽如人意。典型的失败案例如中信泰富在2006年收购澳大利亚Sino铁矿项目,前后耗资近百亿美元却没有带来盈利(刘凯等,2018)。

### (二)投资风险类别

#### 1. 文化风险

不同国家的意识形态、价值观念、社会风俗、民族特征、宗教信仰、语言习惯等文化因素迥然不同,这无疑给我国在其他国家的矿业投资造成很大风险。文化环境是国际投资环境的"软"环境,它并不会如政治、法律那样以刚性的政策和法规明确显现出来,但的的确确无处不在,并渗透到社会和经济的每一个角落,无时无刻不产生着巨大的影响。过去这方面的案例并不少见,如在中东地区我国投资的能源开采以及基础设施建设项目多次被宗教极端势力破坏,越南的极端民族主义活动也曾破坏我国投资项目,这些事件都说明文化风险给我国对外矿业投资造成了巨大障碍(Stopford,1998)。

#### 2. 安全风险

从世界范围来看,相当一部分国家仍处于战乱之中,国内战火频仍,局势动荡不安,同时,宗教极端势力所组织的恐怖主义活动以及极端民族主义所形成的敌对活动层出不穷,使得这些国家的国内安全形势极为恶劣,这不仅可能导致我国在这些国家所投资的产业和项目遭到彻底的破坏和抢夺,从而蒙受巨大的经济损失,还会严重威胁我国在东道国工作人员的生命财产安全,如利比亚的战争就使得我国在其国内的投资项目彻底失败;越南的极端民族主义组织煽动民众对我国企业公然进行抢夺、破坏,甚至是付之一炬,极大地破坏了我国在越南的投资产业。

### 3. 管理风险

我国在海外的矿业投资主体主要是国有企业和中央企业。经过多年的拓展和经营,目前很多投资项目已经进入正轨并逐渐产生巨大效益。然而,由于目前我国公有制经济体制和机制不完善的原因,很多投资企业和投资项目都缺乏系统、严格、科学、高效的管理,导致了决策失误和巨额亏损情况,尤其是在资金管理方面,由于审计和监管的缺失,内部滋生严重的腐败行为,投资管理存在风险隐患。

### 4. 市场风险

首先,在美国的"重返亚太"战略、日本亚太经济战略以及欧盟全球自贸区战略的影响下,我国在其他国家的矿业投资经常遭遇激烈的竞争与挑战,很多优质投资项目就此搁浅,还有很多合作项目被美国、日本、欧盟等抢夺。其次,受全球经济普遍疲软的影响,很多国家市场萎缩,需求不振,商机骤减,影响了我国的投资回报率。最后,很多国家尚未摆脱金融危机的阴影,外汇管制愈加严格,使得我国投资收益无法顺畅收回,进一步打击了国内投资者的信心。

### 5. 环境风险

众多金融机构面临的环境风险来源可分为两大类:物理风险和转型风险。物理风险是指气候事件(如极端天气事件)导致的风险,以及气候事件引发的生态系统平衡大范围改变(如海平面上升、土壤质量下降或海洋生态失衡)导致的风险。转型风险是指由社会各界应对气候变化的努力而导致的风险,包括但不限于公共政策、技术变化、投资者情绪和颠覆性的商业模式创新。

### 6. 法律风险

海外国家有着完全不同的法制传统、法治理念、法制架构和法律原则,虽然这些国家也在不断向着统一和融合的方向发展,各国法律界也通过不断的交流来增进彼此间的了解。但法律制度毕竟深深根植于社会与历史中,法律规则、法治理念的转变都绝非一朝一夕所能完成的。因此,投资这些国家,必须注意到在不同国家可能面临的不同法律问题。

## 三、对外矿业投资的实现路径

海外矿业投资涉及国家众多,各国营商环境参差不齐,同时还面临全球货币政策调整、债务风险加大、内外部政治社会矛盾交织等问题。为了保障中国对外矿业投资的安全,必须从企业、金融机构、国家层面建立风险的防范体系。因此,本小节从结构性权力的视角以及生产、金融、知识和安全4个维度(图2-18),构建了中国对外矿业投资安全保障体系(郭娟等,2022)。

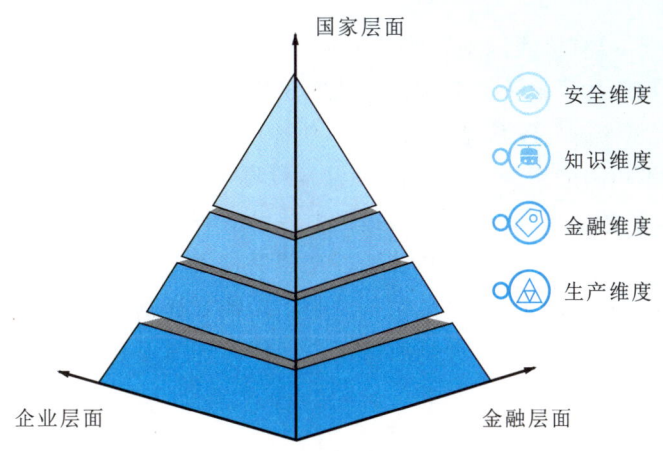

图 2-18 对外矿业投资安全保障体系的构建

## (一)3 个层面 4 个维度

### 1. 国家层面

要充分发挥政府的指导作用,提供良好的制度保障。"一带一路"面临沿线国家政治不稳定、贸易政策壁垒、社会文化差异等挑战,单靠中资企业和金融机构的自身力量是难以改变的。因此,我国要高度重视和加强政府间的沟通和制度完善,通过各类双边和多边经贸机制和制度性安排,加强与"一带一路"沿线国家的经济对话、沟通和政策协调,增进互信,扩大共识,为中资企业对外投资营造良好环境。要加强对国别风险、地缘政治风险的监测和预警,形成对外投资的风险地图,引导中资企业对外投资项目的区域和国别选择。同时,还要加强法律法规、管理服务、信用评价、风险管理等体系的建设,健全企业对外投资的配套政策,为海外投资和海外资本提供有效的保护,积极指导"走出去"企业充分利用已签署的双边投资保护协定保障自身权益。

### 2. 金融层面

要建立完善风险管理和分担机制。一方面,根据企业投资的行业领域、国别特征适时开发各类金融衍生品(包括风险互换、掉期等产品),帮助企业规避交易中的各类汇率和利率风险,提升资金安全性。特别是加快开发人民币跨境融资产品,推出大宗商品人民币计价、结算、清算、融资、套期保值等综合服务方案,降低企业"走出去"过程中的汇率风险。另一方面,金融机构也要创新运用风险分担理念,充分采用国际银团贷款、资产证券化等手段,在更大市场范围内分散和管控风险。在做大型项目时,积极利用国际金融组织担保、出口信用保险、国际商业险等手段缓释风险。在部分国别风险较高的市场,可以通过引入多边投资担保机构,拓展风险管控渠道(李璇等,2021)。

### 3.企业层面

要加强对"一带一路"沿线国别风险的识别和防控。不同企业根据其所处的行业、投资目的地的不同,所面临的风险千差万别。企业在做投资决策之前,应做好充分的尽职调查,事先对东道国的经济金融发展状况、营商环境、法律法规、地缘政治、制度文化差异等因素进行详细考查,对国别风险进行全面的评估,并预设风险防范与应对措施。同时积极利用政府以及第三方机构提供的信息和研究资源,提高对风险的识别和防控能力。进行投资可行性研究时,要平衡好项目的商业盈利性和政治外交需要,尽量选择在经济规模相对较大、营商环境较好且经济风险较低的国家投资,尤其是与中国经贸联系较紧密的国家。要加强与东道国政府的合作,一些战略性项目可以邀请东道国政府和当地有一定影响的企业、双/多边金融机构共同投资。

## (二)投资安全保障体系的构建

### 1.安全结构风险防控

安全结构是影响中国矿业投资风险的最重要结构,必须从国家战略的高度加强矿业投资风险的研究。因此,在安全结构方面加强投资风险的防控应首先着眼于安全问题,从以下几方面进行防控。

(1)强化风险的防范与控制,实施科学的决策与管理。首先,在投资方案实施的前期准备工作中,要准备得更加充分。尤其是在信息的收集方面,应全方位进行政治、社会、经济等的信息搜集,内容要尽可能地全面。内容应包括但不限于政局特点与政党执政水平、经济发展现状与经贸往来、文化传统、宗教信仰、社区关系等。信息的搜集是安全结构风险防控的基础,越全面的信息越有助于风险的防范。

其次,要对可能发生的风险进行提前的预测,树立风险管理的理念和意识,科学评估东道国的政治、社会稳定性,对各种可能出现的突发问题做好预案,强化风险预案管理。也可以根据实际情况借鉴世界上已经发展成熟的国家对外投资时风险预测的防范对策。在遇到突发风险事件时,根据已经有的预测方案,做好风险补救工作,尽可能地减少投资损失(李成章,2020)。

(2)尊重国际矿业投资规则,注重人文因素和社区建设。我国在进行矿业投资中,不可以"金钱万能"的理论来处理投资过程,尤其是针对成熟市场的时候。现今的社会理念早已经超越"金钱万能"的阶段。我国投资者不论资金实力有多雄厚,都必须沉下心来研究投资规则,尊重国际的矿业投资规则,用双赢的心态对待投资目标国民众和社区。

我国在矿业投资时,要充分考虑相关国家的民族因素、地域因素、文化因素等相关人文因素,切实地站在目标国角度分析问题,促进目标国政治、经济、文化等方面协调健康发展,实现真正的双赢。

(3)建立海外找矿信息共享与咨询平台,强化尽职调查。培育有影响的、中资背景的海外资源投资财务顾问。中国每年在海外找矿的企业不下千家,除了国有企业有一定的信息搜集和分析能力以外,大多数民营企业尤其是高端个人投资者缺乏足够的信息,也无从获得有针对性的咨询服务。客观上，需要有一个资源共享的全国性信息平台，支持大家协同出海。因此，有必要建立若干个由中方控股的实力雄厚的国际矿业咨询机构，在全球寻找优秀的地质专家、采矿工程师、法律专家和税务财会专家，为中国企业"走出去"保驾护航。

对矿业投资项目要进行充分的尽职调查。由于地域、法律和文化方面的差异，境外矿业投资风险颇多。从项目启动到开采运营的每一个环节，都可能隐藏着风险。

### 2. 生产结构风险防控

在中国对外矿业投资的风险中，由生产结构引起的风险是最多的，虽然在权重上的表现没有特别突出，没有拔尖的数据，但是数值分布非常集中，总体而言，影响明显。从生产结构出发，加强投资风险防控应从以下几方面加强部署。

(1) 在生产结构中，对投资风险影响最大的是自然因素。作为金属矿业投资项目，资源是投资的基础，获得优质资源是投资的主要目标，在选择投资目标的过程中，不应只关注宏观投资环境、目标公司情况、财务水平等信息与数据，更应在投资分析的过程中将主要精力放在资源可靠性的考查之上。针对自然因素的风险防控主要从以下3个环节进行：首先，在接触目标矿业企业之初，应在签订保密协议后尽快获得对方数据库资料，随后尽快组织专业人员，如地质专家和采矿工程师等阅读、分析各类与资源情况及资源开发情况有关的报告。其次，在完成了对现有资料的详细了解与分析后，应前往项目现场（包括靶区、矿产、冶炼厂、选矿厂等）开展实地现场尽职调查。最后，在完成现场调查及化验后，应根据得到的分析数据与目标公司提供的数据库数据进行对比研究，综合考量资源情况，对投资目标的矿产资源情况进行价值评估与风险评估，进而对投资活动提出专业化建议。

(2) 从市场环境来看，对外矿业投资主要涉及两个方面的风险因素：一方面是行业发展潜力，针对防控行业发展潜力对矿业投资造成的风险，政府需要积极做好引导，引导中国企业在投资前做好市场调研、行业分析，对某矿种未来市场供需情况进行科学的研判；另一方面是投资矿种的市场价格，我国企业参与国际资本市场活动较晚，对资本市场运作方式及惯用手法相较于西方国家来说较为生疏。投资是资本市场一项重要的资金转移活动，与之相关的运作方式、方法较为丰富，并非通过单纯的买卖关系可以体现。金属矿业投资的资金体量大，影响因素多，其中金属价格与目标企业资本运作方式对于投资活动本身影响重大，在投资前需要充分做好市场调研，根据价格波动特征分析价格波动成因，规避价格波动造成的风险。此外，中国应该积极进入以矿业为主的国家的市场，增强中国市场的影响力，提高中国的话语权，有效规避对外矿业投资的价格风险。

(3) 在生产结构中，影响矿业投资风险的另一个因素就是东道国的基础设施建设程度，特别是交通运输、水电的覆盖程度。它直接作用于对外矿业投资的具体实施。交通运输不便将直接增加矿产资源开发的难度，增加投资成本。针对基础设施建设问题，中国是基建强国，应发挥这个优势，加强与其他国家的合作，加强基建项目的拓展，为矿业投资的成功提供基础保障。

### 3. 金融结构风险防控

在金融结构方面，中国对外矿业投资的风险主要来自融资难易程度、汇率波动情况、融资利率浮动等。中国金融机构以商业银行为主,金融基础设施建设相对滞后,金融市场开放程度不高,金融产品不够丰富,投资便利化和风险管理功能比较薄弱,应加强融资风险的评估和监控。

(1) 加强融资风险的评估和监测,控制信贷规模扩张速度,提升信贷资产的质量。考虑到中美政治经济科技竞争加剧,中国的贸易顺差将会大幅下降,中国外汇储备的增长将失去动能这一新形势,因此中国对项目的金融支持规模应维持大体稳定,不宜过快增长,以免对外汇储备的资产质量造成负面影响。

(2) 加强政府间融资合作,拓展政府间合作模式。未来,第三方合作应成为政府间合作的重要模式。第三方合作指两个国家在第三国开展的市场合作。中国通过与发达国家在"一带一路"沿线国家开展第三方合作可以分散投资风险,实现与发达国家在资金、技术和海外投资经验方面的优势互补,有助于增进发达国家对中国"一带一路"倡议的理解。

(3) 坚持开放理念,对接国际规则,加强与第三方国际金融机构的合作。中资金融机构应规范融资行为,坚持开放、绿色、廉洁理念,引入并构建各方普遍支持的规则标准,推动基础设施投融资环节遵循普遍接受的国际规则标准。中国应推动与沿线国家开发性金融机构和国际大型多边开发银行的合作,积极利用现有多边和双边政府金融合作机制。通过利用银团贷款、联合融资、担保等风险分担机制,提升国际商业金融机构参与沿线项目融资的意愿。

(4) 丰富政策性和开发性金融机构的资金支持模式。除贷款以外,中资金融机构还可以通过设立投资基金、提供融资担保等方式为项目提供支持。目前,国开行和进出口行已经代表中国政府出资设立了一些合作基金,但这些官方基金仍主要由中方出资、负责运营,中方承担较大风险。国开行与进出口行可以考虑直接与"一带一路"沿线国家金融机构合作设立投资基金,并要求一定的投资回报率,投资国金融机构负责投资基金的日常运营和管理,国开行和进出口行只收取固定收益。另外,国开行与进出口行还可以与"一带一路"沿线国家金融机构共同设立担保基金,为项目提供资金担保和信用增级,包括对项目的资产证券化产品提供担保。

(5) 推动中外资商业银行银团贷款,建立银行间长效合作机制。建立银行间合作平台,形成常态化的合作机制,有助于吸纳更多外资银行参与项目融资。中外资银行将共享项目信息,分享融资经验,共同探讨项目融资合作的近、远期目标,形成优势互补和互利合作。

(6) 加强资本市场建设,推动资产证券化发展。建设债券市场可以吸引全球长期投资者,不仅有助于扩大融资规模,还能解决期限错配的问题。发展资产证券化市场,则能够动员更多资金参与矿业投资项目。单一项目未来收益的资产证券化,能够使项目投资提前回流,用于开展其他项目。对银行信贷资产的证券化,则将银行信贷资产转移到资本市场,解决了银行资金的流动性问题,并使银行不再扮演风险中心的角色。

(7) 鼓励民营资本建立海外投资的产业基金和开展公私合营项目。民营资本在融资体系中发挥更大作用,有助于分散风险,拓展股权投资,避免国际质疑。相比国有企业,民营企业往往具有更好的成本管理能力、风险意识以及运营灵活度等优势和条件,但是在自有资本实力和融资能力方面略逊一筹。通过设立产业投资基金,便可让民营企业抱团出海,共同把握投资机会,并服务于国家战略。同时,民营企业也可以通过公私合营模式,即 PPP 模式,参与投资项目。

#### 4. 知识结构风险防控

知识结构方面的风险让人理解起来比较陌生,知识结构与矿业投资关系密切,对引进外资的态度与传统文化具有密切关系,另外法律制度的完善程度也是知识结构包含的内容,环保意识与理念也是知识结构的范畴。

(1)要加强矿业投资的专业人才队伍建设,培养专业人才,学习矿业投资国的文化风俗,组建研究其他国家政治、经济、社会、文化、风俗习惯等方面并具有矿业相关知识背景的专业团队,展开矿业投资相关研究,为投资项目提供有力支撑。

(2)加强和完善国内有关海外投资的相关法律制度建设。中国对外投资的规模必将不断扩大,国内立法应当考虑到这些剩余资本海外投资的安全性。一方面,政府应当积极借鉴欧美国家海外投资的相关立法技术,为国内企业参与各国建设提供相应的国内法律支持。另一方面,投资企业要树立法律风险意识,合理规避法律风险,国内企业参与海外投资应该设立防火墙公司,隔离母公司可能承担的法律风险。

(3)要最大限度地发挥市场机制作用,吸引发达国家以及中东欧管理人才、技术人才来华开展产业及项目合作,形成跨体制、跨专业、跨区域的人才资源整合。

(4)发挥高校联盟的作用,结合不同高校优势,联合培养高层次复合型人才,并向矿业投资国派遣一定数量的留学人员,熟悉当地文化环境。鼓励跨国企业"就地取材",积极开拓和推进与沿线国家在青年就业、创业培训、职业技能开发、社会保障管理服务等共同关心领域的务实合作,培养当地人才担任相关项目的组织领导。

## 第三节 提升能源和矿产资源国际贸易话语权的路径分析

随着我国经济的持续增长及工业化进程的不断推进,国内自有资源生产能力已经越来越不能满足日益快速增长的资源需求,以至于在一定程度上影响了我国经济发展的独立性和稳定性。经济全球化给人类带来了前所未有的发展机遇,同时也带来了巨大的风险和严峻的挑战。任何国家要取得更大的经济发展成果,除了依靠国内资源和国内市场外,还要善于利用国外资源和国外市场,抓住各种机遇,积极主动地参与全球资源竞争,并建设一批可靠的境外矿产资源供应基地,争取更合理地利用更多的境外资源为我国的经济建设服务。由于我国大宗矿产利用境外资源规模庞大,而且当前境外投资开发相对滞后,使得我国能源市场对外依存度较高,市场话语权仍有待提升。

### 一、能源矿产市场话语权提升路径

"一带一路"倡议给全球带来科技、资金、人口的流动,中国的理念逐渐被国际社会认可,中国参与全球治理的合法性得以强化,这些都为中国在新时代参与建立全球能源治理新秩序提供了新的机遇。然而,为了抓住机遇,提升我国能源市场话语权,中国面临解决能源大规模开发带来的能源安全问题等重大挑战。

## (一)石油市场话语权提升路径

我国在国际石油市场上已占有举足轻重的地位,但是在国际石油价格定价权方面话语权仍不高,石油对外依存度高,石油价格风险越来越大。鉴于以上分析,以下从3个方面探讨我国石油市场话语权的提升路径。

(1)防范、化解涉油企业的经营风险。低油价往往使得石油企业流动资产损失严重,盈利能力降低,如果缺乏融资,一些高风险勘探项目将被大幅削减,油气勘探项目可能受阻。这容易导致我国油气资源资产底数不清,不利于未来中国油气供给稳定。因此,维护油气勘探开发基本稳定是一项重要任务。在原油价格较低的情况下,需要国家通过油价调控风险准备金扶持油气企业进行资源勘探项目,保障油气资源发掘工作的正常进行。可通过信贷资源优惠等措施为后续勘探项目提供更多支持(吴小飞,2019)。

低油价时更需保障合理的油气消费,保证油气企业正常经营。低油价可能会给销售企业造成零售盈利能力不高、批发严重亏损等问题,成品油企业可能会面临严重的资不抵债情形,甚至可能破产,由此更可能引发银行坏账,增加与金融风险升级。因此,国家需要关注油气企业的生存境况,通过提供适当的财政补贴帮助生存困难的油气企业渡过难关。

(2)加大国家战略储备,提升储备空间。油价暴跌显然有利于我国增加石油储备。增加石油储备需要重视两个关键问题:一是成本问题,包括运输成本、管理成本以及储备损耗成本。除了经济学上普遍认可的运输成本和管理成本外,石油在储备过程中仍然会损失大量易挥发性的轻烃成分,这是一种难以控制的非正常损耗。二是安全问题。石油具有易燃的特性,在储存过程中需要严格管理。石油泄漏会造成严重的环境污染、生态链破坏,甚至可能威胁人类的生命安全。储备石油的管理者需要时刻保持警惕,选择合适的管道设计方案,监测管道的输送压力、温度等物理特征(张炳达等,2019)。

(3)持续加大关键技术与装备攻关力度,加强油气生产技术、油气利用技术的研发。一方面,需要提升当前的油气生产技术,包括油气勘探技术和装备更新换代、石油炼化中的催化剂升级、低碳与脱硫化处理技术等。另一方面,油气利用技术也可更新升级。中国当前的能源利用效率依然低于发达国家的水平,通过增加研发投资实现工业企业降低单位产品所需的石油与天然气消费量将有利于节能减排。中国于"十一五"规划中提出单位GDP能耗下降的节能指标,然而现有研究提出要素投入结构的扭曲会造成全要素生产率的下降。低油价可以缓解由于能源结构调整造成企业生产率损失的阵痛。因此,在整体层面上降低化石能源的技术偏向程度,将有利于未来国家的能源安全与环境保护。

## (二)天然气市场话语权提升路径

2022年,全球疫情情况缓和,经济复苏,叠加"碳中和"升温,天然气需求快速增长。全球天然气市场形势出现重大变化,供需已突破周期性规律,三大市场气价大幅上涨至历史新高。在全球天然气市场供需失衡且短期内供应紧张仍将持续的背景下,我国天然气行业应从以下几个方面着手,逐步提升天然气的市场话语权。

(1)持续加大国内上产和储备能力建设力度。面对逐年上升的对外依存度,须吸收欧洲在大国博弈和对抗中天然气供应安全问题教训,同时从近两年国内外市场供需形势和价格反转中进行反思,坚定不移推进国内上游气田增储上产,加大优质产能释放力度,同时持续加大储备能力建设,强化各方保供责任,夯实资源稳定供应的基石。

(2)引导资源采购和下游销售签订中长期购销合同。2021年,我国LNG进口现货资源占三分之一左右,给资源进口商和下游用户带来了巨大的成本负担,同时给生产运行协调带来了极大的压力。建议国家统筹资源与市场,推进主要资源供应商签订中长期海外资源采购合同;引导国内上下游签订中长期购销合同,鼓励采用与国际油价、国际气价等标杆价格挂钩的灵活定价公式;利用长协LNG资源优先保障国内市场需求,在有余量的前提下寻求国际转售;推进企业间合作,走出"囚徒困境",共同在国际市场争取更大的话语权。

(3)提高接收站和管网设施公平开放水平。天然气管网设施公平开放应坚持保供与开放双重目标导向,以保供为核心任务,遵循"采暖季保供优先,淡旺季均衡优先,长协资源优先"原则。建议加强行业监管,明确新进入主体的保供责任,构建公平竞争、优胜劣汰的市场环境;加强购销合同及管容、LNG接收站窗口期履约监管,建立信用管理常态化机制;加强天然气供应安全监测预警,提升对生产运行和市场需求的监测能力;加强市场引导,以资源供应相对宽松为原则,稳定LNG现货采购规模和节奏。

(4)抓引领、扩市场、促增量,谋划行业长期发展战略。首先,应落实国家"双碳"目标,持续提升天然气在平板玻璃、卫生陶瓷、建筑材料、钢铁冶金等行业以及其他大气污染防治重点区域内燃料类炉(窑)的气化水平。其次,抓住全国加快建设统一电力市场体系契机,以气电调峰、调频及备用电源为抓手,推进一批天然气与新能源融合项目建设。加快天然气期货市场体系建设,形成竞争开放、规范有序的全国天然气市场交易环境。

## 二、大宗紧缺矿产市场话语权提升路径

受矿产资源自然禀赋制约与"压缩式"工业化发展路径的推动,我国一些重要的对国民经济发展起支撑作用的大宗矿产资源供应明显不足,供需缺口持续扩张,致使资源供应短缺与对外依赖问题非常突出。当前,我国绝大部分大宗矿产品的对外依存度都超出了50%。为了提高铁矿石、铜等重要大宗短缺矿产的供应保障能力和市场话语权,以下提出几点政策建议。

### (一)铁矿石市场话语权提升路径

我国铁矿石贫矿多,选矿难,开发利用难度大,贫铁矿占铁矿总储量的98.1%。我国铁矿石对外依存度常年保持在80%以上,铁矿石进口矿被全球四大矿商高度垄断。为提高我国铁矿石供应保障能力和市场话语权,需要从以下几点进行考虑。

### 1. 促进钢铁企业对外合作

支持钢铁企业与主流矿商进行战略合作，通过政策、金融等手段与海外铁矿石供应商签订长期采购协议，保障我国铁矿石海外资源供应量。应成立专门的海外铁矿石采购调研部门，对海外铁矿石供应商进行全面评估，合理论证拟合作投资的项目，与运行状况良好、有望形成稳定供应能力的铁矿石供应商签订长期采购协议，获得稳定优质的铁矿石资源，建立铁矿石多元化供给模式，稳定我国铁矿石国际贸易格局。应严格控制签订铁矿石国际长期采购协议存在的各种风险，包括资源性风险、市场风险以及政策与法规风险，并针对不可抗力因素所带来的风险制定详细合理的处理机制。钢铁企业应建立海外信息交流平台，及时掌握海外政策法规变化，及时采取措施控制由于政策法规变化造成的风险，合理把握采购节奏（牟小刚等，2013）。

### 2. 促进中国铁矿石行业结构调整和结构优化

钢铁企业应按照"去产能、控产量、降成本、防风险、增效益"的要求，合理安排生产，调整生产节奏，适度释放产能，合理控制库存。综合运用市场化、法治化手段，统筹处理好去产能与稳定供应、优化结构、转型升级的关系，科学精准、有序有效地去产能。组织开展钢铁行业落后产能的专项督查和清理，并对任务完成情况进行严格验收，加强事中、事后监管，保证钢铁企业改革政策顺利贯彻落实（杨倩，2012）。

在金融政策上，加大对兼并重组钢铁企业的金融支持力度，严控违规新增钢铁产能的信贷投放，支持金融资产管理公司、地方资产管理公司等多类型实施机构对钢铁企业开展市场化债转股。

### 3. 加大中国铁矿石开采研发投入

自然资源部已把铁矿石列为战略性矿产国内找矿行动主攻矿种，以规模大、采选容易的鞍山式沉积变质型铁矿和攀枝花式钒钛磁铁矿以及品位较高的矽卡岩型铁矿为重点突破方向，提高基础地质工作程度，优选可供出让的勘查区块，加大探矿权出让力度。同时，指导和督促矿业权人增加投入，加大技术研发投资，紧密结合我国钢铁企业实际情况，开发一批具有自主知识产权的核心技术和关键技术，降低国内开采成本，获得成本比较优势，稳定国内铁矿石资源供应能力。降低对外依存度，提高企业的核心竞争力，促进国内钢铁企业实现可持续发展，降低中国应对世界铁矿石价格波动风险（许拟，2015）。

把科技投入作为铁矿石战略性投资，为关键技术和重点领域的突破创新提供资金保障。设立专项科技发展资金、技术创新基金，确保科技开发投入达到一定比例。建立和完善"产学研用"相结合的技术创新体系，实施创新驱动发展战略，打造高效运行的技术创新体系。

引进消化吸收先进技术与装备，并进行再创新，开发高效绿色、低成本、短流程生产工艺技术。进一步开展地质勘查、采矿、选矿创新技术研究，争取在扩大资源掌控、充填采矿、采空区治理、地下矿柱安全预测预报、选矿攻关等技术方面有所突破和创新，着力推广资源综合利用先进技术的应用，解决矿山实际问题，达到安全高效、降本增效的目的。

### 4. 加大中国钢铁行业政府支持和引导

按照绿色可循环的理念，鼓励推广以废钢为原料的短流程炼钢工艺及装备应用。充分利用全国各地碳排放交易市场建立的时机,规范废钢铁行业发展,提高废钢比,增强废钢对铁矿石的替代效应。

建设再生资源保障体系,按照废钢铁加工行业准入条件及管理办法要求,规范行业管理,构建产业化的废钢回收加工配送体系,鼓励废钢资源回收利用。加快落实相关优惠政策,解决废钢加工环节企业税负过重的问题,降低钢铁企业使用废钢铁的成本,提高利用废钢的积极性。

推进废钢资源回收利用产业化示范基地建设,研究制定支持废钢回收利用的税收政策。在产量不变的情况下,随着国家钢铁产业政策的落地,短流程炼钢的推广力度或将逐渐加强,短流程炼钢产量占比有望逐渐增加,废钢对铁矿石的替代效应或将增强。

### (二)铜市场话语权提升路径

我国铜精矿资源短缺,对外依存度高。铜矿资源可采储量持续下降,但中国是铜资源消费大国,铜精矿进口量持续增长,对外依存度不断加大,加深了铜资源出口方对我国铜加工产品定价的影响程度。为提升我国铜定价的市场话语权,我们提出如下对策建议。

#### 1. 深挖铜资源潜力,加强国际找矿合作

自然资源部发布的《中国矿产资源报告(2021)》显示,2020年全国铜矿查明储量为2 701.3万t,其中前5名分别是西藏736.0万t、江西625.1万t、云南361.36万t、甘肃202.6万t和新疆156.9万t。和全球铜矿资源相比,我国铜矿资源相对匮乏,目前暂时无法完全满足国内经济发展的需要(胡德胜,2022)。首先,要对广大地区进行勘查,寻找铜矿资源,逐步加大对国内铜矿资源的开发力度,不断挖掘国内铜矿资源潜力,实现国内铜加工产业的稳定发展。其次,要加强国际矿山勘查和矿山开发合作,拓宽国外视野,积极寻求外部铜矿资源。加强我国西部地区铜矿的开发力度,进一步寻找新的铜矿资源。我国西部地区蕴藏着丰富的铜矿资源,亟待采矿工作者们去开采。实施铜资源"走出去"战略,加强国外找矿勘查工作,国内铜矿资源需要进一步挖掘,同时也要大力开发利用境外铜矿资源。比如可以在非洲铜矿资源丰富的国家,如赞比亚、南非投资建厂,进行铜矿的开采、选冶和矿物加工等。积极与世界各国合作,加强贸易往来并建立贸易关系,改变原先铜矿进口单一的局面,不断拓宽铜矿进口的来源,以多种形式进口铜产品等,既降低对单一国家铜材的进口依存度,又有利于满足我国日益增长的铜资源需求,解决我国铜资源紧缺问题。

#### 2. 实施集团化和品牌战略

发达国家实践表明,建立大型企业集团有很多的优点,比如有利于新技术、新产品的研发,有利于降低企业的生产成本,有利于资源和人才的合理配置,特别有利于市场开拓和竞争。目前,我国有1400多家铜材生产企业,铜材生产量位居世界第二,然而我国铜加工产业只是处于"大而不强"的境地,在市场竞争中,只有竞争,没有联合,无法保证铜加工产业的持续健康发展。随着铜材强国的铜材企业规模的不断扩大以及生产高度集中化和现代化的不断提升,通过兼并、重组、收购、投资、形成战略联盟等手段组成的大型或特大型企业集团和跨国集团纷纷进军我国市场,与我国铜加工企业竞争。我们必须清醒地认识到,建立大型企

业集团是改变目前局面、实现"大而强"目标的关键一步,也是发展现代工业的基本趋势。改组、改造、重组、联合建立大型铜加工集团,是我国铜加工企业发展的必由之路。品牌战略是企业在市场竞争中取胜的关键因素。特别是在我国铜加工产业整体竞争实力弱于铜材强国的情况下,培育品牌产品,提高产品品质,充分发挥人力资源优势,以低成本、高质量的品牌产品进行国内外市场竞争尤为重要。因此,大力实施集团化和品牌战略是世界铜加工产业重要的发展趋势,我国要快速适应现代工业的发展,培育自己的品牌,打响自己品牌的知名度,才能在国际市场立足。

### 3. 扩大产品品种和改善质量,增加有效供给

铜材作为支柱产业所必需的主要配套材料,其发展应与我国支柱产业和高新技术产业发展相适应。目前我国铜加工产业多以生产低档铜材为主,目前的技术尚无法生产很多高性能、高精度铜材,因此我国高档铜材以进口为主。现代工业对铜材提出了更高的要求,各国对高精度、高性能、高可靠铜材的需求越来越高。

为满足要求,面对日趋激烈的国际市场,今后我国铜加工产业的发展重点在于扩大产品种类和改善产品质量,向电子、通信、汽车等产业提供高精度和高性能铜材,重点发展水箱铜带、变压器铜带、电解铜箔、超长冷凝管等主要产品,特别是电解铜箔和变压器铜带(国内供应短缺,供需矛盾较大)。另外,汽车工业需要的超薄水箱铜带、空调行业需要的高散热性能空调管、电力工业需要的超长冷凝管也是短缺品种,有进一步发展的潜力。我国铜加工产业应该加快技术创新并不断进行产业结构调整,除在传统领域保持稳定发展外,还要积极与新能源产业、新材料产业等领域合作,开发新兴铜材,不断提高产品附加值,抢占高端铜材市场。因此,我国铜加工产业想要在技术层面有所突破,就应该增加科研投入进行科研技术攻关,攻克技术难题,引进国外先进生产加工车床和工艺,提高产品的质量,增加产品的品种,生产更"高精尖新"的铜材,以满足国内及国际对高档铜材的需求。

### 4. 优化产业结构,拓宽铜产业链

我国应加强与世界上铜材强国的交流合作,借鉴并学习国际先进经验和技术,以此增强我国铜加工产业科技水平。在加工技术方面,应改变原有落后的生产方式,提升铜材技术含量和附加值,促进铜材向高精方向发展,不断拓宽铜产业链。我国还应该重点研究开发经济发展中所需要的高端复合材料、信息通信材料、液压传感材料、航空航天材料等设备,不断完善和优化铜产业结构,切实提高铜加工产业国际竞争力。另外,还应该通过横向整合产业链的方法,拓宽铜产业链,减少产业链上相同类型企业数量,根据实际具体情况,使各种类型企业处在合理的范围之内,以此提高产业集中度。产业链的横向整合可以使资源得到更好的配置,扩大市场占有率,提高企业竞争力,从而获得更多的利润。铜加工产业链上下游的小型企业要因地制宜,顺应国际形势发展,改变原先"大而全"的发展模式,朝着"小而精"的专业化方向发展。小型企业或可以通过兼并、重组的方式形成战略联盟,实行集约化经营,从而改变目前产业产品品种单一、产业内部过度竞争甚至恶性竞争的状况,使我国铜加工产业形成良性发展的局面。

## 三、关键矿产市场话语权的提升路径

随着中国新能源汽车驶入"快车道",锂资源对外依存度超过七成的制约因素逐渐凸显,从长远看或将影响到国家的资源战略安全。作为新能源汽车的核心原材料,如何高效开发国内锂资源逐渐成为业内共识。中国锂资源富集,但受制于先天条件,目前的开采效率仍有待提升。要破解当前的困局,如何提升我国锂资源的市场话语权是我们需要思考的问题。

### (一)加大矿产勘查,增强国际合作

中国锂矿资源潜力巨大。2019年,中国硬岩锂(锂辉石)与卤水锂(LiCl)的资源潜力分别为878万t与9250万t,而资源查明率仅分别为25.51%和19.0%。通过几轮地质大调查,中国虽已发现大量锂矿资源,但仍有不少空白区。因此,应根据锂矿地质构造背景与成矿时空分布规律,加大基础性、公益性地质勘探投入力度,采用新理论、新方法、新技术,加强矿产资源评价,规范矿业权市场,引导和推动商业性矿产资源勘查活动,发掘新的锂矿资源潜力。首先,要在重点区域展开深入勘查,积极发现新的锂矿资源;其次,加强重点成锂带的普查与勘探,寻找新的矿床,并在诸如新可可托海等大型锂矿床深部与外围找矿,提高矿山资源储量规模及其服务年限;最后,国家还应加快制定相关优惠政策,积极调动社会资金投入锂矿资源勘查,增加锂资源远景储量,保障国家能源战略安全。

另外,要解决中国锂矿石对外依存度过高的问题,更需根据新形势下世界锂资源的地质勘查状况,坚持"走出去"战略,鼓励和引导国内条件成熟的企业积极开拓海外锂资源市场,寻求与建立境外稳定的锂矿资源供应基地。在当前"一带一路"倡议的背景下,主动加强与沿线锂资源丰富国家的沟通,引进对方国家先进的生产技术,将资源与技术、产业进行有效对接,实现双赢。还可以通过参股、控股、收购等资本输出方式组建大型跨国锂矿业集团,增强对海外优质锂资源的控制,加强中国在国际矿业贸易中的话语权与议价能力。

### (二)优化产业结构,有效利用资源

2022年8月,中华人民共和国工业和信息化部、国家发展和改革委员会、生态环境部三部门印发《工业领域碳达峰实施方案》。该文件提出,加强再生资源循环利用,推动新能源汽车动力电池回收利用体系建设。锂矿企业应由"资源—产品—废物排放"的粗放型开采模式转变为精细化、高值化、效益型开发模式,延伸采选、冶炼到提纯、回收一条龙服务的锂资源全方位综合利用产业链,促进锂产业多元化发展。依靠优质大型国有企业,引导资源合理有效配置,提高产业集中度,推进国内拥有优质盐湖锂资源的西部与具有锂中下游产品开发、精加工优势和市场的东部进行锂产业跨区域统筹联合发展与优化整合。

上游对土地、水、矿产、植被等自然资源统筹管理,中下游大力促进产业多元化与关联产业横向联合发展,形成新能源集群产业。开创国内上中下游跨区域关联合作共赢新局面,融入"中国制造2025"国家战略布局,不断培育壮大全国锂资源战略性新兴产业。具体措施如

下;以"开采科学、资源利用高效、生产工艺节能环保"理念建设绿色数字矿山;建立由科研院所、高等院校与国内骨干企业等组成的产业技术创新联盟,加大高镁锂化盐湖卤水提锂与盐田初级分离工艺科技攻关;加强研究氢化分解离子交换电池级碳酸锂生产工艺,积极推广蓝科锂业离子树脂交换吸附、青海锂业离子选择迁移合成、西藏锂业盐梯度太阳池及中国科学院青海盐湖研究所选择性离子迁移分离等提锂先进技术;综合回收利用硬岩型锂矿中铍、铌、钽与卤水型锂矿中硼、钠、钾、镁、溴、铷、铯等诸多高价值元素,促进资源节约集约利用;成立锂电产业协同创新平台,推动上游原料供应商和中游锂电生产企业及下游用户对动力锂离子电池技术、高端新材料和终端应用技术进行深度合作与科技研发,特别是对容量大、性能高的高端锂电进行研发,为满足国内新能源汽车领域大规模应用扫清技术障碍;加强电池生产与回收企业合作,形成较为成熟的废旧锂电池处置与回收循环再利用体系。

### (三)重视环境保护,构建生态矿业

要解决锂矿开采与冶炼过程中日益突出的污染问题,需要国家与矿山企业共同努力。国家应积极出台相关政策,鼓励矿山企业尽快淘汰落后产能与技术装备,积极引进先进的生产工艺和设备,推行清洁生产;严格审核工业废弃物处理设备等配套装置,以实现后期废石、废渣、废气和废水的密闭回收与无害处理,减少自然环境的污染与影响;参考世界先进国家对矿山企业征收环境保护税,并将税收收入作为部分矿复垦与自然环境恢复的专项基金。矿山企业则要提高环保意识,积极主动研发改进先进设备与生产工艺,努力提高锂矿资源利用率和回收率,并对产生的废石、废渣、废气和废水进行有效处理;与此同时,还需对矿山占用与破坏的土地进行复垦,对水土流失严重、植被退化与岩矿层采空区等一系列次生地质灾害进行勘查与整治,最终实现锂矿产业与自然环境和谐发展的新局面。

2020年初,新冠病毒感染疫情的暴发使全球经济陷入衰退,产业链供应链受到强烈冲击,主要经济体采取限制出行、停工停产等社交隔离措施,全球石油需求大幅收缩导致市场失衡加剧,能源价格不断走低。2020年4月,美国WTI原油期货价格一度跌至史无前例的－37美元/桶。美国页岩油气公司出现破产潮,但仍有反弹潜力。高度依赖石油产业的俄罗斯和沙特阿拉伯经济受到沉重打击,在持续不利的局面下,俄罗斯和沙特阿拉伯以"欧佩克＋"为平台的长期化合作趋势明显。主导全球能源治理体系的国家仍主要是经济合作与发展组织(Organization for Economic Cooperation and Development,OECD)成员国,作为需求方的发展中国家在能源治理体系中严重缺位(张锐等,2022)。

应对气候变化已成为全球能源转型的核心议题,越来越多的国家提出"碳达峰""碳中和"目标(简称"双碳"目标),加速推进能源绿色转型。2021年全球绿色能源投资支出同比增长27%,达到创纪录的7550亿美元。电动汽车销量不断增长,生物质燃料、氢能源等石油替代能源迅速发展,石油在能源消费中的占比将加速下降(汤绪,2022)。

### 四、能源矿产资源全球供给格局演变规律

2007年,八国集团首脑会议发表的能源声明指出:到2030年,国际石油、天然气以及煤

炭需求将上升1.5倍,而石油类产品的使用将占到整体需求的80%。大国政治家们讨论能源话题,绝不仅仅因为国际油价近年来持续高位运行并屡屡创出新纪录,更在于随着世界能源供应格局正在或已经发生了深刻变化(李晓依等,2022)。

### (一)石油、天然气供给大幅增加

有分析家指出,随着未来五年全球石油供应量大幅增加,当前石油供应紧张局面将被打破。根据预测,未来五年全球石油产量将增加2000万桶/d(1995—2003年全球石油产量增加了1000万桶/d。尽管未来五年全球石油增产2000万桶/d的预测似乎不可信,但是通过世界主要石油开发项目来看又是非常合理的。这些项目中包括墨西哥海湾、西非海岸和巴西海岸的大规模深水石油开发以及蕴藏量非常丰富的里海石油开发,其中每个项目都可以增加石油产量25万~50万桶/d,而且这些石油将几乎同时汇集在一起。另外,伴随着天然气利用大幅增长,天然气液和凝析油产品也将大量增加。加拿大的油砂项目和委内瑞拉的超重质和重质原油产量的大幅增加也将增加全球石油的供应量。

OPEC(Organization of the Petroleum Exporting Countries,石油输出国组织,简称欧佩克)中的伊拉克、尼日利亚等,非OPEC中的俄罗斯、巴西、苏丹和里海地区等将成为全球石油增产的生力军。俄罗斯、安哥拉、加拿大、伊拉克、尼日利亚和委内瑞拉的石油产量将新增1300万桶/d。据此,分析人士指出,世界石油紧缺局面将会由此得到缓解,未来20年内的供需关系会保持大体平衡,但此后供需关系会趋于紧张。从资源分布来看,中东—北非、中亚—俄罗斯和北美3个地区的剩余可采储量比重较大,而且待探明可采石油资源前景广泛。

### (二)油气仍是当前能源供应主体

全球贸易摩擦升级和美国能源独立,深度地影响了世界政治经济及能源发展和格局变化。化石能源清洁化和新能源规模化发展是大趋势,技术和政策将协同发力,引导未来能源转型与变革。受全球经济增长缓慢、财政空间有限和结构性制约拖累,2019年全球能源需求总量保持增长,但增速明显放缓。由于石油贸易紧张局势可能进一步升级,能源安全再次成为关注的焦点。未来世界油气消费增长主要集中在亚太地区,供应增长则主要来自美洲、中东等地(樊少华,2022)。

### (三)矿产品境外供应继续趋紧并且风险更大

油气方面,国际大型石油公司对未来前景持相对悲观态度,包括壳牌在内的诸多石油巨头加快退出油气业务,全球上游投资已连续两年不足,很多常规维护作业欠账较多,即使立即加大投资力度,短期内产量也难以迅速恢复。相较于需求增加,未来全球可能发生阶段性油气供应紧张局面。铁矿石方面,国际四大铁矿商高度垄断局面不会改变,但价格可能会剧烈震荡。新能源矿产方面,中国企业积极参与全球"抢锂"行动,但随着新能源汽车销量快速增长,如果国外增量供给受到干扰,锂资源供应短缺将不可避免,或者要付出更为高昂的经济代价。

目前,虽然我国铜、铝、锂、钴、镍的海外权益储量和产量均超过国内的,但是在地缘政治复杂多变的情况下,境外资源及时转化为国内的生产原材料,仍面临不确定性风险。特别是在近期期货市场上,嘉能可狙击青山控股集团,几内亚军政府下令全面停止西芒杜铁矿项目,五矿旗下秘鲁拉斯邦巴斯铜矿反复停产,以及俄乌冲突可能改变全球市场上的"能源话语权"等问题,均表明境外资源基地建设和境外资源稳定供应仍将面临诸多不确定性的风险。

### (四)多数资源供应地高度集中

生产集中度更高,大多数矿产产量前5位国家的全球储量占比超过80%,尤以铌、锂、稀土、钴、铬、铁矿石、铀、铝、钾盐最高。矿产供应地高度集中一方面有利于生产效率提升,另一方面易形成潜在的供应风险。欧美、日韩和中国作为最主要的需求方与南美、东南亚、非洲和澳加为主要供应国的供需分离态势形成资源利益博弈,对全球资源供应链安全和市场制度提出新的要求。

2020年,由于油价下跌,全球大部分石油勘探企业均削减了投资,在导致原油产出大幅下滑的同时,加速了行业布局调整。尤其在北美,行业集中度显著提升。埃克森美孚、英国石油公司、壳牌均在业务布局上有大动作,纷纷入局页岩油的优质区块,进一步提升行业集中度,也在一定程度上促进了页岩油潜力的释放。

推动国际能源格局调整主要有3个方面的因素。其一,国际力量对比是影响国际能源格局的决定性因素。美国之所以长期居于国际能源格局中心地位,不仅在于它特有的资源禀赋,更在于它强大的经济、政治、军事、科技实力。虽然在20世纪70年代以后中东成为世界石油生产中心,但美国依托强大的综合国力,仍然能够主导国际能源格局。其二,全球能源转型增加了消费国在国际能源格局中的话语权。进入21世纪,世界各国对气候变化和环境保护都给予了前所未有的重视,开始大力发展风能、太阳能等清洁能源。我国的《能源生产和消费革命战略(2016—2030)》明确提出,到2020年中国非石化能源占比要达到15%,到2030年要进一步提高到20%左右。新能源技术的发展和清洁能源的广泛应用,不仅对石油在国际能源格局中的"霸主地位"形成挤压,而且增加了化石能源缺乏但可再生能源丰富的国家如中国、印度等在国际能源格局中的话语权。其三,国际能源格局的转变始终伴随着复杂尖锐的斗争。从第二次世界大战结束至今,70多年间中东地区爆发了至少8次大规模的局部战争。这些战争的爆发几乎都与石油有关。围绕能源的斗争始终是影响国际能源格局的重要因素,也将是影响21世纪国际关系的重要因素。

### (五)非洲将成为全球资源供应最重要地区

非洲将成为全球资源供应最重要的接续地区,南美、东南亚资源地位进一步巩固。非洲几乎是铁、锰、铬、铝、铜、镍、钴、铂、铀等大部分金属的宝藏地。西非的铁矿石、铝土矿是世界级未开发资源,探明铁矿石资源量高达650亿t,铝土矿资源量百亿t。刚果(金)-赞比亚铜钴带探明铜资源量近2亿t,预测铜资源量近3亿t,探明钴资源量1200多万t,预测钴资源量近2000万t,未来10年有望成为仅次于南美的全球铜供应第二极。南部非洲的铬、锰、铂都是世界级的。近年来,锂、钒、钛等金属资源也有重大发现和进展。

南美是全球铜、锂、铌、铁矿石、铅锌等矿产最重要的供应来源地。东南亚红土镍矿异军突起,改变了全球镍资源的传统供应格局,镍储量和资源分别占全球的37%和50%,铝土矿、锡、稀土等资源也有巨大的开发潜力。

### (六)国际能源生产中心西移

20世纪70年代第四次中东战争爆发后,阿拉伯国家石油禁运,国际油价大幅飙升,重创欧美等石油进口国的经济发展和社会民生。这次惨痛经历让美国多任总统苦苦找寻"能源独立"之道,但鲜有良策。页岩气的发现及其规模开发,不仅让美国成为世界最大的石油生产国、最大的天然气出口国,使其迎来了能源独立的曙光,而且极大增加了美国左右国际能源市场、影响国际能源格局的底气。与此同时,沙特阿拉伯主导的OPEC由于近年来多数成员国发展乏力,内部团结和互信遭遇严重破坏以及在全球石油生产份额的不断萎缩,协调产油国共同行动的能力大幅下降。这一升一降极大地增强了美国在世界油气市场的话语权,强化了美国在国际能源领域的主导地位(石洪宇等,2020)。

### (七)OPEC供应减少,影响力削弱

近10年来,美国通过先进的水平钻井和水力压裂技术,降低开采成本,提升生产效率和石油供给能力,成功跻身世界重要原油出口国行列,深刻改变了全球石油供应格局。新冠病毒感染疫情前,美国、沙特阿拉伯和俄罗斯的石油产量之和占全球石油供应总量的近四成。2019年,北美石油供应占全球供应总量的比重升至25.6%。而OPEC市场份额降至35.3%。2020年,OPEC及包括俄罗斯在内的主要石油出口国为平衡市场供需而采取联合减产行动。根据减产协议,以2018年10月产量为基准,减产分为3个阶段:2020年5—7月减产970万桶/d;2020年8—12月,减产770万桶/d;2021年1月—2022年4月,减产580万桶/d。2020年11月,OPEC减产执行率104%,市场影响力再次下降(陈甲斌等,2022)。

### (八)疫情致美国石油短暂进口后重新恢复出口

自新冠病毒感染疫情以来,为了应对油价下跌,美国油气生产商迅速削减了产量,减少了钻探活动。截至2020年7月2日,贝克休斯报告称美国活跃钻机数量处于1987年以来的最低水平,但2020年美国石油总体仍保持净出口状态。EIA(Electronic Industries Association,电子工业协会)数据显示,美国2020年的原油出口与2019年相比总体有所增加。2020年2月,美国原油出口量达到创纪录的370万桶/d,3月下降至360万桶/d,4月下降至310万桶/d,5月份,出口量继续下滑,降至290万桶/d,6月份降至280万桶/d。

根据EIA的数据分析,2020年5月美国石油净进口量93.03万桶/d,6月为67.51万桶/d。Wind数据库数据显示,2019年9月,美国自1973年以来首次实现石油净出口国,2020年美国仍总体保持石油净出口。2021年美国原油产量为1119万桶/d,石油库存

将略有下降。EIA预计,美国2022年原油产量将增加73万桶/d,美国石油仍将继续保持净出口。

### (九)新能源快速发展 能源体系面临颠覆性重构

当前,全球能源供应结构正进入以清洁能源为主导的多元化时代,一批新的能源技术快速发展是新工业革命的重要组成部分。从全球范围来看,尽管煤炭、石油、天然气依然是主体能源,但随着技术进步和大规模示范应用过程的启动,以风电、光伏发电等为代表的新能源技术实现了快速发展,速度之快超出普遍预期。

BP指出,可再生能源的持续快速增长正在导致有史以来最多元化的能源结构。2040年,超过40%的能源需求增长将来自可再生能源。国际能源署(International Energy Agency,IEA)署长法提赫·比罗尔说,截至目前,1TW的太阳能和风电装机仅占全球总发电量的8%,到2040年这一比例将增加两倍至约24%。即使在乐观情况下,可再生能源电力增速仍不能在2050年前取代化石燃料。他呼吁,经济严重依赖油气工业的中东国家应加快转型,实现经济发展多元化。"能源转型是不可逆转的发展趋势。"

低碳化要求风电、光伏等可再生能源开发进一步加大投资力度,而这些增量投资能显著带动经济发展,创造新的工作机会。专家认为转换能源生产和消费结构可以从3个方面着手:一是要鼓励研发,降低新能源发电成本;二是适时推出碳定价政策,利用价格杠杆鼓励能源消费更多地转向非化石能源;三是在重点用能产业领域推动电能替代。当前,绿色可持续发展取得各国共识,对清洁能源的需求开始逐渐增长,这一需求的转变在客观上促进了低碳化发展。

## 五、矿产资源全球治理参与机制分析

当前,全球治理体系正经历加速转型的变化,由传统的国家间自上而下的单一驱动模式逐渐转变为包含多元行为体的混合驱动模式。特别是在矿产资源全球治理进程中,跨国公司、非政府组织、区域合作组织等非国家行为体除了扮演议题倡导和行动监督的角色,其主要治理目标不再仅仅是影响矿产资源相关谈判结果,而是转为以直接治理为导向,推动形成实质性的治理框架和体系,如采掘业透明度倡议(Extractive Industries Transparency Initiative,EITI)等。但是,在现行的矿产资源全球治理体系下,基于市场原则的全球或区域治理和基于主权原则的国家治理之间的矛盾日益凸显,尤其是在目前新冠病毒感染疫情全球蔓延的背景下,矿产资源的全球治理如何深度融入人类命运共同体的构建之中是值得深入探讨的重要议题(袁铂宗等,2021)。

### (一)矿产资源全球治理模式之基

以人类命运共同体理念为指导,倡导以"全球共同安全"为导向的矿产资源治理观,是矿产资源全球治理模式的"基"。矿产资源全球治理包含多个层面、多个维度:一是在国内层面,市场力量是矿产资源全球供应链安全和稳定的基础,而政府干预在很多情形下是市场的有效补充,是克服"市场失灵"的必备工具。政府在提高经济韧性、化解市场风险等方面具有很大的政策操作空间,建立突发性事件响应机制、促进新技术形成与扩散等都是政府影响矿产资源市场变化的重要手段;二是在国际层面,矿产资源全球供应链是一个统一而不可分割的整体,如果仅考虑各国的自主行为或策略,既不利于矿产资源全球供应链稳定,也会影响矿产资源自身供应链安全目标的实现(刘明月,2020)。

倡导以"全球共同安全"为导向的矿产资源全球治理观,全方位提升矿产资源的可持续性,是矿产资源全球治理有效发挥作用的关键所在。矿产资源全球治理就是矿产资源各类行为体之间的"优态互利共生",统筹兼顾国家矿产资源供应链自身安全与全球资源供应链共同安全,以提供矿产资源关键性基础设施为手段,以构建全球统一的矿产资源市场为目标,整合各行为体的利益诉求,实现矿产资源可持续发展的目标。其中,"优态"指各类型主体资源持续发展的生存境况,"互利共生"指各类型主体通过投资或贸易的融合发展实现帕累托改进或最优。

### (二)矿产资源全球治理模式之脉

以矿产资源全球治理包容性机制构建为目标,促使各类行为体之间相互协调、互利共生,是矿产资源全球治理模式的"脉"。面对新冠病毒感染疫情对全球经济的强大冲击,任何一方面的短板,都会使矿产资源全球供应链存在断裂的可能。我们没有理由不担心疫情过后矿产资源全球供应链的深度调整。尽管疫情带来的全球供应链冲击与维护,以及由此激发的矿产资源全球治理变革的启动机制还有待进一步观察,但毋庸置疑的是,如何重塑或在必要时创造新的矿产资源全球治理制度和安排,从而更有效地满足不同的社会需求,实现矿产资源全球可持续发展的目标,应当成为未来矿产资源治理中的一个巨大挑战。

尽管如此,维护矿产资源全球供应链稳定、安全的共同利益,只是实现矿产资源全球治理创新的必要非充分条件。矿产资源利益相关者的相对利益差异会引发各类行为体建立不相容的激励制度,如果无法有效调和这些差异同样会导致"治理失灵"。这意味着,各类行为体必须在互动中寻求共同利益,破解存在共同利益集体行动的难题,其中,包容性机制构建是关键。通过合作共赢的机制安排,促使各类行为体之间相互协调、互利共生,把矿产资源全球治理涉及的各个行为体、环节、支柱、利益都包容进来,以尽可能低的协调成本约束集体行动与合作。在具体操作上,可以考虑构建矿产资源可供性及相关产业发展全球信息共享平台,从而更好地把握矿产资源全球供应链脉搏,降低供应链维护的成本,为供应链安全早期预警机制的建立奠定基础。

### (三)矿产资源全球治理模式之核

积极发挥矿产资源全球治理伙伴关系网络的作用,推动形成公平合理和合作共赢的治理体系,是矿产资源全球治理模式的"核"。面对矿产资源全球治理的非中性问题,仅仅依靠主权国家已经不能解决矿产资源全球供应链安全问题,需要供应链中各个行为体之间的通力合作,以寻求最优的问题解决途径。随着全球化的深入与跨国矿业类企业的发展,参与矿产资源全球治理的门槛呈现不断降低的态势,形成了全球治理新的伙伴网络。非国家行为体已经成为矿产资源全球治理中不可或缺的重要一环,并且在矿产资源全球治理模式上更为灵活高效。

伴随着治理主体由传统的主权国家向多元治理行为体的转变,全球治理中的伙伴关系网络,尤其是产业网络日益重要。矿产资源全球治理伙伴关系网络是一个包含非政府组织、中央政府、地方政府、企业和其他行为体的共同组合,不同层次行为体建立起了相互连接的广泛网络。与单向治理不同,多元治理行为体可以有效联结各个行为体的需求,尤其是非政府组织在矿产资源全球治理体系中逐渐承担了越来越重要的角色,如建立矿产资源全球产业链技术联盟等。

### (四)主动参与矿产资源全球治理之策

顺应矿产资源全球供应链开放、稳定、安全的新特点,充分发挥非国家行为体的作用,是我国主动参与矿产资源全球治理的"策"。突如其来的新冠病毒感染疫情,严重冲击着全球贸易和产业链、供应链。因此,确保矿产资源全球供应链的开放、稳定、安全已成为全球共识。作为矿产资源全球供应链上不可或缺的重要力量,我国应当积极推动矿产资源全球治理体系向着更加公正合理的方向发展,同时展现大国的担当与责任,通过国内经济的内循环助力全球供应链的大循环,化危机为契机,不断扩大对外开放,提升供应链的韧性和弹性。

这就要求进一步发挥非国家行为体的作用,主要包括以下几个方面:一是加强与相关国家矿产资源治理行为体的交流和对话。了解境外矿产资源治理情况,同时协调境内外的矿产资源发展状况,为海外开展的矿业项目提供制度保障,使其具有可持续性。二是开展并深化与相关非国家行为体的合作。借助跨国公司在矿业领域的知识和行动能力,有效推进海外矿产资源开发和利用项目。三是借鉴部分非国家行为体在参与矿产资源全球治理方面的成功经验,在矿产资源话语权、国际技术与贸易领域体现国家意志,实现"民心相通"且可持续的全球及区域治理目标。四是加强我国矿产企业及资本的境外保护。在进行风险评估时纳入更多对非国家行为体因素的考量,建立相对全面的风险预警机制,尽可能避免或降低我国矿业企业及资本在境外遇到的各类风险。

# 第三章　我国能源和矿产资源生产与应急响应能力分析

能源和矿产资源是国家发展和国家安全的物质基础,而在新冠病毒感染疫情全球大流行的形势下,以及中国政府郑重承诺力争于 2030 年前"碳达峰"、2060 年前"碳中和"的背景下,资源储备不足、环境政策收紧、贸易摩擦加剧、全球疫情蔓延、俄乌冲突等突发事件给我国能源和矿产资源供给保障带来巨大风险与严峻挑战。因此,我国能源与矿产资源的生产必须坚定践行"高质量、高水平、可持续发展"道路,以完善应急体系建设为基石,以准确识变为立足点,以科学应变为落脚点,增强应急响应能力、提升应急响应效率和处置效率,从而有效应对极端气候与安全事件多发等对安全生产的威胁,克服国际能源与矿产资源产业环境对国内生产发展的不利影响,迅速减少因生产环节中的不确定性和经济形势不稳定因素的增加所导致的损失,保障能源安全生产水平。

本章主要研究我国以石油天然气、大宗紧缺金属、关键矿产为代表的能源和矿产资源的生产与应急响应能力。为此,从调研石油天然气、大宗紧缺金属、关键矿产的生产概况出发,识别影响其生产能力的因素并明确当下应急响应能力建设面临的困难和挑战,进而形成对我国能源和矿产资源应急响应能力的综合评价,最后探讨提升应急响应能力的政策建议,以期破解内生因素影响和外生因素冲击给我国资源供给侧安全带来的挑战。

## 第一节　我国石油天然气生产与应急响应能力分析

能源和矿产资源生产与应急响应能力是能源安全的重要支撑。随着经济社会的快速发展,特别是国际形势的变化,提高我国能源和矿产资源生产与应急响应能力越来越紧迫。

### 一、我国石油天然气生产概况

#### 1. 发展环境与形势

由于新冠病毒感染疫情的影响广泛持续,中国经济增速下滑态势明显,世界正经历百年未有之大变局(祁新,2020)。随着我国新冠病毒感染疫情防控取得重大战略性成果和推动复工复产的积极进展,中国经济呈现出较为强劲的复苏势头。虽然全球经济整体也处于逐步复苏的态势,但是海外疫情持续蔓延、俄乌冲突加剧,国际经济形势的不稳定和不确定因素的增加致使全球经济复苏缓慢,也给中国经济复苏带来不少风险和挑战。

能源是国家发展和国家安全的物质基础,关系着国家建设和社会经济的健康安全发展,而石油更是被誉为"人类文明社会的血液"。石油天然气属于不可再生能源,随着工业化水平的不断提升,社会对石油天然气的需求逐渐增大,石油天然气能源关系着国计民生,是国家发展的重要战略品,同时也是支持国家发展的重要支撑。

为确保具备与国家经济发展需求相适应的充足能源,预防出现因能源短缺或突发事件冲击而出现的石油天然气危机,就必须高度重视石油天然气安全问题。更为关键的是,近年来我国以石油天然气为代表的能源产业面临着经济重启复苏、产业变革深入发展、全球气候治理深入推进的新局面,这些新形势都对其生产方式、供给保障能力和应急响应效率提出了更高要求。

在数据方面,据赵国伟等(2022)的《2021年中国石油和化学工业经济运行报告》:①原油和天然气生产实现了平稳与较快增长。2021年,全国原油产量1.99亿t,同比增长2.4%,增速较2020年加快0.8个百分点(图3-1);天然气产量2 052.6亿 $m^3$,同比增幅8.2%,减缓1.6个百分点。2021年,原油加工量7.03亿t,同比增长4.3%,加快1.3个百分点;成品油产量(汽油、煤油、柴油合计,下同)3.57亿t,同比增长7.9%,2020年为下降8.1%。其中:柴油产量1.63亿t,同比增长2.7%;汽油产量1.55亿t,同比增长17.3%;煤油产量3 943.9万t,同比下降2.6%。②原油和天然气消费缓中趋稳。原油消费降幅收窄,天然气保持较快增长。2021年,国内原油表观消费量7.10亿t,下降3.4%,对外依存度72.0%;天然气表观消费量3 694.8亿 $m^3$,增幅13.6%,对外依存度44.4%。2021年,国内成品油表观消费量3.20亿t,增长10.3%。其中:柴油表观消费量1.47亿t,同比增长4.6%;汽油表观消费量1.40亿t,同比增长20.8%;煤油表观消费量3 243.7万t,同比下降2.2%。③原油进口量下降,天然气进口量持续快速增长。2021年,我国进口原油5.13亿t,同比下降5.3%;进口金额2 544.7亿美元,同比增加42.9%。2021年,我国进口天然气1 697.9亿 $m^3$,同比增长20.7%;进口金额560.9亿美元,同比增加68.4%。

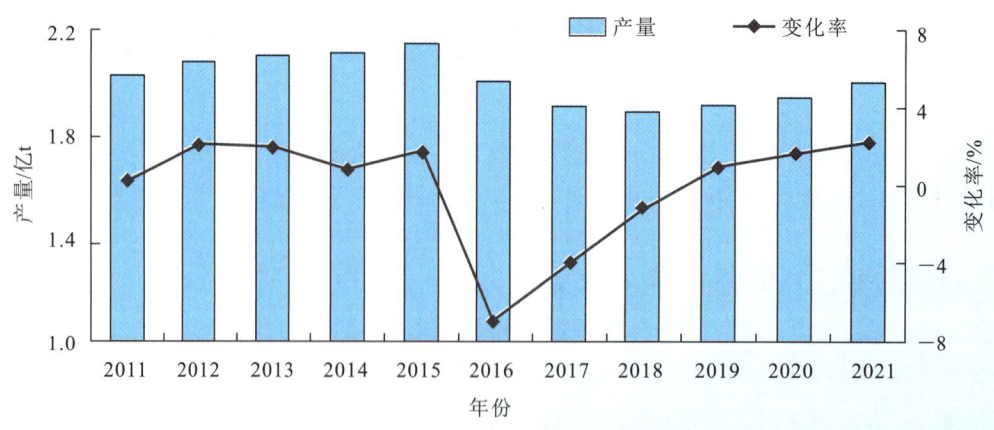

图3-1 2011—2021年中国原油产量变化情况

(数据来源:《中国矿产资源报告(2022)》)

发展特点方面:据中国日报网相关消息,2021年国内外油气行业发展的主基调是恢复和转型,2022年这一主基调仍将延续。大国博弈愈演愈烈和重大地缘政治冲突影响持续发酵,国际环境更加错综复杂严峻,不稳定性、不确定性陡升成为年度重要特点,恢复与转型中的风险问题将成为全行业需防范的重要内容。

2. 面临的挑战

(1)稳定勘探开发压力大。近年来,国内外形势不确定因素增多,市场动荡,维持我国石油天然气稳定勘探开发极具挑战。以俄乌冲突为例:俄罗斯和乌克兰作为能源大国,2022年俄乌战争的冲击导致油价持续上涨,战争的爆发使得俄、乌两国在国际能源供应体系中发挥的作用被极大限制和削弱,我国供给保障压力剧增,对国内石油天然气勘探开发规模和效率的要求急剧提高。

(2)油气行业体制改革面临现实挑战(王越等,2020)。石油天然气的生产供给能力因技术落后、资源品质下降、竞争不足等而受限。作为应对,国家实施的深化油气体制改革方案取得了一定的效果。然而,新冠病毒感染疫情、地缘政治冲突、贸易摩擦等突发事件和复杂多变的国际形势等现实挑战加大了系统性风险,打击了资本市场的投资积极性,油气体制改革的持续深入推进可能寸步难行,而已出台改革政策的落地实施也可能举步维艰。

(3)面临"双碳"目标约束和能源转型压力。据中金研究院《碳中和经济学》相关数据,能源领域产生的碳排放在我国国内整体碳排放总量中占比接近90%,可见能源行业的减排成效是"双碳"目标顺利达成的关键所在。由此预见,传统化石能源产业将面临较大的减排压力。在未来40年内,中国能源供应体系将发生结构性重塑,化石能源将逐步从主体能源向补充和备用能源转变,石油天然气行业也将面临碳减排责任大、需求逐步减缓、炼油产能趋于过剩、电能替代竞争日益激烈等多方面的挑战。

3. 总结与展望

"十四五"开启了全面建设社会主义现代化国家新阶段,在迈向"3060双碳"远景目标的背景下,我国石油天然气行业也将进入加速变革和全面推进高质量发展的新时期,"油稳气增"的特征将更加明显。中国石油经济技术研究院预计"十四五"末,石油需求将逐步接近7.3亿~7.5亿t峰值平台,天然气仍处于快速发展期,2025年需求规模将达4200亿~5000亿$m^3$;石油天然气供应保障能力将不断增强,2022年国内油气勘探开发延续加快发展态势,国家能源局印发的《2022年能源工作指导意见》明确了具体指标,原油产量2亿t左右,天然气产量2140亿$m^3$左右。

立足当下,展望未来。"十四五"及未来一段时间,我国以石油天然气为代表的能源生产供应能力和应急响应能力建设要面向"双碳"目标和新时代经济社会新形势,统筹发展和安全。以"立足安全,筑牢底线"为第一原则,以"保障安全"为第一战略取向,分三步走以实现对于能源资源保障能力的有效管控:①国家建立并完善能源安全储备制度;②完善能源运输战略通道建设和安全保护措施;③建立健全能源预测预警与应急处置机制,增强能源保障和应急处置能力,多方位保障能源安全。

## 二、影响我国石油天然气生产的因素

根据前文对能源和矿产资源供给保障能力的定义,石油天然气供给保障能力可类似定义为:在一定的地质条件、经济波动、技术进步、环境约束以及突发事件冲击条件下,从国内外可获得的石油天然气资源对经济社会发展的供应能力。基于此,本书具体划分出影响我国石油天然气生产五大因素,其中,查明储量、技术水平、市场条件为内生因素,政策因素、突发事件为外生因素。

### 1. 查明储量

查明储量作为影响石油天然气生产能力的根本因素,形成了石油天然气生产能力的物理上限。截至 2020 年,我国石油查明储量 36.19 亿 t,天然气查明储量 62 665.78 亿 $m^3$,见图 3-2、图 3-3。2006—2020 年石油天然气查明储量总体呈现稳健上升趋势,特别是自 2011—2020 年找矿突破战略行动实施以来,我国形成了一批重要矿产资源战略接续区。在油气领域,油气勘探开发形成了新格局,石油、天然气 10 年间新增探明地质储量分别为 101 亿 t、6.85 万亿 $m^3$,约占中华人民共和国成立以来累计查明储量总量的 25%、45%。页岩气勘探开发取得长足进展,川南气田年产量达到 117 亿 $m^3$,涪陵气田年产量达到 67 亿 $m^3$;发现沁水千亿立方米级煤层气田。

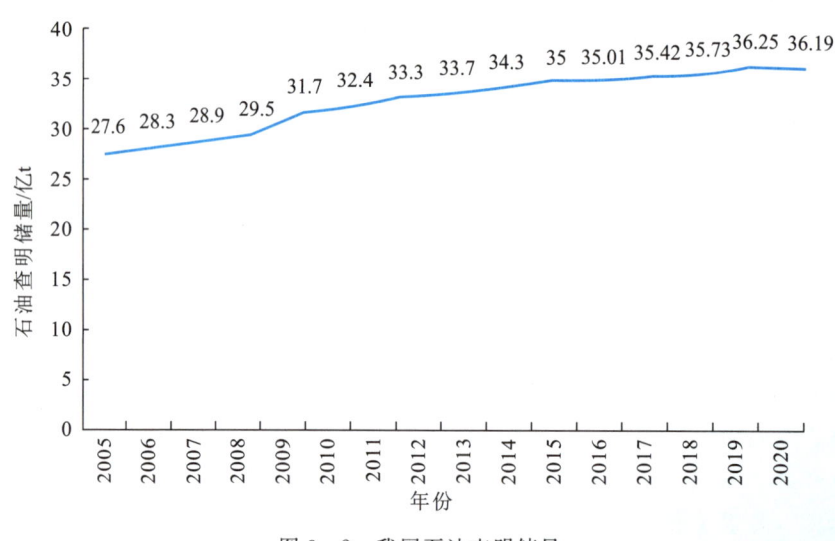

图 3-2 我国石油查明储量

(数据来源:《中国矿产资源报告(2021)》)

据《中国矿产资源报告(2021)》,2020 年通过积极开展油气资源调查评价工作,松辽盆地陆相页岩油气调查取得新进展。松辽盆地南部梨树断陷吉梨页油 1 井首次在沙河子组页岩层系中获得日产 7.6 万 $m^3$ 的高产工业气流,取得断陷湖盆陆相页岩气调查突破;松辽盆地北部三肇凹陷松页油 3 井取得日产 3.46$m^3$ 的工业油流,实现常压、中低热演化泥页岩储

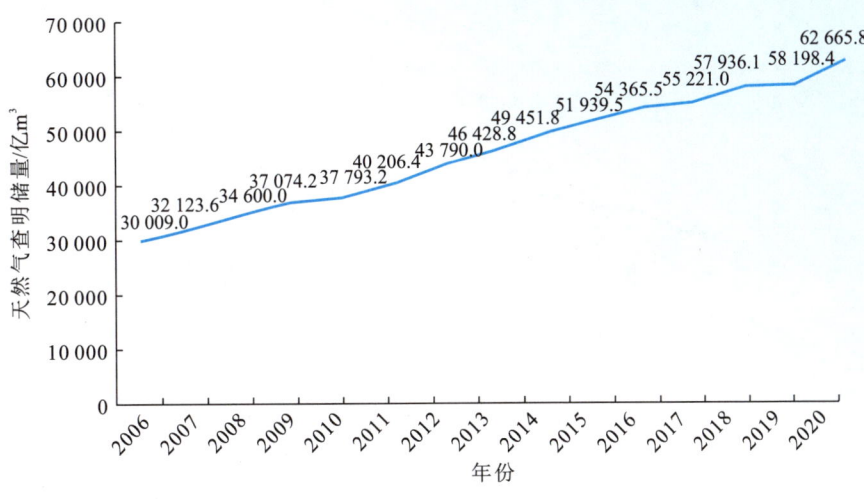

图 3-3 我国天然气查明储量

(数据来源:《中国矿产资源报告(2021)》)

层页岩油新区战略调查突破;长江经济带下游安徽地区、中游湘中地区、上游云南大关和贵州丹寨等地区页岩气地质调查取得新进展;塔里木盆地西北缘新苏地1井志留系两层压裂试气获得日产 1.68 万 m³ 和 1.26 万 m³ 的工业气流,开辟了塔西北志留系油气勘探新层系。

值得一提的是,尽管我国石油天然气查明储量情况逐年向好,但也必须认识到,我国油气田储量、产量与世界占比并不匹配的现实风险。以石油为例,我国石油查明地质储量的世界占比为 1.1%,却贡献着占世界 4%~5% 的石油产量,是所有产油国中杠杆系数最大的国家,各油田基本处于高负荷生产状态。因此,从可持续发展战略上考虑,应将国内油气生产定位于基础保障的水平,使其生产能力保持在相对合理、可负担的规模,不可过度拔高甚至透支生产能力。

作为国内生产能力的补充,在国外可得性上,2021 年我国石油对外依存度降至 72.2%,天然气对外依存度上升至 46%。

对外依存度居高不下,究其根本是供求规律在起作用,国内的供给能力长期难以满足需求规模致使我国石油和天然气的对外依存度不断提高,相应的产量、进口量与消费量的变化情况见图 3-4、图 3-5。张生玲等(2020)在《中国能源贸易形势与前景》一文中指出,亚洲、欧洲及北美洲构成世界油气市场的需求端,其中,中国是世界最大的原油进口国,2019 年中国石油进口量占全球的体量达 16.7%。从石油进口来源的层面看,中国与中东地区的石油贸易往来最为密切,2019 年我国来自中东地区的石油进口量为 2.25 亿 t,占比达到 31%。因此,从石油对外依存度的数量上看,我国严重依赖石油进口,但在石油对外依存度的质量上,我国石油进口来源向多元化发展,我国获取原油的进口国家已达 35 个,其中中东地区的沙特阿拉伯、欧亚的俄罗斯、西非的安哥拉等国位居前列,运输渠道则包括大型邮轮运输、管线运输、航运和管运相结合等。

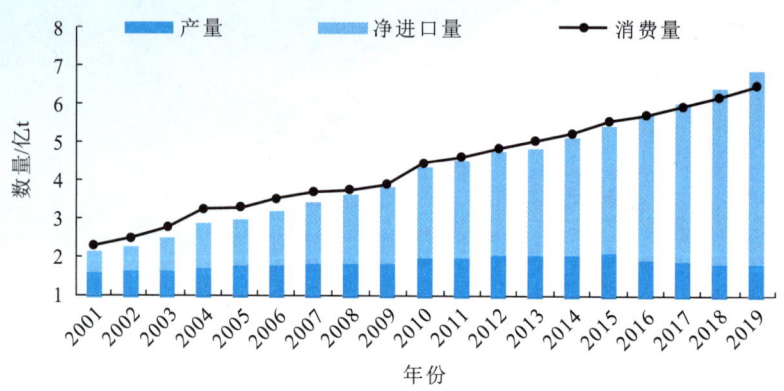

图3-4　2001—2019年中国原油产量、进口量与消费量变化趋势

（数据来源：王嫱，2020）

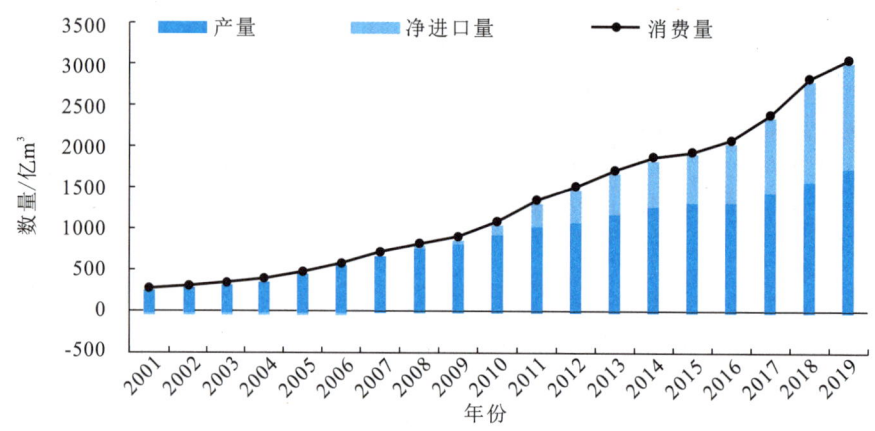

图3-5　2001—2019年中国天然气产量、进口量与消费量变化趋势

（数据来源：王嫱，2020）

天然气近年来进口贸易大幅增加，对外依存度迅速攀升，从进口来源看，中亚是我国最主要的管道天然气进口来源，澳大利亚则是我国最主要的LNG进口来源（其次是卡特尔和马来西亚）。

由上述分析可见，我国油气对外依存度水平较高。如何将对外依存度维持在可控的安全水平，如何平衡好发展与安全，是未来油气行业长期稳定发展的努力方向所在。笔者认为破题的思路在于：

一是要坚持找矿突破战略行动以加强国内油气勘探开发。坚持常非并举、海陆并重，积极扩大非常规资源勘探开发程度，如加大页岩油、页岩气、煤层气开发力度，强化重点盆地和海域油气基础地质调查与勘探，夯实资源接续基础；加快推进储量动用，抓好已开发油田"控制递减率"和"提高采收率"工作；实现老油气田稳产的同时，加大新区产能建设力度，保障持续稳产增产能力。

二是完善石油天然气储备体系，建成多元储备系统。建立石油天然气的产能储备和技术储备，着力提高安全高效生产能力和储能能力，自主供给能力进一步增强；加强石油天然气供应链稳定性和安全性，强化底线思维，坚持"立足国内、补齐短板、多元保障、强化储备"的战略要求，不断增加风险应对能力，保障产业链、供应链的稳定和发展；构建国家管网、石油天然气集团、地方政府和城镇企业四方协同履约新机制，推动各方落实能源储备责任。

三是充分发挥我国经济、政治与外交优势，用好大国形象，积极主动加强与油气资源丰富的国家，特别是周边友好国家之间的交流与合作，与墨西哥、委内瑞拉、中东国家搭建稳定良好的经贸外交关系，以保证油气进口的稳定性和协调性。在国际担当层面，我国应积极与国际社会共同完善国际能源治理体系，搭建全球能源互联网，推进油气互联互通进程，以"互利共赢、开放包容、公平有序"的共识为目标，促进石油和天然气等能源的创新发展、协调发展、绿色发展。

### 2. 生产技术水平

创新是引领发展的第一动力，其中科技创新是核心。"十三五"时期，油气产业发展取得多项理论创新与技术突破，尤其是上游勘探领域基础地质理论对标国际先进水平，油气开采与管道建设设备独创化、自主化、智能化和信息化程度大幅提升，多项技术与装备打破国外垄断，作为制约石油天然气生产能力表现直接因素的技术水平，有了质的飞跃。由此可见，技术水平的提升能够促进经济上可用石油天然气资源的扩张，反映在最终可采储量增加、石油天然气资源高效清洁开发、供给保障体系向智慧化方向发展等方面。因此，我国石油天然气生产能力的建设应重视科技创新力量，使创新驱动发展中蕴含的巨大力量转化为直接的、现实的生产能力和生产品质。

第三次科技革命孕育了信息技术的蓬勃发展，可以大胆设想区块链等数字化的创造实践在高效统筹软硬件、政策、企业、专家、知识、技术等各类资源和优化赋能方面的巨大潜力和优势。由此，石油天然气产业创新可以围绕数字化和智慧油气系统建设，加快互联网、大数据、人工智能等现代信息技术与油气产业各环节深度融合，推动油气生产、消费方式深刻变革。在生产端，智能机器人勘探开采、智慧油网气网等应用快速推广；推进勘探开发一体化智能云网平台、地上地下一体化智能生产管控平台、油气田地面绿色工艺与智能建设优化平台等技术装备及示范应用，以油气管网"全数字化移交、全智能化运营、全生命周期管理"等的示范应用为先驱力，推进油气生产运行技术信息化、智能化水平持续提升。在消费端，综合油气服务、智慧用能模式、系统建设等板块向智能灵活和供需实时互动方向发展。

### 3. 能源的市场需求

根据市场经济规律，我国石油天然气的生产能力属于油气市场供给端的范畴，受到石油天然气市场需求的驱动和石油天然气资源价格水平的影响。石油天然气市场需求大，价格水平高，就会促进其勘探开发和积极生产。

但是，当前油气需求增速明显放缓，油品库存压力加大。究其原因，过去一段时间国家明确支持民营企业参与储运设施建设、炼化销售、原油进口、成品油出口等全产业链活动，激发了产业链下游市场活力，供给侧我国炼油产能不断提升，甚至出现了明显过剩。据统计（王越等，2020），2019年我国炼油能力达到8.6亿t的较高水平，然而需求侧状态低迷，尤其是新冠病毒感染疫情的蔓延造成了市场的停滞,国内市场对于成品油的需求显著下降,消纳能力不足,造成库存压力不断加大。

因此,在行业低迷时期,为克服生产动力不足的问题,应尽量推出低风险区块项目和有吸引力的高质量项目,实行勘查区块竞争出让和更加严格的区块退出机制,充分发挥市场在资源配置中的决定性作用,达到兼顾效率和质量的目标,同时应更好发挥政府作用——从制度设计的高度建立健全石油天然气储备应急体系。

### 4. 政策因素

影响我国石油天然气生产能力的政策因素可分为两类:一是供给侧的产业政策,如总量与结构控制、资源税费、矿业权制度等,直接控制着我国石油天然气的生产规模,影响了石油天然气生产的积极性;二是近年来日益严峻的环境政策约束,由于石油天然气生产行业存在着较高的环境风险,包括污染物超标排放、油气污染泄漏、危险化学品泄漏、放射源失控、环保违法违规、安全事故次生污染等,因而面临诸如环境影响评价、排污许可管理、"双碳"目标约束等环境规范。

环境政策因素以"双碳"目标约束为例,石油天然气生产领域为实现生产过程碳减排,需注重自身用能结构的优化、关注生产运营中的碳排放和碳足迹、努力减少化石能源的消耗,但在不降低能源消耗强度、不提升能源利用效率的现有技术条件下,我国石油天然气生产能力必定受到极大限制。因此,在全球能源绿色低碳转型发展趋势下,加快传统油气技术装备升级换代、提升减污降碳技术水平、推动油气绿色低碳转型是油气行业积极应对气候变化与主动承担社会责任的体现,也是保障我国石油天然气未来生产能力的有效举措。具体来说,可依托重大装备制造和重大绿色示范工程,推动关键油气装备技术升级、试验示范和推广应用;基于减污降碳技术的实践,推进化石能源清洁高效利用,以碳捕集利用与封存技术等的发展和应用来应对油气领域"双碳"目标约束、生态环境保护等重大问题和挑战。

### 5. 突发事件

突发事件对石油天然气生产能力的影响可以分为短期冲击和长期影响。从短期来看,突发事件的冲击可能会导致生产能力出现断崖式下降,而从长期来看,短期冲击过后激发的技术创新、制度创新、管理创新等可能会使生产能力呈现变革式演进。

突发事件的发生往往是难以预知的,其后果也可能是极端恶劣的,因此,防范风险和化解危险显得尤为重要。我国石油天然气生产能力的建设过程中,应当重视隐患防治并举,实施生产安全防控与应急响应治理双重机制,持续推进安全生产和应急响应长效机制建设、全面提高安全生产管理水平与应急处置效率,如开展海上油气生产、春季开工安全生产专项检查和重点项目专项安全风险评估、强化防台风应急保障,做到预案完备、精准施策,确保突发问题能够得到及时有效治理。

## 三、我国石油天然气应急响应能力的评价

当今世界处于百年未有之大变局,原有的全球化生产体系正在出现裂痕,地缘政治冲

突、贸易摩擦等突发事件不断，我国石油天然气生产体系置身于巨大的市场风险之中。因此，科学准确地评判我国石油天然气现有应急响应能力，识别应急响应能力建设存在的不足，进而精准提升应急响应能力，对高效破解突发事件冲击给我国石油天然气生产供给侧带来的挑战至关重要。

如前所述，在以往的研究中，对影响石油天然气生产能力的地质、经济、技术、政策等因素研究较多，而对其应对突发事件能力研究较少。然而，新冠病毒感染疫情的常态化、俄乌冲突导致原油价格短期飙升等"黑天鹅"事件的冲击，致使作为整个经济运行中最为基础的能源部分风雨飘摇，而应急响应能力正是着重于研究应对突发事件冲击的处理机制作用下的生产能力。

### 1. 相关概念及内涵

参考学者余泽远（2020）的相关界定，应急响应是指在突发事件发生后，行业迅速根据应急预案启动应急救援，组织人力、物力，动用各种必要资源对突发事件进行处置，以期充分、快速降低突发事件的影响，尽快恢复生产以减少人员伤亡和财产损失，主要包括接警、信息收集、应急响应启动、指挥调度与应急救援等主要工作内容。其中，突发事件是指突然发生造成或者可能造成重大人员伤亡、财产损失、生态环境破坏和严重社会危害，危及公共安全的紧急事件。具体来说，石油天然气应急响应能力是指当突发事件发生时，油气企业根据相关应急预案、应急计划组织应急机构及时开展油气救援应急行动，并对所涉及灾区进行物资及人员紧急支援，尽快实现恢复油气供应，最大限度降低因突发事件造成社会损失与经济损失的能力。

石油天然气应急响应能力主要体现在以下4个方面：

（1）现场指挥协调能力。应急响应的一系列行动通常涉及多个部门与多个救援队相互协调行动，需要搭建快速、有效与统一的现场指挥协调平台从而保障应急处置各项工作的顺利开展。石油天然气企业通过建立统一的指挥协调中心，负责指挥并协调现场应急队伍开展应急救援作业，合理、快速地部署相关应急物资并协调请求外部援助。

（2）相关部门配合程度。应急响应工作要求油气企业与当地政府、油气救助指挥部门、油气应急部门、交通运输部门、气象部门、民政部门、通信部门及新闻媒体等有关机构/部门通力合作，共同应对突发事件。相关机构/部门的协调度和参与度越高，救援能力就越强。

（3）救援队伍抢险能力。救援工作的主要对象是抢修油气设施与输配网络，救助灾区企业与居民。由于该救援工作具有一定专业性、危险性与复杂性，因此救援队的救援能力是否过硬是决定救援能否成功的关键。培养具备强大救援能力的救援队伍有助于控制突发事件恶化，尽快修复灾区受损元件，减少人员伤亡及财产损失。

（4）救援装备性能水平。救援设备是指应急救援现场使用的一系列材料与设备。救援设备的等级是油气系统应急响应阶段不可或缺的因素，决定了救援工作能否快速有效开展。先进的救援设备能够为救援工作节省大量时间，为尽早完成灾区恢复油气供应及其他救援工作带来诸多便利。

### 2. 我国石油天然气应急响应现有能力分析

开展石油天然气应急响应能力分析和评价的意义在于可以直观展现油气行业在应对油

气突发事故时的综合工作能力,有助于识别其在应急响应过程中存在的薄弱环节,有针对性地提出有效改进措施,全方位提升油气行业应急处置效率,降低因油气不足、油气泄漏等事故造成的不良影响与财产损失,稳定经济社会运行。基于此,分析我国石油天然气应急响应现有能力如下。

(1)应对石油天然气管道突发事故发生的响应处置程序完备,建设体系较为成熟细致。以《营口市石油天然气输送管道事故应急预案》为例,应急响应程序包含:①石油天然气管道突发事件发生后,现场人(目击者、单位或个人)有责任和义务向石油天然气管道运营企业应急机构报告。石油天然气管道运营企业应急机构接到报告后,立即派员前往现场初步认定石油天然气管道突发事件级别。②石油天然气管道突发事件一经确认,石油天然气管道运营企业应急机构要立即向属地(区市)县政府和行业主管部门报告石油天然气管道突发事件情况,必要时也可越级上报。石油天然气管道突发事件报告后出现新情况的,应及时补报。③指挥部办公室接到石油天然气管道突发事件报告后,应立即报告指挥部总指挥、副总指挥,同时按有关规定逐级上报。④在石油天然气管道突发事件处理过程中,事发单位和相关部门要根据石油天然气管道突发事件处理进展情况及时做好续报工作。⑤根据专业部门的建议,决策应急救援方案,派出专业人员赶赴现场,指导应急救援行动并协调专业应急力量救援。⑥对可能或者已经引发公共卫生和社会安全事件及其他次生、衍生灾害的(如管道泄漏,不法分子或群众聚众哄抢泄漏石油),指挥部要及时上报,并通报相关应急救援指挥机构。⑦必要时应向上级应急指挥机构申请支援。⑧同时协调落实其他有关工作(中华人民共和国应急管理部,2018)。

(2)应对特殊时段的石油天然气需求,能够做到市场保供及时有效。①在农业生产领域,在春耕、三夏和秋收之际,石油生产与供给保障有关部门应主动调研了解用油需求,做到提前衔接资源,制订保供计划,开通绿色通道,优先组织发运。②能够保障国家重大活动期间的石油天然气供应,通过开展油品需求调研,提前布局资源,专题部署资源保供,合理安排库存,提前调运,抓好二次配送。完备的应急保障机制能够提供科学有效的油气资源保供方案,必要时启动重大活动应急保供机制,及时保供特殊时段和重点地区。

(3)突发事件应急保供机制有待加强建设。应对地缘政治冲突、贸易摩擦等国际形势冲击的影响,面临新冠病毒感染疫情常态化的现实阻碍,准确预判并区分短期与长期生产能力不足的风险,有针对性地启动不同形势下的应急预案对于保障我国能源安全尤为重要。与此同时,我国应积极推进全球建设能源供应链风险预警协同体系,构建基于全球突发性应急事件的能源应急响应机制。

### 3.我国石油天然气应急响应能力评价

1)定性评价

通过以上对我国石油天然气应急响应能力的调研可以发现,目前我国石油天然气行业侧重建设的是技术和操作等微观层面的应急响应机制,具备关于如"如何应对石油天然气输送管道事故"的完备应急预案体系,而对如何化解宏观环境风险的应急响应能力的重视和建设还不够。以俄乌战争这一突发国际事件冲击为例,在2021年俄罗斯占全球原油和天然气出口的份额分别达到11.3%和16.2%的背景下,由于各方限制以及俄罗斯被强制退出

SWIFT(Society for Worldwide Interbank Financial Telecommunication,国际资金清算系统)系统的变故,俄罗斯的石油天然气国际交易无法使用美元、欧元等主要国际货币,从而恶性推高了全球石油及天然气的价格,对我国石油天然气的生产和供给保障提出了严峻挑战。在经济全球化不断深入发展的今天,各国、各产业间的联系更加紧密,蝴蝶效应的作用更加显著。因此,具备全局观念和大局意识,主动及时地关注国际形势并进行科学分析,提前研判风险,做好充分有效的应对方案和准备更加关键。

作为定性的评价,我国石油天然气应急响应系统存在着应急响应主体主观能动性不强等问题,不利于能源的安全生产,有待深入建设和发展,应急响应能力有待进一步提升。

2)评价指标体系构建

在定量研究方面,秦新丽等(2011)建立了评价指标体系,通过利用专家咨询法和层次分析法确定各级指标的权重,运用综合模糊评价法对具体的应急能力进行评判,从而得到对于总体应急能力情况的评价,并尝试识别应急体系中的薄弱环节。秦新丽等(2011)构建的应对突发性能源短缺的应急能力评价指标体系是一个多层次的综合系统。它由多个评价子系统组成,通过使用多个指标进而全面地表征应急能力的整体特征。具体来说,运用层次分析法来构建应对突发性能源短缺应急能力的评价指标体系详见表3-1。

表3-1 中国应对突发性能源短缺应急能力评价指标体系

(数据来源:秦新丽等,2011)

| 总指标 | 一级指标 | 二级指标 | 三级指标 |
| --- | --- | --- | --- |
| 应对突发性能源短缺的应急能力A | 能源应急组织B1 | 能源应急决策能力C1 | 应急领导小组的设立D1 |
| | | 能源应急执行能力C2 | 成员单位的个数D2 |
| | | 能源应急协调能力C3 | 应急救援机构的建立D3 |
| | | | 扁平结构化程度D4 |
| | | | 权利的合理分配D5 |
| | 能源应急法规B2 | 法律的完善程度C4 | 法律涵盖幅度D6 |
| | | | 法律规范程度D7 |
| | | 法律的执行程度C5 | 法律执行强度D8 |
| | | | 法规落实的比例D9 |
| | 能源应急预案B3 | 应急预案体系的完备程度C6 | 预案中有无规定应急机构的组成和职责D10 |
| | | | 预案中具体涉及的突发事件的种类D11 |
| | | | 预案中有无规定应急救援人员的组织和资金D12 |
| | | | 预案中有无规定灾害评估准备D13 |
| | | | 预案中有无规定应急物流能力保障D14 |
| | | | 预案中有无规定行动方案D15 |
| | | 应急预案的启动能力C7 | 预案启动的时间D16 |
| | | 应急预案的演练C8 | 预案演练的频率D17 |
| | | 应急预案的修订C9 | 预案修订的期限D18 |

续表 3-1

| 总指标 | 一级指标 | 二级指标 | 三级指标 |
|---|---|---|---|
| 应对突发性能源短缺的应急能力 A | 能源应急预警 B4 | 事故预测能力 C10 | 突发事件的监测 D19 |
| | | | 能源设备监测 D20 |
| | | | 信息平台的建设 D21 |
| | | | 通信与信息保障 D22 |
| | | | 专业人员素质 D23 |
| | | 风险评估能力 C11 | 数据收集、处理能力 D24 |
| | | | 风险等级划分 D25 |
| | | 信息发布能力 C12 | 媒体的参与、调用 D26 |
| | 能源应急储备 B5 | 能源资源保障能力 C13 | 能源开采量 D27 |
| | | | 能源年外运量 D28 |
| | | | 能源储备的规模 D29 |
| | | | 能源相关企业合理分布 D30 |
| | | 物流能力保障水平 C14 | 能源运输基础设施的完善 D31 |
| | | | 能源运输的能力 D32 |
| | | | 能源物流配送中心分布 D33 |
| | | 资金保障能力 C15 | 应急专项储备资金 D34 |
| | 能源应急响应 B6 | 响应的灵敏程度 C16 | 应急反应系统启动的时间 D35 |
| | | | 救援部门到达灾区的时间 D36 |
| | | | 分级响应的有序性 D37 |
| | | | 有处理突发性能源短缺事件方面的经验 D38 |
| | | 国家间的合作能力 C17 | 加入国际组织的数量 D39 |
| | | 能源短缺的恢复能力 C18 | 损失评估能力 D40 |
| | | | 专业队伍的建设 D41 |
| | | | 后备物资保障 D42 |
| | | 社会动员能力 C19 | 公民接受国家减灾政策的比例 D43 |
| | | | 社区志愿者组织 D44 |

结合运用层次分析法和专家咨询法确定一级指标的权重,具体步骤如下。

(1)设计问卷与进行调查。按照已有的层次结构,向专家发放征询意见表,参考美国数学家 Thomas L. Saaty 的 1~9 标度方法进行打分,根据重要程度的不同给予不同的分值。通过引入判断标度的方法,将指标重要性的程度以数值的形式量化出来,以此比较该层次中各因素的相对重要性。

(2)计算判断矩阵的特征向量和最大特征值。定义判断矩阵 $\boldsymbol{A}=(a_{ij})_{n\times n}$ 是按照上述的规则所构建的矩阵,在本例中 $n=6$。

首先,将判断矩阵每一列归一化:

$$\overline{a_{ij}} = \frac{a_{ij}}{\sum_{k=1}^{n} a_{kj}} \quad i,j=1,2,\cdots,6$$

其次,将每一列经归一化后的矩阵按行相加:

$$M_i = \sum_{j=1}^{n} \overline{a_{ij}} \quad i=1,2,\cdots,6$$

再将向量 $\boldsymbol{M} = (M_1, M_2, \cdots, M_6)^T$ 归一化:

$$W_i = \frac{M_i}{\sum_{j=1}^{n} M_j} \quad i=1,2,\cdots,6$$

因此,所求得的 $\boldsymbol{W} = (W_1, W_2, \cdots, W_6)^T$ 为所求的特征向量。

最后,最大特征值:

$$\lambda_{\max} = \sum_{i=1}^{n} \frac{(\boldsymbol{AW})_i}{nW_i}$$

式中,$(\boldsymbol{AW})_i$ 表示向量 $\boldsymbol{AW}$ 的第 $i$ 个元素。

(3) 一致性检验。根据矩阵理论,引入判断矩阵的一致性指标 $C_I$,且有 $C_I = \lambda_{\max} - n/(n-1)$。$C_I$ 的值越小,表明判断矩阵越接近于完全一致性。

对于多阶判断矩阵,则引入判断矩阵的平均随机一致性指标 $R_I$。对于 6 阶 ($n=6$) 判断矩阵,$R_I$ 的值 1.24。

将判断矩阵的一致性指标 $C_I$ 与同阶评价随机一致性指标 $R_I$ 之比称为随机致性比率 CR。当 CR<0.1 时,认为层次单排序结果具有满意的一致性,反之则需要调整矩阵的元素值。

评价信息的处理采用模糊综合评价的方法。模糊综合评价法通过综合考虑评判对象的各项指标、兼顾评判对象的各方面因素,把各项指标进行量化,并依据不同指标对评判对象的影响程度分配权重系数,从而能够对各评判对象给出定量的综合评判值。鉴于应急能力的内涵比较抽象,并且影响因素较多,度量上有一定的困难,因此选择运用模糊综合评价的方法对应急能力进行定量衡量。

模糊综合评价的原理和步骤如下:

①确定评价对象的因素集 $E = \{E_1, E_2, \cdots, E_n\}$,因素是指评价对象的属性或指标的集合。

②建立评语集。$V = \{V_1, V_2, \cdots, V_n\} = \{很强,较强,一般,较差,很差\} = \{5,4,3,2,1\}$。

③统计。确定单因素评价隶属度向量,并形成隶属度矩阵 $\boldsymbol{R}$,这里的隶属度 $\gamma_{ij}$ 指多个评价主体对某个评价对象在 $E_i$ 方面做出 $V_j$ 评定的可能性大小,找出 $\boldsymbol{R}$。$\boldsymbol{R}$ 也称单因素评价矩阵。

$$E \times V \to [0,1], \gamma_{ij} = \boldsymbol{R}(E_i, V_j)$$

④确定指标因素权重。由于对 $E$ 中各因素有不同的测度,需对每个因素赋予不同权重,它可表示为 $E$ 上的一个模糊子集 $A = (a_1, a_2, \cdots, a_n)$,并且规定 $\sum_{i=1}^{n} a_i = 1$,其中,$a_i \geq 0, i=1, 2, \cdots, n$。

⑤判断综合评价。在求出 $R$ 与 $A$ 之后,则可得到模糊综合评价模型 $B = A \times R = (b_1, b_2, \cdots, b_n)$。

以上是单层次的模糊综合评价过程,需要逐层进行最终结果的计算,最后得出的结果需要进行归一化处理。将应急能力等级标准分为5级:0.8~1.0,应急能力强;0.6~0.8,应急能力较强;0.4~0.6,应急能力一般;0.2~0.4,应急能力较差;0~0.2,应急能力差。

## 四、提升我国石油天然气应急响应能力的建议

石油天然气行业,在应对宏观环境动荡方面,应该由政府和企业通力合作,拓宽视角,共同研判风险、制定预案,共商共建,从顶层设计出发加大对供给保障及应急响应体系建设的政策支持与资金扶持力度,提升企业乃至行业应对风险挑战能力和应急响应效率。从生产能力出发,面向我国石油天然气供给保障安全,提升我国石油天然气应急响应能力的具体建议如下:

(1)加强石油天然气输配网络建设。为增强石油天然气供应链安全性和稳定性,需加快完善油气基础设施,加快天然气支线管网和基础设施建设,扩大管网覆盖范围,筑牢安全生产底线,加强油气全产业链安全监管,以此保障油气安全生产形势稳定。加强油气设施安全防护和保护,完善联防联控机制,加强油气管道保护,提升管网设施应对极端气候、网络攻击及其他突发事件的应急能力。持续加强跨省跨区石油、天然气输送通道建设,提升石油、天然气主要产地与主要消费区域间通达的能力,促进区域优势互补、协调发展。推进天然气主干管道与省级管网、液化天然气接收站、储气库间的互联互通,加快建设"全国一张网",初步形成调度灵活、安全可靠的天然气输运体系。

(2)健全石油天然气储备应急体系。在加强能源储备体系建设方面,做到国家储备与企业储备相结合、战略储备与商业储备并举(刘羊旸,2020),全面提高石油、天然气储备能力。完善国家石油储备体系,加快石油储备基地建设,统筹推进地下储气库、LNG接收站等储气设施建设。建立健全的由地方政府、供气企业、管输企业、城镇燃气企业协作配合的多层次天然气储气调峰体系。在供给层面,"储"与"配"的关系是密不可分的,"配"是"储"的目的,"储"是"配"的保障,因此,建立健全的、与能源储备能力相匹配的输配保障体系,构建规范化的收储、轮换、动用体系,同时完善决策与执行储配的监管机制,是应急体系建设必不可少的环节。

(3)完善石油、天然气调峰体系。一是坚持供给侧与需求侧并重,完善市场机制,完善的市场是市场有效的前提;二是加强技术支撑以增强调峰能力,调峰体系的建立与健全为快速提升应急响应效率提供了现实有力的物质基础。特别是在天然气方面,加强供需市场调节,强化居民用气保障力度,优化天然气使用方向,新增天然气量优先保障居民生活需要和北方地区冬季清洁取暖;完善气价政策,挖掘需求侧潜力,引导天然气用户自主参与调峰、错峰,提升需求侧自主响应能力。推进天然气储气调峰设施建设,完善天然气储气调峰辅助服务市场化机制,提升天然气调峰能力,同步提高管存调节能力、地下储气库采气调节能力和

LNG气化外输调节能力,提升天然气管网保供季调峰水平,健全天然气负荷可中断、可调节管理体系。

(5)提升石油、天然气网络安全管控水平。加强网络安全关键技术研究,推动建立油气行业、企业网络安全态势感知和监测预警平台,以精准提高风险研判分析和预警处理能力。在具体建设上,以加强油气行业关键信息基础设施安全保护能力建设为基础,实施智慧能源示范工程,油气管网全数字化移交、全智能化运营、全生命周期管理等智能油气管网示范应用,勘探开发一体化智能云网平台、地上地下一体化智能生产管控平台、油气田地面绿色工艺与智能建设优化平台等智慧油气田技术装备及示范应用。

加强风险隐患治理和应急管控。预防方面,开展油气生产重要设施、重点环节隐患排查治理,强化设备监测和巡视维护,提高对地震地质灾害、极端天气、火灾等安全风险的预测预警和防御应对能力;共建方面,通过强化地方政府、企业的主体责任,协同建立油气安全应急指挥平台、培训演练基地、抢险救援队伍和专家库,推进应急响应体系建设;实践方面,完善石油、天然气生产应急预案体系,制定紧急情况下应急处置方案,开展实战型应急演练,提高快速响应能力;监管方面,建立健全油气勘探开发、储气库及LNG接收站等建设标准,合理提升能源领域安全防御标准,健全油气设施保护、安全防护和反恐怖防范等制度标准,强化重点监管,提升产品本质安全[①]水平和应急处置能力。

## 第二节　我国大宗紧缺金属矿产生产与应急响应能力分析

随着国内外经济社会发展形势的变化,我国大宗紧缺金属矿产生产与应急响应能力也得到了有效的建设,并为我国的资源供给安全提供了重要的保障。

### 一、我国大宗紧缺金属矿产生产概况

#### 1. 发展现状

回顾我国大宗紧缺金属矿产上游产业的发展,自2011年找矿突破战略行动实施以来,通过实施地质找矿运行新机制,深化矿产资源管理改革,我国形成了一批重要矿产资源战略接续区(李金发,2015)。固体矿产取得一批重大找矿新突破,铁、锰、铜、铝、钾盐、铬等大宗紧缺矿产增储显著,其中西藏多龙成为中国首个千万吨级铜矿。在本节中,我国大宗紧缺金属矿产生产的研究主要以铁、铜、铝等为例。

产业发展相关数据:郭娟等(2022)的研究表明,非油气地质勘查投资触底反弹,2021年上半年,全国非油气地质勘查投资70.4亿元,同比增长4.0%,为10年内的首次增长。受矿

---

① 本质安全是通过追求企业生产流程中人、物、系统、制度等诸要素的安全可靠和谐统一,使各种危害因素始终处于受控制状态,进而逐步趋近本质型、恒久型安全目标。

产品价格上涨带动,2021年社会资金增幅较大,投资额为 21.24 亿元,同比增长 12.4%,占非油气勘查投资的 30.2%。采矿业固定资产投资增加,2021 年 1—11 月期间全国固定资产投资(不含农户)49.4 万亿元,同比增长 5.2%。其中,采矿业固定资产投资由降转增,同比增长 7.3%,黑色金属固定资产投资恢复至疫情前水平,同比增长 23.3%,有色金属固定资产投资受疫情影响连续两年减少,2021 年同比下降 1.2%,但降幅收窄了 2.8 个百分点。

据《中国矿产资源报告(2021)》(中华人民共和国自然资源部,2021),2011—2020 年我国铁矿石产量和粗钢产量的变化情况详见图 3-6。2021 年 1—11 月,铁矿石产量 9.0 亿 t,同比增长 10.4%。2007—2017 年我国铜矿、铝矿年产量变化情况详见图 3-7,我国铜矿年产量呈现波动上升趋势,但 2015—2017 年增速明显放缓,我国铝矿年产量则总体呈现缓慢上升趋势,而 2014—2017 年振荡起伏更为明显。在金属产量上,2021 年 1—11 月,精炼铜 952.6 万 t,同比增长 8.1%,电解铝 3 544.7 万 t,同比增长 5.7%。

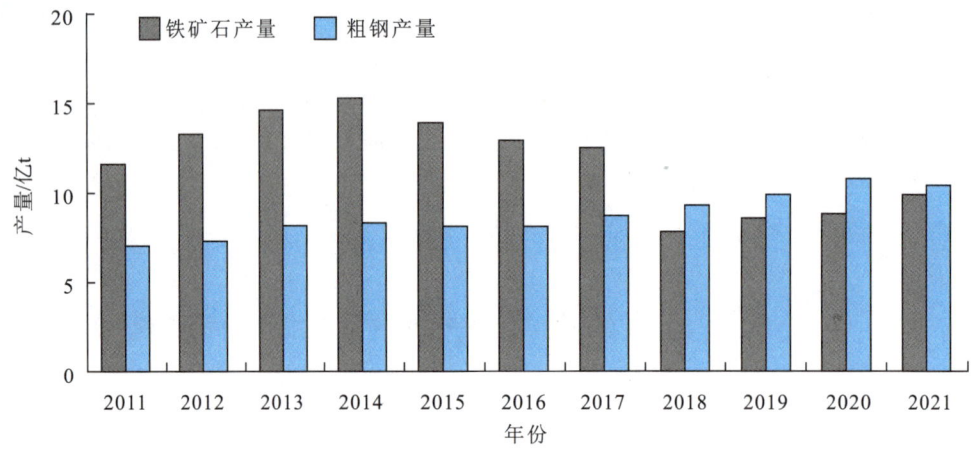

图 3-6　中国铁矿石产量与粗钢产量的变化情况

(数据来源:《中国矿产资源报告(2022)》)

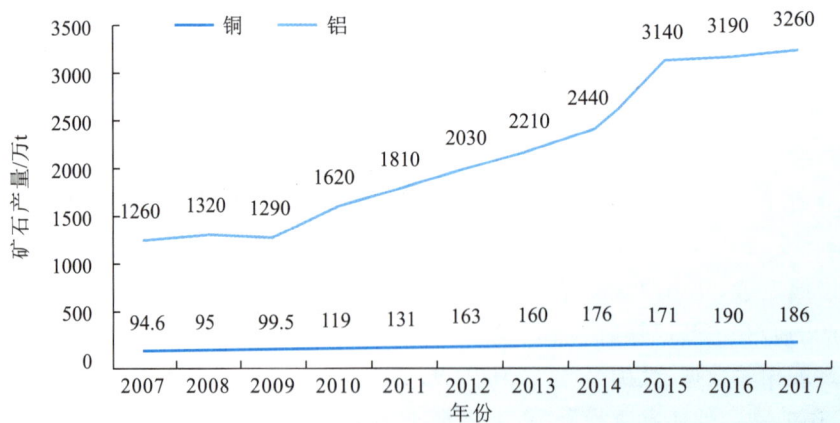

图 3-7　2007—2017 年中国铜矿、铝矿年产量

(数据来源:USGS)

## 2. 发展特点

（1）地理分布特点。大宗紧缺金属矿产资源具有稀缺性和不可再生性，且资源禀赋分布不均衡。中国铁矿石产量主要集中在华北地区、东北地区和西南地区，其中华北地区铁矿石产量位居首位，且历年铁矿石产量区域份额变动不明显。中国是世界上铜矿较多的国家，已查明储量的矿区有910处，总保有储量铜6243万t，富铜矿占35%（冯进城，2010）。数据显示，2020年我国西藏铜矿储量占比最高，为22.6%，其次为江西和云南，两者所占比重一致，均为14%（观研天下，2021）。中国铝土矿资源丰度中等，产地310处，总保有储量22.7亿t，山西、河南、贵州、广西等地富集。

（2）独立自主特点。自2021年以来，我国大宗矿产进口量保持高位。2021年铜精矿进口量2 340.4万t，同比增长7.6%。2021年铁矿石进口量减少，受能耗双控影响，国内铁矿石需求减少，进口量为11.2亿t，同比减少3.9%，对外依存度为74.1%（预测值），比2020年下降1.5个百分点（郭娟等，2022），见图3-8，预计铁矿石对外依存度水平将达到我国石油的对外依存度水平。鉴于与进口相比，地质勘查投资相对较小，加大国内找矿力度可以用"最小的经济代价"保障国内资源的稳定和矿产品的安全供给，且铁矿和铜矿具有较大的资源潜力，国内产量具有提高空间。因此，需要加大国内找矿力度，提升我国大宗紧缺金属矿产供应的独立自主能力。

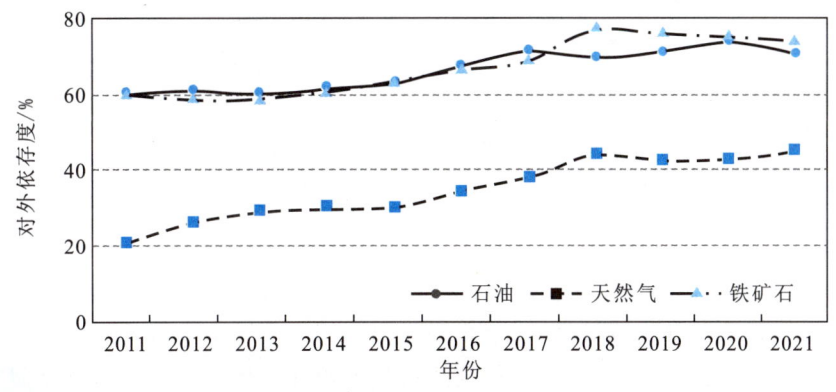

图3-8　2011—2021年石油、天然气和铁矿石对外依存度的变化情况

（数据来源：郭娟等，2022）

（3）机遇与挑战并存。新冠病毒感染疫情使全球经济陷入大衰退，短时间内，世界大部分国家特别是新兴经济体很难恢复到疫情前水平。随着全球通胀水平增加、资金链断裂、劳动力短缺，矿业企业也无法抵御经济持续低迷带来的危机，届时许多优质的国际矿业项目可能会被出售，这对中国矿业企业来说可能是海外投资收购的机遇期，是打破矿产资源全球市场垄断格局最好的时候。但同时，国内矿业企业当下面临诸多困难，国际投资运营经验不足，国际化人才短缺。要想进一步开展国际矿业合作，建议国家从顶层设计层面制定政策和给予资金扶持，引导企业科学有序开展国际矿业合作，支持企业海外投资低风险、成熟的矿山项目。

### 3. 发展方向

相关研究表明,我国大宗紧缺金属矿产未来需求总量仍将维持高位,面临"国内保障程度不足,进口量持续攀升"的风险。据于晓飞等(2019)的研究,2010 年到 2018 年大宗紧缺矿产产量快速增长,平均年增长率 4.88%,其中铁、铜、铝、锌、钨、钼增长率高于平均增速;但消费量的增速高于产量的增速,平均年增长率 6.47%,其中铜、铝、锌、镍消费量增长率高于平均增长率,见图 3-9。此外,预测至 2030 年,我国铁精矿需求 8.73 亿 t,铜需求 1249 万 t,铝需求 2368 万 t。随着资源消耗量的逐年加大,大量优质矿山也步入了开发的中晚期,保有储量和产量持续降低。

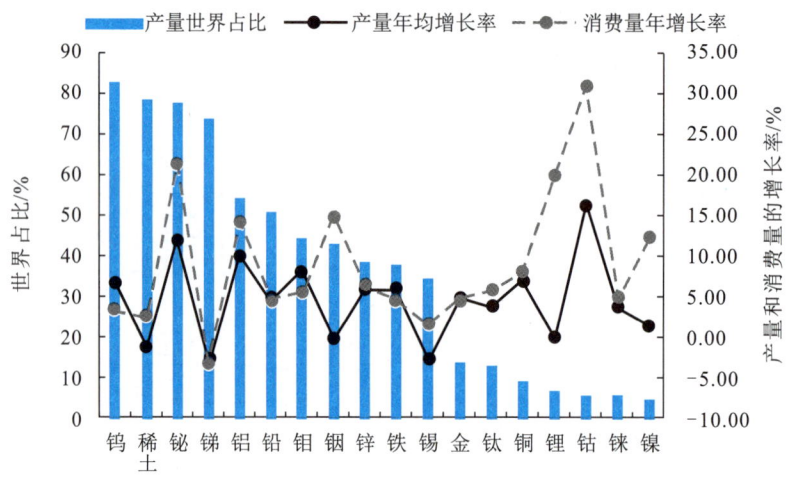

图 3-9 我国主要矿产产量在世界占比及产量(消费量)增速

(数据来源:于晓飞等,2019)

由此可见,在未来的发展中更加需要安全可靠、持续稳定的数据来源作为我国对矿产资源强劲需求的保障。具体来说,以铁、铜、铝等为重点的大宗紧缺金属矿产,通过"在资源条件好、环境承载力强、配套设施齐全、区位优势明显的地区集中建设具有市场竞争力的大中型矿山(汪民,2016)"等方式保障国内大宗紧缺金属矿产有效供给水平。大宗紧缺金属矿产基地见表 3-2。建设目标如下:

(1)稳定国内铁矿供应能力。结合钢铁工业布局,重点建设鞍本、冀东、攀西、包白、忻州-吕梁、宁芜庐枞等铁矿基地,引导区内资源向大型矿业集团集中。新建西鞍山、马城等一批大型矿山。适度控制千米以深矿井和小规模低品位铁矿的开发,不再新建年产 20 万 t 以下的露天铁矿、10 万 t 以下的地下铁矿。推进我国钢铁企业合并重组和在世界范围内并购矿山,推进公平税负,减轻铁矿企业负担,提高国内铁矿企业的竞争力。

(2)适度扩大铜铝等矿产的开发规模。巩固长江中下游、内蒙古乌努格吐山、甘肃金川、新疆阿勒泰等现有铜镍生产基地,建设铜产业集群,稳定铜矿生产能力在 60 万～70 万 t/a 之间。新建青海野马泉-夏日哈木等铜镍基地,力争新增铜矿供应能力为 8 万～10 万 t/a。

鼓励大型矿业企业参与晋中、豫西北、桂西南、黔中北等铝土矿基地(表3-2)的资源开发、整合,力争新形成2000万~3000万t/a的铝土矿供应能力。

表3-2 大宗紧缺金属矿产基地

| 矿类 | 矿种(基地数/个) | 基地位置 |
| --- | --- | --- |
| 部分大宗紧缺金属矿产 | 铁矿(10) | 辽宁鞍本、四川攀西、河北冀东、内蒙古包白、宁芜庐枞、山西忻州—吕梁、山东鲁中—鲁西、安徽霍邱、新疆天山、新疆西昆仑 |
| | 铜矿(7) | 安徽铜陵—芜湖、江西德兴—九江、内蒙古呼伦贝尔、山西侯马—垣曲、滇西北、西藏驱龙、西藏玉龙 |
| | 铝土矿(6) | 晋中、晋南、晋西、豫西北、黔中北、桂西南 |

## 二、影响我国大宗紧缺金属矿产生产的因素

根据前文对能源和矿产资源供给保障能力的定义,大宗紧缺金属矿产供给保障能力可类似定义:在一定的地质条件、经济波动、技术进步、环境约束以及突发事件冲击条件下,从国内外可获得的大宗紧缺金属矿产资源对经济社会发展的供应能力。

### 1.国内金属矿产资源可得性

国内金属矿产资源供给能力体现着对国内自有金属矿产资源的开发和利用水平,而开发和利用国内金属矿产资源受到国内金属矿产资源可供性、国内金属矿产资源的利用水平、国内金属矿产资源储备的制约和影响。

(1)国内金属矿产资源可供性受金属矿产资源禀赋条件、金属矿产资源勘查开发水平等因素的影响。金属矿产资源禀赋是金属矿产资源的自然属性,从根本上限制了国内金属矿产资源可得性,包括金属矿产资源的储量规模、种类及质量、聚集程度、开采条件、选冶加工条件及配套程度等方面。金属矿产资源勘查开发水平是将国内固有金属矿产资源转化为现实金属矿产品的能力(邓光君,2006)。

资源禀赋以资源储量为本质。2006—2018年,我国铁矿石、铜矿金属、铝土矿矿石查明储量变化如图3-10~图3-12所示,总体呈现上升趋势。虽然我国大宗紧缺金属矿产查明储量稳步增长,但开采消耗量大,使得基础储量增速缓慢。《中国矿产资源报告(2021)》推断,2021年铁矿石新增资源量0.99亿t,铜85.82万t,铝土矿3.74亿t。从单位资金投入效果来看,金属矿产每万元勘查投入所获得的新增查明储量在总体上呈现出缩减趋势。铁矿2001—2005年万元勘查投入新增查明储量为13.1万t/万元,到2011—2017年降至2.4t/万元。铜矿2001—2005年万元勘查投入新增资源储量平均为167.7t/万元,到2011—2017年间降至31.4t/万元(杨建锋等,2020)。上述数据表明近20年间金属矿产万元勘查投入新增资源储量急剧减少的趋势,从存量的角度进行理解,地质找矿工作的持续进行必然

导致找矿难度的加大。由此得出结论:我国大宗紧缺金属矿产资源查明储量增速放缓,生产能力扩张受限。

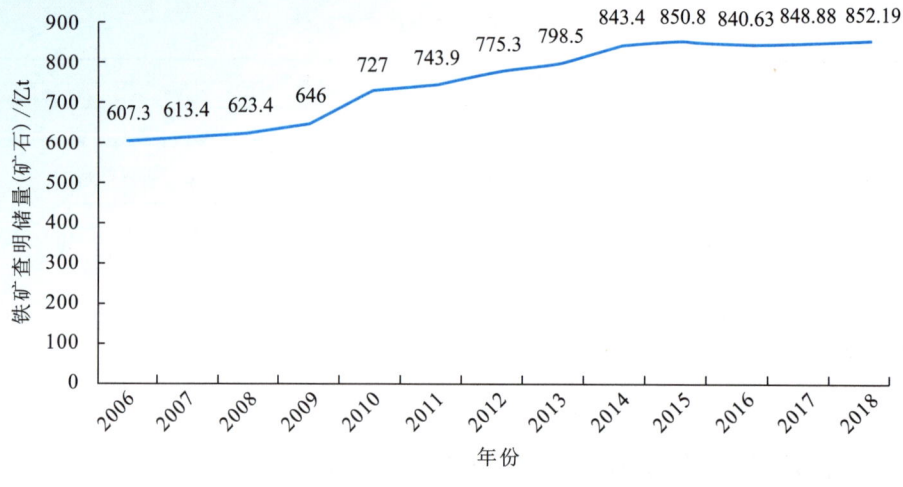

图 3-10　2006—2018 年铁矿矿石查明储量

(数据来源:《中国矿产资源报告》(2007—2019 年))

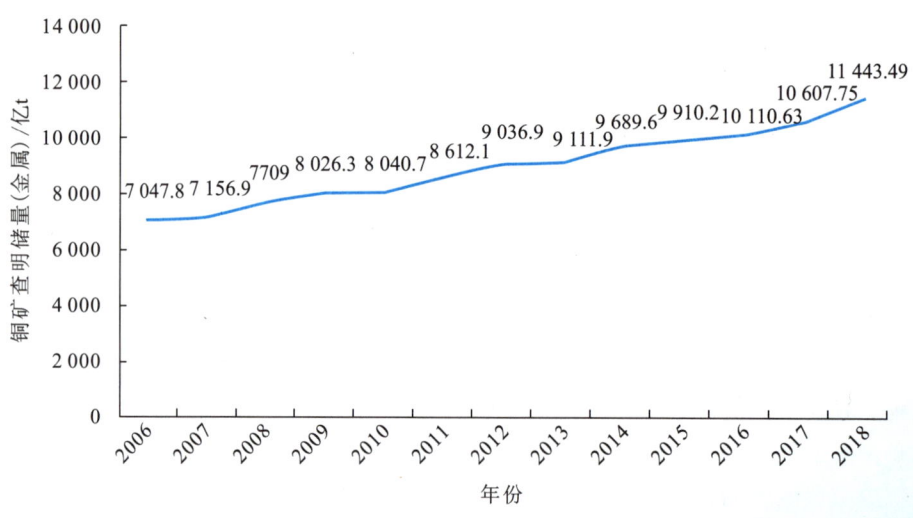

图 3-11　2006—2018 年铜矿金属查明储量

(数据来源:《中国矿产资源报告》(2007—2019 年))

(2)国内金属矿产资源的开发利用水平包括金属矿产资源综合利用水平、金属矿产资源利用效率以及非传统金属矿产资源和替代资源的开发利用水平等。以金属矿产生产环节为例,该环节包括勘探以及开发(采矿、选矿、冶炼),技术对生产能力的积极影响反映在低品位矿产开发和最终可采储量增加,大宗紧缺金属矿产生产能力与勘探技术水平、开发技术水平相辅相成,技术促进生产,生产倒逼技术发展。更重要的是,科学技术的进步和成熟使得与

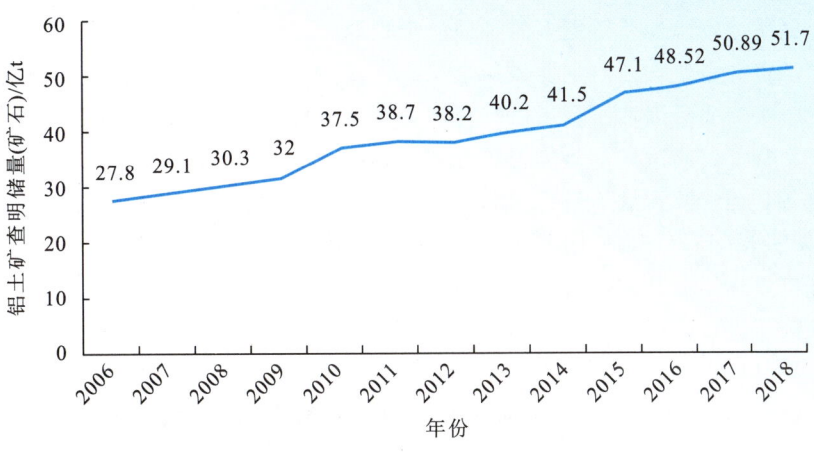

图 3-12　2006—2018 年铝土矿矿石查明储量

(数据来源:《中国矿产资源报告》(2007—2019 年))

采矿和矿石加工相关的资本成本、劳动力成本、数据成本和能源成本大幅降低,较低的生产成本促进了较低品位的大宗紧缺金属矿产资源在扩大开发利用上的经济可行性。

(3)国内金属矿产资源储备是一种国家安全保障战略储备。金属矿产资源的持续与有效供给会受到政治因素、经济因素、投机因素等诸多因素限制,而金属矿产资源储备就是为了应对突发意外情况下的金属矿产资源供给紧张甚至中断而采用的一种应急手段。金属矿产资源储备的种类和数量将直接决定金属矿产资源储备对其可供给的保障程度。具体分析详见本书第四章。

### 2.国外金属矿产资源可得性

国外金属矿产资源的获得意味着对本国金属矿产资源的补充,能够有效提高国内金属矿产资源的供给量,从而提高国家金属矿产资源安全的保障程度。国外金属矿产资源的获取将受以下 3 个主要因素的影响:国外金属矿产资源可得性、国外金属矿产资源运输和金属矿产资源价格。

(1)国外金属矿产资源可得性可分解为目标地金属矿产资源可得性、目标地集中度、国家金属矿产资源外交能力和金属矿产资源企业的竞争能力等。

目标地金属矿产资源可得性是指目标地的金属矿产资源禀赋和所在国家及地区的政治局势。目标资源地的金属矿产资源禀赋是外部金属矿产资源可得性的前提;政治局势是目标地金属矿产资源可得性的外部保证条件,政局稳定有助于目标地金属矿产资源的开发和利用。

目标地集中度是衡量金属矿产资源供应来源多元化的一个指标,是降低获取外部金属矿产资源脆弱性的一个保证,是分散供给风险、保证供给安全的重要举措。目标地集中度低将有助于提高外部金属矿产资源获取的可靠性和安全性。

国家金属矿产资源外交能力主要与国家的综合国力和金属矿产资源地国家的政治关系密切相关。通常来说,一国的综合国力强、与金属矿产资源地国家的政治关系良好,将有助于该国从金属矿产资源地获得更多的金属矿产资源。

金属矿产资源企业竞争力主要包括金属矿产资源企业技术水平、企业规模、企业资金规模和企业竞争策略4个因素。金属矿产资源企业参与目标地金属矿产资源的竞争或者参与国际金属矿产资源贸易市场竞争能否获胜,其本身竞争力大小起根本性的决定作用。

我国铁、铜、铝资源禀赋不足(王嫱,2020)。从国外金属矿产资源可得性的对外依存度层面来看,如图3-13~图3-15所示,我国铁矿石安全保障体系薄弱,自给率严重不足,我国铁矿石进口量逐年上升,对外依存度高企;因国内矿山铜的供应能力有限,故我国铜资源供应主要依赖于进口,对外依存度逐年攀升;而国内铝土矿的禀赋状况同样难以满足需求,须从国外大量进口铝土矿和氧化铝。从进口来源来看,由于外交局势的复杂动荡和供应国政策的不确定性,对外依存的矛盾愈演愈烈,严重威胁到我国大宗紧缺金属矿产资源的供应安全,极大地制约了我国金属矿产产业的可持续发展。

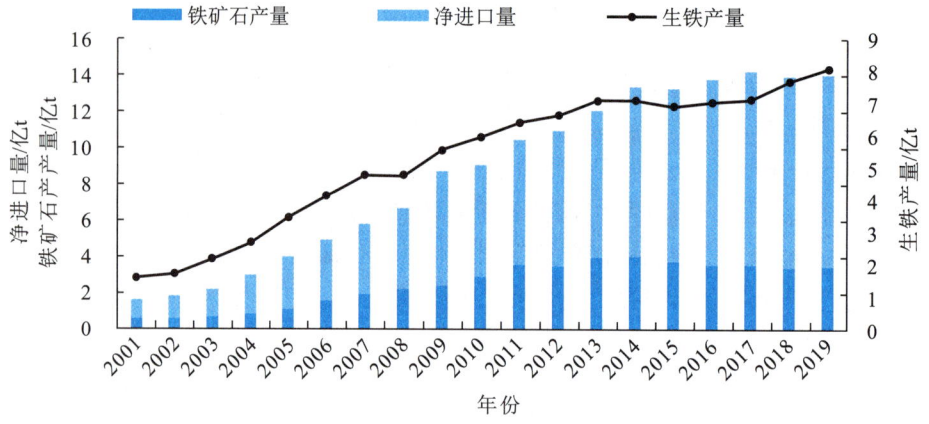

图 3-13　2001—2019 年中国铁矿石产量、进口量以及生铁产量变化趋势

(数据来源:王嫱,2020)

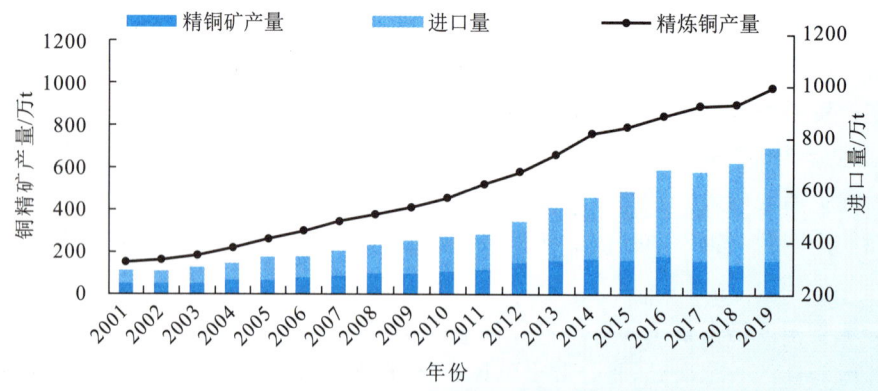

图 3-14　2001—2019 年中国铜精矿产量、进口量以及精炼铜产量变化趋势

(数据来源:王嫱,2020)

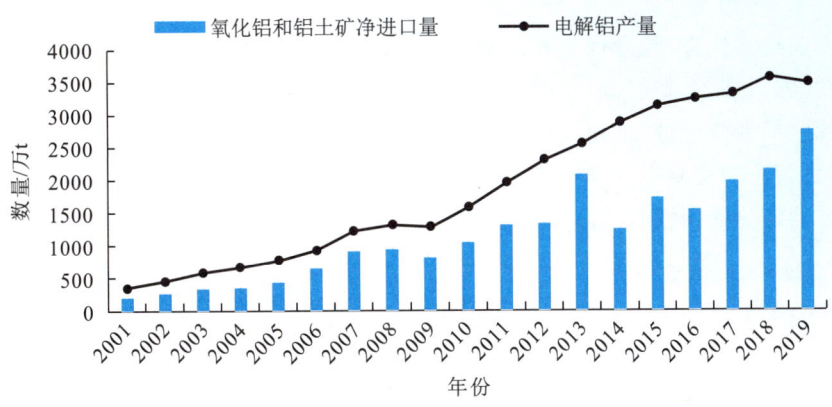

图 3-15　2001—2019 年中国铝资源净进口量及电解铝产量趋势

（数据来源：王嫱，2020）

(2) 国外金属矿产资源运输因素包括金属矿产资源运输方式、运输路线、运输距离以及对运输路线的军事控制与保障能力，这些因素决定了能否将国外金属矿产资源安全运抵国内。

(3) 国外金属矿产资源价格因素是一国能否经济地获取外部金属矿产资源的重要影响因素，金属矿产资源供给的经济性也正是金属矿产资源安全的本质特征之一。由此考虑，为增强金属矿产资源供给的经济性，可从提高国家（企业）对目标金属矿产资源的价格影响和控制能力及优化金属矿产资源价格谈判的能力和策略等方面着力。

## 三、我国大宗紧缺金属矿产应急响应能力评价及能力提升的政策建议

大宗紧缺金属矿产应急响应考查了应对突发性矿产资源短缺事件的能力，目的是降低或避免发生损失和危害，以及从危害和损失中恢复。据相关研究，我国以铁、铜、铝为代表的大宗紧缺金属矿产的供给保障潜力较弱，一方面采矿技术难以带来供给能力的边际增加，另一方面储产价格弹性比过低，预测未来价格因素也可能持续走弱，因此，铁矿、铜矿、铝矿应当着重于增加储备和建立健全应急制度，进行储备应急管理，寻求和研究未来替代物质的可能性，应对其整体可供性潜力最弱的风险和挑战。具体来说，在提升我国大宗紧缺金属矿产应急响应能力方面提出以下 4 点建议。

### 1. 保障生产的安全性和可持续性

我国大宗紧缺金属矿产应急响应建设应始终坚持生产的安全性和可持续性相结合。在安全性上，实施大宗紧缺金属矿产品生产能力储备工程，建设区域性大宗紧缺金属矿产品生产保障基地，同时加强国际产业安全合作，强化国际资源、技术、装备支撑；在可持续性上，精细科学地部署找矿、探矿、矿调、矿评等生产环节，以科学规划和精准管控为导向，做好供应链战略设计，形成安全可靠、具有创新力及高附加值、可持续发展的产业链。

### 2.发挥产业优势和全产业链竞争力

立足产业规模优势、配套优势和部分领域先发优势,巩固提升铁矿、铜矿、铝矿产品全产业链在高铁、电力装备、新能源、船舶等领域的竞争力,从符合未来产业变革方向的产品入手打造战略性全局性产业链,优化区域大宗金属矿产产业链布局,引导产业链关键环节留在国内,培育以我为主的交易中心和定价机制,积极推进本币结算,提升我国大宗紧缺金属矿产在国际市场的定价话语权和国际竞争力。

### 3.加强建设风险应急管控体系

完善我国大宗紧缺金属矿产风险应急管控体系,强化勘探与开发基础设施、金属矿产网络安全防护,加强大宗紧缺金属矿产资源的风险管理和控制,注重关键行业和重点项目的金属矿产供应保障。

(1)加强技术经济安全评估,启动铁矿、铜矿、铝矿等大宗金属矿产产业竞争力调查和评价工程,摸清家底,有利于对症下药。

(2)在应对自然灾害、事故灾难、社会安全等突发事件冲击时,强化数字信息技术在风险识别、预案启动、调度决策、善后评估等环节的运用,精准高效提升预警和应急处置能力。

(3)重视建设备用产能,多元拓展矿产资源进口来源,维护战略通道和关键节点安全。

### 4.主动开展国际合作

中国是全球重要经济体,但我国矿企控制的金属矿产资源非常有限,与我国的经济规模和需求高度不匹配,这也成为制约我国大宗紧缺金属矿产应急响应能力的根本所在。以"双碳"目标带来的冲击为例:中国力争2060年实现"碳中和"是国家融入新时期全球产业链、构建人类命运共同体的关键决策;"碳中和"和清洁能源革命将深刻影响未来发展,光伏、风电、储能、新能源车和电网配套等领域对铜的需求将有显著提升,铜金属需求增量将打开新的增长空间,同时,更高的生态环保标准将对铜上游供应提出新的要求,精铜缺口可能进一步扩大。因此,"走出去"是必然选择,进而从以下两个角度提升我国大宗紧缺金属矿产应急响应能力:

(1)坚持以资源为王,依托自身的找矿技术和能力,主动参与国际矿业的找矿与采矿行动,开展技术交流,寻求国际合作。积极布局海外市场,运用不同国家的金属矿产资源政策和比较优势,合理开发海外矿产资源,例如与"一带一路"沿线国家合作,引入资源可持续利用的渠道,弥补国内大宗紧缺金属矿产资源的不足,从根本上为我国大宗紧缺金属矿产应急响应能力提供保障。

(2)在金属矿产应急响应体系建设方面,借鉴国外成功经验,共同探索大宗紧缺金属矿产应急响应能力建设创新方案。

## 第三节　我国关键矿产生产与应急响应能力分析

### 一、我国关键矿产生产概况

#### 1. 关键矿产的定义

关键矿产是指高技术信息产业和新能源低碳产业等新兴技术产业所需求的矿产资源，是国家依据自身资源禀赋以及国家安全的现实需要界定的影响未来国家战略性产业发展的物质材料，具有重要性、战略性、稀缺性、动态性等特征。与大宗矿产相比，关键矿产在地质属性上具有共伴生、精细化、三稀等特征。同时，由于独特的地质特征，它在经济属性上展现了高成本、高技术以及高垄断的"三高"特点（余韵等，2017；朱永光，2021）。

本节对我国关键矿产生产的研究主要以锂、钴、镍、稀土等为例（图 3-16）。

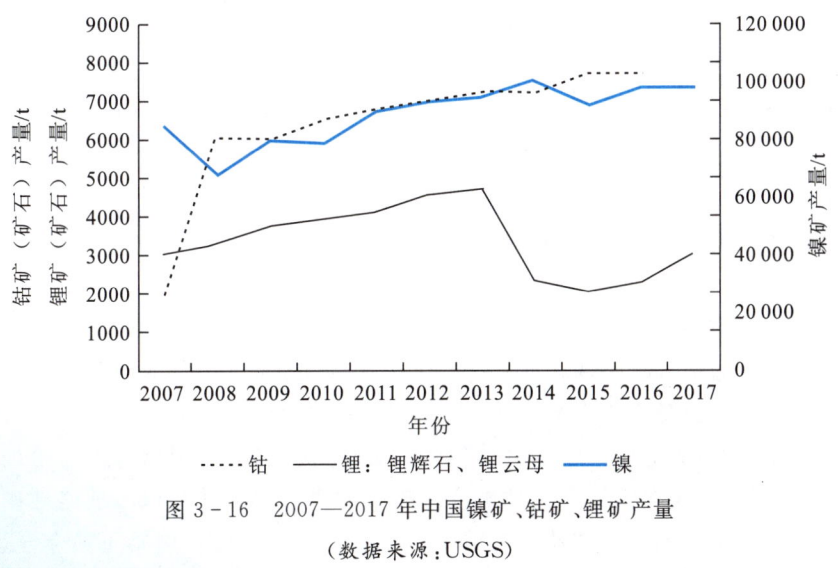

图 3-16　2007—2017 年中国镍矿、钴矿、锂矿产量

（数据来源：USGS）

#### 2. 关键矿产的分布

在当前深刻变革和复杂调整的国际政治与经济形势下，大国博弈的核心是争夺地球资源及其控制权。中国的关键矿产资源具有明显的优势，特别是稀土金属矿产具有较大的储量优势和资源潜力。稀土是元素周期表中镧系元素镧（La）、铈（Ce）、镨（Pr）、钕（Nd）、钷（Pm）、钐（Sm）、铕（Eu）、钆（Gd）、铽（Tb）、镝（Dy）、钬（Ho）、铒（Er）、铥（Tm）、镱（Yb）、镥（Lu）、钪（Sc）和钇（Y）共 17 种元素的统称，按各元素原子量及物理化学性质，可划分为轻稀

土和中重稀土。上述前五种元素为轻稀土,其余的则为中重稀土。

稀土是中国的优势矿产,且我国以轻稀土为主,并具有"北轻南重"的特点。碳酸盐岩相关的稀土矿,以轻稀土为主,主要分布在内蒙古白云鄂博、四川冕宁—德昌(牦牛坪、大陆槽)、湖北庙垭和山东郗山等地区。其中,按矿床资源总量估算,白云鄂博稀土矿的中重稀土约300万t,占稀土总量的2%,资源总量及利用潜力巨大。离子吸附型稀土矿以中重稀土为主,主要分布在广西—广东(揭阳)、赣南(足洞)、云南滇西和滇南等地。

从中国地球化学图和已发现的稀有金属矿床分布看,我国稀有金属(锂等)主要分布于华南、青藏高原、昆仑山等构造-岩浆活动带,如马尔康-雅江-喀喇昆仑巨型锂矿带(表3-3)。中国钴矿是铁、镍、铜等的伴生矿产,资源较少,已知钴矿产地150处,全国总保有储量47万t,分布于24个省(区市),主要分布在甘肃、青海、吉林、云南、海南和江西等地,此部分储量约占全球储量的8%。中国镍矿资源矿产地有近100处,总保有储量784万t,主要分布在18个省(区市)。

表3-3 关键矿产基地

| 矿类 | 矿种(基地数量/个) | 基地位置 |
| --- | --- | --- |
| 部分关键矿产 | 镍矿(2) | 甘肃金川、青海野马泉—夏日哈木 |
| | 稀土(6) | 内蒙古包头、四川凉山、江西赣州、湖南江华、广西贺州、闽西南 |
| | 锂矿(2) | 川西甲基卡、青海—里坪—东台 |

### 3. 发展形势

在地缘政治冲突、贸易摩擦不断的当今世界,原有的全球化生产体系正在出现裂痕,这些因素加剧了世界各国对全球矿产资源的争夺,锂、钴、镍、稀土等关键矿产竞争更是越来越受到各国重视。同时,新一轮工业革命和科技革命催生了新能源汽车、风力发电、太阳能光伏、人工智能、量子通信等战略性新兴产业的快速发展,带动了对锂、钴、镍、稀土等高科技矿产的需求。关键矿产更是成为未来国际矿产资源和科技竞争的焦点。

相较于大宗矿产,关键矿产供应更加集中,产业链更为复杂,全球各国纷纷加强了对关键矿产的投资和争夺,美欧实施了关键矿产战略采取供应链多元化保障战略性矿产资源供给。随着贸易保护主义的抬头、"技术冷战"的持续升温,地缘政治风险不断上升,我国关键矿产资源面临着断供、恶意加价等非市场行为和中间产品"技术卡脖子"等持续增加的不确定性风险。与此同时,新冠病毒感染疫情持续蔓延也加快了原本以经济效率驱动的全球供应链建设向安全供应链建设新战略的转型。这将驱使关键矿产初级产品和产业链各类中间产品供需结构产生较大调整,也将进一步加大国际资源竞争强度。

为了保障我国战略性新兴产业的安全可持续发展,我国加紧部署以保障战略性和关键性矿产资源的供应。"十四五"规划明确提出:"坚持总体国家安全观,实施国家安全战略;保障能源和战略性矿产资源安全。"我国战略性矿产的需求仍将保持高位态势,特别是一些用量较小的战略性关键矿产,如锂、钴、镍、稀土等的需求还将快速增长。因此,加强关键矿产等战略性矿产的安全管理,提高供给保障能力和应急响应水平,对国家安全和经济高质量发展具有重要的现实意义和实践意义。

## 二、我国关键矿产生产面临的挑战

根据前文对能源和矿产资源供给保障能力的定义,关键矿产供给保障能力可类似定义:在一定的地质条件、经济波动、技术进步、环境约束以及突发事件冲击条件下,从国内外可获得的关键矿产资源对社会经济发展的供应能力。各国对关键矿产资源的争夺愈演愈烈,我国关键矿产供给侧在生产能力的保障方面面临不小挑战。

### 1. 关键矿产开发利用的能力不足

(1)查明储量(图3-17~图3-19)和分布等资源禀赋方面:关键矿产储量相对较少且分布严重不均,国内关键矿产东西部差异明显,西部资源分布高度集中但产业集中度低、开发利用条件差。如今,我国进入新发展阶段,对关键矿产资源的需求居高不下,如何用好国际国内两种资源、如何推进资源全球化配置以及国家利益和国家间的利益冲突等问题也不可避免地存在。由此可见,我国关键矿产存在很大供应风险。

(2)勘查开发方面:①我国关键金属资源条件好但基础研究薄弱,表现为形成机制、成矿规律不清,资源潜力大但调查评价工作滞后,资源家底不清;②找矿方法技术落后,遥感等高新技术未能有效应用,关键金属矿物识别能力不高;③开发利用水平较低,存在粗放开发利用问题,有效利用率低,严重污染环境;④国家统筹规划不足。

(3)提取和综合利用方面:①关键金属元素的提取和回收率比较低,资源浪费严重,如白云鄂博稀土矿石的回收率不足25%,其尾矿库本身却是一个超大型的稀土矿,南方离子吸附型稀土矿回收率也常徘徊在30%~50%之间;②关键矿产的附加值低。

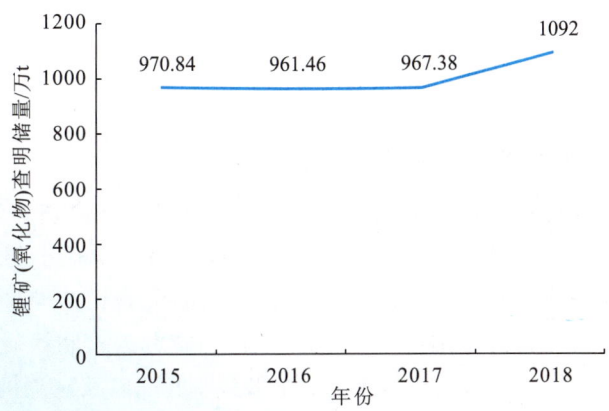

图3-17 2015—2018年锂矿氧化物查明储量

(数据来源:《中国矿产资源报告》(2016—2019年))

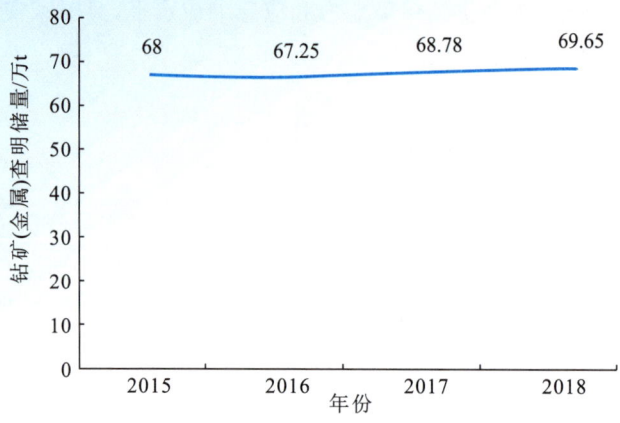

图 3-18　2015—2018 年钴矿金属查明储量

(数据来源:《中国矿产资源报告》(2016—2019 年))

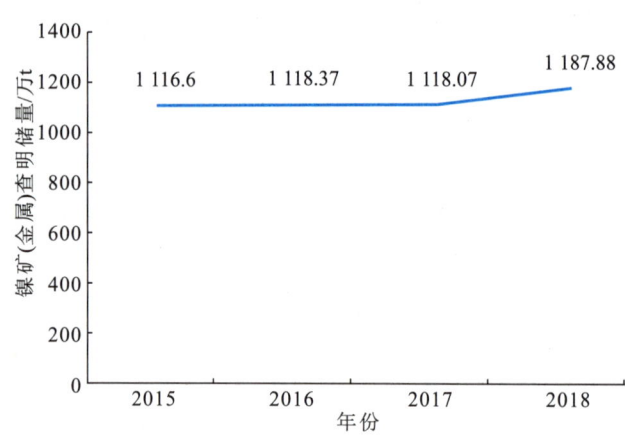

图 3-19　2015—2018 年镍矿金属查明储量

(数据来源:《中国矿产资源报告》(2016—2019 年))

2. 国内生产和战略储备应急机制不完善

我国关键矿产具有明显的资源禀赋优势,但数十年的经济高速增长和高科技、新兴产业的快速发展,对资源的消耗极大,而且未来较长时间内对关键矿产的需求量仍将持续增长。我国一度具有优势的稀土元素和若干稀有元素、稀散元素矿产储量全球占比近年来也在下降,国际话语权有所减弱。面临着迫切的新兴产业资源需求和严峻的国际资源竞争态势,我国关键矿产战略储备品种、规模与资源安全形势不匹配以及应急机制不完善将严重威胁到新时代关键矿产的安全稳定供应。

3. 关键矿产对外依存度过高,独立自主能力严重欠缺

据程少逸等(2022)的研究,2020 年,我国锂、钴、镍对外依存度分别为 72%、97%、92%。由此可见,我国以锂、钴、镍为代表的关键矿产对外依存度已达到极高的水平。与此同时,进

口来源地集中度高、运输通道单一等现实问题也加剧了我国矿产资源供应安全的受制风险。据统计,我国硬岩锂资源主要从澳大利亚进口,80%的钴资源从刚果(金)进口,80%的镍资源从印度尼西亚、菲律宾进口,重稀土资源主要从缅甸进口(宋建军等,2022)。因此,在我国关键矿产自给率严重不足的现实条件下,加上资源国政策多变、资源民族主义盛行、霸权主义遏制和新冠病毒感染疫情冲击等多重因素的影响,我国从境外获取关键矿产资源的能力严重受限,安全生产与供应的风险持续增加。

## 三、我国关键矿产应急响应面临的考验及能力提升的政策建议

当今世界风云巨变,地缘政治和资源民族主义的抬头使得各国加强了对关键矿产资源的控制,各国对关键矿产资源的争夺愈演愈烈。矿产资源供需格局重塑,战略性关键矿种的供应正得到各重要大国的高度关注,并极可能成为地缘政治博弈的对象,加剧了关键矿产资源开发的不确定性和风险。中国地质大学(武汉)国家社会科学基金重大项目"中国战略性三稀矿产资源供给风险治理机制研究"(19ZDA112)的阶段性研究成果表明,战略性关键矿产资源是经济和社会发展的重要物质基础,对一个国家的发展、稳定和国际竞争力具有重要战略意义,关键矿产资源事关各国长远发展。

我国关键矿产生产应加强对风险的识别并保持高度动态管控,当前世界经济整体复苏基础并不稳固,全球疫情持续扩散,俄乌冲突给中亚关键矿产项目带来一定压力。供应链瓶颈加剧了通胀压力,同第三章第二节,关键矿产应急响应考查了处理突发性矿产资源短缺事件的能力,目的是降低或避免发生的损失和危害,以及从危害和损失中恢复。因此,为确保国家资源安全,提升关键矿产资源应急响应能力变得尤为重要。

### 1. 我国关键矿产应急响应面临的考验

新冠病毒感染疫情发生以来,单一的国家防控或局部国家间的防控难以应对疫情的全球蔓延,世界格局面临着新的变革。关键矿产资源作为重要的物资保障,对经济复苏具有重要作用。新冠病毒感染疫情等突发公共事件给传统的关键矿产资源应急响应能力带来了严峻的挑战:

(1)对关键矿产资源应急响应体系的考验。一方面,突发公共事件的多样性和耦合性使得灾害风险识别与评估难度加大,针对单一类型事件的传统关键矿产资源应急响应将陷于无效。另一方面,突发公共事件带来的严重后果具有跨域影响,传统关键矿产资源应急响应模式下的"碎片化"问题等弊端更加突出,将制约治理的整体效果。

(2)对关键矿产资源应急治理能力的考验。首先,突发公共事件对当前固化的关键矿产资源应急预警机制提出了更高要求。其次,传统的关键矿产资源供给方式难以满足突发公共事件中公众对关键矿产资源的需求。最后,突发公共事件影响引起部分国家对关键矿产资源的区域严控,通过能源外交和传统的能源储备方式来保障本国的关键矿产资源供给将变得更难。此外,突发公共事件对关键矿产资源的需求情况难以估量,也使得关键矿产资源储备"平战"兼容难度加大。

### 2. 如何提升我国关键矿产应急响应能力

#### 1) 提高应急响应韧性

韧性治理是为了增强自身、区域或系统对突发公共事件风险冲击的适应能力，在不同公共治理主体在合作治理的基础上，建立的覆盖全过程的新型治理模式。我们面临的突发公共事件日益呈现出复合型特征，传统的关键矿产资源应急响应模式已经无法保障新形势下突发公共事件对关键矿产资源的需求。为此，我们必须提高关键矿产资源应急响应体系的韧性。

(1) 树立"发展-安全"同构的应急响应理念，构建常态与应急结合的关键矿产资源治理体系。面对突发公共事件的冲击，管理者应将风险视为一种系统的常态，兼顾发展与安全的双重目标，妥善处理好风险防控与经济发展间的关系。要不断完善关键矿产资源应急预案，及时评估并修正现行应急预案。同时，要实现预防预警的前置，对突发公共事件进行科学预报，为关键矿产资源的储备和供给赢得时间和机会，尽最大可能降低应急处理阶段的不确定性。

(2) 构建多主体合作的关键矿产资源应急响应体系。面对突发公共事件，需要政府、企业、社会组织、公众等力量的共同参与，形成全社会协调关键矿产资源供需结构的合力以有效应对。一方面是政府向社会增权赋能，增强区域或系统在突发公共事件风险冲击下对关键矿产资源需求的自我适应能力，在关键矿产资源供应不足时，及时调整能源需求方向或寻找替代品；另一方面是社会向政府增权赋能，提高政府在关键矿产资源应急决策、应急调配、动员社会等方面的管理能力。社会力量的加入，可为政府在信息、技术等方面提供支撑，确保关键矿产资源的精准投放。

(3) 加强盟友间的合作以提升关键矿产供应链韧性。我国始终坚定不移地践行真正的多边主义，强化双边合作与多边合作。在巩固提升关键矿产供应链韧性的行动方面，基于国际合作的格局，优化关键矿产供应链战略布局。具体地，我国应积极深化与"一带一路"沿线国家在关键矿产勘探、开发、加工、贸易等产业链方面的协调与合作，以此降低霸权主义、民族主义及政治局势不稳定而带来的断链风险。

#### 2) 加强智慧化治理和应急响应建设

智慧化治理是利用物联网、地理信息系统、网络通信系统、云计算、智慧终端、ICT (information and communications technology，信息与通信技术) 等新技术，对治理对象相关数据进行深度挖掘和分析，提高治理的信息化水平，从而实现治理能力现代化和应急响应能力现代化。在新型突发公共事件面前，传统应急响应能力的不断弱化和落后亟须我们利用现代化的技术手段，加强关键矿产资源应急响应能力的智慧化。为此，可从预警能力、供给能力和储备能力3个方面加以着手。

(1) 加强预警能力的智慧化。借助地理信息系统和网络通信系统等技术，分析突发公共事件的变化情况，为多元化治理主体提供准备时间，化被动为主动。首先，建立突发公共事件预警机制。利用地理信息系统技术监测环境的异动，为可能面临的矿产资源供需状态提供准确的预警。其次，突发公共事件会直接影响关键矿产资源供给、运输等，利用大数据分析各区域关键矿产资源供需情况，提高关键矿产资源对突发公共事件的应急效能。最后，利用新技术评估突发公共事件应对全过程并进行总结,及时完善应急预案,为未来预见和处理此类事件提供经验参考。

(2)加强供给能力的智慧化。在准确感知公众对关键矿产资源需求的基础上,构建依托于互联网的智慧化供给平台,向公众提供精准化的能源供给。一是供给决策科学化。借助大数据技术,通过对突发公共事件影响的全样本分析,测算社会公众对关键矿产资源的需求量,为精准化、科学化地投放关键矿产资源提供依据。二是供给主体多元化。借助网络通信系统,建立多元主体供给网,通过政府部门与社会组织、企业甚至公民之间交换与共享资源,实现多元主体合作共赢,缓解突发公共事件对关键矿产资源供给带来的压力。三是供应链智慧化。借助物联网、地理信息系统技术,优化关键矿产资源供应链的效率和效益,确保供应的及时化、透明化和可追溯化,从而最大限度地满足公众对关键矿产资源的需求。

(3)加强储备能力的智慧化。储备能力是应对关键矿产资源供应风险的关键。依托大数据技术,实现关键矿产资源储备能力的智慧化,可以有效提高应急响应能力。一是建立动态的关键矿产资源储备目录。结合国内和国际市场对关键矿产资源的定位,借助云计算技术,改变对关键矿产资源储备目录的阶段性固化传统,实现关键矿产资源储备目录的动态变化。二是建立多元化储备主体。改变关键矿产资源由政府单一储备的传统观念,实现由政府主导、市场参与、矿产地结合的多元化能源储备主体,并构建多元主体储备网,确保关键矿产资源的储备安全。三是建立平战兼顾的储备系统。借助智慧终端技术,科学调节关键矿产资源的储备量,做到既不影响能源的供给安全,也不影响经济的可持续发展,实现关键矿产资源储备的常规化。

# 第四章　新时代我国能源和矿产资源储备能力分析

资源储备能力是评价一个国家资源安全程度的重要指标之一。在新的国际环境下，我国的资源储备能力仍然需要进一步加强。

## 第一节　中国石油、天然气储备能力分析

### 一、中国石油、天然气储备现状

国家石油、天然气储备是政府宏观市场调控及应对战争、严重自然灾害、经济失调、国际市场价格大幅波动等突发事件的重要战略物资手段。

#### （一）中国石油储备现状

20世纪70年代，OPEC对西方发达国家的石油禁运给这些国家的经济造成沉重打击，国际能源署由此成立并催生出石油战略储备制度。几十年来，石油战略储备制度不仅避免因突发事件引起的石油供应中断、价格的剧烈波动、恐慌和石油危机的发生，也对世界石油价格市场甚至国际局势产生重要影响。目前，几乎所有的国际能源署成员国和相当多的非国际能源署国家都相继建立石油储备制度，其中国际能源署成员国必须拥有至少90d的石油储备（石油出口国除外）。

自然资源部《中国矿产资源报告（2022）》数据显示，截至2021年，中国石油剩余探明技术可采储量达36.89亿t，仅占世界总储量的1.6%。与此同时，新疆、大庆等开采成本较低油田储量逐渐枯竭，塔里木、南海、东部等新兴油田受限于恶劣的自然环境的影响，扩产难度大。新增储量不足加之已查明储量不断消耗，中国原油产量自2010年以来一直处于停滞不前的状态；2021年中国原油生产量1.99亿t，排名超过伊拉克，升至世界第五位，但较2010年2.03亿t则有所下降。

20世纪90年代以来，中国从石油净出口国变成石油进口大国。2021年，中国石油进口

量已超过欧盟,成为全球第二大石油进口国,石油进口量占总进口量的比重从 2000 年的 6.6% 提升至 2022 年的 11.5%(图 4-1;黄文静等,2022)。

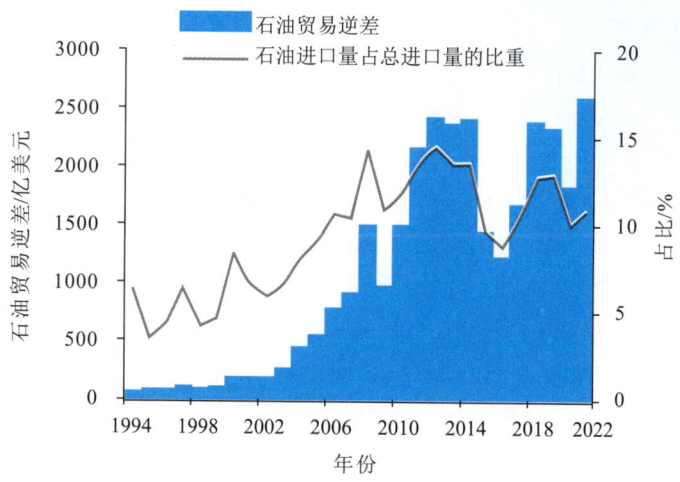

图 4-1　1994—2022 年中国石油进口情况

(数据来源:UNComtrade、中金公司研究部)

2019 年,中国 55% 的原油进口来自 OPEC,其中来自沙特阿拉伯的进口量占原油进口总量的 16%,非 OPEC 最大来源国为俄罗斯(原油进口量的占比为 15%),巴西超过阿曼成为第二大非 OPEC 来源国。2020 年、2021 年,沙特阿拉伯蝉联中国第一大石油进口来源国,其中 2021 年中沙原油日交易量为 176 万桶,占沙特阿拉伯总出口量的 25% 左右(图 4-2)(熊岚,2022)。

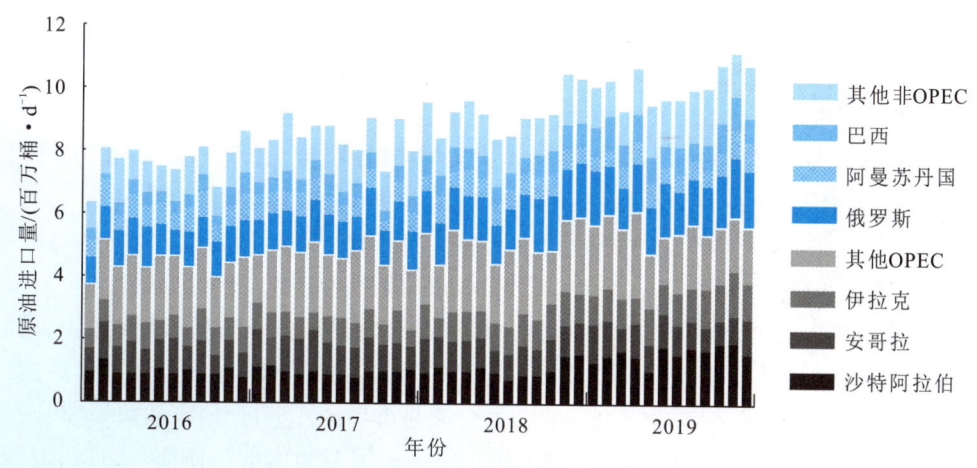

图 4-2　2016 年 1 月—2019 年 12 月中国原油进口国别统计

(数据来源:美国能源信息管理局)

2021年，中国石油对外依存度高达72.2%。2022年，中国石油进口量虽有所下降，但进口支出大幅增加。1—4月进口石油1.7亿t，比2021年同期减少约1000万t，但进口金额为1151亿美元，较2021年同期增加401亿美元。2022年2月24日俄乌冲突爆发以来，国际成品油价格进一步水涨船高。如果国际油价继续保持100美元/桶以上，进口支出将增加1000亿美元以上，约占中国2021年贸易顺差的15%，这对人民币汇率、国际收支平衡都会产生重要影响（李玲，2022）。因此，国家战略石油储备的建立与完备对保障国家能源和经济安全、走可持续发展道路具有十分重要的战略意义。

我国国家石油储备由政府储备和企业储备两个方面构成。政府储备是指国家直接投资运营或国家出资委托企业开展的战略储备，储备所有权属于国家。企业储备是指从事原油加工、成品油批发和原油进出口企业所承担的社会责任储备，用以保障国家能源安全和平抑价格剧烈波动，储备所有权属于企业。在国内石油供应因自然灾害、突发事件等出现紧张状况时，国家可依法统一调度商业原油库存；在满足最低库存标准的前提下，企业在原则上可自主调配使用和轮换商业原油库存。

中国国家石油储备的建设思路始于1996年。1996年3月17日，第八届全国人民代表大会第四次会议批准《中华人民共和国国民经济和社会发展"九五"计划和2010年远景目标纲要》，首次提出"加强石油储备"。2002年底国务院总理办公会听取并审议批准《国家计委关于建立国家石油储备实施方案的请示》，标志着国家石油储备基地建设正式启动。2004年3月，国家发展和改革委员会召开国家石油储备一期项目建设启动会，拉开中国建立国家石油储备序幕。

2006年9月，全国人民代表大会提出建立国家二期、三期石油战略储备。2007年12月18日，中国国家石油储备中心正式成立，旨在加强中国石油战略储备建设，健全石油储备制度。2008年国务院批准《国家石油储备中长期规划》，提出到2020年前将陆续建设国家石油储备第二期、第三期项目，形成相当于100d石油净进口量的储备总规模，进一步增强我国应对石油中断风险能力。2014年6月，国务院《能源发展战略行动计划（2014—2020年）》进一步明确提出，到2020年能源自给能力保持在85%左右，石油储采比提高到14～15年，能源储备应急体系基本建成。

2016年国家提出必须按照法律法规建设石油储备制度，使石油储备管理规范化。2016年3月16日，《"十三五"规划纲要》颁布。该文件提出"健全国家战略物资储备，构建产品产能产地储备相结合的国家战略资源能源储备体系"，2020年完成第二阶段战略石油储备，建设成品油和天然气储备库。2016年5月末，《国家石油储备条例（征求意见稿）》发布。该意见稿明确提出，国家鼓励社会资本参与石油储备设施建设运营，从事原油加工、成品油批发和原油进出口的企业应当承担企业义务储备，鼓励社会资本参与石油储备设施建设运营，政府储备石油的收储、轮换在原则上应当通过交易市场公开进行（国家能源局，2016）。

在国家一系列政策的大力支持下，2008年12月，国家石油储备一期项目镇海、黄岛、大连、舟山4个基地建成。2014年国家石油储备一期工程全部建成并投入使用；一期工程总储备库容1640万m³，储备原油1243万t（约9100万桶）。2015年年中，独山子、兰州、天津、黄岛国家石油储备洞库4个国家石油储备基地建成，加上之前已建成的镇海、黄岛、大连、舟山

4个基地,总储备库容 2860 万 $m^3$。2017 年 6 月,舟山二期(岙山岛)国家石油储备基地建设完成。截至 2020 年,中国共建成 9 个国家级石油储备基地,总储备库容 3773 万 $m^3$,石油理论储备量 6290 万 t,石油战略储备期折合净增长 31d(奚佳蕊,2021)。

### (二)中国天然气储备现状

中国天然气对外依存度持续攀升,2021 年中国天然气对外依存度达到 46%。近年"气荒"的频繁出现更是给我们敲响了警钟,一旦进口天然气通道被迫中断,将会对我国产生十分恶劣的社会影响。因此,建立稳定的国家天然气储备制度及体系迫在眉睫。

天然气储备可分为商业储备、企业义务储备和国家储备 3 种形式。国家储备由政府出资并控制,主要用于应对战争、禁运、严重灾害等情况造成的天然气供应短缺或天然气供应大规模中断。商业储备指企业从自身利益出发,为满足生产性周转和季节性调峰需要采取"低吸高抛"储存气源的一种方式。企业义务储备是指企业按照国家法律法规要求必须承担的一部分储气义务。天然气储备是世界多数天然气生产和消费国安全稳定供气必要手段。

中国天然气储备制度起步较晚,天然气战略储备体系尚未完全建立。2014 年 3 月国务院颁布《天然气基础设施建设与运营管理办法》,要求到 2020 年天然气销售企业应当拥有不低于其年合同销售量 10% 的工作气量、县级以上地方人民政府至少形成不低于保障本行政区域平均 3d 需求量的应急储气能力。2016 年《天然气发展"十三五"规划》提出 2020 年国内天然气综合保供能力达到 3600 亿 $m^3$ 以上,"十三五"期间地下储气库累计形成工作气量 148 亿 $m^3$。2018 年国务院在《关于促进天然气协调稳定发展的若干意见》中进一步明确,到 2020 年供气企业要形成不低于其年合同销售量 10% 的储气能力,城镇燃气企业形成不低于其年用气量 5% 的储气能力,各地区形成不低于保障本行政区域 3d 日均消费量的储气能力。国家能源局在《2018 年能源工作指导意见》中提出要建立天然气储备制度,落实县级以上地方人民政府、供气企业、城燃企业和不可中断大用户的储气调峰责任和义务,提升储气调峰能力。

2020 年 4 月,国家发展和改革委员会、财政部等五部委联合发布《关于加快推进天然气储备能力建设的实施意见》,要求加快天然气储气基础设施建设,进一步提升天然气储备和调节能力。2020 年 6 月,国家发展和改革委员会、国家能源局联合发布《关于做好 2020 年能源安全保障工作的指导意见》,明确提出要做好地下储气库、LNG 储罐统筹规划,推进储气设施集约、规模建设。2022 年 3 月,《"十四五"现代能源体系规划》正式出台,其中明确指出要提升天然气储备和调节能力,统筹推进地下储气库、LNG 接收站等储气设施的建设。同时提出,到 2025 年全国集约布局储气能力达到 550 亿~600 亿 $m^3$,占天然气消费量比重约 13%(中华人民共和国国家发展和改革委员会,2022)。

政策红利促进中国天然气储备建设快速发展,油气储备建设稳步推进,以地下储气库和沿海 LNG 接收站为主、以重点地区内陆集约规模化 LNG 储罐为辅、以管网互联互通为支撑的多层次储气体系加快建设。

截至 2019 年底,我国已建成 LNG 接收站 22 座,年接收能力约 9035 万 t;中海油、中石油、中石化三大公司拥有接收站 17 座,年接收能力 8220 万 t;地方国有企业和民营企业已建接收站 5 座,年接收能力约 815 万 t;建成储气库约 27 座,年调峰能力 130 亿 m³,在建或拟建储气库约 14 座,逐步形成东北、华北、长江中下游、珠江三角洲四大区域性联网协调储气库群(中国石油新闻中心,2020)。2020 年我国储气库工作气量达 147 亿 m³,约占全国天然气年度消费总量的 4.5%;LNG 接收站总接收能力达 8700 万 t/a(杨永明,2021)。至 2021 年底,我国累计在役储气库(群)15 座,储气调峰能力超 170 亿 m³,主要由"三桶油"和国家管网建设运营;LNG 接收站共建成 22 座(含转运站),年接收能力 10 800 万 t;建成 LNG 储罐 92 个,总罐容 1 330.5 万 m³,形成储备能力 79.8 亿 m³,运营主体包括"三桶油"、国家管网以及城市燃气企业、民营企业(杨永明,2022)。

## 二、中国石油、天然气储备能力评价

### (一)储备能力评价指标选取

储备能力评价指标分为综合指标、基本指标和要素指标 3 种。综合指标是指反映一个国家或地区某一特定时期储备能力的无量纲化指数。储备能力涉及多方面,每一个方面又包含诸多影响因素,这些因素的综合影响都可用一项综合性指标(或指数)来评价,这个综合性指标就成为基本指标,每一个影响因素就是一项要素指标。

受评价指标全面与否和数据可获性的限制,储备能力评价很难做到全面、综合,因此关键性指标的选取十分重要。本节基于国家发展和改革委员会提出的产供储销体系概念和系统模型,按照指标选取原则,通过查阅相关文献资料,在充分考虑储备能力影响因素、中国能源和矿产资源储备现状基础上,加入人类意识等因素,综合分析各个影响因素的作用机理,从生产表现、供应表现、储备表现和销售表现 4 个方面选取合适指标构建中国石油、天然气储备能力评价指标体系。

### (二)中国石油、天然气储备能力评价指标体系

储备能力评价指标体系将能源和矿产资源储备能力作为目标层,生产表现、供应表现、储备表现和销售表现 4 个指标作为准则层,其他具体指标为方案层(表 4-1、表 4-2)。

表 4-1 中国石油储备能力评价指标体系

| 目标层 | 准则层 | 指标序号 | 方案层 | 单位 | 指标类型 |
|---|---|---|---|---|---|
| 石油储备能力 | 生产表现 | 1 | 国内石油产量 | 万 t | 正定量 |
| | | 2 | 国内石油生产集中度 | % | 正定量 |
| | | 3 | 石油地质勘查程度 | % | 正定量 |
| | | 4 | 能源加工转换效率 | % | 正定量 |

续表 4-1

| 目标层 | 准则层 | 指标序号 | 方案层 | 单位 | 指标类型 |
|---|---|---|---|---|---|
| 石油储备能力 | 供应表现 | 5 | 石油对外依存度 | % | 逆定量 |
| | | 6 | 石油价格波动率 | % | 逆定量 |
| | | 7 | 石油进口份额 | % | 逆定量 |
| | | 8 | 国际石油可获得性 | — | 正定性 |
| | | 9 | 石油运输通道可靠性 | — | 正定性 |
| | | 10 | 国家外汇储备 | 亿美元 | 正定量 |
| | 储备表现 | 11 | 石油储量 | 亿 t | 正定量 |
| | | 12 | 石油储采比 | 年 | 正定量 |
| | | 13 | 石油人均资源储量 | 万 t | 正定量 |
| | | 14 | 政府政策对能源储备的影响度 | — | 正定性 |
| | 销售表现 | 15 | 国内石油消费量 | 亿 t | 逆定量 |
| | | 16 | 石油消费结构 | % | 逆定量 |
| | | 17 | 国民社会责任感 | — | 正定性 |

表 4-2 中国天然气储备能力评价指标体系

| 目标层 | 准则层 | 指标序号 | 方案层 | 单位 | 指标类型 |
|---|---|---|---|---|---|
| 天然气储备能力 | 生产表现 | 1 | 国内天然气产量 | 亿 m³ | 正定量 |
| | | 2 | 国内天然气生产集中度 | % | 正定量 |
| | | 3 | 天然气地质勘查程度 | % | 正定量 |
| | | 4 | 能源加工转换效率 | % | 正定量 |
| | 供应表现 | 5 | 天然气对外依存度 | % | 逆定量 |
| | | 6 | 天然气价格波动率 | % | 逆定量 |
| | | 7 | 天然气进口份额 | % | 逆定量 |
| | | 8 | 国际天然气可获得性 | — | 正定性 |
| | | 9 | 天然气运输通道可靠性 | — | 正定性 |
| | | 10 | 国家外汇储备 | 亿美元 | 正定量 |
| | 储备表现 | 11 | 天然气储量 | 亿 m³ | 正定量 |
| | | 12 | 天然气储采比 | 年 | 正定量 |
| | | 13 | 天然气人均资源储量 | 万 m³ | 正定量 |
| | | 14 | 政府政策对能源储备的影响度 | — | 正定性 |

续表 4-2

| 目标层 | 准则层 | 指标序号 | 方案层 | 单位 | 指标类型 |
|---|---|---|---|---|---|
| 天然气储备能力 | 销售表现 | 15 | 国内天然气消费量 | 亿 $m^3$ | 逆定量 |
| | | 16 | 天然气消费结构 | % | 正定量 |
| | | 17 | 国民社会责任感 | — | 正定性 |

**1. 生产表现**

(1) 国内产量：反映国内矿产资源生产的能力。产量越大说明获取越容易，储备能力越强。

(2) 国内生产集中度：反映国内矿产资源生产的稳定程度。生产集中度高表明储备稳定性好。

(3) 地质勘查程度：反映我国矿产资源的开采能力。指标值越大越有利于矿产资源储备。

(4) 能源加工转换效率：反映能源加工转换装置和生产设备的工艺水平。加工转换效率越高，生产工艺和技术水平越先进，越有利于能源储备。

**2. 供应表现**

(1) 对外依存度：反映一国对国际矿产资源的依赖程度。指标值越大，越不利于矿产储备。

(2) 价格波动率：反映从国际市场购入矿产资源的风险水平。价格波动率越大，说明从国际市场获取矿产资源的风险越高，储备稳定性越差。

(3) 能源进口份额：反映一国能源进口量在国际能源贸易总量中所占的比重。份额越大，越不利于能源安全。

(4) 国际能源可获得性：反映从国外获取能源的难易程度。与能源输出国政治、经济关系越好，则国外供给就越稳定，储备安全性就越高（表 4-3）。

(5) 运输通道可靠性：可根据对主要运输通道的控制能力来判断。运输距离越短、通过海峡数量越少，则储备安全性越高（表 4-4）。

(6) 国家外汇储备：能源进口的重要储备保障。外汇储备越多，说明进口能源的支付能力越强，越有利于应对能源危机。

表 4-3 国际能源可获得性的分级评分

| 可获得性等级 | 非常高 | 比较高 | 普通 | 比较低 | 非常低 |
|---|---|---|---|---|---|
| 分值/分 | 9 | 7 | 5 | 3 | 1 |

表 4-4 运输通道可靠性的分级评分

| 可靠性等级 | 非常高 | 比较高 | 普通 | 比较低 | 非常低 |
|---|---|---|---|---|---|
| 分值/分 | 9 | 7 | 5 | 3 | 1 |

### 3. 储备表现

(1) 储量:能源越丰富,自给程度就越高,储备能力就越强。

(2) 储采比:反映储量可供开采的年限。储采比越高,储备能力越强。

(3) 人均资源储量(技术可采技术储量):主要反映能源储备状况和保证程度,是制定国民经济与社会发展计划的重要依据。人均资源储量越大,储备稳定性越高。

(4) 政府政策对能源储备影响度:通常政府会制定宏观政策来调节能源消费、完善能源运输网络、鼓励国内企业海外合作,以保障能源储备。政府针对能源储备颁布的政策越多,越有利于储备能力的提高(表4-5)。

表4-5　政府政策对能源储备影响度的分级评分

| 影响度等级 | 非常高 | 比较高 | 普通 | 比较低 | 非常低 |
| --- | --- | --- | --- | --- | --- |
| 分值/分 | 9 | 7 | 5 | 3 | 1 |

### 4. 销售表现

(1) 国内消费量:值越大说明消费能力越强,越不利于能源储备。

(2) 能源消费结构:天然气等清洁能源的消费量占比越高、非清洁能源的消费量占比越低,储备稳定性越高。

(3) 国民社会责任感:国民和企业社会责任感越强,越有利于能源储备(表4-6)。

表4-6　国民社会责任感对能源储备影响度的分级评分

| 影响度等级 | 非常高 | 比较高 | 普通 | 比较低 | 非常低 |
| --- | --- | --- | --- | --- | --- |
| 分值/分 | 9 | 7 | 5 | 3 | 1 |

影响能源储备的因素包括诸多方面,按照不同分析角度可以有不同的储备能力评价指标体系构建思路。当前,增储上产已成为油气企业首要工作,因此除上述产、供、储、销体系概念外,亦可选取表4-1中的14项核心指标,从国内能源储备(国内能源勘探开发)和境外权益储备(国际能源勘探投资)两个角度构建能源储备能力评价指标体系,其测算结果应大体相同。其中,能源储备能力作为目标层,国内能源储备和境外权益储备两个指标作为准则层,其他具体指标为方案层。进一步来说,影响国内能源储备的指标主要包括国内产量、国内生产集中度、地质勘查程度、能源加工转换效率、储量、储采比、人均资源储量、政府政策对能源储备的影响度,影响境外权益储备的指标包括对外依存度、价格波动率、能源进口份额、国际能源可获得性、运输通道可靠性、国家外汇储备,共计14项指标(表4-7)。由于篇幅限制,基于本指标体系的具体测算略去。

表 4-7 中国能源储备能力评价指标体系

| 目标层 | 准则层 | 指标序号 | 方案层 | 指标类型 |
|---|---|---|---|---|
| 能源储备能力 | 国内能源储备 | 1 | 国内产量 | 正定量 |
| | | 2 | 国内生产集中度 | 正定量 |
| | | 3 | 地质勘查程度 | 正定量 |
| | | 4 | 能源加工转换效率 | 正定量 |
| | | 5 | 储量 | 正定量 |
| | | 6 | 储采比 | 正定量 |
| | | 7 | 人均资源储量 | 正定量 |
| | | 8 | 政府政策对能源储备的影响度 | 正定性 |
| | 境外权益储备 | 9 | 对外依存度 | 逆定量 |
| | | 10 | 价格波动率 | 逆定量 |
| | | 11 | 能源进口份额 | 逆定量 |
| | | 12 | 国际能源可获得性 | 正定性 |
| | | 13 | 运输通道可靠性 | 正定性 |
| | | 14 | 国家外汇储备 | 正定量 |

## (三)中国石油、天然气储备能力评价方法

储备能力的评价方法有很多,如专家会议法、Delphi 法、主成分分析法、层次分析法、熵值法、模糊综合评价法和灰色关联度分析法等,这些评价方法各有利弊(表 4-8)。通过权衡利弊,本部分选用定量与定性相结合的方法,通过层次分析法和熵值法,对石油、天然气储备能力进行综合评价,以期尽可能地使评价结果客观、真实、有效。

表 4-8 储备能力常用评价方法比较与汇总

| 评级方法 | 方法描述 | 优点 | 缺点 | 适用情况 |
|---|---|---|---|---|
| 专家会议法 | 组织专家进行交流,通过讨论形成评价结果 | 容易实施;充分利用专家知识;易于得出结论 | 主观性较强;多人评价结果难收敛 | 战略层次分析;量化困难的大系统;量化简单的小系统 |
| Delphi 法 | 征询专家,用信件背靠背评价、汇总、收敛 | | | |

续表 4-8

| 评级方法 | 方法描述 | 优点 | 缺点 | 适用情况 |
|---|---|---|---|---|
| 主成分分析法 | 研究如何通过少数几个主成分来揭示多个原始变量间的内部结构 | 全面性；可比性；客观性 | 函数意义不明确；不能反映客观发展水平 | 对评价对象进行分类 |
| 层次分析法 | 针对多层次结构系统，形成有序的层次结构，比较各要素的相对重要性 | 简洁易操作；可信度较高；实用 | 定量程度不高；决策者对问题的认识必须要深刻 | 适用于总目标不明确、难以完全定量化的复杂问题 |
| 熵值法 | 基于每项指标传递给决策者的信息量大小来确定指标权重 | 深刻反映指标的区分能力；赋权客观、可信信高；算法简单 | 无法考虑指标之间的横向影响；对样本的依赖性大 | 往往要结合一定专家打分法才能发挥优势，对于分得比较细且权重比较难确定的底层指标较合适 |
| 模糊综合评价法 | 基于模糊关系合成远离，用多个因素对被评判事物隶属等级进行综合评判 | 能解释大量的信息；简易可行 | 不能解决信息重复的问题；隶属函数的确定方法不一；合成算法不够完善 | 适用于权数确定、边界描述不清晰的多因素、多层次复杂问题 |
| 灰色关联度分析法 | 研究元素之间的关联性，量化比较灰色动态发展态势 | 对样本的要求不高；客观；操作方便且计算简单 | 不适用于定性的问题；灰色关联系数的标准能左右结果 | 适合动态分析 |

## 1. 层次分析法

在对有许多要素难以用定量化数据来描述的问题进行评价时，层次分析法能够方便且有效地得到最优化决策。层次分析法将组成复杂问题的多个指标权重的整体判断转变为对这些元素进行两两比较，再对这些影响因素的整体权重进行排序判断，最后确定各个影响因素和各级指标的权重值。基本步骤如下：

(1)建立递阶层次结构。层次分析法包含目标层 $A$、准则层 $B$ 和指标层 $C$。目标层 $A$ 为综合评价总目标，本书中指能源安全度；准则层 $B$ 为中间一层，指评价 $A$ 所需考虑的各种因素；指标层 $C$ 就是各种影响因素下的具体指标。

(2)两两比较构造判断矩阵。根据元素彼此之间的相对重要性分别对各层的元素进行两两比较，并按照九标度法构造两两元素之间的判断矩阵。

(3)对判断矩阵进行一致性检验。目的是随机检验根据构造的判别矩阵计算出的权重是否合理，这就需要引入指标 CR 作为衡量判别矩阵一致性的标准，并定义：

$$CR = C_I / R_I \tag{4-1}$$

式中：CR 为随机一致性比率；$C_I$ 为判断矩阵一致性指标，由 $C_I = (\lambda_{\max} - n)/(n-1)$ 求出；

$R_I$ 为平均随机一致性指标(表 4-9)。如果 CR<0.1,则认为该判断矩阵通过一致性检验；否则,就不能通过一致性检验,需要重新构造判别矩阵。

表 4-9 层次分析法的平均随机一致性指标值表

| 阶数 | 1 | 2 | 3 | 4 | 5 | 6 | 7 | 8 | 9 | 10 | 11 |
|---|---|---|---|---|---|---|---|---|---|---|---|
| $R_I$ | 0 | 0 | 0.58 | 0.90 | 1.12 | 1.24 | 1.32 | 1.41 | 1.45 | 1.49 | 1.51 |

(4)层次单排序。依据构造的判别矩阵,计算本层次与之有联系因素的重要性次序的数值。

(5)层次总排序。层次单排序结束后,根据构造的中间层相对于最高层的判别矩阵计算中间层各因素对于最高层相对重要性的排序权值,即层次的总排序。

### 2. 熵值法

(1)选取 $n$ 个年份,$m$ 个指标,则 $x_{ij}$ 为第 $i$ 年份的第 $j$ 项指标的熵值($i=1,2,\cdots,n; j=1,2,\cdots,m$)。在计算熵值前要进行数据的标准化,具体标准化的公式如下：

$$x'_{ij} = \begin{cases} (x_{ij} - x_j^{\min})/(x_j^{\max} - x_j^{\min}) & \text{(正指标)} \\ (x_j^{\max} - x_{ij})/(x_j^{\max} - x_j^{\min}) & \text{(逆指标)} \end{cases} \quad (4-2)$$

式中：$x'_{ij}$ 为标准后的指标数据；$x_{ij}$ 为指标原始数据；$x_j^{\max}$ 和 $x_j^{\min}$ 分别为第 $j$ 个指标的最大值和最小值。

数据标准化后得到决策矩阵为

$$\boldsymbol{X}' = (x'_{ij})_{m \times n}$$

(2)计算第 $j$ 项指标下第 $i$ 个年份占该指标的比重：

$$p_{ij} = x_{ij} / \sum_{i=1}^{n} x_{ij} \quad \text{其中} \ i=1,2,\cdots,n; j=1,2,\cdots,m$$

式中：$x_{ij}$ 为数据标准化处理后的数据。

(3)计算第 $j$ 项指标的熵值：

$$e_j = -k \sum_{i=1}^{n} p_{ij} \ln(p_{ij}) \quad \text{其中} \ k = 1/\ln(n),\ \text{满足} \ e_j \geq 0 \quad (4-3)$$

(4)计算信息熵冗余度：

$$d_j = 1 - e_j$$

(5)计算各项指标的权重值：

$$w_j = \frac{d_j}{\sum_{j=1}^{m} d_j} \quad (4-4)$$

### (四)中国石油、天然气储备能力实证研究

#### 1. 样本数据收集

(1)能源价格[石油价格数据采用布伦特原油价格(美元/桶),天然气价格采用日本到岸

价(美元/百万英热单位)]能源进口量、全球贸易量数据均来自历年的《BP能源统计年鉴》。

(2)能源消费结构、国家外汇储备、总人口、国内能源产量、国内能源排名前3省份的产量、能源进口量、能源出口量、能源加工转换效率、能源消费量、国内生产总值数据来自国家统计局(2021年能源加工转换效率数据来自天眼新闻(2022),2021年石油、天然气消费量分别来自雪球网(2022)、《中国天然气发展报告(2022)》)。

(3)能源储量(剩余技术可采储量)、地质勘查投资数据来自历年的《中国矿产资源报告》。

考虑到各指标数据可获得性,本书选定2012—2021年作为研究期。通过查阅相关文献资料及国家相关部委官方数据,收集整理出中国石油天然气各指标原始数据(表4-10、表4-11)。

**表4-10 石油储备能力评价指标体系原始数据**

| 指标序号 | 2012年 | 2013年 | 2014年 | 2015年 | 2016年 | 2017年 | 2018年 | 2019年 | 2020年 | 2021年 |
|---|---|---|---|---|---|---|---|---|---|---|
| 1 | 20 747.80 | 20 991.90 | 21 142.90 | 21 455.58 | 19 968.52 | 19 150.61 | 18 932.42 | 19 162.83 | 19 476.86 | 19 888.10 |
| 2 | 0.512 2 | 0.511 3 | 0.512 8 | 0.516 0 | 0.522 4 | 0.522 8 | 0.519 2 | 0.509 6 | 0.470 3 | 0.469 8 |
| 3 | 0.001 46 | 0.001 25 | 0.001 12 | 0.000 87 | 0.000 71 | 0.000 70 | 0.000 69 | 0.000 83 | 0.000 70 | 0.000 70 |
| 4 | 72.7 | 73.0 | 73.1 | 73.4 | 73.5 | 73.0 | 72.8 | 73.3 | 73.7 | 74.5 |
| 5 | 56.4 | 57.2 | 59.3 | 60.8 | 65.4 | 68.4 | 70.8 | 72.6 | 73.5 | 72.0 |
| 6 | 0.003 7 | −0.027 0 | −0.089 4 | −0.470 5 | −0.165 3 | 0.239 2 | 0.315 9 | −0.099 6 | −0.348 4 | 0.694 8 |
| 7 | 0.117 7 | 0.118 7 | 0.124 7 | 0.131 5 | 0.129 3 | 0.146 1 | 0.156 7 | 0.169 7 | 0.199 5 | 0.190 0 |
| 8 | 7 | 7 | 7 | 7 | 5 | 5 | 3 | 3 | 3 | 3 |
| 9 | 5 | 5 | 5 | 5 | 5 | 5 | 3 | 3 | 3 | 3 |
| 10 | 33 115.9 | 38 213.2 | 38 430.2 | 33 303.6 | 30 105.2 | 31 399.5 | 30 727.1 | 31 079.2 | 32 165.2 | 32 501.7 |
| 11 | 33.3 | 33.7 | 34.3 | 35 | 35.01 | 35.42 | 35.73 | 35.55 | 36.19 | 36.89 |
| 12 | 16.1 | 16.0 | 16.3 | 16.3 | 17.5 | 18.4 | 18.9 | 18.5 | 18.6 | 18.5 |
| 13 | 2.45 | 2.46 | 2.49 | 2.53 | 2.51 | 2.53 | 2.54 | 2.52 | 2.56 | 2.61 |
| 14 | 5 | 5 | 5 | 5 | 7 | 7 | 7 | 7 | 7 | 7 |
| 15 | 4.667 9 | 4.865 2 | 5.159 7 | 5.478 8 | 5.712 6 | 5.940 2 | 6.300 4 | 6.726 8 | 6.947 7 | 7.035 5 |
| 16 | 17 | 17.1 | 17.3 | 18.4 | 18.7 | 18.9 | 18.9 | 19 | 18.8 | 18.5 |
| 17 | 5 | 5 | 5 | 5 | 7 | 7 | 7 | 7 | 7 | 7 |

注:本表中的"指标序号"与表4-1中的一一对应;后同。

**表4-11 天然气储备能力评价指标体系原始数据**

| 指标序号 | 2012年 | 2013年 | 2014年 | 2015年 | 2016年 | 2017年 | 2018年 | 2019年 | 2020年 | 2021年 |
|---|---|---|---|---|---|---|---|---|---|---|
| 1 | 1 106.08 | 1 208.58 | 1 301.57 | 1 346.10 | 1 368.65 | 1 480.35 | 1 601.59 | 1 753.62 | 1 924.95 | 2 075.80 |
| 2 | 0.727 7 | 0.744 1 | 0.737 8 | 0.725 2 | 0.730 7 | 0.731 5 | 0.733 3 | 0.715 5 | 0.701 5 | 0.583 3 |
| 3 | 0.001 46 | 0.001 25 | 0.001 12 | 0.000 87 | 0.000 71 | 0.000 70 | 0.000 69 | 0.000 83 | 0.000 70 | 0.000 70 |

续表 4-11

| 指标序号 | 2012 年 | 2013 年 | 2014 年 | 2015 年 | 2016 年 | 2017 年 | 2018 年 | 2019 年 | 2020 年 | 2021 年 |
| --- | --- | --- | --- | --- | --- | --- | --- | --- | --- | --- |
| 4 | 72.7 | 73.0 | 73.1 | 73.4 | 73.5 | 73.0 | 72.8 | 73.3 | 73.7 | 74.5 |
| 5 | 25.9 | 28.9 | 30.0 | 29.7 | 33.9 | 37.8 | 42.8 | 42.1 | 40.9 | 43.7 |
| 6 | 0.134 1 | −0.034 6 | 0.009 9 | −0.371 1 | −0.325 2 | 0.168 8 | 0.243 2 | −0.012 9 | −0.217 3 | 0.294 3 |
| 7 | 0.052 0 | 0.065 5 | 0.074 8 | 0.076 0 | 0.087 8 | 0.102 9 | 0.129 1 | 0.133 6 | 0.147 3 | 0.159 2 |
| 8 | 5 | 5 | 5 | 5 | 5 | 3 | 3 | 3 | 3 | 3 |
| 9 | 5 | 5 | 5 | 5 | 3 | 3 | 3 | 3 | 3 | 3 |
| 10 | 33 115.9 | 38 213.2 | 38 430.2 | 33 303.6 | 30 105.2 | 31 399.5 | 30 727.1 | 31 079.2 | 32 165.2 | 32 501.7 |
| 11 | 43 790.0 | 46 428.8 | 49 451.8 | 51 939.5 | 54 365.5 | 55 221.0 | 57 936.1 | 59 674.2 | 62 665.8 | 63 392.7 |
| 12 | 39.6 | 38.4 | 38.0 | 38.6 | 39.7 | 37.3 | 36.2 | 34.0 | 32.6 | 30.5 |
| 13 | 3 221.70 | 3 395.76 | 3 592.68 | 3 754.86 | 3 904.67 | 3 944.04 | 4 122.36 | 4 231.97 | 4 437.71 | 4 487.66 |
| 14 | 5 | 5 | 5 | 5 | 5 | 5 | 7 | 7 | 7 | 7 |
| 15 | 1497 | 1 705.37 | 1 870.63 | 1 931.75 | 2 078.06 | 2 393.69 | 2 817.09 | 3 059.68 | 3 339.89 | 3690 |
| 16 | 4.8 | 5.3 | 5.6 | 5.8 | 6.1 | 6.9 | 7.6 | 8 | 8.4 | 8.9 |
| 17 | 5 | 5 | 5 | 5 | 5 | 7 | 7 | 7 | 7 | 7 |

注：本表中的"指标序号"与表 4-2 中的一一对应。

## 2. 原始数据标准化处理

本部分指标数据标准化处理采用式（4-2）。表 4-12 和表 4-13 分别是标准化后石油和天然气评价指标体系数据。

表 4-12 标准化后石油评价指标体系数据

| 指标序号 | 2012 年 | 2013 年 | 2014 年 | 2015 年 | 2016 年 | 2017 年 | 2018 年 | 2019 年 | 2020 年 | 2021 年 |
| --- | --- | --- | --- | --- | --- | --- | --- | --- | --- | --- |
| 1 | 0.719 5 | 0.816 2 | 0.876 1 | 1.000 0 | 0.410 6 | 0.086 5 | 0.000 0 | 0.091 3 | 0.215 8 | 0.378 8 |
| 2 | 0.800 0 | 0.783 0 | 0.811 3 | 0.871 7 | 0.992 5 | 1.000 0 | 0.932 1 | 0.750 9 | 0.009 4 | 0.000 0 |
| 3 | 1.000 0 | 0.727 3 | 0.558 4 | 0.233 8 | 0.026 0 | 0.013 0 | 0.000 0 | 0.181 8 | 0.013 0 | 0.013 0 |
| 4 | 0.000 0 | 0.166 7 | 0.222 2 | 0.388 9 | 0.444 4 | 0.166 7 | 0.055 6 | 0.333 3 | 0.555 6 | 1.000 0 |
| 5 | 1.000 0 | 0.953 2 | 0.830 4 | 0.742 7 | 0.473 7 | 0.298 2 | 0.157 9 | 0.052 6 | 0.000 0 | 0.087 7 |
| 6 | 0.593 1 | 0.619 4 | 0.673 0 | 1.000 0 | 0.738 1 | 0.391 0 | 0.325 2 | 0.681 7 | 0.895 2 | 0.000 0 |
| 7 | 1.000 0 | 0.987 7 | 0.914 1 | 0.833 1 | 0.857 7 | 0.651 5 | 0.521 5 | 0.362 0 | 0.000 0 | 0.112 9 |
| 8 | 1.000 0 | 1.000 0 | 1.000 0 | 1.000 0 | 0.500 0 | 0.500 0 | 0.000 0 | 0.000 0 | 0.000 0 | 0.000 0 |
| 9 | 1.000 0 | 1.000 0 | 1.000 0 | 1.000 0 | 1.000 0 | 1.000 0 | 0.000 0 | 0.000 0 | 0.000 0 | 0.000 0 |
| 10 | 0.361 6 | 0.973 9 | 1.000 0 | 0.384 2 | 0.000 0 | 0.155 0 | 0.074 7 | 0.117 0 | 0.247 4 | 0.287 9 |
| 11 | 0.000 0 | 0.111 4 | 0.278 6 | 0.473 5 | 0.476 3 | 0.590 5 | 0.676 9 | 0.626 7 | 0.805 0 | 1.000 0 |
| 12 | 0.034 5 | 0.000 0 | 0.103 4 | 0.103 4 | 0.517 2 | 0.827 6 | 1.000 0 | 0.862 1 | 0.896 6 | 0.862 1 |

续表 4-12

| 指标序号 | 2012年 | 2013年 | 2014年 | 2015年 | 2016年 | 2017年 | 2018年 | 2019年 | 2020年 | 2021年 |
|---|---|---|---|---|---|---|---|---|---|---|
| 13 | 0.000 0 | 0.062 5 | 0.250 0 | 0.500 0 | 0.375 0 | 0.500 0 | 0.562 5 | 0.437 5 | 0.687 5 | 1.000 0 |
| 14 | 0.000 0 | 0.000 0 | 0.000 0 | 0.000 0 | 1.000 0 | 1.000 0 | 1.000 0 | 1.000 0 | 1.000 0 | 1.000 0 |
| 15 | 1.000 0 | 0.916 7 | 0.792 3 | 0.657 5 | 0.558 8 | 0.462 6 | 0.310 5 | 0.130 4 | 0.037 1 | 0.000 0 |
| 16 | 1.000 0 | 0.950 0 | 0.850 0 | 0.300 0 | 0.150 0 | 0.050 0 | 0.050 0 | 0.000 0 | 0.100 0 | 0.250 0 |
| 17 | 0.000 0 | 0.000 0 | 0.000 0 | 0.000 0 | 1.000 0 | 1.000 0 | 1.000 0 | 1.000 0 | 1.000 0 | 1.000 0 |

表 4-13 标准化后天然气评价指标体系数据

| 指标序号 | 2012年 | 2013年 | 2014年 | 2015年 | 2016年 | 2017年 | 2018年 | 2019年 | 2020年 | 2021年 |
|---|---|---|---|---|---|---|---|---|---|---|
| 1 | 0.000 0 | 0.105 7 | 0.201 6 | 0.247 5 | 0.270 8 | 0.386 0 | 0.511 0 | 0.667 8 | 0.844 4 | 1.000 0 |
| 2 | 0.898 0 | 1.000 0 | 0.960 8 | 0.882 5 | 0.916 7 | 0.921 6 | 0.932 8 | 0.822 1 | 0.735 1 | 0.000 0 |
| 3 | 1.000 0 | 0.727 3 | 0.558 4 | 0.233 8 | 0.026 0 | 0.013 0 | 0.000 0 | 0.181 8 | 0.013 0 | 0.013 0 |
| 4 | 0.000 0 | 0.166 7 | 0.222 2 | 0.388 9 | 0.444 4 | 0.166 7 | 0.055 6 | 0.333 3 | 0.555 6 | 1.000 0 |
| 5 | 1.000 0 | 0.831 5 | 0.769 7 | 0.786 5 | 0.550 5 | 0.331 5 | 0.050 0 | 0.089 9 | 0.157 3 | 0.000 0 |
| 6 | 0.240 8 | 0.494 3 | 0.427 4 | 1.000 0 | 0.931 0 | 0.188 6 | 0.076 8 | 0.461 7 | 0.768 9 | 0.000 0 |
| 7 | 1.000 0 | 0.874 1 | 0.787 3 | 0.776 1 | 0.666 0 | 0.525 2 | 0.280 8 | 0.238 8 | 0.111 0 | 0.000 0 |
| 8 | 1.000 0 | 1.000 0 | 1.000 0 | 1.000 0 | 1.000 0 | 0.000 0 | 0.000 0 | 0.000 0 | 0.000 0 | 0.000 0 |
| 9 | 1.000 0 | 1.000 0 | 1.000 0 | 1.000 0 | 0.000 0 | 0.000 0 | 0.000 0 | 0.000 0 | 0.000 0 | 0.000 0 |
| 10 | 0.361 6 | 0.973 9 | 1.000 0 | 0.384 2 | 0.000 0 | 0.155 5 | 0.074 7 | 0.117 0 | 0.247 4 | 0.287 9 |
| 11 | 0.000 0 | 0.134 6 | 0.288 8 | 0.415 7 | 0.539 5 | 0.583 1 | 0.721 6 | 0.810 3 | 0.962 9 | 1.000 0 |
| 12 | 0.989 1 | 0.858 7 | 0.815 2 | 0.880 4 | 1.000 0 | 0.739 1 | 0.619 6 | 0.380 4 | 0.228 3 | 0.000 0 |
| 13 | 0.000 0 | 0.137 5 | 0.293 0 | 0.421 2 | 0.539 5 | 0.570 6 | 0.711 4 | 0.798 0 | 0.960 5 | 1.000 0 |
| 14 | 0.000 0 | 0.000 0 | 0.000 0 | 0.000 0 | 0.000 0 | 0.000 0 | 1.000 0 | 1.000 0 | 1.000 0 | 1.000 0 |
| 15 | 1.000 0 | 0.905 0 | 0.829 6 | 0.801 8 | 0.735 0 | 0.591 1 | 0.398 0 | 0.287 5 | 0.159 5 | 0.000 0 |
| 16 | 0.000 0 | 0.122 0 | 0.195 1 | 0.243 9 | 0.317 1 | 0.512 2 | 0.682 9 | 0.780 5 | 0.878 0 | 1.000 0 |
| 17 | 0.000 0 | 0.000 0 | 0.000 0 | 0.000 0 | 0.000 0 | 1.000 0 | 1.000 0 | 1.000 0 | 1.000 0 | 1.000 0 |

### 3. 获取评价指标权重

(1) 运用层次分析法获取权重。将储备能力评价指标体系分成目标层、准则层和指标层。目标层(第一层)为储备能力这个总指标,是我国矿产资源储备能力好坏的综合体现;准则层(第二层)包括生产表现、供应表现、储备表现和销售表现4个方面的指标;指标层(第三层)为从生产表现、供应表现、储备表现和销售表现4个方面筛选出的17项指标,是指标体系中最底层组成单位。为了能够科学、客观地确定各项指标在整个评价系统中的权重,逐层采用两两比较法来确定指标间的相对重要性,建立5个判断矩阵,分别进行矩阵运算和一致性检验,最终得出石油和天然气储备能力评价各级指标权重及层次单排序和层次总排序。

表 4-14～表 4-19 为石油储备能力评价系统中的 5 个判断矩阵和指标权重,表 4-20～表 4-25 为天然气储备能力评价系统中 5 个判断矩阵及指标权重。

**表 4-14　石油储备能力评价准则层相对目标层判断矩阵($S$)**

| $S$ | $B_1$ | $B_2$ | $B_3$ | $B_4$ | $W$ | $C_I$ | $I_{CR}$ |
|---|---|---|---|---|---|---|---|
| $B_1$ | 1 | 2/3 | 1/2 | 4 | 0.220 2 | | |
| $B_2$ | 3/2 | 1 | 1/3 | 3 | 0.226 7 | 0.036 | 0.041 ($I_{CR}<0.1$,通过一致性检验) |
| $B_3$ | 2 | 3 | 1 | 5 | 0.479 5 | | |
| $B_4$ | 1/4 | 1/3 | 1/5 | 1 | 0.073 6 | | |

**表 4-15　石油储备能力评价生产表现指标判断矩阵**

| $B_1$ | $B_{11}$ | $B_{12}$ | $B_{13}$ | $B_{14}$ | $W$ | $C_I$ | $I_{CR}$ |
|---|---|---|---|---|---|---|---|
| $B_{11}$ | 1 | 5/2 | 1/2 | 2 | 0.277 7 | | |
| $B_{12}$ | 2/5 | 1 | 1/3 | 1/2 | 0.112 2 | 0.02 | 0.023 ($I_{CR}<0.1$,通过一致性检验) |
| $B_{13}$ | 2 | 3 | 1 | 5/2 | 0.434 6 | | |
| $B_{14}$ | 1/2 | 2 | 2/5 | 1 | 0.175 6 | | |

**表 4-16　石油储备能力评价供应表现指标判断矩阵**

| $B_2$ | $B_{21}$ | $B_{22}$ | $B_{23}$ | $B_{24}$ | $B_{25}$ | $B_{26}$ | $W$ | $C_I$ | $I_{CR}$ |
|---|---|---|---|---|---|---|---|---|---|
| $B_{21}$ | 1 | 1/4 | 1 | 1/2 | 1/3 | 1/5 | 0.058 8 | | |
| $B_{22}$ | 4 | 1 | 4 | 3 | 2 | 1/2 | 0.249 1 | | |
| $B_{23}$ | 1 | 1/4 | 1 | 1/2 | 1/3 | 1/5 | 0.058 8 | 0.016 | 0.013 ($I_{CR}<0.1$,通过一致性检验) |
| $B_{24}$ | 2 | 1/3 | 2 | 1 | 1/2 | 1/4 | 0.096 9 | | |
| $B_{25}$ | 3 | 1/2 | 3 | 2 | 1 | 1/3 | 0.156 9 | | |
| $B_{26}$ | 5 | 2 | 5 | 4 | 3 | 1 | 0.379 4 | | |

**表 4-17　石油储备能力评价储备表现指标判断矩阵**

| $B_3$ | $B_{31}$ | $B_{32}$ | $B_{33}$ | $B_{34}$ | $W$ | $C_I$ | $I_{CR}$ |
|---|---|---|---|---|---|---|---|
| $B_{31}$ | 1 | 2 | 5/2 | 3 | 0.442 5 | | |
| $B_{32}$ | 1/2 | 1 | 3/2 | 2 | 0.248 8 | 0.004 | 0.004 ($I_{CR}<0.1$,通过一致性检验) |
| $B_{33}$ | 2/5 | 2/3 | 1 | 3/2 | 0.178 8 | | |
| $B_{34}$ | 1/3 | 1/2 | 2/3 | 1 | 0.129 8 | | |

表 4-18 石油储备能力评价销售表现指标判断矩阵

| $B_4$ | $B_{41}$ | $B_{42}$ | $B_{43}$ | W | $C_I$ | $I_{CR}$ |
|---|---|---|---|---|---|---|
| $B_{41}$ | 1 | 2 | 5/2 | 0.519 0 | | 0.023 |
| $B_{42}$ | 1/2 | 1 | 2 | 0.303 5 | 0.012 | ($I_{CR}<0.1$,通过一致性检验) |
| $B_{43}$ | 2/5 | 1/2 | 1 | 0.177 5 | | |

表 4-19 层次分析法求得石油储备能力评价指标权重

| 准则层 | $B_1$ 0.220 2 | $B_2$ 0.226 7 | $B_3$ 0.479 5 | $B_4$ 0.073 6 | 各指标权重 $W_a$ |
|---|---|---|---|---|---|
| $B_{11}$ | 0.277 7 | | | | 0.061 1 |
| $B_{12}$ | 0.112 2 | | | | 0.024 7 |
| $B_{13}$ | 0.434 6 | | | | 0.095 7 |
| $B_{14}$ | 0.175 6 | | | | 0.038 7 |
| $B_{21}$ | | 0.058 8 | | | 0.013 3 |
| $B_{22}$ | | 0.249 1 | | | 0.056 5 |
| $B_{23}$ | | 0.058 8 | | | 0.013 3 |
| $B_{24}$ | | 0.096 9 | | | 0.022 0 |
| $B_{25}$ | | 0.156 9 | | | 0.035 6 |
| $B_{26}$ | | 0.379 4 | | | 0.086 0 |
| $B_{31}$ | | | 0.442 5 | | 0.212 2 |
| $B_{32}$ | | | 0.248 8 | | 0.119 3 |
| $B_{33}$ | | | 0.178 8 | | 0.085 7 |
| $B_{34}$ | | | 0.129 8 | | 0.062 2 |
| $B_{41}$ | | | | 0.519 0 | 0.038 2 |
| $B_{42}$ | | | | 0.303 5 | 0.022 3 |
| $B_{43}$ | | | | 0.177 5 | 0.013 1 |

表 4-20 天然气储备能力评价准则层相对目标层判断矩阵

| S | $B_1$ | $B_2$ | $B_3$ | $B_4$ | W | $C_I$ | $I_{CR}$ |
|---|---|---|---|---|---|---|---|
| $B_1$ | 1 | 2/3 | 1/2 | 4 | 0.220 2 | | 0.041 |
| $B_2$ | 3/2 | 1 | 1/3 | 3 | 0.226 7 | 0.036 | ($I_{CR}<0.1$,通过一致性检验) |
| $B_3$ | 2 | 3 | 1 | 5 | 0.479 5 | | |
| $B_4$ | 1/4 | 1/3 | 1/5 | 1 | 0.073 6 | | |

表 4-21 天然气储备能力评价生产表现指标判断矩阵

| $B_1$ | $B_{11}$ | $B_{12}$ | $B_{13}$ | $B_{14}$ | $W$ | $C_I$ | $I_{CR}$ |
|---|---|---|---|---|---|---|---|
| $B_{11}$ | 1 | 2 | 2/5 | 1/2 | 0.176 5 | | |
| $B_{12}$ | 1/2 | 1 | 1/3 | 2/5 | 0.112 2 | 0.02 | 0.023 ($I_{CR}<0.1$,通过一致性检验) |
| $B_{13}$ | 5/2 | 3 | 1 | 2 | 0.434 6 | | |
| $B_{14}$ | 2 | 5/2 | 1/2 | 1 | 0.277 7 | | |

表 4-22 天然气储备能力评价供应表现指标判断矩阵

| $B_2$ | $B_{21}$ | $B_{22}$ | $B_{23}$ | $B_{24}$ | $B_{25}$ | $B_{26}$ | $W$ | $C_I$ | $I_{CR}$ |
|---|---|---|---|---|---|---|---|---|---|
| $B_{21}$ | 1 | 1/4 | 1/2 | 2/5 | 1/3 | 1/5 | 0.051 4 | | |
| $B_{22}$ | 4 | 1 | 7/2 | 3 | 5/2 | 1/2 | 0.257 3 | | |
| $B_{23}$ | 2 | 2/7 | 1 | 1/2 | 2/5 | 1/4 | 0.073 5 | 0.033 | 0.027 ($I_{CR}<0.1$,通过一致性检验) |
| $B_{24}$ | 5/2 | 1/3 | 2 | 1 | 1/2 | 2/7 | 0.104 7 | | |
| $B_{25}$ | 3 | 2/5 | 5/2 | 2 | 1 | 1/3 | 0.149 3 | | |
| $B_{26}$ | 5 | 2 | 4 | 7/2 | 3 | 1 | 0.363 9 | | |

表 4-23 天然气储备能力评价储备表现指标判断矩阵

| $B_3$ | $B_{31}$ | $B_{32}$ | $B_{33}$ | $B_{34}$ | $W$ | $C_I$ | $I_{CR}$ |
|---|---|---|---|---|---|---|---|
| $B_{31}$ | 1 | 2 | 5/2 | 3 | 0.442 5 | | |
| $B_{32}$ | 1/2 | 1 | 3/2 | 2 | 0.248 8 | 0.004 | 0.004 ($I_{CR}<0.1$,通过一致性检验) |
| $B_{33}$ | 2/5 | 2/3 | 1 | 3/2 | 0.178 8 | | |
| $B_{34}$ | 1/3 | 1/2 | 2/3 | 1 | 0.129 8 | | |

表 4-24 天然气储备能力评价销售表现指标判断矩阵

| $B_4$ | $B_{41}$ | $B_{42}$ | $B_{43}$ | $W$ | $C_I$ | $I_{CR}$ |
|---|---|---|---|---|---|---|
| $B_{41}$ | 1 | 2 | 5/2 | 0.519 0 | | |
| $B_{42}$ | 1/2 | 1 | 2 | 0.303 5 | 0.012 | 0.023 ($I_{CR}<0.1$,通过一致性检验) |
| $B_{43}$ | 2/5 | 1/2 | 1 | 0.177 5 | | |

表 4-25 层次分析法求得天然气储备能力评价指标权重

| 准则层 | $B_1$ | $B_2$ | $B_3$ | $B_4$ | 权重 $W_a$ |
| --- | --- | --- | --- | --- | --- |
| | 0.220 2 | 0.226 7 | 0.479 5 | 0.073 6 | |
| $B_{11}$ | 0.176 5 | | | | 0.038 9 |
| $B_{12}$ | 0.112 2 | | | | 0.024 7 |
| $B_{13}$ | 0.434 6 | | | | 0.095 7 |
| $B_{14}$ | 0.277 7 | | | | 0.061 1 |
| $B_{21}$ | | 0.051 4 | | | 0.011 7 |
| $B_{22}$ | | 0.257 3 | | | 0.058 3 |
| $B_{23}$ | | 0.073 5 | | | 0.016 7 |
| $B_{24}$ | | 0.104 7 | | | 0.023 7 |
| $B_{25}$ | | 0.149 3 | | | 0.033 8 |
| $B_{26}$ | | 0.363 9 | | | 0.082 5 |
| $B_{31}$ | | | 0.442 5 | | 0.212 2 |
| $B_{32}$ | | | 0.248 8 | | 0.119 3 |
| $B_{33}$ | | | 0.178 8 | | 0.085 7 |
| $B_{34}$ | | | 0.129 8 | | 0.062 2 |
| $B_{41}$ | | | | 0.519 0 | 0.038 2 |
| $B_{42}$ | | | | 0.303 5 | 0.022 3 |
| $B_{43}$ | | | | 0.177 5 | 0.013 1 |

（2）运用熵值法获取权重。熵值法求权重过程中涉及求 $\ln(x)$，因此在指标数据标准化处理时需要对 0 值做进一步处理，这里将 0 值编辑为 0.000 1。借助 SPSS 软件计算相应的熵值和权重（表 4-26）。

表 4-26 熵值法求得权重

| 指标序号 | 石油 | | 天然气 | |
| --- | --- | --- | --- | --- |
| | 熵值 | 权重 $W_e$ | 熵值 | 权重 $W_e$ |
| 1 | 0.853 | 0.051 7 | 0.871 | 0.042 5 |
| 2 | 0.904 | 0.033 7 | 0.953 | 0.015 6 |
| 3 | 0.673 | 0.114 8 | 0.673 | 0.108 0 |
| 4 | 0.850 | 0.052 5 | 0.850 | 0.049 4 |
| 5 | 0.866 | 0.047 0 | 0.885 | 0.038 0 |

续表 4-26

| 指标序号 | 石油 | | 天然气 | |
| --- | --- | --- | --- | --- |
| | 熵值 | 权重 $W_e$ | 熵值 | 权重 $W_e$ |
| 6 | 0.890 | 0.038 8 | 0.892 | 0.035 8 |
| 7 | 0.801 | 0.069 9 | 0.877 | 0.040 7 |
| 8 | 0.760 | 0.084 4 | 0.778 | 0.073 2 |
| 9 | 0.778 | 0.077 8 | 0.603 | 0.131 3 |
| 10 | 0.822 | 0.062 5 | 0.822 | 0.058 9 |
| 11 | 0.905 | 0.033 4 | 0.903 | 0.032 1 |
| 12 | 0.837 | 0.057 4 | 0.923 | 0.025 3 |
| 13 | 0.892 | 0.038 1 | 0.904 | 0.031 8 |
| 14 | 0.778 | 0.077 8 | 0.603 | 0.131 3 |
| 15 | 0.881 | 0.041 9 | 0.861 | 0.045 9 |
| 16 | 0.884 | 0.040 7 | 0.877 | 0.040 8 |
| 17 | 0.778 | 0.077 8 | 0.699 | 0.099 4 |

以下取主观赋权法和客观赋权法的系数均为 0.5,得到组合权重公式:

$$W = \frac{1}{2}W_e + \frac{1}{2}W_a \tag{4-5}$$

根据熵值法和层次分析法求得权重值和式(4-5)求得组合权重,具体计算结果见表 4-27~表 4-29。

表 4-27 石油储备能力评价指标组合权重

| 指标序号 | 层次分析法权重 $W_a$ | 熵值法权重 $W_e$ | 组合权重 $W$ |
| --- | --- | --- | --- |
| 1 | 0.061 1 | 0.051 7 | 0.056 4 |
| 2 | 0.024 7 | 0.033 7 | 0.029 2 |
| 3 | 0.095 7 | 0.114 8 | 0.105 3 |
| 4 | 0.038 7 | 0.052 5 | 0.045 6 |
| 5 | 0.013 3 | 0.047 0 | 0.030 2 |
| 6 | 0.056 5 | 0.038 8 | 0.047 7 |
| 7 | 0.013 3 | 0.069 9 | 0.041 6 |
| 8 | 0.022 0 | 0.084 4 | 0.053 2 |
| 9 | 0.035 6 | 0.077 8 | 0.056 7 |
| 10 | 0.086 0 | 0.062 5 | 0.074 3 |

续表 4-27

| 指标序号 | 层次分析法权重 $W_a$ | 熵值法权重 $W_e$ | 组合权重 $W$ |
| --- | --- | --- | --- |
| 11 | 0.212 2 | 0.033 4 | 0.122 8 |
| 12 | 0.119 3 | 0.057 4 | 0.088 4 |
| 13 | 0.085 7 | 0.038 1 | 0.061 9 |
| 14 | 0.062 2 | 0.077 8 | 0.070 0 |
| 15 | 0.038 2 | 0.041 9 | 0.040 1 |
| 16 | 0.022 3 | 0.040 7 | 0.031 5 |
| 17 | 0.013 1 | 0.077 8 | 0.045 5 |

表 4-28 天然气储备能力评价指标组合权重

| 指标序号 | 层次分析法权重 $W_a$ | 熵值法权重 $W_e$ | 组合权重 $W$ |
| --- | --- | --- | --- |
| 1 | 0.038 9 | 0.042 5 | 0.040 7 |
| 2 | 0.024 7 | 0.015 6 | 0.020 2 |
| 3 | 0.095 7 | 0.108 0 | 0.101 8 |
| 4 | 0.061 1 | 0.049 4 | 0.055 2 |
| 5 | 0.011 7 | 0.038 0 | 0.024 8 |
| 6 | 0.058 3 | 0.035 8 | 0.047 0 |
| 7 | 0.016 7 | 0.040 7 | 0.028 7 |
| 8 | 0.023 7 | 0.073 2 | 0.048 4 |
| 9 | 0.033 8 | 0.131 3 | 0.082 6 |
| 10 | 0.082 5 | 0.058 9 | 0.070 7 |
| 11 | 0.212 2 | 0.032 1 | 0.122 2 |
| 12 | 0.119 3 | 0.025 3 | 0.072 3 |
| 13 | 0.085 7 | 0.031 8 | 0.058 8 |
| 14 | 0.062 2 | 0.131 3 | 0.096 8 |
| 15 | 0.038 2 | 0.045 9 | 0.042 0 |
| 16 | 0.022 3 | 0.040 8 | 0.031 6 |
| 17 | 0.013 1 | 0.099 4 | 0.056 2 |

表 4-29　各因素指标权重

| 能源类型 | 生产表现权重 | 供应表现权重 | 储备表现权重 | 销售表现权重 |
|---|---|---|---|---|
| 石油 | 0.236 5 | 0.303 6 | 0.343 1 | 0.117 0 |
| 天然气 | 0.218 0 | 0.302 3 | 0.350 0 | 0.129 9 |

### （五）评价结果

由式(4-5)计算出层次分析法-熵值法组合权重,再结合标准化后的石油、天然气储备能力评价指标数据,得到石油、天然气储备能力评价结果(表 4-30 和图 4-3)。

表 4-30　石油、天然气储备能力评价结果

| 年份 | 2012 年 | 2013 年 | 2014 年 | 2015 年 | 2016 年 | 2017 年 | 2018 年 | 2019 年 | 2020 年 | 2021 年 |
|---|---|---|---|---|---|---|---|---|---|---|
| 石油 | 0.480 7 | 0.519 0 | 0.538 8 | 0.501 5 | 0.513 7 | 0.504 9 | 0.413 1 | 0.420 3 | 0.441 0 | 0.481 3 |
| 天然气 | 0.455 3 | 0.505 4 | 0.513 1 | 0.501 1 | 0.392 8 | 0.392 2 | 0.427 2 | 0.483 2 | 0.520 3 | 0.483 4 |

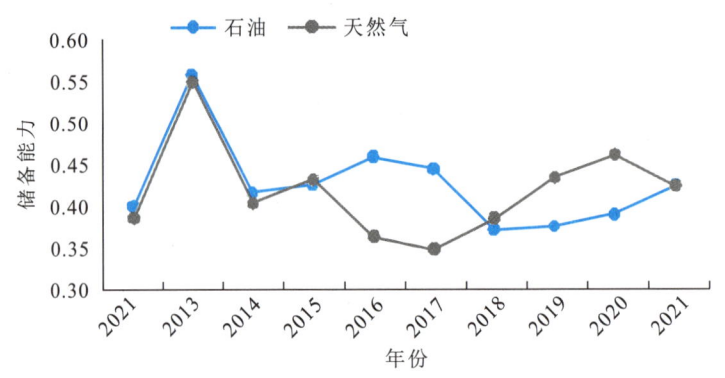

图 4-3　石油、天然气储备能力评价结果折线图

评价结果显示:

(1)中国石油、天然气储备能力水平不高,整体储备能力有待进一步提升。2012—2021 年储备能力水平大体在 0.35～0.55 之间波动,处于中等水平。

(2)石油储备能力评价指标体系中权重最大的 4 个指标是石油储量、石油地质勘查程度、石油储采比和国家外汇储备,其权重分别为 0.122 8、0.105 3、0.088 4 和 0.074 3。这与中国石油目前面临的状况一致,权重最小指标为石油生产集中度。

(3)天然气储备能力评价指标体系中权重最大的 4 个指标是天然气储量、天然气地质勘查程度、政府政策对天然气储备能力的影响度和天然气运输通道可靠性,其权重分别为 0.122 2、0.101 9、0.096 8 和 0.082 6。这与中国天然气目前面临的状况一致,权重最小的指

标是天然气生产集中度。

（4）2012—2014年中国石油储备能力呈上升趋势，从0.480 7上升至0.538 8；2014年后石油储备能力开始持续下降，2018年降至历史低位（0.413 1），2019年后石油储备能力逐渐回升，2021年达到0.481 3。

（5）2012—2014年中国天然气储备能力逐年攀升，从0.455 3上升至0.513 1；随后天然气储备能力状况开始恶化，2017年降至0.392 2，2018年后天然气储备能力开始大幅回升，2020年达到0.520 3（历年最高值），2021年下降至0.483 4。

（6）石油、天然气储备能力受外界影响很难维持在一定水平，波动起伏较大。其中石油储备能力水平最高达到0.538 8，最低低至0.413 1；天然气储备能力水平最高达0.520 3，最低为0.392 2。

## 三、新时代我国石油和天然气储备能力面临的主要问题及对策

### （一）我国石油、天然气储备能力面临的主要问题

#### 1. 石油、天然气储备水平偏低

石油储备安全天数国际标准为90d，中国目前石油储备约为70d，美国、欧盟和日本达到并超过90d，部分发达国家高达150d（金油财经，2022）。我国石油储备能力偏低，民间储备和石油巨头企业储备能力也明显不足，国家总的储备水平不及国际标准的1/3。中国天然气储备水平同样较大幅度低于全球平均水平，成为天然气安全稳定供应和行业健康发展的短板，使得中国抵抗风险能力远落后于发达国家。

#### 2. 油气进口依存度仍将长期维持高位

2010—2020年，石油和天然气均出现了进口依存度大幅度增加的情况，其中石油由67.4%增加到83.1%，增加了15.7个百分点，天然气由14.2%增加至41.5%，增加了27.3个百分点。在目前我国能源结构转型和化工产业转型升级背景下，石油、天然气进口依存度的增长势头将至少延续10年，这无疑会成为我国能源安全的短板并对我国人民币汇率、国际收支平衡和国家安全产生重要影响。

#### 3. 储气能力建设和运营中瓶颈问题突出

储气能力建设和运营中统筹规划不足、行业标准不够完善、储气资源分布与用气需求空间匹配程度不高等问题突出。

（1）储气设施建设相对滞后，建设进展整体偏慢。2021年国内地下储气库工作气量仅170亿 $m^3$，占年度天然气消费量比例不足5%，远低于国际12%～15%平均水平（王轶辰，2022）；受制于地下储气库和LNG储罐建设周期较长，预计储气能力按期达标存在较大压力，储气能力特别是燃气企业和地方政府储气能力建设进度明显滞后。

（2）前期储气设施分散建设、"遍地开花"等问题明显。这需要有效、有序地保障后续储气设施运营安全，引导峰谷差大、需求增长快的地区适当提高建设目标，进一步提高峰谷差

大的地区的天然气保障能力。

(3)优质石油、天然气库址匮乏。与地上储备设施相比,地下储气库储存量大、使用年限长、安全系数高。我国可用于开发大型地下储气库的枯竭油气藏和盐穴多分布于中西部和北部地区,由于受地质条件等的制约,而东南沿海地区是天然气消费快速增长区,难以大规模建设地上和地下储气库,天然气储备规模增速受到严重限制。

#### 4.天然气储备统一管理机制尚需加强

目前天然气储备设施多由建设主体按自有管理办法运营,行业层面仅包含设计施工方法和技术标准规范,其他天然气储备设施之间缺乏信息和资源共享,尚未形成定期披露服务信息、运营数据和储备价格的统一管理机制,各天然气储备设施配套管网联通能力有限,不利于市场化发展和紧急情况下统一应急调度,天然气统一管理机制尚需建立,天然气产业各利益相关者涉及的储气设施建设运营主体责任需要更加清晰化,承担的责任要落实对应到具体工作上。

#### 5.储气设施投资回报率有待提高

储气库是目前最经济有效的调峰手段之一。由于我国地质条件复杂,储气库建设投资和成本较高。随着时间推移,建设成本和运行费用还会进一步增加,各调峰责任主体的负担会进一步加重。加之天然气储备设施具有技术要求高、投资规模大、建设周期长的特点,产业准入门槛较高,社会资本投资动力不足。目前我国地下储气库投资回收期为10~15年,内部收益率约为6%,有效工作气量投资成本为3~4元/$m^3$;国际地下储气库有效工作气量平均投资成本仅1.25~1.5元/$m^3$(碳容LAB,2020)。天然气储备设施除国家管网公司外,大多服务于建设主体自身需求,储备资产市场价值未能得到充分释放,服务定价与逐步开放市场脱钩,投资回报路径不明确,盈利能力低,影响投资主体新建天然气储备设施的积极性。

### (二)提高石油、天然气储备能力对策

#### 1.加强统筹规划布局,建立完善行业标准体系

(1)根据石油、天然气有关规划和国务院明确的各环节各类主体储气能力建设要求,制定发布全国年度油气储备设施建设重大工程项目清单;各省(区市)编制发布省级储气设施建设专项规划,提出本地区储气设施建设项目清单。城镇燃气企业储气任务纳入省级专项规划,集中建设供应城市的储气设施。引导峰谷差大、需求增长快的地区适当提高建设目标,并预留足够发展空间,分期分批有序建设。

(2)梯次提高建设目标,明确重点建设任务。支持峰谷差超过4∶1、6∶1、8∶1、10∶1的地区,梯次提高建设目标。突出规模效应,优先建设地下储气库、北方沿海LNG接收站和重点地区规模化LNG储罐。鼓励现有LNG接收站扩大储罐规模,鼓励城市群合建共用储气设施,形成区域性储气调峰中心。发挥LNG储罐宜储宜运、调运灵活的特点,推进LNG罐箱多式联运试点示范,多措并举提高储气能力(国家发展改革委等,2020)。

(3)建立完善行业标准体系。加快建立完善统一规范的油气储备设施设计、建设、验收、运行、退役等行业标准,尽快形成油气储备设施标准体系;完善已开发油气田、盐矿和地下含

水层等地质信息公开机制,便于投资主体选址建设油气储备设施项目;对拟作为地下储气库的油气田、盐矿依法加快注销矿业权,积极探索地下空间租赁新模式。

2.建立健全的投资回报价格机制,提高投资回报率

(1)建立健全的投资回报价格机制。就独立运营的油气储备设施而言,油气服务价格、油气购进和销售价格均应由市场形成。鼓励储气设施经营企业通过出租库容、利用季节性价差等市场化方式回收投资并获得收益,加快构建储气调峰辅助服务市场机制。城镇燃气企业自建自用的配套储气设施,投资成本和运行成本可纳入城镇燃气配气成本统筹考虑,并给予合理收益。

(2)推行油气储备设施独立运营模式,完善终端销售价格疏导渠道。地下储气设施在原则上应实行独立核算、专业化管理、市场化运作。鼓励在运营的油气储备设施经营企业率先推行独立运营模式,实现油气储备能力价值显性化,形成典型示范效应。推动油气储备设施经营企业完善内部管理机制,进行模式创新和产品创新,提高经营效率和盈利能力。城镇燃气企业因采购储气设施、租赁库容而增加的成本,可通过天然气终端销售价格合理疏导。城市群合建共用的配套储气设施,各城镇燃气企业可按比例租赁库容,租赁成本通过终端销售价格合理疏导。探索建立淡季、旺季价格挂钩的中长期合同机制,形成合理季节性价差,营造油气储备设施有合理回报的市场环境。

(3)加快储气产品交易体系建设。上海、重庆石油天然气交易中心应加快研究开发储气库容等交易产品,并与管容预定和交易机制互相衔接,确保与储气设施相连的管网公平开放,实行储气服务公开交易,体现储气服务真实市场价值。积极发展二级交易市场,提高储气设施使用效率。积极引导储气设施销售气量进入交易中心公开交易。引导非民生天然气进入交易中心公开交易,通过市场发现真实市场价格,形成合理季节性价差。

3.加大政策扶持力度,促进油气储备能力快速提升

(1)土地、规划、环评等审批政策。优化储气设施建设用地审批和规划许可、环评安评等相关审批流程,提高审批效率。储气设施建设项目用地,符合《划拨用地目录》的可通过划拨方式办理用地手续,不符合《划拨用地目录》的实行有偿使用。

(2)财政、税收、金融政策。储气设施经营企业按现行政策规定适用增值税期末留抵税额退税政策。支持地方政府专项债券资金用于符合条件的油气储备设施建设。鼓励金融机构提供多种金融服务,支持油气储备设施建设。支持油气储备企业发行债券融资,支持油气储备项目发行项目收益债券。

(3)投资政策。保障重点行政区域内平均3d油气需求量的应急储气设施建设,给予中央预算内投资补助;鼓励有条件地区出台投资支持政策,对油气储备能力设施建设给予资金补助或奖励。

4.建立健全考核机制,落实主体责任

各省(区市)人民政府要加强统筹协调,建立和完善推进油气储备能力建设工作机制,确保建设任务顺利推进。多方合资建设的油气储备设施,原则上按股比确认储气能力,储气能力确认方案应在既有或补充合同、协议中予以明确。实行集团化运营的城镇油气企业,可以

集团公司为整体进行考核,对集团内异地建设、租赁的油气储备能力予以确认。加强油气储备储气能力建设跟踪检查;各地区在授予或变更燃气特许经营权时,应将履行储气责任和义务列入特许经营协议,对油气储备能力不达标且项目规划不落地的燃气企业,依法收回或不得授予特许经营权。

## 第二节 中国大宗紧缺金属矿产储备能力分析

铁、铜、铝土是全球应用广泛的金属矿产,也是国民经济发展的重要基础原材料。2021年11月5日,国家发展和改革委员会、财政部、自然资源部联合印发《推进资源型地区高质量发展"十四五"实施方案》,提出要加强对战略性矿产资源统一规划,建立安全可靠的资源能源储备、供给和保障体系,布局一批能源资源基地和国家规划矿区,打造战略性矿产资源稳定供应的核心区。这一举措将会对提高中国大宗紧缺矿产储备能力产生积极影响。本节从中国矿产资源供需形势入手,对铁、铜、铝土等大宗紧缺金属矿产储备能力进行评价分析并提出相应对策。

### 一、中国大宗紧缺金属矿产储备现状

#### (一)大宗紧缺金属矿产需求旺盛,供需矛盾日益突出

我国矿产资源总量大,但人均少,禀赋差,大宗、支柱性矿产不足。经济社会发展的阶段性特征和资源国情决定了矿产资源大量快速消耗态势在短期内难以逆转,资源供需矛盾日益突出。中国铁、铜、铝土资源需求高速增长,且将在"十五五"期间进入峰值平台。与此同时,国内铁、铜、铝土资源品质较差,供给不足,进口矿石供应不稳,对外依存度较高等问题凸显,矿产资源约束趋紧,重要大宗紧缺矿产资源保障面临资源家底薄弱、全球市场控制力不足、话语权不强、中美贸易摩擦等挑战,新冠病毒感染疫情供应链和运输中暴露出的安全等问题,加之我国资源战略储备能力不足,有效应对资源供应中断和重大突发事件的预警应急能力较弱,矿产资源安全供应面临更大的挑战,严重影响和制约我国国民经济可持续健康发展。

#### (二)多数矿产品产量温和增长,但优质资源保障程度下降

大宗紧缺金属矿产产量总体保持温和增长态势。2020年全国规模以上企业铁矿石、铜精矿等产量增幅均在5%以内,河北、四川、辽宁3省铁矿石产值约占全国的1/2,"十四五"期间将保持这一局面。近年由于矿产资源需求持续攀升,矿产资源开发强度随之快速上升,我国很多优质资源保障程度大幅下降,威胁矿产资源代际安全。

### (三)海外矿产资源开发能力提高,但权益矿比重低

基于对境外资源的高度依赖,不少中资企业在海外矿产资源获取和开发上不断"开疆拓土",取得了一定量有价值的矿业权和矿产地。据不完全统计,中国各类企业海外拥有涉矿项目的权益铁矿资源量 240 亿 t(考拉矿业观察,2021)、铜矿资源量约为 1.43 亿 t(上海有色网,2022)、权益铝矿资源量 80 亿 t(河南有色金属,2022),并在此基础上建有一定规模的铜、铝权益产能。但总体而言,我国海外投产的权益矿产能占全年进口量的比重较低,与美、日、韩等发达国家相比仍有较大差距,这也成为中国经济和社会可持续发展的不安全因素。

### (四)废旧有色金属回收利用规模整体扩大,但回收率远不及发达国家

中国再生有色金属行业经过近些年的快速发展,已经形成了相对完整的产业体系,成为中国有色金属工业的重要组成部分。其中废旧有色金属回收量呈稳步增长态势,特别是铁、铜、铝二次金属回收发展迅速,这在很大程度上弥补了境内有色金属矿产资源不足的缺陷。当前我国铜、铝回收率均值在 25%、15%左右,而美国已经达到 32%和 50%。相较之下,中国废旧有色金属回收率与美国等发达国家有明显差距。造成这一现象的原因,除了有色金属再生产业自身的因素之外,还与当今中国工业化程度及社会发展阶段有关。

## 二、中国大宗紧缺金属矿产储备能力评价分析

### (一)中国铁矿储备能力评价分析

钢铁工业是国民经济重要基础产业。2022 年 1 月 20 日,国家工业和信息化部等 3 个部门联合发布《关于促进钢铁工业高质量发展的指导意见》,提出建立铁矿产能储备和矿产地储备制度,通过加大铁矿石资源勘探和开发建设强化国内铁矿资源的压舱石作用和储备保障能力。目前,我国钢铁工业已建成世界领先的生产工艺装备,钢生产消费规模保持在 10 亿 t 级,铁素资源需求规模大。海外矿、国产矿和废钢是我国钢铁工业铁素资源的三大主要来源。本节基于中国钢铁工业协会"基石计划"概念,从国内铁矿储备、境外权益铁矿储备、废钢资源回收利用 3 个角度分析评价我国铁矿储备能力。

#### 1. 国内铁矿储备

我国铁矿储量逐年递增,但总体增长放缓。2006—2021 年,中国查明铁矿储量整体呈逐年递增态势。2006 年 607.3 亿 t,2019 年 857.6 亿 t,15 年时间累计增长约 41%。其中 2009—2014 年间铁矿储量增长迅速,原因是这一时期铁矿需求旺盛刺激国内铁矿勘探开采;2015 年始国内铁矿新增查明储量明显下降,总体增长放缓(表 4-31)。

表 4-31　2006—2021 年中国铁矿储量数据

（数据来源：中华人民共和国自然资源部、国家统计局）

| 年份 | 铁矿查明储量/亿 t | 铁矿新增查明储量/亿 t | 铁矿勘查投资/亿元 |
| --- | --- | --- | --- |
| 2006 | 607.3 | 12.3 | |
| 2007 | 613.4 | 17.1 | |
| 2008 | 623.4 | 13.9 | |
| 2009 | 646.0 | 27.9 | |
| 2010 | 727.0 | 92.9 | |
| 2011 | 743.9 | 11.4 | |
| 2012 | 775.3 | 39.8 | |
| 2013 | 798.5 | 26.5 | |
| 2014 | 843.4 | 43.0 | |
| 2015 | 850.8 | 12.0 | |
| 2016 | 840.6 | 5.2 | |
| 2017 | 848.9 | 14.5 | 4.5 |
| 2018 | 852.2 | 9.9 | 2.8 |
| 2019 | 857.6 | 5.3 | 2.2 |
| 2020 | 108.78（证实储量＋可信储量） | 0.99 | 2.48 |
| 2021 | 161.24（证实储量＋可信储量） | | 4.34 |

我国铁矿石人均资源储量基本保持稳定。2012 年铁矿石人均资源储量 57.04t/人，到 2015 年铁矿石人均资源储量迅速增长到 61.51t/人，达历史峰值。2015 年后，铁矿石人均资源储量下降，2016 年下降到 60.37t/人，此后小幅回升，2020 年达 60.80t/人（图 4-4）。

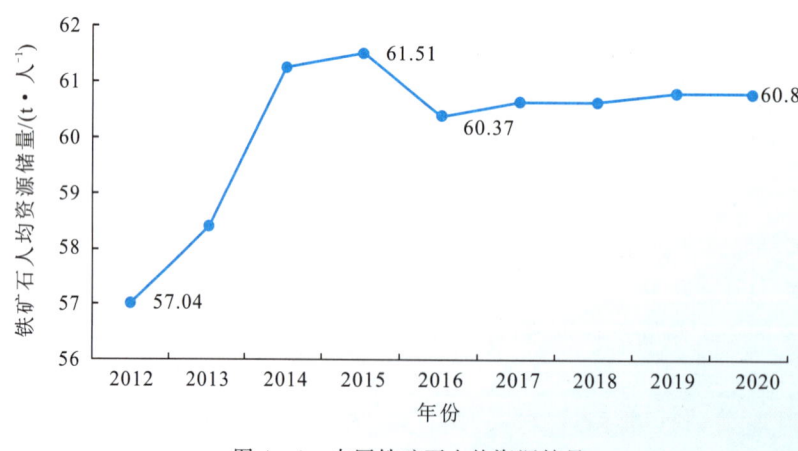

图 4-4　中国铁矿石人均资源储量

（数据来源：国家统计局）

从国际市场上来看,我国铁矿石储量占世界铁矿石储量的11%,位居世界第四。2021年全球铁矿储量高达1800亿t,含铁量高达850亿t,铁矿总体储量较为丰富。全球铁矿产量26亿t,可开采69年,中国铁矿可开采55.6年。全球铁矿储量主要集中在澳大利亚、巴西、俄罗斯、中国、乌克兰、加拿大等国(图4-5)。

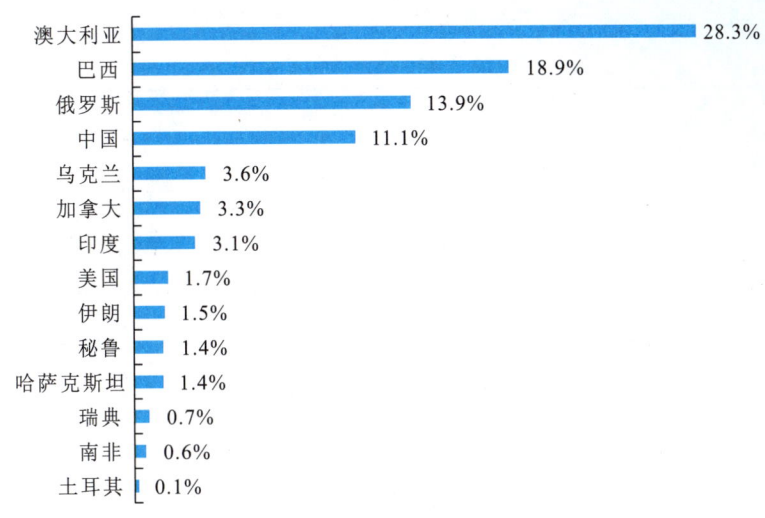

图4-5 2021年各国铁矿石储量占全球铁矿石储量的比重

(数据来源:USGS)

虽然如此,但由于国产铁矿石整体品位不高,在国际市场上竞争力较弱。世界铁矿平均品位47.2%,品位较高国家为南非、印度、秘鲁、俄罗斯、伊朗,品位较低国家为美国、中国、乌克兰、土耳其等。中国铁矿品位较低,品位折合34.5%,远低于世界平均水平。澳大利亚、巴西虽处于全球平均水平左右,但两国拥有大量高品位铁矿,是全球铁矿供应和铁矿出口主要来源国,也是中国铁矿石主要进口国(图4-6)。

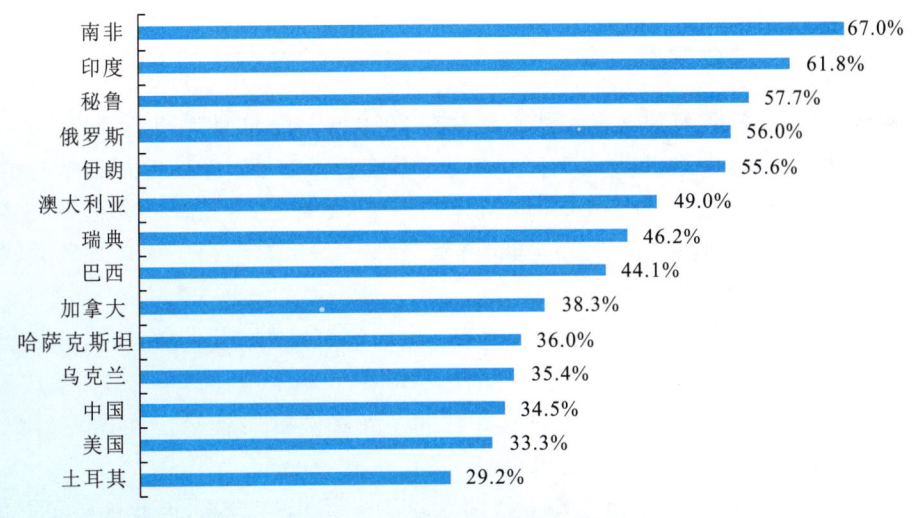

图4-6 2021年各国铁矿石品位

(数据来源:USGS)

同时,我国铁矿资源禀赋条件较差,多元素共生的复合矿、难选矿多,采选难度大,储采比与全球储采比有较大差距。土耳其、南非、印度、瑞典、哈萨克斯坦储采比低,俄罗斯、秘鲁、巴西、加拿大、乌克兰储采比高(表 4-32)。

表 4-32 2021 年主要国家铁矿储量、产量、储采比

(数据来源:USGS)

| 国家 | 2021年铁矿储量/亿 t | 2021年铁矿产量/亿 t | 铁矿储采比/年 |
| --- | --- | --- | --- |
| 俄罗斯 | 250 | 1.00 | 250.0 |
| 秘鲁 | 26 | 0.16 | 162.5 |
| 巴西 | 340 | 3.80 | 89.5 |
| 加拿大 | 60 | 0.68 | 88.2 |
| 乌克兰 | 65 | 0.81 | 80.2 |
| 美国 | 30 | 0.46 | 65.2 |
| 澳大利亚 | 510 | 9.00 | 56.7 |
| 中国 | 200 | 3.60 | 55.6 |
| 伊朗 | 27 | 0.50 | 54.0 |
| 哈萨克斯坦 | 25 | 0.64 | 39.1 |
| 瑞典 | 13 | 0.40 | 32.5 |
| 印度 | 55 | 2.40 | 22.9 |
| 南非 | 10 | 0.61 | 16.4 |
| 土耳其 | 1.3 | 0.16 | 8.1 |
| 全球 | 1800 | 26.00 | 69.2 |

我国正加紧国内铁矿资源开发。铁矿产量在 2000 年后整体呈递增态势,在 2014 年为 15.142 亿 t,达历史峰值,比 2000 年铁矿石产量累计增长六七倍。2015 年后产量持续下降,2018 年大幅降至 7.634 亿 t,较 2014 年峰值降幅 50%,2021 年升至 9.805 亿 t(图 4-7)。从国际上看,2021 年我国铁矿石产量位居世界第三(表 4-32),但由于人口基数大,我国人均铁矿石资源产量相对不足。

铁矿生产集中度有了进一步提高。河北省是中国第一大铁矿生产省,四川省、辽宁省紧随其后。2012—2021 年铁矿石国内生产集中度均在 50% 以上,其中 2017 年达最高值(68.98%,此时铁矿石储备稳定性最强),2017 年后,铁矿石储备稳定性出现大幅下降,2019 年后铁矿石储备稳定性又有所提升(图 4-8)。

我国铁矿产量并不算低,但由于经济持续发展,工业化程度较高,因此铁矿需求量水涨船高。中国铁矿表观需求量 2000 年为 2.93 亿 t,2014 年为 24.47 亿 t(达历史峰值),

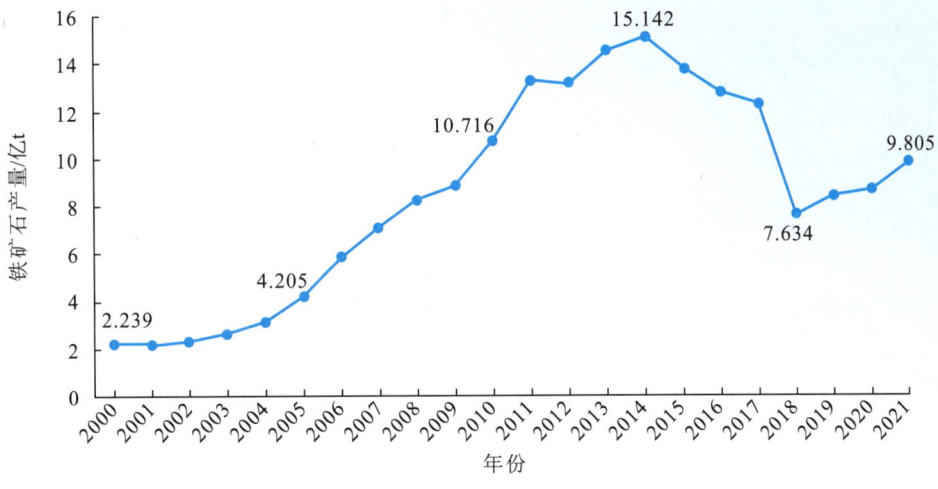

图 4-7 中国铁矿石产量

(数据来源:国家统计局)

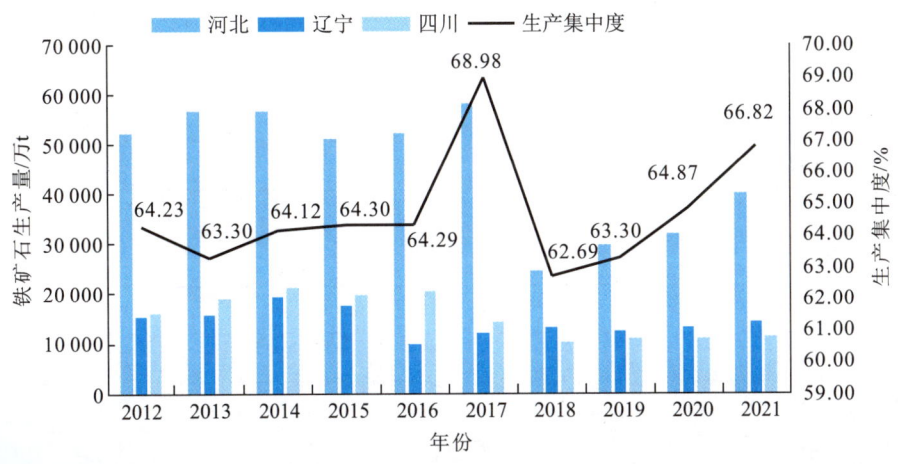

图 4-8 中国河北、辽宁、四川铁矿石原矿产量和生产集中度

(数据来源:国家统计局)

2018年下降到18.28亿t,2021年又回升到21.05亿t(图4-9)。

从全球来看,生铁、粗钢和钢铁表观消费量(表4-33)取决于产量(表4-34),且主要来自工业化程度较高的国家或地区(如中国、欧、美、日、韩)以及经济体量较大的国家(如俄罗斯、巴西等)。未来,随着印度、越南、印度尼西亚等国的崛起,这些新兴经济体对铁矿石、粗钢的需求也将持续增长。

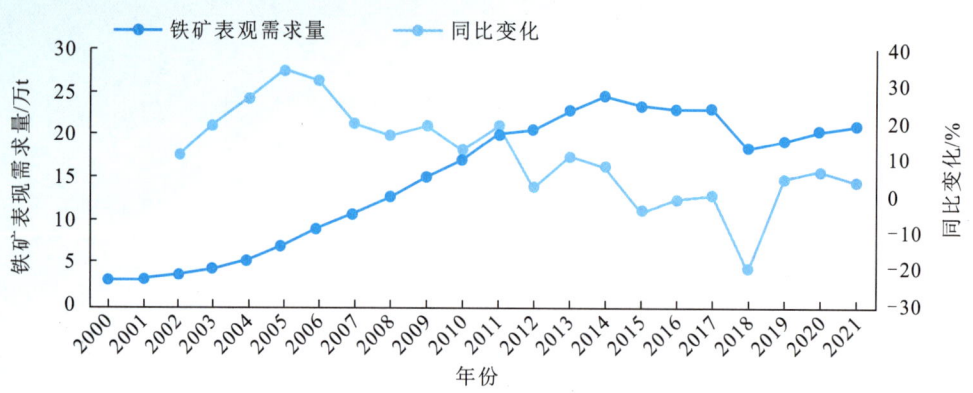

图4-9 2000—2021年中国铁矿表观需求量变化情况

（数据来源：世界钢铁协会）

表4-33 2021年主要国家生铁和钢铁的表观消费量比较

（数据来源：世界钢铁协会）

| 国家（地区） | 2021年表观消费量/亿t | |
| --- | --- | --- |
| | 生铁 | 铁矿石 |
| 全球 | 13.543 | 18.337 |
| 中国 | 8.705 | 9.520 |
| 印度 | 0.767 | 1.061 |
| 日本 | 0.704 | 0.575 |
| 俄罗斯 | 0.496 | 0.439 |
| 韩国 | 0.465 | 0.556 |
| 美国 | 0.282 | 0.971 |
| 巴西 | 0.253 | 0.264 |
| 德国 | 0.257 | 0.352 |

表4-34 2021年主要国家生铁和粗钢产量

（数据来源：世界钢铁协会）

| 国家（地区） | 生铁产量/亿t | 粗钢产量/亿t |
| --- | --- | --- |
| 全球 | 13.536 | 19.512 |
| 中国 | 8.686 | 1.032 8 |
| 印度 | 0.776 | 1.182 |
| 日本 | 0.703 | 0.963 |

续表 4-34

| 国家(地区) | 生铁产量/亿 t | 粗钢产量/亿 t |
| --- | --- | --- |
| 韩国 | 0.464 | 0.704 |
| 俄罗斯 | 0.536 | 0.756 |
| 德国 | 0.257 | 0.401 |
| 美国 | 0.222 | 0.858 |
| 巴西 | 0.285 | 0.362 |

国内铁矿资源普遍具有资源禀赋差、铁矿品位低和开采成本高等缺点,中长期仍将依赖进口。据世界钢铁协会相关数据,近年来,我国铁矿石进口量每年均在 10 亿 t 以上,2021 年我国进口铁矿 11.243 亿 t(图 4-10),国产铁精粉 2.85 亿 t,进口依存度高达 53.4%(图 4-11),考虑到中国进口铁矿品位高于国内,中国铁矿对外依存度实际大幅高于上述数据,达到 80%左右。截至 2022 年第一季度,我国铁矿石进口量为 2.68 亿 t,同比下降 5.38%;出口量为 0.07 亿 t,同比增长 48.07%。

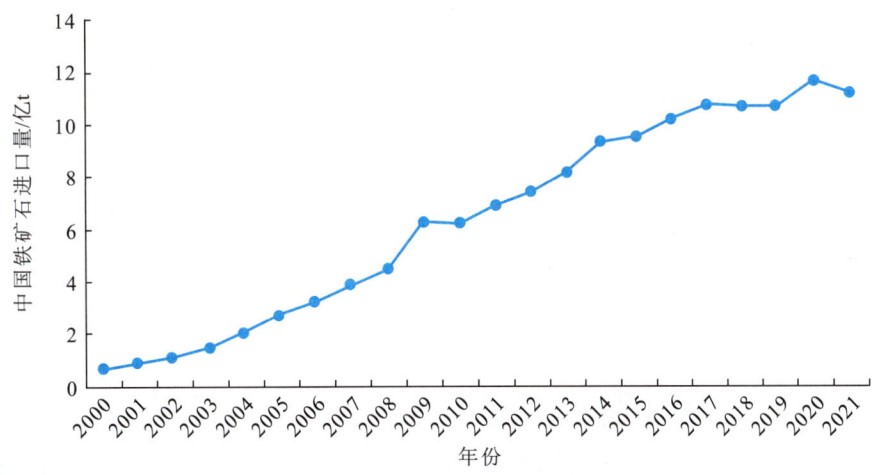

图 4-10 2000—2021 年中国铁矿石进口量

(数据来源:世界钢铁协会)

进口铁矿石价格水涨船高,给我国外汇储备造成压力。2003—2008 年铁矿石进口均价从 32.78 美元/t 上涨到 136.2 美元/t,2011 年大幅上涨到 163.84 美元/t。2021 年,在新冠病毒感染疫情常态化防控背景下,由于全球经济恢复以及主要经济体量化宽松货币政策,大宗商品进口价格大幅上涨,尤其是铁矿石进口均价高达 158.81 美元/t(图 4-12),峰值最高甚至超过 230 美元/t。

铁矿石价格上涨不仅没有带来非主流矿比重的扩大,反而加重了供给端集中度。2021 年我国从澳大利亚、巴西进口铁矿石分别达到 6.94 亿 t 和 2.38 亿 t,同比分别下降

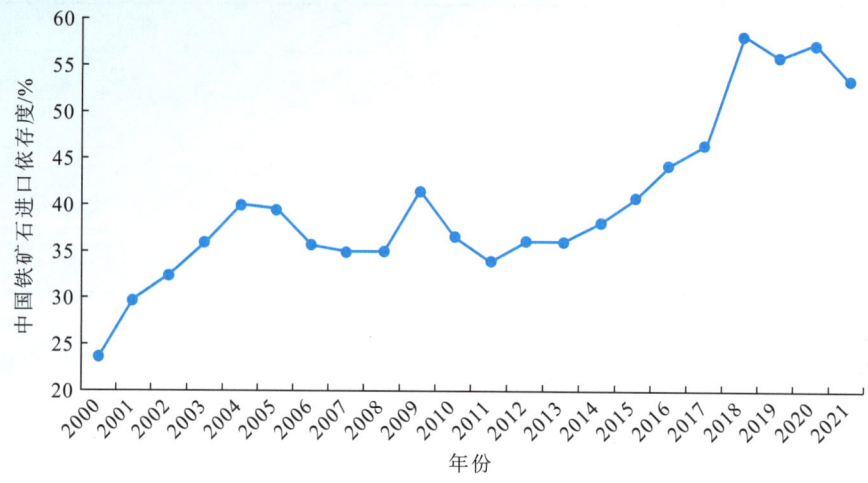

图 4-11　中国铁矿石进口依存度

（数据来源：世界钢铁协会）

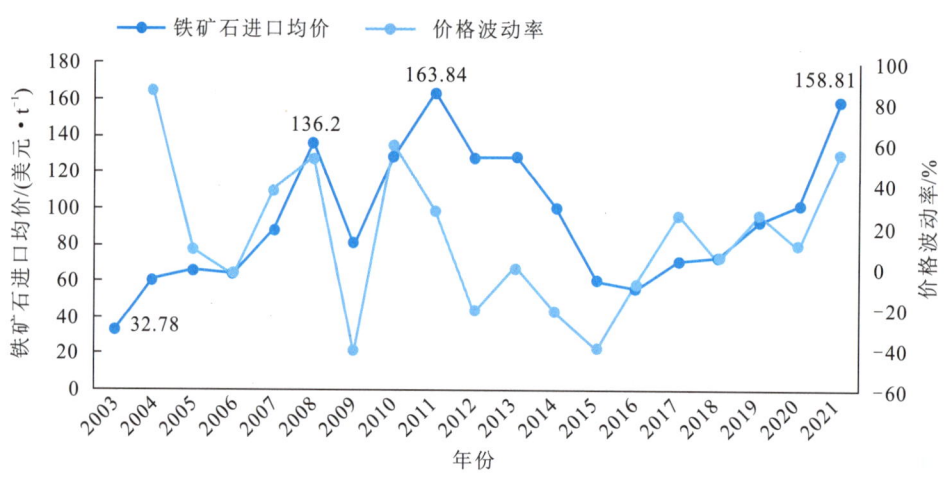

图 4-12　2003—2021 年中国铁矿石进口均价和价格波动率

（数据来源：逻数财经研究、中国钢铁工业协会）

2.7% 和增长 0.8%，占全部进口矿的比重分别为 61.65% 和 21.1%。预计未来 5~10 年我国仍将是全球最大铁矿石进口国，对澳大利亚、巴西铁矿石的依存度仍将维持较高水平。

从全球来看，铁矿进口量前几名的国家和铁矿消费量、生铁消费量、生铁产量排名靠前的国家基本一致，都是工业化程度较高及经济实力较强的国家。印度铁矿自给自足，生铁产量较高，铁矿进口量很小（表 4-35）。

表 4-35  2020 年各国铁矿石进口量及比重

(数据来源:世界钢铁协会)

| 国家 | 铁矿石进口量/亿 t | 占全球铁矿石进口量比重/% |
| --- | --- | --- |
| 全球 | 16.168 | 100.0 |
| 中国 | 11.704 | 72.4 |
| 日本 | 0.994 | 6.1 |
| 韩国 | 0.704 | 4.4 |
| 德国 | 0.334 | 2.1 |
| 荷兰 | 0.244 | 1.5 |
| 法国 | 0.112 | 0.7 |

在上述国产铁矿储备"先天不足"的背景下,为加快国内铁矿石资源的开发进度,我国加大了资金支持力度。从黑色金属矿采选业固定资产投资(不含农户)来看,2021 年投资额同比增长 26.9%,增速创近 10 年新高。其中,2021 年黑色金属矿采选业民间固定资产投资同比增长 21.9%,增速创近 9 年来新高(表 4-36)。从资本的逐利性角度来看,投资大幅增长很大程度上反映出企业和投资机构对国产铁矿开发的信心增强,对该行业前景预期积极。投资增长带动国内铁矿石产量相应提高,同时也反映出增加铁矿石资源的储备保障能力已成为我国钢铁行业共识。目前国内一些新建铁矿矿山项目陆续开工建设,部分矿山已经投产或即将投产,如千万吨级西鞍山矿、大型铁矿项目思山岭铁矿和马城铁矿等。

表 4-36  我国 2015—2021 年黑色金属矿采选业固定资产投资(不含农户)变化情况

(数据来源:国家统计局)

| 年份 | 固定资产投资同比增速/% | 民间固定资产投资同比增速/% |
| --- | --- | --- |
| 2015 | −17.8 | −21.4 |
| 2016 | −28.4 | −35.4 |
| 2017 | −22.8 | −26.1 |
| 2018 | 5.1 | 21.2 |
| 2019 | 2.5 | 8.2 |
| 2020 | −10.3 | −10.5 |
| 2021 | 26.9 | 21.9 |

**2. 境外权益铁矿储备**

针对国内铁矿石资源匮乏和保障力不足的现状,我国把寻求境外铁矿石资源作为保障我国铁矿石储备的重要手段。长期以来,中国钢铁企业通过合作、合资或共同开发的方式获得境外铁矿石供应,不仅增加了境外权益铁矿储备,也助力我国获取上游铁矿的定价话语权。

在境外铁矿开发方面,20世纪末以来,大批国内企业(包括非钢企业)通过收购、直接建矿等方式投资境外一些既有资源也有产能的世界级境外权益铁矿储备项目,如西芒杜铁矿、Sino Iron 铁矿等(表4-37)。这些项目完全达产后势必会成为中国海外权益矿增产的重要依仗,将为我国贡献1.5亿~2亿t权益矿产量。据中国钢铁协会调研,"十三五"时期在海外建成或收购钢产能约2000万t,截至2022年我国海外权益铁矿产能为1.2亿t/a。

表4-37 中企布局部分海外铁矿项目的储量和产量

(数据来源:公开资料)

| 合作项目 | 国家 | 总储量/亿t | 年产量/(亿t·a$^{-1}$) |
|---|---|---|---|
| 西芒杜铁矿 | 几内亚 | 100 | 1.5 |
| 卡拉拉铁矿 | 澳大利亚 | 20 | 0.1 |
| Sino Iron 铁矿 | 澳大利亚 | 50~60 | 0.21 |
| 安哥拉铁矿 | 安哥拉 | 1.09 | 0.03 |
| 秘鲁铁矿 | 秘鲁 | 16.62 | 0.276 |
| 加拉杰比莱特铁矿 | 阿尔及利亚 | 35 | 2025年达到0.1~0.12 |
| 纳贝巴铁矿 | 喀麦隆共和国和刚果共和国 | 56.4 | 0.35 |

### 3. 废钢资源回收利用

作为一种可替代铁矿石的可再生绿色载能资源,废钢经过回炉重造后能够重新成为钢原料和再生钢材。根据中国废钢应用协会数据,用废钢生产1t钢,可节约铁矿石1.6t左右,减少约0.35t标准煤,降低约1.6t的二氧化碳排放,减少约3t固体废弃物排放。因此在"双碳"目标的背景下,大力推动废钢资源综合利用是缓解我国资源环境约束,适度降低铁矿石对外依存度并保障我国铁矿石储备能力的重要举措。因此,除释放境外储备,摆脱我国铁矿石困境的另一举措就是废钢资源回收利用。

中国是全球第一废钢消耗国家,2017年废钢消费量1.479亿t,2021年消耗废钢2.262亿t(表4-38)。我国废钢比偏低,仅为21.9%,与欧、美、日等发达国家和经济体存在明显差距;废钢回收率同样处于较低水平,目前仅为21.2%,远低于世界发达国家水平。因此,提高铁素资源环保利用率,抑制我国对进口铁矿石的依赖,必须采取强有力措施,如加大国内废钢利用率和再生钢铁原料进口规模。

近年来,在政策扶持下,中国废钢回收利用量逐年增加。2021年达到2.98亿t,同比增长14.6%(图4-13);随着国家对废钢回收政策支持力度进一步加大,预计到2025年,我国废钢回收利用量将达到3.2亿t。

表4-38 全球主要国家(地区)废钢用量情况

(数据来源:国际回收局)

| 国家(地区) | 废钢用量/亿t | | | | |
|---|---|---|---|---|---|
| | 2017年 | 2018年 | 2019年 | 2020年 | 2021年 |
| 欧盟27国 | 0.936 0 | 0.909 4 | 0.844 7 | 0.752 6 | 0.878 5 |
| 中国 | 1.479 | 1.878 | 2.159 | 2.326 | 2.262 |
| 美国 | 0.588 | 0.601 | 0.607 | 0.502 | 0.594 |
| 日本 | 0.357 7 | 0.365 1 | 0.336 8 | 0.291 8 | 0.347 3 |
| 土耳其 | 0.302 7 | 0.313 2 | 0.279 | 0.300 8 | 0.348 1 |
| 俄罗斯 | 0.293 40 | 0.317 76 | 0.301 73 | 0.300 30 | 0.321 38 |

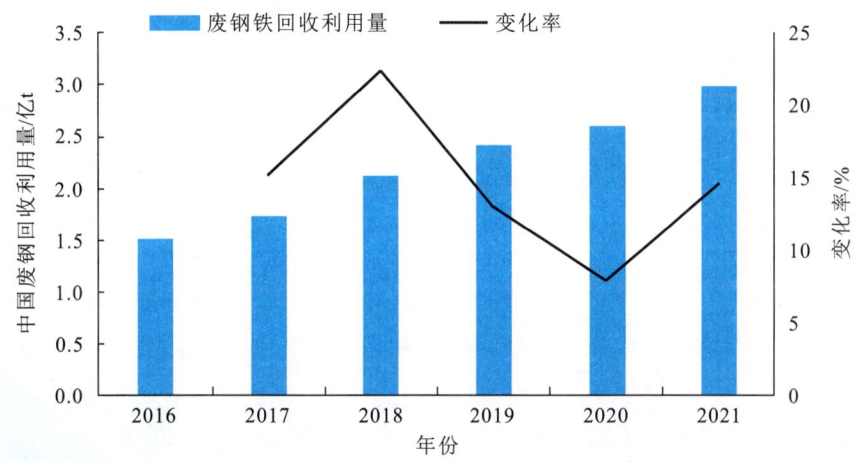

图4-13 2016—2021年中国废钢回收利用量及变化率

(数据来源:商务部)

放开废钢进口是挤压铁矿石需求空间、制约铁矿石进口价格的重要举措。我国废钢进口量有限,2021年进口60万t(表4-39),虽远高于2020年,但与历史最高年份2009年的1369万t相比还有巨大差距。未来面对急迫的铁元素替代需求,我国废钢进口量将在"基石计划"和《再生钢铁原料》(GB/T 39733—2020)国家标准的推动下大幅提升。

表 4-39  全球主要国家(地区)废钢进口量情况

(数据来源:国际回收局)

| 国家(地区) | 废钢进口量/万 t | | | | |
|---|---|---|---|---|---|
| | 2017 年 | 2018 年 | 2019 年 | 2020 年 | 2021 年 |
| 土耳其 | 2098 | 2066 | 1886 | 2 243.5 | 2 499.2 |
| 印度 | 536.5 | 633 | 705.3 | 538.3 | 513.3 |
| 韩国 | 617.5 | 639.3 | 649.5 | 439.8 | 478.9 |
| 美国 | 403.6 | 503 | 426.8 | 451.2 | 526.2 |
| 欧盟 27 国 | 307.1 | 282.8 | 289.3 | 409.4 | 636.7 |
| 中国 | 230 | 130 | 20 | 100 | 60 |

## (二)中国铜矿储备能力评价分析

### 1. 国内铜矿储备

我国铜矿储量整体呈逐年递增态势,2012 年为 9 036.9 万 t,2018 年为 11 443.49 万 t,2012—2018 年每年的铜矿新增查明储量高于铜矿消耗量,导致铜矿查明储量持续增长(约累计增长 27%)。从 2018 年开始,国内铜矿新增查明储量明显下降,2020 年只有 85.82 亿 t,原因之一就是近年铜矿勘查资金投入不断减少,2020 年资金投入仅 6.13 亿元,同比减少 2.7%。2021 年随着铜矿勘查资金投入的增加,我国铜矿查明储量有所回升,达到 3 494.79 万 t(表 4-40)。

表 4-40  2012—2021 年中国铜矿储量数据

(数据来源:中华人民共和国自然资源部)

| 年份 | 铜矿查明储量/万 t | 铜矿新增查明储量/亿 t | 铜矿勘查投资/亿元 |
|---|---|---|---|
| 2012 | 9 036.9 | 431 | — |
| 2013 | 9 111.9 | 261 | — |
| 2014 | 9 689.6 | 495 | — |
| 2015 | 9 910.2 | 392.2 | — |
| 2016 | 10 110.63 | 363 | 31.29 |
| 2017 | 10 607.75 | 418.11 | 16.23 |
| 2018 | 11 443.49 | 225.1 | 9.39 |
| 2019 | 11 253.6 | 363.8 | 6.3 |
| 2020 | 2 701.3(证实储量+可信储量) | 85.82 | 6.13 |
| 2021 | 3 494.79(证实储量+可信储量) | — | 6.55 |

我国铜矿石人均资源储量整体呈上升趋势。2012 年铜矿石人均资源储量为 0.665t/人,2018 年为 0.0814t/人,达到历史峰值,2019 年下降到 0.079 8t/人(图 4-14)。

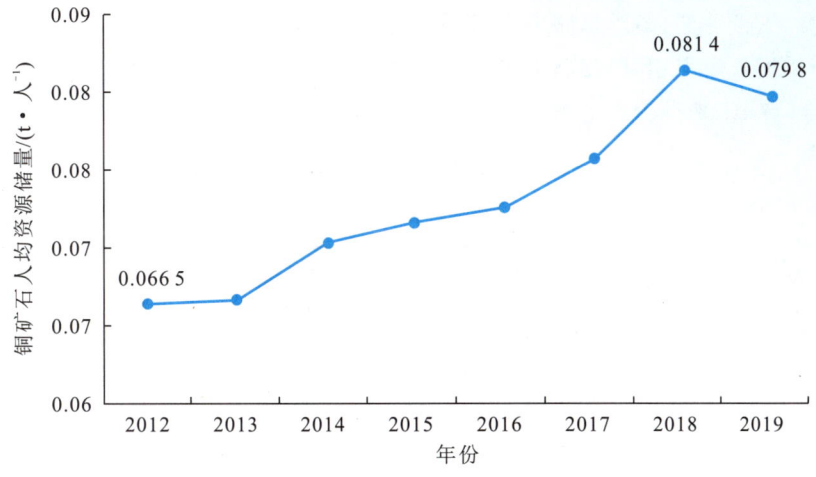

图 4-14 2012—2019 年中国铜矿石人均资源储量

(数据来源:中华人民共和国自然资源部)

从国际市场看,我国一直是缺铜大国,2021 年铜矿储量仅占全球的 2.95%,全球排名第九。2021 年全球铜资源储量较为充裕,达到 8.8 亿 t,且保持持续增长态势。铜矿在全球分布集中度较高,主要分布在美洲地区。其中,智利铜资源储量 2 亿 t,排名全球第一,占比 22.73%;澳大利亚、秘鲁分别位列第二、第三,占比 10.57% 和 8.75%;俄罗斯 6200 万 t,占比 7.05%,排名第四;墨西哥 5300 万 t,占比 6.02%,排名第五(图 4-15)。

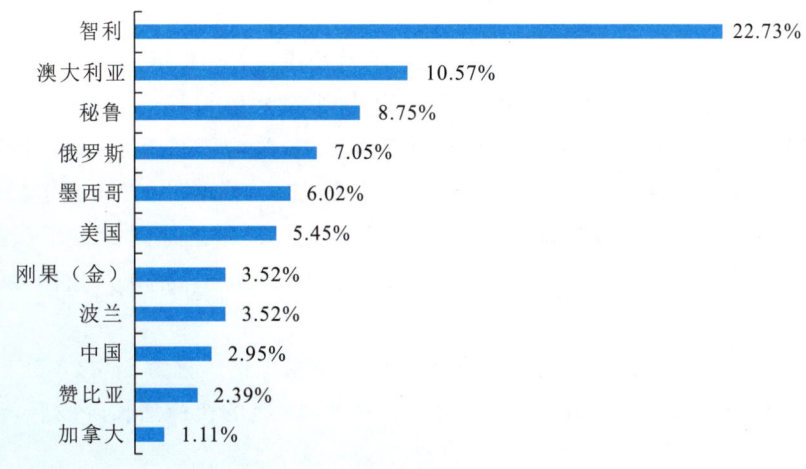

图 4-15 2021 年各国铜矿储量占比

(数据来源:USGS)

我国铜资源"先天不足",具有小型矿床数量多,资源量小,大型、特大型矿床数量少等特点。中国主产铜矿平均品位为0.52%,伴生铜矿平均品位为0.16%,品位大于1%的富矿不多。除此以外,从铜矿储采比这一指标看,全球铜资源储采比稳定在35~44年之间。其中,澳大利亚、波兰、俄罗斯、墨西哥储采比高,分别为103.3年、79.49年、75.61年和73.61年,未来铜矿产量增长潜力相对较高;而中国储采比低,铜矿开采难度系数较大,目前储量仅可供开采14.44年,未来铜矿产量增长相对有限(表4-41)。

表4-41 2021年主要国家铜矿(金属量)储量、产量、储采比

(数据来源:USGS)

| 国家(地区) | 2021年铜矿产量/万t | 2021年铜矿储量/万t | 铜矿储采比/a |
|---|---|---|---|
| 澳大利亚 | 90 | 9300 | 103.3 |
| 波兰 | 39 | 3100 | 79.49 |
| 俄罗斯 | 82 | 6200 | 75.61 |
| 墨西哥 | 72 | 5300 | 73.61 |
| 美国 | 120 | 4800 | 40 |
| 哈萨克斯坦 | 52 | 2000 | 38.46 |
| 智利 | 560 | 20 000 | 35.71 |
| 秘鲁 | 220 | 7700 | 35 |
| 赞比亚 | 83 | 2100 | 25.3 |
| 刚果(金) | 180 | 3100 | 17.22 |
| 加拿大 | 59 | 980 | 16.61 |
| 中国 | 180 | 2600 | 14.44 |
| 全球 | 2100 | 88 000 | 41.9 |

中国铜矿产量波动幅度较大,2014—2016年增长快速,2016年达到近年峰值190万t后下降,2018年后产量逐年上升,2021年产量达到180万t(图4-16)。从国际上看,2021年全球铜矿产量约2100万t,其中智利产量第一,约为560万t,占全球铜矿产量的26.67%,与其储量占比相当。2012年以来,秘鲁不断加大对铜矿的投资,其境内优质矿山Las Bambas铜矿在2016年成功投产。2021年,秘鲁铜矿产量已达到220万t,占全球铜矿产量的10.48%,排名全球第二。我国2021年铜矿产量约占全球铜矿产量的8.57%,排名全球第三(表4-41)。

中国铜产业产量整体保持平稳增长态势。2012年精炼铜产量为575.73万t,2021年达到1 048.7万t,增长近1倍。铜材在经历了2011—2016年的快速增长阶段后,年累计产量维持在2000万t左右(图4-17)。

我国铜材分布十分集中,铜材储备稳定性较强(图4-18)。近10年,江西、江苏和浙江3省铜材产量占全国总产量比重稳定维持在50%左右,其中江西是我国最大的铜冶炼、铜加工基地,同时也是重要的铜消费区。

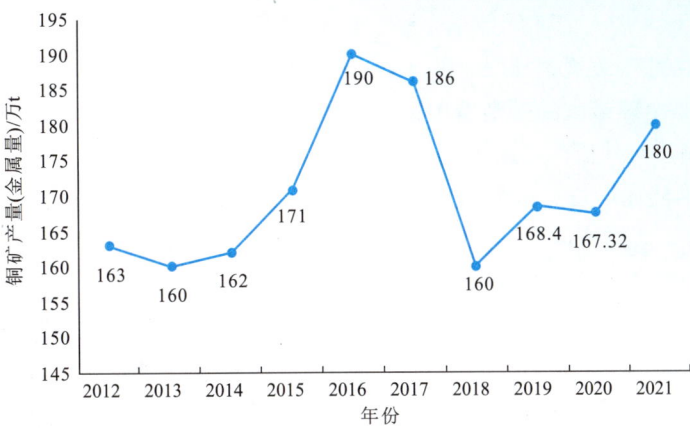

图 4-16 中国铜矿产量(金属量)

(数据来源:USGS、中国有色金属工业协会)

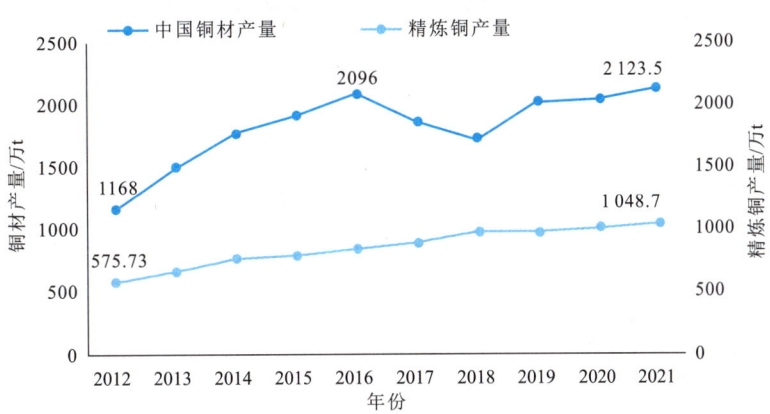

图 4-17 中国铜材和精炼铜产量

(数据来源:国家统计局)

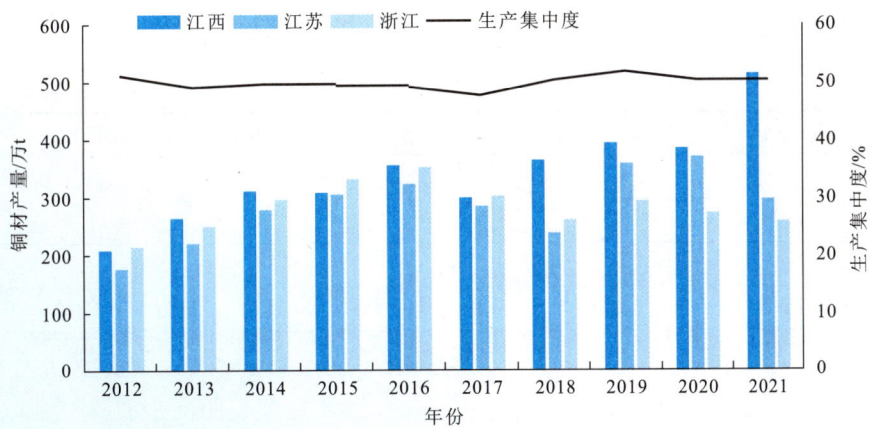

图 4-18 中国江西、江苏、浙江铜材产量和生产集中度

(数据来源:国家统计局)

我国精炼铜行业庞大的产能体量带来了巨大的铜精矿需求。根据世界金属统计局的数据，2021年中国精炼铜表观消费量达到1389万t，较2010年的741.8万t增长近1倍，约占全球的55.4%，是全球最大的铜消费国家。但由于我国仅拥有全球2.95%的铜矿储量且平均品位较低，铜精矿对外依存度逐年提高，铜矿砂及其精矿进口量保持快速增长，2021年进口量为2 342.8万t，同比增长7.64%；进口金额为548.0亿美元，同比增长59.8%（图4-19）。

图4-19 2015—2021年中国铜矿砂及其精矿进口情况

（数据来源：海关总署）

我国铜矿砂及其精矿进口来源地集中，智利、秘鲁和墨西哥是我国主要进口地区，进口量合计占比67.8%（表4-42）。未来15a，随着我国二次资源供应能力的增加和铜需求的变化，对外依存度将不断下降，从目前的71.1%下降至2035年的53.2%。

表4-42 2021年我国铜矿砂及其精矿进口来源地进口量及其比重

（数据来源：海关总署）

| 国家（地区） | 铜矿砂及其精矿进口量/万t | 比重/% |
| --- | --- | --- |
| 全球 | 2 342.8 | 100.0 |
| 智利 | 887.1 | 37.9 |
| 秘鲁 | 554.6 | 23.7 |
| 墨西哥 | 145.4 | 6.2 |
| 蒙古国 | 120.4 | 5.1 |
| 哈萨克斯坦 | 80.5 | 3.4 |
| 美国 | 66.1 | 2.8 |
| 印度尼西亚 | 53.1 | 2.3 |
| 其他地区 | 435.8 | 18.6 |

我国国内铜矿勘查行业形势也不容乐观,其低迷程度甚至低于非油气矿产平均水平,2016—2021年我国铜矿矿产勘查钻探工作量逐年下降,2021年仅为33万m,与2016年的150万m相比下降了78%(图4-20)。

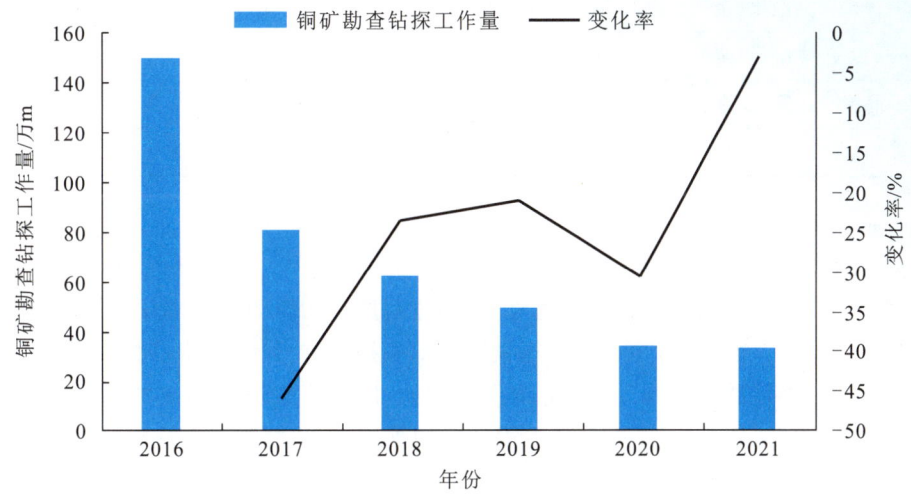

图4-20 2016—2021年中国铜矿勘查钻探工作量及变化率

(数据来源:中华人民共和国自然资源部)

目前中国正面临巨大的铜供应挑战。一方面,我国用电侧和发电侧的新能源化使得铜消费保持高速增长;另一方面,我国国产铜矿又面临产量增速缓慢、铜精矿自给程度低等窘境。这势必增加我国铜矿市场对外依存度,威胁我国国内铜矿储备安全。因此,鼓励铜资源"走出去"、拓宽铜矿进口形式将成为满足我国铜矿需求、解决铜矿储备难题的重大举措;同时,要高度重视国内铜矿资源开发,积极引入各种现代技术,不断挖掘国内铜矿资源潜力。

### 2. 境外权益铜矿储备

面对严峻复杂的国内铜矿储备形势,中资企业加紧了海外权益矿建设(表4-43)。中国各类企业海外铜矿权益投资累计超过140亿美元,参与70余个大型海外铜矿项目的勘探、设计和建设,足迹遍布刚果(金)、赞比亚、秘鲁、澳大利亚等地。中方涉矿项目权益资源量约1.43亿t,其中海外运营和在建权益铜矿产能约为350万t,超过国内矿山铜产量。在世界前十大产铜矿山中,中资企业持有Las Bambas铜矿1座,建有矿产铜总产能40万t/a(因环保问题暂时被迫停产)。

短期内,中国铜资源供应仍依赖欧美等矿业集团公司或国际铜资源贸易集团公司,被动局面一时恐难改观;但从长期看,随着我国综合国力不断提升、海外矿业投资体系不断完善,我国境外权益铜矿储备将进入良性发展轨道。

表 4-43 中企布局部分海外铜矿项目

| 合作项目 | 国家 | 资源量/万 t | 品位/% | 年产量/万 t | 主要持有者 |
|---|---|---|---|---|---|
| Las Bambas 铜矿 | 秘鲁 | 771 | 0.68~0.71 | 40 | 五矿资源 |
| 卡莫阿铜矿 | 刚果(金) | 2416 | 2.56 | 34(三期建成后年产量达 60) | 紫金矿业 |
| Kinsevere 铜矿 | 刚果(金) | 57.7 | 2.2~3.7 | 8(电解铜) | 五矿资源 |
| Tenke 铜矿 | 刚果(金) | 471.81 | 2.6 | 26.7 | 洛阳钼业 |
| 米拉多铜矿 | 厄瓜多尔 | 349 | 0.53 | 10 | 铜陵集团 |

### 3. 废铜资源回收利用

废铜资源具有良好的循环再生利用性能,通过对废铜的资源循环利用,有利于缓解中国铜资源过分依赖进口的问题,也将为中国铜资源储备提供有力保障。同时,废铜资源循环利用也具有良好的节能减排效果,与原生铜生产相比,回收废铜冶炼而成的再生铜每生产 1t 便可节约 1t 标准煤,节水近 400m³,减少固体废物排放 380t,相当于少排放二氧化硫 0.137t。随着中国环保事业的发展,我国国内废铜回收量持续增长。2021 年我国废铜回收量 241 万 t,同比增长 8.07%(图 4-21)。

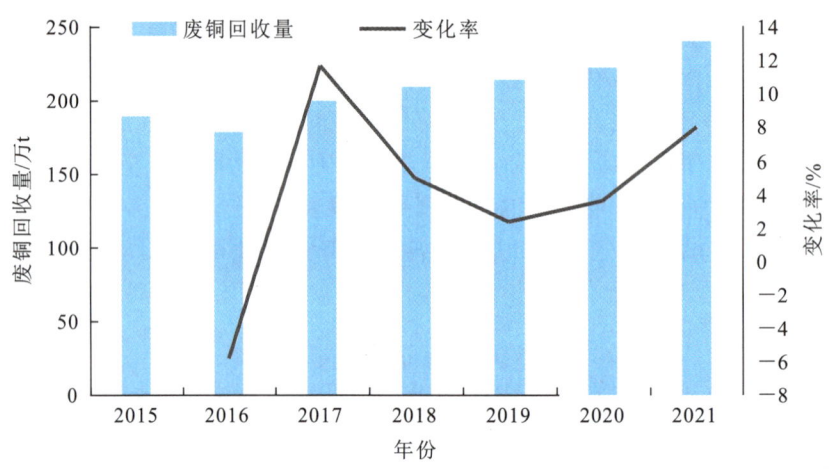

图 4-21 2015—2021 年中国废铜回收量及变化率
(数据来源:商务部)

从我国对国际市场废铜的回收情况看,受禁止洋垃圾入境政策影响,2015—2020 年我国废铜进口量持续下跌。2021 年废铜自由进口政策顺利落地,推动了国内废铜进口贸易商进口积极性;同时铜价大幅上涨,极大刺激了全球废铜货商出货积极性;加之国内需求推动,2021 年新增产能较大,叠加国内废铜供给一直处于紧张局面,推动国内废铜价格走高,吸引海外废铜货源流入。2021 年我国废铜进口量大幅增加,同比增加 75t,涨幅达 79.39%(图 4-22)。

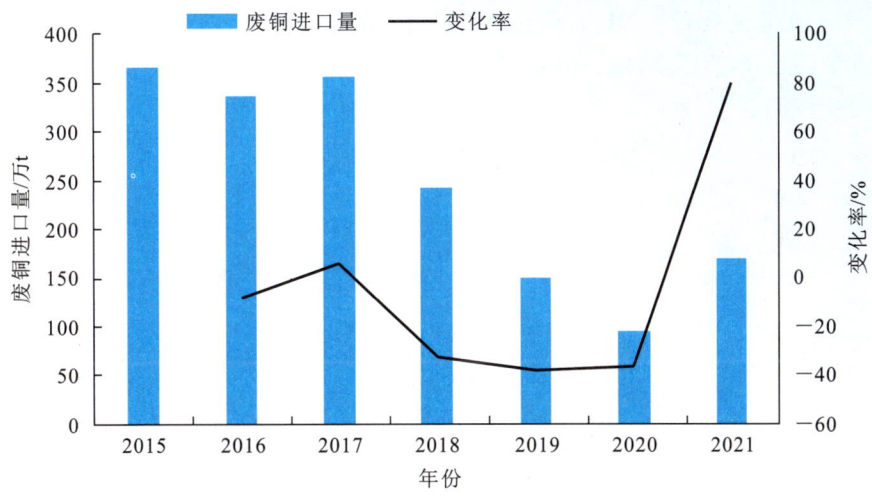

图 4-22  2015—2021年中国废铜进口量及变化率

(数据来源：海关总署)

中国是一个贫铜国家,铜资源储量贫乏,与此同时又是铜消费大国。基于此,促进废铜回收利用也是我国铜矿储备体系中不可或缺的重要组成部分。未来随着绿色设计和绿色工艺设备的推广,产业升级速度加快,我国势必由再生铜大国变为再生铜强国。

### (三)我国铝土矿储备能力评价分析

#### 1.国内铝土矿储备

2021年全球铝土矿资源储量约320亿t,分布集中度高,其成矿带主要分布在非洲、大洋洲、南美洲及东南亚地区。从国家分布来看,铝土矿主要分布在几内亚、越南、澳大利亚、巴西、牙买加、印度尼西亚等国。其中,几内亚铝土矿储量约74亿t,占全球储量的23.13%,位居世界第一;越南、澳大利亚分列世界第二、第三,分别占全球储量的18.13%、16.56%(图4-23)。

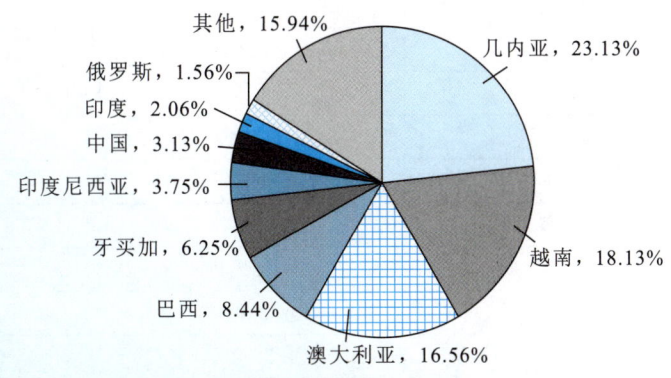

图 4-23  2021年全球铝土矿资源储量分布

(数据来源：USGS)

中国铝土矿储量匮乏,2021年铝土矿储量仅占到全球的3.13%,铝土矿静态可开采年限仅为12年,远远落后于全球的82年,加之采选条件不佳,铝土矿储备能力弱,资源安全问题凸显(图4-24)。

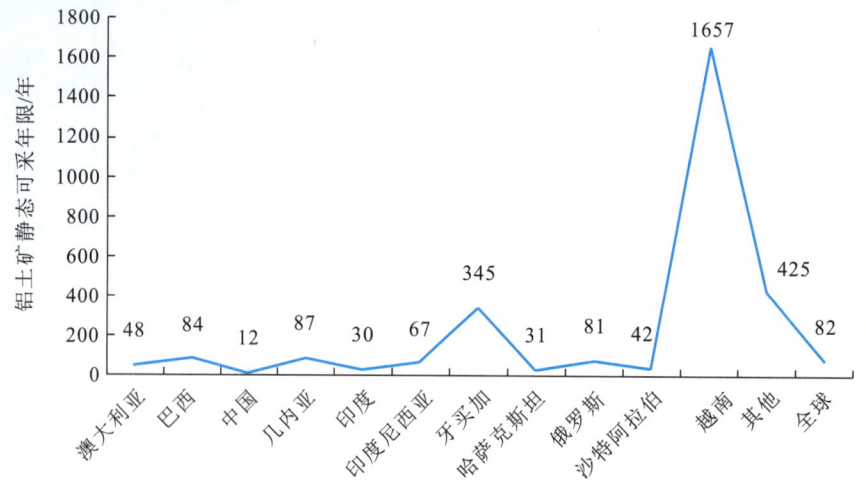

图4-24 2021年全球主要国家铝土矿静态可采年限对比

(数据来源:USGS)

好的一面是,我国铝土矿查明储量呈逐年递增态势,近年来的每年新增查明储量高于铝土矿消耗量,使得铝土矿储量持续增长。2012年38.2亿t,2019年54.6亿t,累计增长35%。2016年后铝土矿勘查资金投入不断减少,2018年仅投入1.46亿元,这也导致当年铝土矿新增查明储量明显下降。2019年后资金投入有所回升,2021年资金投入3.04亿元,同比增加5.55%(表4-44)。

表4-44 2012—2021年中国铝土矿储量数据

(数据来源:中华人民共和国自然资源部)

| 年份 | 铝土矿查明储量/亿t | 铝土矿新增查明储量/亿t | 铝土矿勘查资金投入/亿元 |
| --- | --- | --- | --- |
| 2012 | 38.2 | 0.49 | — |
| 2013 | 40.2 | 2.4 | — |
| 2014 | 41.5 | 1.8 | — |
| 2015 | 47.1 | 4.91 | — |
| 2016 | 48.52 | 1.56 | 3.2 |
| 2017 | 50.89 | 2.92 | 2.74 |
| 2018 | 51.7 | 1.16 | 1.46 |
| 2019 | 54.6 | 2.8 | 1.52 |
| 2020 | 5.8(证实储量+可信储量) | 3.74 | 2.88 |
| 2021 | 7.1(证实储量+可信储量) | — | 3.04 |

我国铝土矿品位质量整体较差。98%以上为加工困难、耗能高的一水硬铝石型铝土矿，氧化铝含量高，铝硅比低，加工成本高，而适合露采矿床仅占34%。广西铝土矿高铝、高铁、高铝硅比、低硫，其他矿物含量少，是国内少数能运用拜耳法生产氧化铝的优质铝土矿（表4-45）。

表4-45 中国各地区铝土矿质量统计

（数据来源：矿业汇）

| 地区 | $Al_2O_3$/% | $SiO_2$/% | TFeO/% | Al/Si |
| --- | --- | --- | --- | --- |
| 山西 | 62.35 | 11.58 | 5.78 | 5.38 |
| 贵州 | 65.75 | 9.04 | 5.48 | 7.27 |
| 河南 | 65.32 | 11.78 | 3.44 | 5.54 |
| 广西 | 54.83 | 6.43 | 18.92 | 8.53 |
| 山东 | 55.53 | 15.8 | 8.78 | 3.61 |

中国铝矿石行业市场规模（按产量计）2012—2021年间受下游铝材需求量持续扩大影响呈持续震荡式增长。2021年中国铝土矿生产规模为8600万t，比2012年增长3900万t（图4-25）。从国际市场看，全球铝土矿资源垄断程度高，主要集中于力拓加铝、美铝、俄罗斯联合铝业、挪威海德鲁4家跨国公司，其铝土矿产量合计约占全球总产量的33%（郎诗桐，2022）。2021年中国铝土矿产量居世界第二位，仅次于澳大利亚（图4-26）。

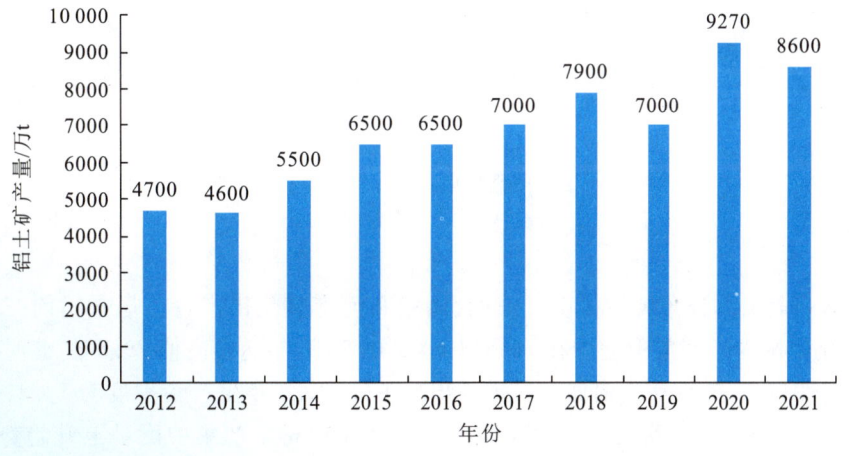

图4-25 中国铝土矿产量

（数据来源：USGS）

中国铝产业产量整体保持平稳增长态势。2012年中国原铝（电解铝）、铝材产量分别为1988.3万t、3073.5万t，2021年达到3850.3万t、6105.2万t，均增长近1倍；氧化铝在经历了2012—2018年的快速增长阶段后，年累计产量维持在7000万t左右（图4-27）。

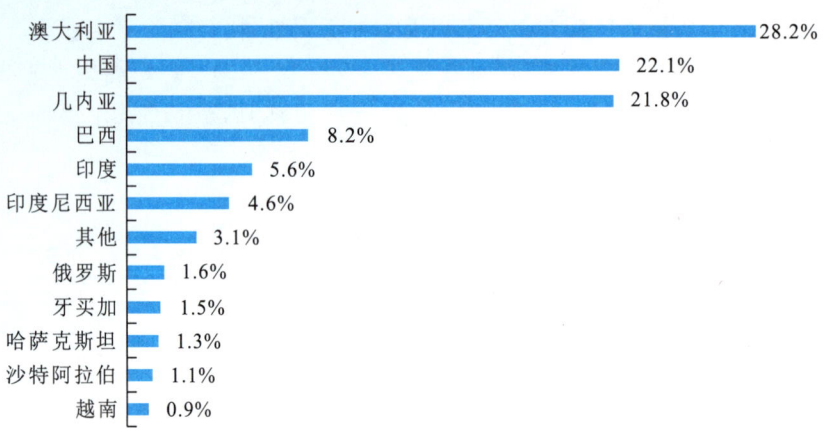

图 4-26  2021 年各国铝土矿产量占全球总产量的比重

（数据来源：USGS）

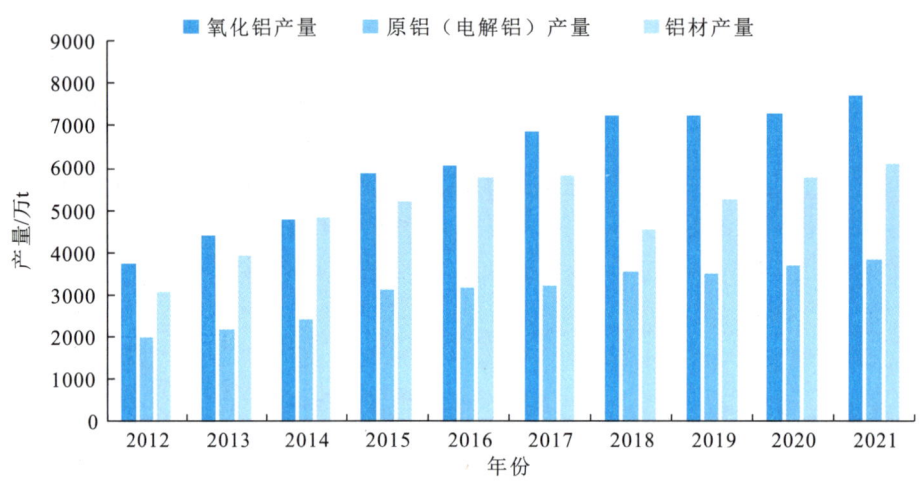

图 4-27  中国氧化铝、原铝（电解铝）、铝材产量

（数据来源：国家统计局）

我国铝产业整体分布较为集中。山西、山东和河南氧化铝产量位居全国前三。2012—2021 年氧化铝国内生产集中度均在 70% 以上，其中 2018 年达最高值 79.3%，此时我国氧化铝储备稳定性最强；此后氧化铝储备稳定性出现下降，2020 年生产集中度为 74.1%。山东、河南和广东为全国铝材产量前三大省，2012—2013 年铝材生产集中度呈上升趋势，2013 年达到峰值 54.7%；此后整体呈下降趋势，2019 年降至历史低位 46%，后有所回升，2021 年为 46.8%（图 4-28、图 4-29）。

我国铝土矿面临着较高开采量和较少国内资源储量之间的平衡难题，只能依靠进口铝土矿来解决长期供给短缺问题。海关总署数据显示，几内亚、澳大利亚、印度尼西亚是中国进口铝土矿最主要的来源国，2021 年进口量合计占比达到 99.38%。同时，我国铝土矿进口规模呈波动上涨趋势，特别是近年来受环保政策等因素影响，进口铝土矿增速明显。

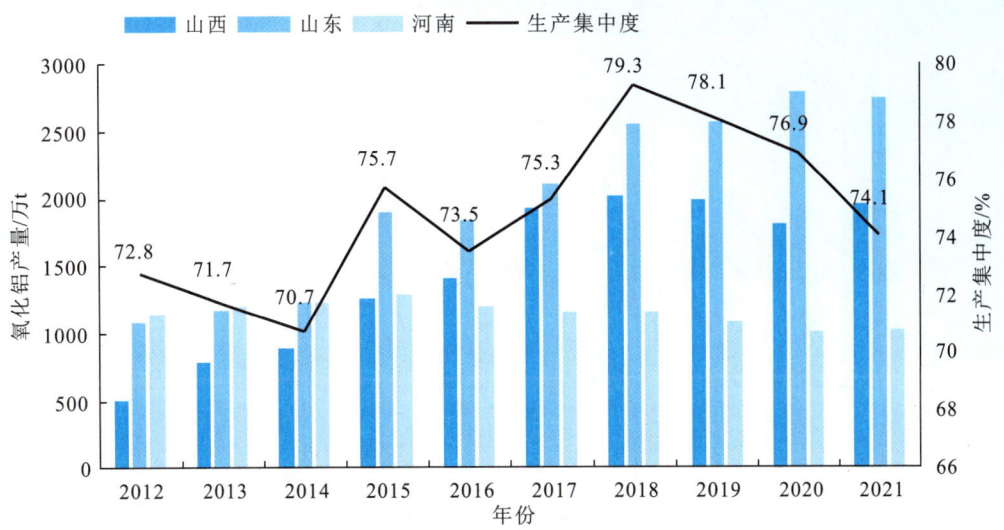

图 4-28　中国山西、山东、河南氧化铝产量和生产集中度

（数据来源：国家统计局）

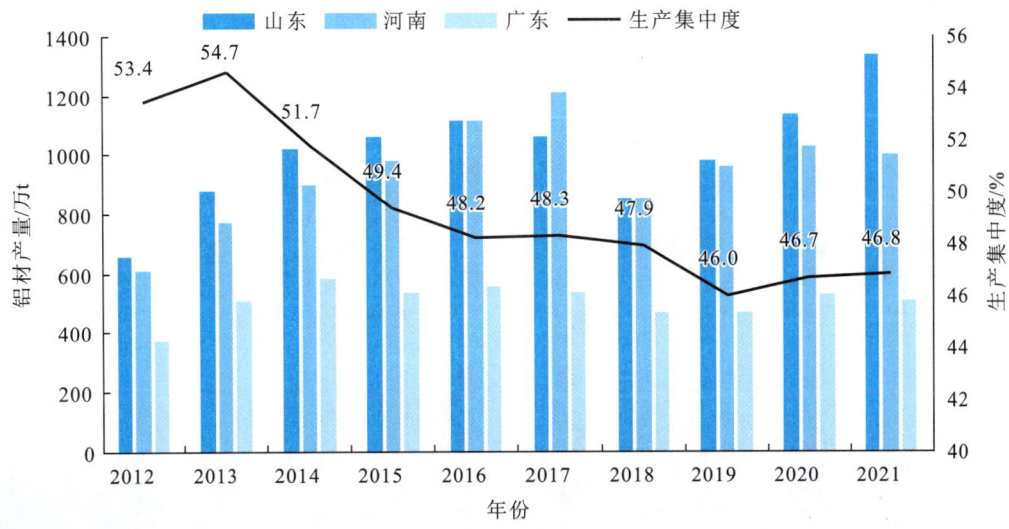

图 4-29　中国山东、河南、广东铝材产量和生产集中度

（数据来源：国家统计局）

2021年进口成本上涨致使进口量同比减少3.72%（图4-30）。未来受下游氧化铝市场持续利好的影响，我国铝土矿供给仍然会呈增长趋势，且进口比例不断增大，铝矿石供应价格将长期保持高位运行。

由此可见，我国铝土矿资源保障程度低，难以支撑铝工业的高质量发展。因此，为了保障我国铝矿资源战略储备，必须加大对国内铝矿的勘查力度，优先将国内铝土矿资源配置给老牌氧化铝企业。近年来，我国不断加大对铝土矿的勘查投资力度，铝土矿勘查钻探工作量

图 4-30　2012—2021年中国铝土矿进口规模变化情况

（数据来源：海关总署）

回升至2021年的29万m，相比于2019年的历史低位增长93%（图4-31）。与此相对应，2021年中国铝土矿勘查资金投入3.04亿元，同比增加5.56%（表4-44）。

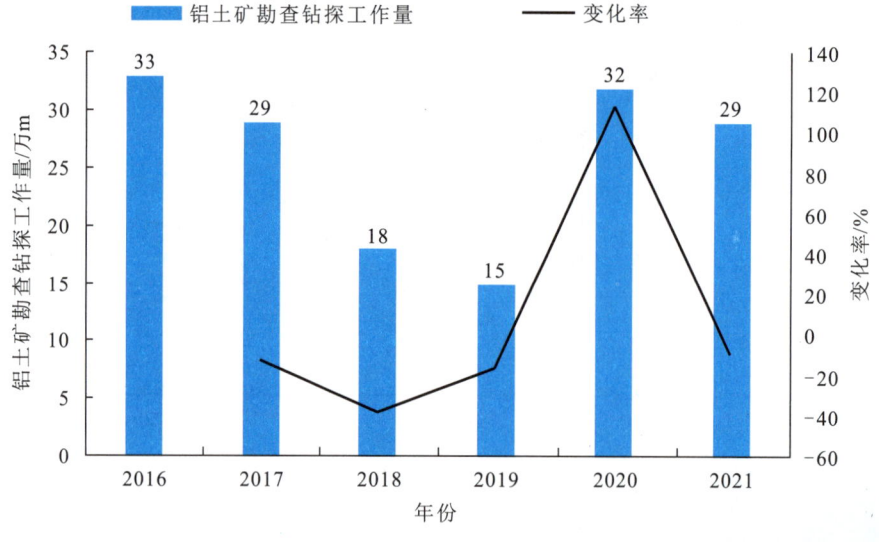

图 4-31　2016—2021年中国铝土矿勘查钻探工作量变化情况

（数据来源：中华人民共和国自然资源部）

## 2. 境外权益铝土矿储备

近年来，中国铝企积极布局和开发海外氧化铝和铝土矿项目，以提升我国铝土矿储备保障能力。作为中国铝土矿的主要进口国，几内亚成为我国铝企进入的重点，2014年中国宏桥集团、中国烟台港集团、新加坡韦立国际集团、几内亚UMS公司4家组成的企业联合体赢联盟进入几内亚铝土矿市场,2021年赢联盟全年可出产铝土矿约4000万t。此外,包括中国铝业股份有限公司、山东魏桥创业集团有限公司、山东南山铝业股份有限公司等企业在国外都有氧化铝或电解铝在建工程和规划项目,这些项目完全达产后将进一步增加我国铝土矿权益储备(表4-46)。

表4-46 中企布局部分海外铝土矿项目

| 合作项目 | 国家 | 年产量/万t | 主要持有者 |
| --- | --- | --- | --- |
| 博法铝土矿 | 几内亚 | 1 171.6(铝土矿) | 中国铝业股份有限公司 |
| 加纳铝土矿 | 加纳 | 200(铝土矿) | 重庆市博赛矿业(集团)有限公司 |
| 博凯铝土矿 | 几内亚 | 3 153.3(铝土矿) | 赢联盟 |
| 宾坦岛氧化铝项目 | 印度尼西亚 | 200(氧化铝) | 山东南山铝业股份有限公司 |
| 南山电解铝项目 | 印度尼西亚 | 100(电解铝) | 山东南山铝业股份有限公司 |
| 宏发韦立氧化铝项目 | 印度尼西亚 | 200(氧化铝) | 山东魏桥创业集团有限公司 |

3.废铝资源回收利用

与原生铝生产相比,回收废铝冶炼而成的再生铝每吨相当于节能3443kg标准煤,节水22$m^3$,减少固体废物排放20t。同时,通过废铝资源回收再利用发展循环经济,可以有效缓解铝矿供需矛盾,降低铝矿资源对外依赖度,切实保障我国铝土矿储备安全。

受近年来一系列废旧金属进口管理政策影响,加上国内废铝回收的不断完善,国内废铝供应结构发生较大转变,由大量进口逐渐转变为国内自主回收。2016—2021年我国国内废铝回收量持续增长,2021年我国废铝回收量达780万t左右,同比增长11.3%(图4-32)。

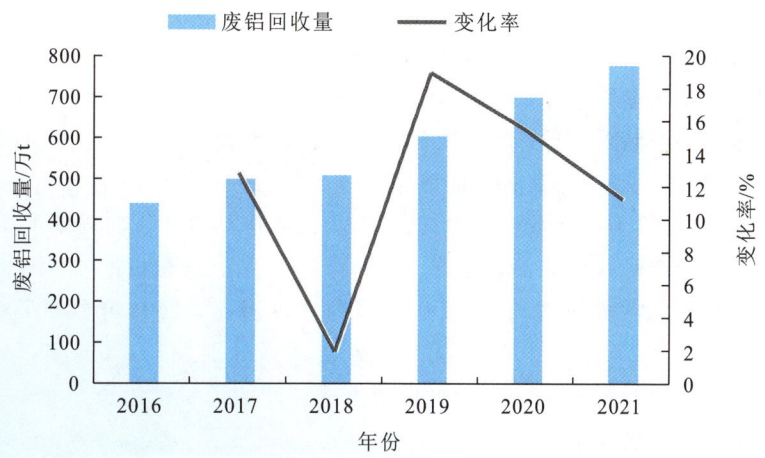

图4-32 2016—2021年中国废铝回收量及变化率
(数据来源:商务部、中商产业研究院)

从我国对国际市场废铝回收情况看,2016—2020年我国废铜进口量整体持续下跌。2021年废铝进口量103.34万t,同比增加25.3%。随着建筑、包装等领域对铝的需求逐渐增加,国内电解铝产能受政策限制等因素影响,市场对废铝的需求增大,国内短期内供应不足,预计未来我国废铝进口量仍将呈现小幅增长态势(图4-33)。

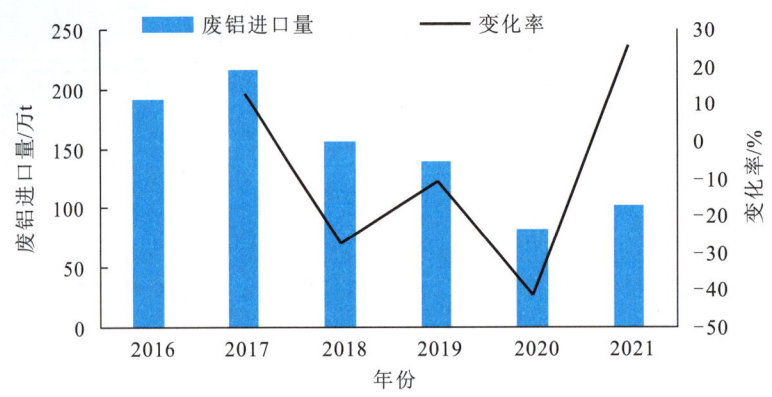

图4-33　2016—2021年中国废铝进口量及变化率

(数据来源:商务部、中商产业研究院)

## 三、新时代中国大宗紧缺金属矿产储备能力面临主要问题及对策

### (一)新时代中国大宗紧缺金属矿产储备能力面临的主要问题

(1)与世界铁、铜、铝土资源大国相比,中国存在较大差距。3种大宗紧缺金属矿产均存在贫矿多、富矿少、品位低等问题。虽然我国大宗性矿产资源国内储量较大,但开采量也大,保障程度低。目前大宗紧缺金属矿产资源储采比均未达到世界平均水平,铁、铜、铝土3种资源静态资源保障年限逐年下降,对外依存度均达70%以上。自然资源部官方数据显示,我国大约1/2战略性矿产储采比低于25;铁矿等储采比虽然高于25,但也由于国内资源不足或资源品质较差导致产量较小,消费长期依靠进口。

(2)新增资源储量跟不上储量消耗增长速度,大宗矿产品生产供应跟不上实际消费增长速度。我国大宗矿产储量占全球储量不足20%,产量却占全球总量的40%~50%,导致矿产资源储量增长赶不上需求量增长,大宗矿产资源严重透支。2001年铁矿石(成品矿)、铜矿(金属)产量分别为1.07亿t和58.7万t,2020年产量分别为8.7亿t和167.32万t,与2001年相比分别增长713%和185%;与此同时上述矿产的消费量增长200%~600%,消费增长速度是产量增长速度2倍及以上。

(3)海外矿产资源开发能力提高,但权益矿比重低。基于对境外资源的高度依赖,不少中资企业在海外矿产资源获取和开发上不断"开疆拓土",取得了一定量有价值的矿业权和矿产地。然而,就总体而言,我国海外投产的权益矿产能占全年进口量的比重较低,与美、日、韩等发达国家相比仍有较大差距。这也成为中国经济和社会可持续发展的不安全因素。

（4）大宗矿产储备管理机制还需进一步完善。一是目前我国矿产品、产能和产地储备管理缺乏统一组织协调，分别由国家物资储备局和自然资源部中央地质勘查基金管理中心负责。二是已有矿产资源储备管理机制尚不够灵活机动，缺乏动态收储和释放机制。

（5）我国废旧有色金属回收利用规模整体扩大，但回收率远不及发达国家。中国再生有色金属行业经过近年来的快速发展，已经形成了相对完整的产业体系，成为中国有色金属工业的重要组成部分。然而，与美国等发达国家相比，中国废旧有色金属回收率仍有明显差距。

## （二）新时代中国大宗紧缺金属矿产储备能力提升对策

（1）进一步健全和完善适合国情的大宗紧缺金属矿产储备体系。实行战略矿产储备制度，增强应对突发事件和抵御国际市场风险的能力；加快推进石油、特殊煤种和稀缺煤种、铜、铬、锰、钨、稀土等重点矿种矿产资源储备；完善矿产资源战略储备管理机构和运行机制，形成国家重要矿产地与矿产品相结合、政府与企业合理分工的战略储备体系。

（2）健全和强化矿产地储备机制。重点加强西部地区已查明矿产资源储量的矿产地储备，建立10~20个大中型特殊煤种和稀缺煤种井田储备；进行钨、锡、锑、稀土等国家规定实行保护性开采特定矿种的重要矿产地储备，建立10~30个大中型矿产地储备；加快山西、内蒙古、湖南、江西、云南、青海等优势矿产资源富集地区矿产地储备调查评价与勘查，加大铁、铜、铝土等紧缺大宗金属矿产的勘查勘探力度；加快国家主导、企业联合的国家储备矿产地的探矿权整合；把矿产地储备补偿机制、矿产资源储备地保护政策落到实处；通过多渠道投入，加大对矿产资源储备地的保护、管理和经济补偿力度。

（3）进一步完善大宗紧缺金属矿产的矿产品储备机制。进一步完善铁、铜、铝土等紧缺重要矿产的矿产品国家战略储备，积极推进企业商业储备，加大东部地区矿产品储备基地建设力度。实施矿产资源保护与储备工程，发挥国有企业支撑托底作用，加快推动深部勘查开采技术创新，逐步建立政府和企业共同参与的以核心矿产品储备为主、产能产地储备为辅的混合储备机制，重点鼓励企业就铁矿石、铜精矿、铝土矿等大宗矿产品开展商业储备。

（4）深化国际合作，提高我国主要大宗金属矿产资源供给保障能力和抵御风险能力。积极参与全球矿产资源治理体系，构建从供应国经通道国到消费国的供应链保障体系；积极开拓矿产品多样化进口渠道，减小对单一进口源矿产品依赖度；深化国际合作，加强大宗金属矿产品贸易体系能力建设，实施核心国家和地区矿业投资保障工程。

（5）加快建立和完善符合国情的主要大宗金属矿产资源战略储备制度和体系。逐步形成重要大宗金属矿产资源储备体系，为经济平稳较快发展提供有力资源保障和产业支撑刻不容缓。储备体系应借鉴发达国家矿产资源储备经验，依据我国矿产资源特点、国力水平和基地储备实际情况，提出开展矿产资源战略基地储备的基本原则及储备方式、储备规模及结构、重点储备矿种和布局以及矿产资源战略储备的管理体制、运行机制、政策建议等；对矿产资源战略基地储备原则、机构、资金、收储、日常管理与维护、轮换、动用、监督等事项进行全面系统规范，明确我国矿产资源战略储备基地收储、轮换、动用的方式和程序等。

## 第三节　中国关键矿产储备能力分析

关键矿产被认定为是影响或制约一个国家安全和经济发展的紧缺矿种,是支撑战略性产业发展的重要原材料,在国际上被形象地描述成"被别人卡脖子"或"卡别人脖子"两种状况(具有"杀手锏"效应),在国内则是维系国民经济正常运行的关键性矿种、支撑高新技术和战略性新兴产业发展的小矿种(王登红,2019)。《全国矿产资源规划(2016—2020年)》将能源矿产石油、天然气、页岩气、煤炭、煤层气、铀,金属矿产铁、铬、铜、铝、金、镍、钨、锡、钼、锑、钴、锂、稀土、锆,非金属矿产磷、钾盐、晶质石墨、萤石等24种矿产列入其中。2021年8月自然资源部等八部委组织编写的《矿产资源规划(2021—2025年)》将24种关键矿产增至36种。限于篇幅,本节重点选取锂、钴、镍、稀土4种关键矿产储备能力进行评价分析并提出相应对策。

### 一、锂、钴、镍、稀土储备现状

#### (一)锂储备现状

全球锂矿储量较多的国家为智利、澳大利亚、阿根廷和中国。BP数据显示,2021年全球锂矿储量2 025.5万t。中国锂资源储量150万t,约占全球的7.4%,排名全球第四(图4-34)。

由于锂资源开采难度较大,开采成本较高,本土锂资源供应有限,且随着新能源产业的快速发展,锂资源需求迅速增长,锂供应安全及本土锂资源开发的重要性也不断提升。

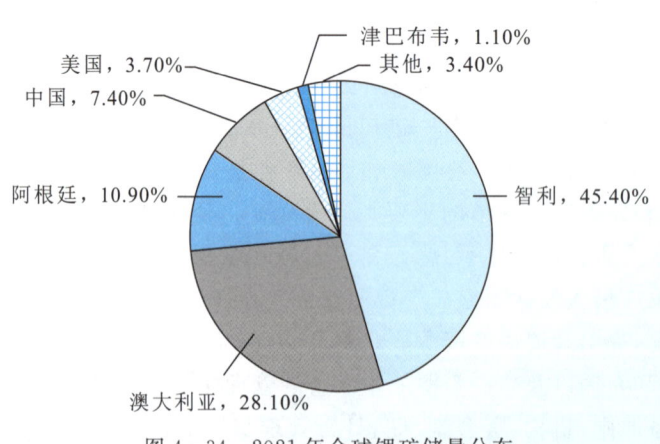

图4-34　2021年全球锂矿储量分布

(数据来源:BP)

## (二)钴储备现状

2021年全球钴矿储量681.3万t,以刚果(金)、澳大利亚、古巴等国最为丰富。中国钴矿虽然分布广泛,但储量小、品位低、伴生矿多。2021年中国钴矿储量8万t,占全球的1.2%(图4-35)。资源禀赋的不足使得中国每年不得不大量依赖进口来满足自身的需求。

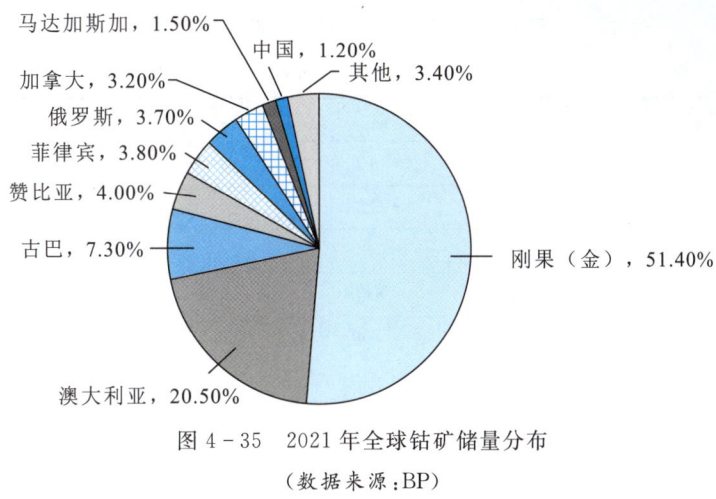

图4-35　2021年全球钴矿储量分布

(数据来源:BP)

## (三)镍储备现状

截至2021年末,全球镍可采储量约9400万t。其中,印度尼西亚可采储量为2100万t,澳大利亚为2000万t,巴西为1600万t,俄罗斯为690万t,菲律宾为480万t,合计占比超过70%。从我国镍资源的自然禀赋上看,根据自然资源部的数据,2019年中国镍矿金属查明储量为1 076.1万t,同比减少9.4%。同时,根据USGS的统计,截至2021年末,中国的可采储量仅为280万t,占全球可采储量的比例不足3%(图4-36)。同时,我国红土镍矿资源比较缺乏,全红土镍矿保有量仅占全部镍矿资源的9.6%,而且国内红土镍矿品位较低,开采成本高。

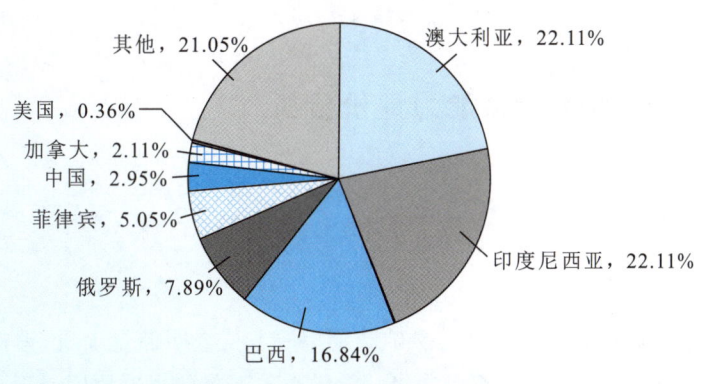

图4-36　2021年全球镍矿储量分布

(数据来源:USGS)

### (四)稀土储备现状

USGS公开数据显示,2021年全球稀土储量为1.233亿t,其中中国储量为4400万t,约占全球稀土储量的35.7%,位居全球第一,其次是巴西、俄罗斯、印度等国家。这4个国家的稀土储量占比为74%(表4-47和图4-37)。

表4-47 2021年全球稀土储量统计

(数据来源:USGS)

| 国家(地区) | 储量/万t | 占比/% |
| --- | --- | --- |
| 中国 | 4400 | 35.7 |
| 巴西 | 2100 | 17 |
| 俄罗斯 | 1938 | 15.7 |
| 印度 | 690 | 5.6 |
| 澳大利亚 | 400 | 3.2 |
| 美国 | 180 | 1.5 |
| 其他 | 2 622.9 | 21.3 |
| 全球 | 12 330.9 | 100 |

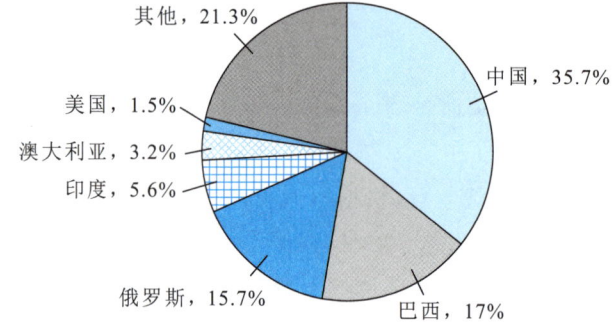

图4-37 2021年全球稀土矿储量分布

(数据来源:BP)

## 二、锂、钴、镍、稀土储备能力评价分析

### (一)国内锂、钴、镍、稀土矿储备

#### 1.资源储量

中国锂矿、稀土矿储量丰富,钴矿、镍矿储量短缺。从查明储量上看,锂矿、钴矿、镍矿整体呈递增态势,稀土矿呈下降态势(表4-48)。稀土矿下降的主要原因是近10a市场化改革导致大量稀土矿无序开发,稀土矿以白菜价向世界倾销,致使中国稀土矿储量从占全球的

90%下降到如今的50%以下。虽然目前稀土矿储量仍能保持在4400万t左右,但如果未来继续按照现在开采模式和出口规模,30～50a后中国将从稀土储量大国变成小国。

表4-48  2012—2021年中国锂、钴、镍、稀土矿查明储量

(数据来源:国家统计局、中华人民共和国自然资源部、USGS)

| 年份 | 查明储量/万t | | | |
|---|---|---|---|---|
| | 锂矿氧化物 | 钴矿金属 | 镍矿金属 | 稀土矿 |
| 2012 | 990.88 | 66.7 | 914.6 | 5500 |
| 2013 | 970.92 | 63.7 | 901.1 | 5500 |
| 2014 | 962.7 | 67 | 1 016.9 | 5500 |
| 2015 | 970.84 | 68 | 1 116.6 | 5500 |
| 2016 | 961.46 | 67.25 | 1 118.37 | 5500 |
| 2017 | 967.38 | 68.78 | 1 118.07 | 5500 |
| 2018 | 1092 | 69.65 | 1 187.88 | 4400 |
| 2019 | 1078 | 69.4 | 1 076.1 | 4400 |
| 2020 | 234.47(证实储量+可信储量) | 13.74(证实储量+可信储量) | 399.64(证实储量+可信储量) | 4400 |
| 2021年 | 404.68(证实储量+可信储量) | 13.86(证实储量+可信储量) | 422.04(证实储量+可信储量) | 4400 |

## 2. 储采比

我国锂、钴、镍矿资源禀赋条件较差,品位低、贫矿、伴生矿床多,富矿、独立矿床少,开采利用难度大,储采比远不及世界平均水平。稀土矿虽然具有矿种和稀土元素齐全、稀土品位及矿点分布合理等优势,但由于需求的持续攀升和开发强度的逐年增加,中国稀土矿储采比亦低于世界平均水平(表4-49)。

表4-49  2021年主要国家锂、钴、镍、稀土矿储采比

(数据来源:BP、USGS)

| 国家(地区) | 储采比/年 | | | |
|---|---|---|---|---|
| | 锂矿 | 钴矿 | 镍矿 | 稀土矿 |
| 阿根廷 | 369 | — | — | — |
| 澳大利亚 | 103 | 251 | 131 | 177 |
| 巴西 | 63 | — | 160 | 42 000 |
| 智利 | 354 | — | — | — |
| 中国 | 107 | 36 | 23 | 262 |

续表 4-49

| 国家(地区) | 储采比/年 | | | |
|---|---|---|---|---|
| | 锂矿 | 钴矿 | 镍矿 | 稀土矿 |
| 葡萄牙 | 67 | — | — | — |
| 美国 | 833 | — | 19 | 42 |
| 津巴布韦 | 183 | — | — | — |
| 印度 | — | — | — | 1367 |
| 印度尼西亚 | — | — | 21 | — |
| 加拿大 | — | 57 | 15 | — |
| 古巴 | — | 126 | — | — |
| 刚果(金) | — | 38 | — | — |
| 马达加斯加 | — | 50 | — | 59 |
| 摩洛哥 | — | 6 | — | — |
| 巴布新几内亚 | — | 16 | — | — |
| 菲律宾 | — | 60 | 13 | — |
| 俄罗斯 | — | 38 | 30 | 7454 |
| 南非 | — | 33 | — | — |
| 赞比亚 | — | 941 | — | — |
| 其他 | 5221 | 22 | 49 | 823 |
| 全球 | 191 | 52 | 35 | 433 |

#### 3. 资源储量分布

我国锂、钴、镍、稀土资源储量分布集中。锂矿主要分布在青海省和四川省,两省锂资源占全国锂资源的 76% 以上;钴矿主要分布在甘肃省和青海省,占比达 57%;镍矿主要分布在甘肃,保有储量约占全国的 60%(表 4-50),金川镍矿为世界第三大镍矿,是世界著名的多金属共生大型硫化铜镍矿床之一;稀土矿资源储量呈现"北轻南重"的特点,轻稀土矿主要分布在内蒙古包头等北方地区和四川凉山,离子型中重稀土矿主要分布在江西赣州、福建龙岩等南方地区(中华人民共和国国务院新闻办公室,2012),内蒙古、江西、广东、四川、山东等地区的稀土资源总量占全国的 98% 以上。

#### 4. 产量

我国锂、钴、镍、稀土矿产量整体呈上升趋势。锂矿、稀土矿产量增幅较大,2021 年分别达到历史峰值 1.4 万 t、16.8 万 t,较 2011 年增长 2~3 倍;镍矿产量增幅较小,10a 仅增加约 3 万 t;钴矿产量基本维持在 2 万 t 左右(图 4-38)。从国际上看,中国锂矿、稀土矿产量高,其中锂矿产量占全球达 13.2%(BP,2022),位居世界第三,稀土矿以其 59% 的全球占比,遥遥领先于其他国家,排名世界第一;中国钴矿、镍矿产量低,仅占全球的 1.7% 和 4.4%(U. S. Department of the Interior et al. ,2022)。

表 4-50　2021 年中国主要省(区市)锂、钴、镍资源储量

(数据来源:中华人民共和国自然资源部)

| 省(区市) | 资源储量/万 t | | |
|---|---|---|---|
| | 锂矿氧化物 | 钴矿 | 镍矿 |
| 江西 | 37.42 | 0.19 | — |
| 河南 | 1.16 | — | — |
| 四川 | 117.8 | 0.59 | 11.65 |
| 西藏 | 57.19 | — | — |
| 青海 | 190.48 | 3.05 | 88.38 |
| 北京 | — | 0.46 | — |
| 山西 | — | 0.04 | — |
| 新疆 | — | 0.54 | 22.08 |
| 内蒙古 | — | 0.79 | 3.45 |
| 吉林 | — | 1.28 | 4.28 |
| 江苏 | — | 0.06 | — |
| 安徽 | — | 0.41 | — |
| 湖北 | — | 0.04 | — |
| 湖南 | — | 0.08 | 0.32 |
| 海南 | — | 0.60 | 0.09 |
| 云南 | — | 0.52 | 25.9 |
| 陕西 | — | 0.31 | 7.94 |
| 甘肃 | — | 4.89 | 252.54 |
| 广西 | — | 0.01 | 0.23 |
| 贵州 | — | — | 5.18 |

**5. 需求量**

我国正处于工业化发展后期,战略性新兴产业的蓬勃发展对锂、钴、镍、稀土等关键矿产形成巨大需求。受新能源汽车行业高速发展的影响,锂电池成为中国锂、钴、镍矿石终端产品的重要消耗领域。GGII(Gao Gong Industry Research Institute,高工产业研究院)统计数据显示,2021 年中国锂电池出货量为 327GW·h,同比增长 130%,其中动力电池出货量为 226GW·h,同比增长 183%,占中国锂电池市场 69% 的份额;预计 2025 年中国锂电池市场出货量将达 1456GW·h,未来 5 年复合增长率超过 45%(图 4-39)。

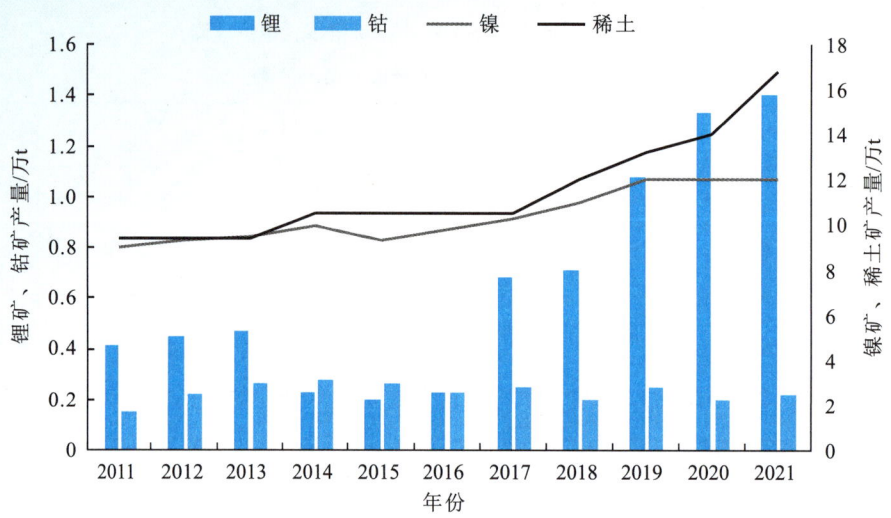

图 4-38　2011—2021 年中国锂矿、钴矿、镍矿、稀土矿产量变动情况

（数据来源：BP、USGS）

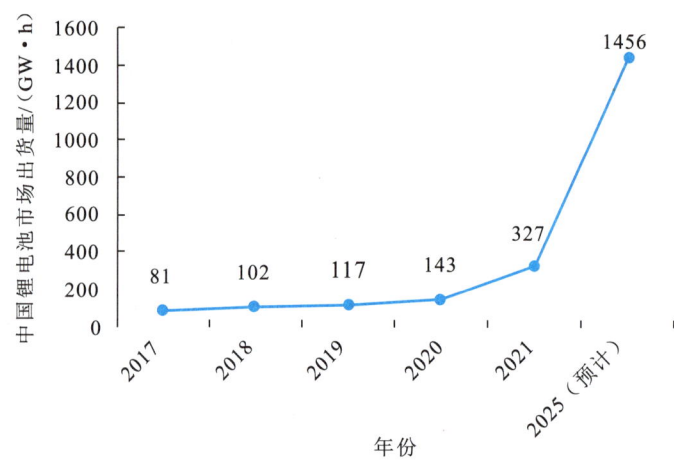

图 4-39　2017—2025 年中国锂电池市场出货量及预测

（数据来源：GGII）

在稀土下游消费方面,2021 年我国稀土下游主要应用于永磁材料、冶金机械、石油化工等领域,其中永磁材料是稀土下游最大的消费板块,以风力发电、传统汽车、新能源汽车为主,2021 年在消费结构中占比达 42%（图 4-40）。随着"碳中和""碳达峰""清洁能源"等环保理念得到国家政策大力支持,未来以节能环保为理念的新能源汽车、风电、稀土永磁电机将得到充分发展,这将大幅提升对稀土矿的需求。

总之,在下游终端消费领域刚性需求的带动下,沿产业链向上游传导,中国锂、钴、镍、稀土需求量将大幅上升。2020 年我国锂、钴、镍、稀土的需求量分别为 23 万 t、7 万 t、135 万 t

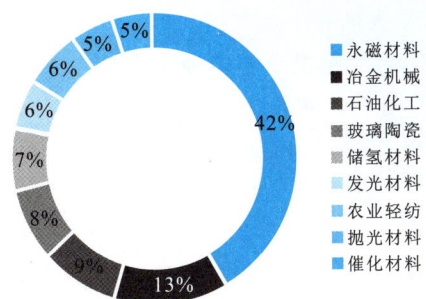

图 4-40　2021 年中国稀土行业下游应用领域分布情况

和 18.5 万 t(干勇等,2022)。未来 15 年,随着新能源汽车、新能源产业和高端装备制造业的快速发展,对锂、钴、镍、稀土等关键矿产的需求量将呈"陡峭式"增长态势。据预测,2035 年相比 2020 年,将增加 8.7 倍锂、2.9 倍钴、2.2 倍镍和 5.4 倍稀土的需求量。

#### 6.进出口量

1)锂、钴、镍

我国锂、钴、镍矿存在品位低、开采难度大等难题,自给率较低,长期高度依赖进口。2017—2021 年,碳酸锂进口量呈递增态势,尤其在 2019 年后,碳酸锂进口量呈爆发式增长,2021 年涨至 8.1 万 t,同比上涨 61.7%。其中,智利和阿根廷是中国碳酸锂前两大进口来源国,2021 年中国从两国进口碳酸锂数量达 7.94 万 t,进口量占比高达 98%。2017—2021 年,钴精矿进口量整体呈递减态势,2021 年降至历史低位 1.9 万 t,同比下降 64.8%。其中,来自刚果(金)的进口量为 1.9 万 t,占总进口量的 100%。2017—2019 年,镍精矿进口量递增速度快,随后回落;2021 年镍精矿进口量为 4 351.9 万 t,同比增加 10.9%,其中菲律宾成为我国进口镍精矿核心来源国,2021 年进口量达 3901 万 t,占总进口量的 89.6%(图 4-41)。

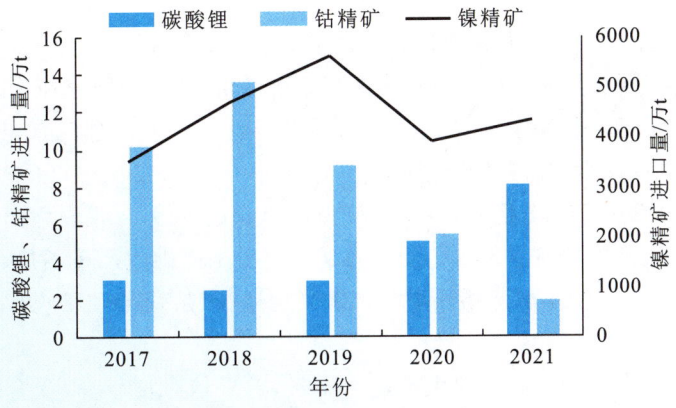

图 4-41　2017—2021 年中国碳酸锂、钴精矿、镍精矿进口量

(数据来源:海关总署)

2）稀土

中国是全球稀土第一储量大国和生产大国，也是第一大出口国和进口国，在世界稀土贸易中具有一定话语权。2021年，我国出口各类稀土商品4.9万t，同比增加36.1%；出口额42.2亿元，同比增长67.1%；稀土产品共出口至66个国家和地区，较2020年增加8个，出口量排名世界前10，占总出口量的91.52%，出口额占87.72%，出口量占比超过10%的国家有日本、美国、荷兰（表4-51）。

表4-51 2021年稀土产品出口国家统计

（数据来源：海关总署）

| 序号 | 出口贸易国家（地区） | 出口量/kg | 出口量占比/% | 出口额/元 | 出口额占比/% |
| --- | --- | --- | --- | --- | --- |
| 1 | 日本 | 17 214 427 | 35.19 | 2 050 614 831 | 48.6 |
| 2 | 美国 | 10 350 911 | 21.16 | 516 797 305 | 12.25 |
| 3 | 荷兰 | 7 107 882 | 14.53 | 173 790 279 | 4.12 |
| 4 | 韩国 | 2 926 692 | 5.98 | 275 286 902 | 6.52 |
| 5 | 印度 | 1 573 888 | 3.22 | 46 529 501 | 1.10 |
| 6 | 意大利 | 1 529 565 | 3.13 | 44 835 811 | 1.06 |
| 7 | 中国台湾 | 1 409 328 | 2.88 | 76 449 533 | 1.81 |
| 8 | 越南 | 1 196 505 | 2.45 | 459 559 415 | 10.89 |
| 9 | 法国 | 876 638 | 1.79 | 49 109 272 | 1.16 |
| 10 | 巴西 | 583 576 | 1.19 | 9 002 376 | 0.21 |
| | 合计 | 44 769 412 | 91.52 | 3 701 975 225 | 87.72 |

2021年我国共进口48种海关编码稀土产品，进口数量为4.57万t，同比下降4.05%；进口额66.77亿元，同比增长89.39%。稀土产品进口来自27个国家和地区，进口量占比前3位国家的合计占比94%，其中缅甸75.85%、马来西亚11.19%、越南6.98%（表4-52）。

上述进出口数据显示，我国稀土进出口数量相当，出口量仅比进口量多约0.33万t；但出口金额比进口金额少24.57亿元，出口额仅为进口额的63%。我国稀土产品进口以稀土矿产品为特征，导致稀土贸易逆差的主要原因是国内稀土矿供应严重不足，无矿企业需要大量进口稀土矿产品。2021年国际稀土市场价格高位运行，从而导致稀土矿产品进口额大幅度增加。

整体而言，我国关键矿产储量和生产能力不足，对外依存度较高，受全球地缘政治等因素左右和影响，其关键矿产极易被他国牵住"牛鼻子"，因此保障我国锂、钴、镍、稀土资源的供应，提高资源保障能力，大力加强国内关键矿产资源勘探、开发势在必行。

表 4-52 2021年稀土产品进口国家统计

（数据来源：海关总署）

| 序号 | 进口贸易国家 | 进口量/kg | 进口量占比/% | 进口额/元 | 进口额占比/% |
|---|---|---|---|---|---|
| 1 | 缅甸 | 34 669 726 | 75.85 | 4 936 939 311 | 73.94 |
| 2 | 马来西亚 | 5 114 498 | 11.19 | 948 565 347 | 14.21 |
| 3 | 越南 | 3 189 041 | 6.98 | 337 367 088 | 5.05 |
| 4 | 印度 | 701 135 | 1.53 | 45 748 403 | 0.69 |
| 5 | 俄罗斯 | 681 121 | 1.49 | 47 709 176 | 0.71 |
| 6 | 哈萨克斯坦 | 628 351 | 1.37 | 24 105 291 | 0.36 |
| 7 | 日本 | 305 388 | 0.67 | 108 772 064 | 1.63 |
| 8 | 爱沙尼亚 | 178 600 | 0.39 | 72 130 336 | 1.08 |
| 9 | 奥地利 | 63 812 | 0.14 | 2 910 193 | 0.04 |
| 10 | 法国 | 42 658 | 0.09 | 3 272 077 | 0.05 |
| | 合计 | 45 574 330 | 99.70 | 6 527 519 286 | 97.76 |

## （二）境外权益矿产储备

为确保更充实的资源储备，除提高国内资源开发力度，我国也积极开展海外资源基地的布局。目前锂、钴、镍等矿产海外权益资源量超过国内资源量，在世界处于比较领先地位。其中以天齐锂业、赣锋锂业为代表的锂资源企业，以洛阳钼业、金川集团为代表的钴资源企业，以青山集团、中冶为代表的镍资源企业，以盛和资源为代表的稀土资源企业在全球拥有多个世界级资源项目，为我国关键矿产资源安全提供重要的储备保障（表4-53）。

表 4-53 中企布局部分海外关键矿产资源项目

| 合作项目 | 国家 | 总资源量/万 t | 平均品位/% | 2021年产量/万 t | 主要持有者 |
|---|---|---|---|---|---|
| Pilbara 锂矿 | 澳大利亚 | 156.3 | 1.39（氧化锂） | 32.4（锂精矿） | 赣锋锂业 |
| Mt Marion 锂矿 | 澳大利亚 | 242 | 1.39（氧化锂） | 45（锂精矿） | 赣锋锂业 |
| Green bush 锂矿 | 澳大利亚 | 165.1 | 2.1（氧化锂） | 90（锂精矿） | 天齐锂业 |
| TFM 钴矿 | 刚果（金） | 222 | 0.29 | 1.85（钴金属） | 洛阳钼业 |
| KFM 钴矿 | 刚果（金） | 310.3 | 0.85 | 3（钴金属） | 洛阳钼业 |
| Ruashi 钴矿 | 刚果（金） | 8.2 | 0.3 | 0.338（钴金属） | 金川集团 |
| Weda Bay 工业园区（IMIP） | 印度尼西亚 | 930（镍矿） | 1.497 | 989.9 万湿 t（镍矿） | 青山集团 |
| 瑞木镍钴项目 | 巴布新几内亚 | 12 062（镍＋钴） | 0.09（镍） | 3.159 4（镍金属） | 中国中冶 |
| Ngualla 稀土矿项目 | 坦桑尼亚 | 21 400 | 2.15 | 3.72 | 盛和资源 |

事实上，我国企业"走出去"参与海外关键矿产资源的开发和合作，既是中外企业双赢的结果，也是中国企业赢得国际市场话语权的重要机遇。未来在国内市场竞争日趋国际化、资源短缺、产业结构不尽合理、与其他国家贸易摩擦日益增多的背景下，我国企业按照国际惯例，积极参与全球化生产和资源配置，已成为保障我国境外权益矿产储备的重要举措。

### （三）废旧矿产资源回收利用

#### 1. 废旧锂离子电池回收

在现阶段锂电池上游材料价格持续上涨以及上游金属资源日渐紧缺的背景下，回收废旧锂电池可实现镍、钴、锂等元素的二次利用，有效降低电池成本；同时降低锂、钴、镍资源的对外依赖度，切实保障我国关键矿产储备安全。

我国锂电池大规模应用时间较晚，前期锂电池报废数量较少，因此锂电池回收行业处于起步阶段。2021年，我国锂电池理论回收量达59.7万t，而实际回收量为23.6万t，实际回收量占比38.5%（图4-42）。随着中国新能源汽车市场规模的壮大，动力电池装机规模逐年提升，同时锂电池在电动工具、3C电子、电动两轮车等领域的应用也不断推动锂电池出货量的攀升；而随着这些电池接近使用寿命，未来锂电池回收量也将进一步增加。

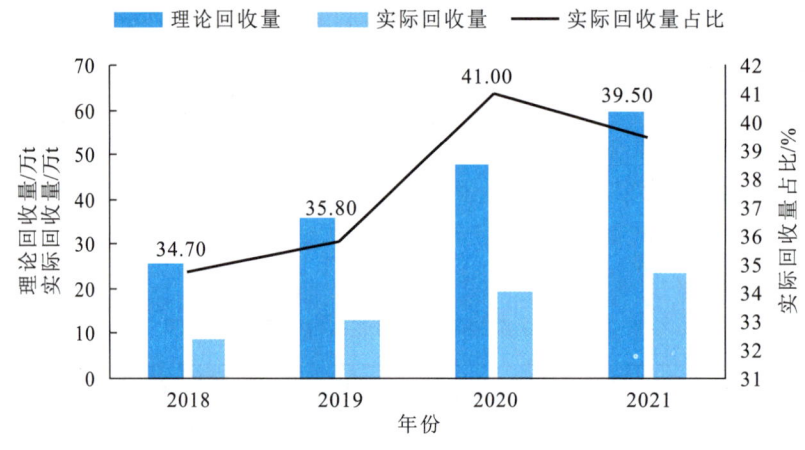

图4-42　2018—2021年中国锂电池回收情况

（数据来源：EV Tank）

#### 2. 稀土废料回收

在稀土资源开采总量受到限制，而市场应用需求量却持续稳定增长的背景下，稀土回收企业通过对稀土永磁材料生产过程中产生的钕铁硼边角废料进行回收、加工，生产出再生稀土氧化物，使得稀土废料回收利用成为缓解国内稀土行业供需矛盾、保障稀土储备的重要举措。从稀土回收行业现状来看，2021年中国稀土氧化物产量为168 000t，稀土市场废料回收为92 000t，预计2024年稀土氧化物废料回收达到15.2万t（图4-43）。

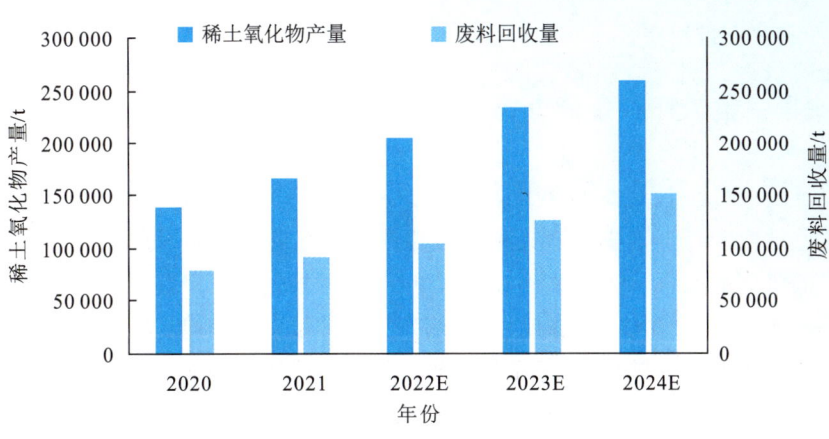

图4-43 2020—2024年中国稀土氧化物及废料回收量

## 三、新时代中国关键矿产储备能力面临的主要问题及对策

### (一)新时代中国关键矿产储备能力面临的主要问题

#### 1.关键矿产储备能力较弱,储备安全问题凸显

从我国储采比来看,锂矿、钴矿、镍矿、稀土矿的储采比均低于全球平均水平。这一方面暴露出我国锂、钴、镍矿资源匮乏,采选条件不佳;另一方面说明我国稀土矿开发强度大,储备保障程度低。近年来,战略性新兴产业规模的持续扩大,对关键矿产资源需求不断攀升,关键矿产开发强度愈发加快,使我国很多优质资源储备能力大幅下降,威胁关键矿产资源储备安全。

#### 2.国际矿产品市场交易中国没有话语权和定价权

由于我国优势矿产普遍存在"无序开采和浪费、进出口结构不合理、效益下降"的现象,加之优势矿产产业链高端环节发育不足,产品附加值较低,大量廉价出口使得我国在国际市场中仅充当原材料供给地角色,造成低附加值矿产资源产品和贸易"剪刀差"带来巨大经济损失。因此,在国际矿产品市场中,中国没有话语权和定价权,即使有些少数优势矿产,话语权也逐渐弱化。典型如稀土,它的资源优势未能转化成为经济优势。我国稀土储量和产量在全球占据主导地位,2021年,中国稀土产量占全球的59%。由于稀土开发环境恶劣、市场竞争无序,中国稀土价格严重背离其价值,"中国折价"现象日益严重,在稀土交易中痛失定价权。

#### 3.关键矿产资源产能综合利用率低,资源浪费现象较突出

我国在锂、钴、镍等二次资源利用水平与国外相比仍存在差距。一些老矿山和中小型矿山技术创新能力不强,优势矿产未能充分发挥资源效益,矿产资源粗放利用,矿山环境问题

突出。二次资源回收利用率低使得大量有价元素及可利用非金属矿物遗留在固体废弃物中,造成矿产资源大量浪费。

## (二)我国关键矿产储备能力提升对策

### 1. 适度扩大储备规模和储备种类,统筹谋划国家储备体系建设

探索建立政府和骨干企业统筹兼顾战略储备和商业储备相结合的储备体系,进一步保障全产业链的供应链安全。建立关键矿产清单制度,并根据外部环境变化,在深入分析关键金属主要终端应用、产品用途、可替代性、高端领域需求量以及前瞻应用领域基础上,定期更新清单。研究矿产地储备机制,尤其是推进稀土等战略优势矿种的矿产地储备。

### 2. 健全和完善国家关键矿产战略储备制度

明确规定锂矿、钴矿、镍矿、稀土矿等战略储备资源地应由国务院自然资源部门划定并组织实施;列入国家战略储备的资源地由所在地县级以上地方人民政府负责监管和保护,未经国务院自然资源部门批准不得开采;关键矿产品战略储备实行政府储备与企业储备相结合的储备机制;关键矿产品战略储备计划纳入国家战略物资储备规划并组织实施和监督检查;收储的关键矿产品应当纳入总量指标,未经批准不得动用。未经批准擅自动用关键矿产品战略储备的,由国务院发展和改革部门责令改正,没收违法所得并处以高额罚款,对直接负责主管人员和其他责任人员依法给予处分等。

### 3. 关键矿产进口多渠道化,控制和降低供应链风险

2021年我国钴、镍资源80%以上来自刚果(金)(钴)和菲律宾(镍),90%以上的运输需经过马六甲海峡,过于集中的进口渠道和过分单一的运输通道,影响供应链安全。应充分利用我国部分关键矿产产业链条和技术优势,积极参与资源所在国合作,延伸当地产业链条;积极与周边国家开展实质性地质调查合作,通过科学谋划双边矿业领域合作蓝图,建立长效合作机制,构筑互利共赢的产业供应链利益共同体;加快研究再生钴原料等进口原料标准制定工作,打通优质再生原料进口堵点,实现多渠道进口各类关键战略性矿产资源。

### 4. 建立关键矿产期货交易市场

目前中国有包头稀土产品交易所、赣州稀有金属交易所、上海期货交易所3家交易所提供稀土和稀有金属现货交易,尚未建立全国统一的稀土产品交易期货市场和其他战略性关键矿产期货交易市场。行政性手段对行业调控有一定作用,但真正解决痛点还需依靠市场手段。这一点已从稀土矿业存在的一些问题和乱象中得到证明。设立全国统一的稀土期货交易平台其他关键战略性矿产品期货交易平台,既可以通过价格形成来理顺行业,使之成为实施国家战略和产业政策的抓手,又能在此基础上形成权威基准价格并成为全球稀土及其他战略性关键矿产的定价基础,进而掌握其产品市场定价权。这对提升中国战略性关键矿产在国际上的话语权和影响力具有十分重要的意义。

# 第五章 新时代我国矿产资源回收能力分析

随着工业化进程的不断加快,矿产资源回收在我国矿产资源的供给中占有重要的地位,因此,提高矿产资源回收能力已成为提高我国矿产资源供给能力的重要途径。

## 第一节 我国钢铁回收利用能力分析

钢铁工业的原料分为铁矿石和废钢铁两大类,前者为原生资源,后者为再生资源。与铁矿石相比,用废钢铁炼钢具有显著的环境效益。据中国废钢铁应用协会分析,用废钢铁炼1t钢,可以减少1.6t碳排放,节约350kg标准煤和1.7t新水,少用1.6t精矿粉,同时可减少86%的废气、76%的废水和92%的固体废物的排放(杨子,2021)。因此,废钢铁的回收利用不仅可以提高我国钢铁资源的保障能力,更能够促进我国钢铁行业"双碳"目标的实现。

### 一、我国钢铁回收利用能力现状

从美国、日本等发达国家发展历程和经验来看,废钢产出和应用将随着粗钢产量进入峰值区间而快速增加。与世界其他国家相比,我国电炉炼钢占比也偏低。我国钢铁回收利用情况具体如下。

#### (一)废钢铁回收情况

**1. 废钢铁回收来源及规模**

我国废钢铁按来源主要分为国内废钢和进口废钢两大类。

国内废钢来源又可分为以下3个部分:①企业自产废钢(指钢铁企业在生产过程中进行切头、切尾、轧废等工序时所产生的废钢,这部分废钢一般由企业直接回收利用,不进入社会流通环节);②加工废钢(指在钢铁制品加工制造过程中所产生的废钢铁);③折旧废钢(指钢铁制品使用寿命终了并报废后产生的废钢,这部分废钢回收难度最大,也是废钢主要回收来源)。加工废钢和折旧废钢统称为社会回收废钢。其中,折旧废钢产生量的多少是由国家钢铁积蓄量决定的。近年来,我国废钢回收规模不断扩大,1990—2021年,废钢回收量由

2152万t增长至2.7亿t。2010—2021年我国废钢资源回收情况如图5-1所示。特别需要强调的是,自我国"打击地条钢""化解钢铁行业过剩产能"等政策开始实施后,社会废钢资源量迅速增长,2017年社会回收量同比增长238.6%至1.57亿t,并于2019年超过2亿t。

图5-1 2010—2021年废钢资源回收情况

(数据来源:国家统计局、中国废钢铁应用协会、中信建设期货)

进口废钢为我国废钢资源供需的平衡器,用于补充国内废钢资源的不足。但近年来受国家限制进口政策的影响,进口废钢规模急剧下降,2018年进口量下降42%至134万t,2019年再次下滑86%至18.4万t,至2020年,全年进口废钢量已不足3万t。虽于2021年已逐步放开进口,但由于全球大宗商品价格上涨,以及进口再生钢铁原料增值税引起的价格倒挂现象,再生钢铁原料进口量并不理想。海关统计数据显示,2021年我国进口废钢铁仅55.55万t,2022年上半年累计进口废钢铁12.78万t,同期下降60.97%。

**2. 废钢铁回收体系**

1)回收利用体系

总体来说,我国废钢铁回收体系可以概括为回收、加工及再利用3个过程。废钢资源主要通过3种渠道进行回收:以个人经营者为主的分散回收模式、钢铁企业自营回收模式、专业回收公司第三方回收模式。回收的废钢资源由加工配送企业进行预处理,包括废钢铁的分选、剪切、破碎及打包等工序,最后流向废钢利用企业。通过这种层级式加工回收模式,我国废钢资源最终流向钢铁企业(90%以上)和铸造企业(5%左右)。流向钢铁企业的废钢资源最终会通过转炉炼钢及电炉炼钢两种工艺用于生产钢材。

2)回收利用产业布局

我国废钢产业内生动力强劲。据统计,截至2019年末,我国再生资源回收企业共9万多家,年回收资源总量达3.7亿t,其中废钢回收企业占70%以上。自2012年工业和信息化部颁布了《废钢铁加工行业准入条件》,我国目前累计符合准入条件的加工企业共10批707家,废钢铁加工能力已超过1.6亿t/a,占社会回收废钢铁资源总量的50%~60%。另外,目前我国许多国有企业和大型民营企业也开始布局废钢铁行业。例如,中国宝武钢铁集团有限公司的欧冶链金再生资源有限公司等在全国布局采购废钢铁,鞍钢集团两年分别在总部和朝阳市兴建并投产了两个百万吨级废钢铁加工基地,建龙和德龙两大民营钢铁企业也在不断扩张废钢铁的采购及加工能力(张继勇,2022)。由此可见,我国的废钢铁"回收-加工-配送"产业链已初具规模。

### (二)废钢铁利用情况

我国粗钢产量不断增长。目前,我国是世界钢铁消费第一大国,也是废钢消费第一大国。国际回收局统计数据显示,2021年中国废钢消费量位居全球第一,达2.26亿t,远远超过位居第二的欧盟(8790万t)和第三的美国(5940万t)。2014—2021年我国粗钢产量以及废钢消费情况如图5-2所示。

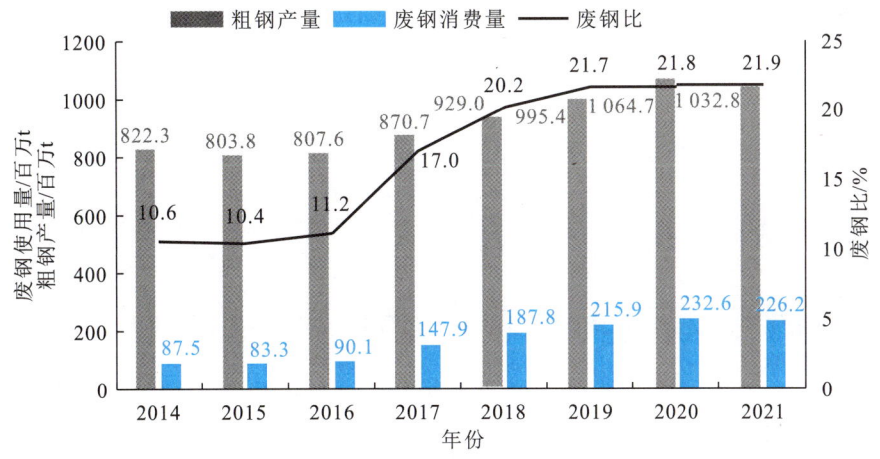

图5-2 2014—2021年中国粗钢产量和废钢消费情况

(数据来源:国际回收局)

整体而言,2014—2021年,我国粗钢产量以及废钢使用量基本实现稳步增长,其中废钢使用量最高同比增长出现在2017年,达到了64.15%。2021年,我国粗钢产量10.328亿t,同比下降3.0%;全国废钢消费量2.262亿t,同比下降2.75%,废钢比达到21.9%,同比增加0.46%;电炉炼钢占比达到10.6%,同比有所增加,但与世界平均水平26.3%相比,仍存在较大的差距。

随着近年"打击地条钢""化解过剩产能"等供给侧结构性改革政策的推进,我国社会废钢资源的供给结构发生了根本性的改变,大量废钢资源转向正规主流钢铁企业。炼钢用废钢消费量不断增长,由2014年的0.88亿t攀升至2021年的2.26亿t。但与世界主要钢铁生产国相比,我国废钢比,即废钢消费量与粗钢产量的比值,仍比较低。2014—2021年世界主要钢铁生产国废钢比如图5-3所示。据国际回收局统计,2021年中国废钢消费量为2.262亿t,同比下降2.75%,居世界首位,但中国废钢比仅为21.9%,而全球废钢使用比例最高的土耳其达到了86.1%,美国69.2%,欧盟28国57.6%,俄罗斯41.8%,日本40.5%,韩国40.1%。综上所述,中国的废钢利用水平还有较大的发展空间。

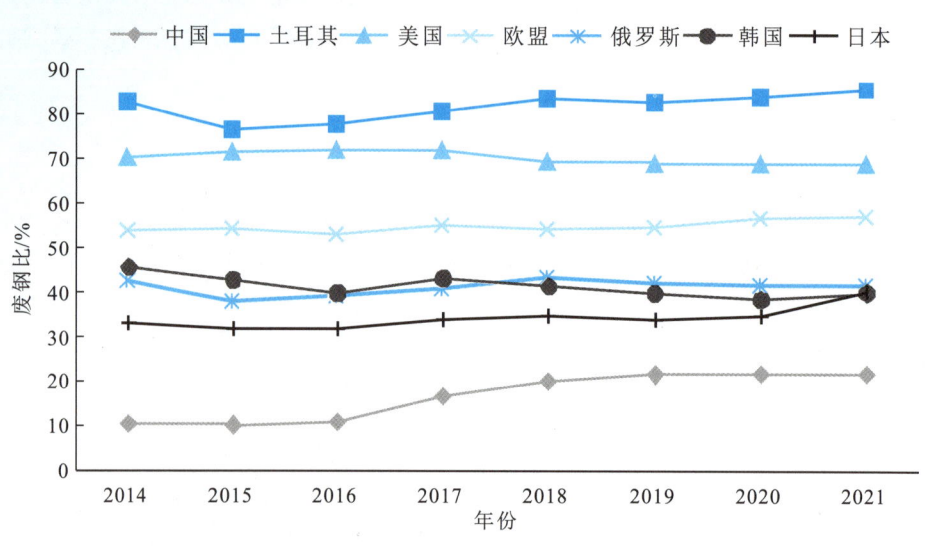

图5-3 2014—2021年世界主要钢铁生产国的废钢比

(数据来源:国际回收局)

## 二、影响我国钢铁回收利用能力的因素

### (一)回收设备及技术

目前,我国废钢铁回收设备及技术相对较为落后。受回收技术的限制,我国废钢炼钢生产的通常是低级钢材,使用较多的废钢进行生产会导致钢材成分难以控制,而我国领先的钢铁企业所生产的钢材通常为奔驰、奥迪汽车等使用的顶级钢材,因此企业在生产过程中废钢的使用比例较低,一般在15%~20%之间,并不愿意使用更多的废钢来进行生产(余娜,2022)。回收设备及技术落后的原因在于:我国废钢铁回收及加工企业大多为民营企业,规模较小,机械化程度不高,回收工艺及设备水平比较落后,甚至部分企业仍在以人工的方式进行废钢铁的分拣及处理,导致不同类型的废钢铁原料无法得到有效分离。因此,下游企业在废钢铁再利用过程中仍需花费人力、物力来进行预处理,进而导致整个回收环节成本较高,废钢回收利用率较低。

## （二）产业布局

其一，废钢资源与回收企业分布不匹配。我国废钢资源中绝大部分为社会回收废钢，广泛分布于内地，而废钢铁加工回收企业往往分布在城市周边，个体规模较小，生产效率不高，在布局上呈现出集中又分散的特点，不利于废钢加工成本和质量的控制，同时也在一定程度上制约了废钢产量的增长和供应的稳定(《柳钢科技》编辑部，2021)。

其二，废钢资源大量分流。目前我国符合加工准入条件的584家企业废钢铁回收规模占社会回收废钢资源的50%~60%，但废钢铁规范回收的比例相对来说仍处于较低水平。以2019年为例，我国炼钢用废钢消费量为2.16亿t，其中社会回收废钢约1.7亿t[其中约7000万t来自规范回收企业，仅占社会废钢回收量的41%(中国废钢铁应用协会，2021)]。

## （三）废钢铁利用水平

2021年我国废钢消费量为2.26亿t。按照《废钢铁产业"十四五"发展规划》，到2025年末，我国废钢应用比例要达到30%的水平，废钢利用水平仍有较大的增长空间。另外，与世界平均水平相比，我国在炼钢用废钢消费量、废钢单耗等方面都有着很大的差距。

一方面，炼钢用废钢资源量的不足与我国电炉炼钢发展缓慢有关。我国工业化进程较短，社会废钢积蓄量较低，导致电炉炼钢的发展远慢于转炉炼钢，而电炉炼钢是废钢消费的主动力，从而反过来影响了废钢的利用水平。图5-4显示了我国2014—2021年按工艺粗钢产量情况。目前，我国电炉炼钢占比在10%左右，而像德国、美国等发达国家的钢铁工业中，电炉炼钢占比已接近50%(《冶金企业文化》编辑部，2019)。

图5-4　2014—2021年我国按工艺粗钢产量情况

(数据来源：世界钢铁协会)

另一方面，我国废钢炼钢在成本上不占优势。由于我国前期钢铁行业产能过剩，目前废钢价格高于铁水价格，经济效益表现一般(贾逸卿等，2021)。加之废钢价格较高，电炉炼钢成本在短期内难以与转炉炼钢成本竞争,导致目前我国钢铁工业以转炉炼钢为主的形势难以改变。

此外,我国再生钢铁原料进口不足。受国际市场废钢价格较高、海运费上涨和进口征收增值税等多个因素的共同影响,目前我国再生钢铁原料进口成本较高,而且就国际废钢市场流通的商品而言,我国再生钢铁原料标准较为严格,不利于废钢资源进口。

### (四)财税政策

由于我国废钢行业相关财税政策落实不到位,当前废钢回收加工面临着三大困难。

其一,开票难。我国废钢铁资源大部分来源于社会回收,通过散户及个体工商户等形式汇集至废钢铁加工企业,因此企业难以提供增值税进项发票,无法将采购原料的支出列支成本,所得税的核定也存在不确定性,企业的税务风险较高。

其二,退税难。2015年国家财政部和税务总局发布了准入企业增值税即征即退30%的优惠政策,但据中国废钢铁应用协会统计,我国前八批478家准入企业中只有约215家能够享受到这一政策。此外,地方财政返还政策落实不一导致部分省份已经形成了"税收洼地",区域内的企业增值税实际缴纳票点较低,行业内"货票分离"现象严重,甚至存在虚开增值税发票的行为(郭达清,2022)。优惠政策不仅没有为正规企业缓解税负压力,反而为不正规企业提供了收购废钢铁的价格优势,为规范回收企业带来了经营压力。

其三,融资难。再生资源行业多采取以赊销为主的交易方式,而位于废钢产业链中上游的加工回收企业大多数为中小企业,融资能力较差,抗风险能力较低,通常难以取得银行的信贷支持,而废钢涨跌频繁,企业流动资金的短缺极易导致废钢产业链面临断链问题。

## 三、提升我国钢铁回收利用能力的政策建议

面对日益严峻的全球气候形势,我国正加快推进"双碳"目标。作为可无限次循环使用的绿色再生资源,废钢铁将迎来绝佳发展时机。应多措并举,提升我国钢铁回收利用能力,助力我国循环经济的发展。

### (一)加强产业标准化建设

一方面,推动废钢铁行业标准的宣贯落实。作为节能环保可无限循环利用的铁素资源,废钢铁在钢铁工业绿色发展的产业链中具有不可替代的地位。要做好行业标准《炼钢铁素炉料(废钢铁)加工利用技术条件》(YB/T 4737—2019)和国家标准《再生钢铁原料》(GB/T 39733—2020)的宣传贯彻工作(郭达清等,2021)。

另一方面,强化废钢铁加工行业规范管理。一是完善加工产品的用途分类标准,从而提高优质废钢的比例,促进废钢加工企业提高精细化管理与专业化运营水平,保障钢铁企业节能降耗(郭志强,2020);二是建立统一的质量标准检验体系,要求各钢铁采购加工企业严格按照国家标准《废钢铁》(GB 4223—2017)制定检验指标,加强对废钢资源的质量管理,并根

据企业的生产需求进行精准分类,通过成本前置在保证废钢质量的同时,降低炼钢成本(何艳,2020)。坚决遏制低价低质的恶性竞争行为,推动行业的高质量发展。三是制定环保标准,响应国家的绿色发展理念,减少废钢资源加工过程中对环境污染的影响。

## (二)加快落实相关财税政策

其一,落实财税优惠政策细则。落实好完善资源综合利用增值税政策,平抑"税收洼地"。尽快出台准入企业退税政策的实施细则,并推动即征即退税收优惠政策的落实。一方面可以解决企业开票难的问题,降低准入企业的税负,提高准入回收企业的市场竞争力;另一方面可以降低废钢铁利用企业的原料成本,提高用废积极性。

其二,完善地级废钢产业扶持政策。鼓励各地级政府及相关部门参考先进地区的发展模式,按一定比例返还增值税及所得税的地方允许留存部分以扶持废钢产业发展。制定统一的地区性税收优惠力度,严厉打击异地开票、虚开发票等不合规行为,消除"税收洼地"现象,从而规范回收行业的市场秩序,正确引导废钢铁资源的流向。

其三,进一步研究相关的优惠政策,如为节能环保钢铁企业扩大税收优惠力度、减免废钢基地的土地使用税和房产税等,鼓励钢铁企业改进工艺技术、流程结构,提高电炉炼钢比例。同时,在全国范围清理不合规定的优惠政策。

## (三)完善废钢回收利用体系

其一,优化废钢加工产业布局。鼓励废钢加工企业以废钢资源集聚地为重点建设废钢资源加工配送中心,实现产业的集聚化发展,提高产业集中度,并积极培育一批符合"四化"(产业化、产品化、规模化、区域化)的示范龙头企业,鼓励大型钢铁企业牵头实现产业链上下游企业信息、资源及技术等方面的共享与互通,完善废钢铁资源的回收、加工、配送及流通体系,提倡产业协同耦合发展,推动全产业链一体化发展。

其二,加强对社会折旧废钢的回收。通过推动"互联网+回收"模式的建设,做到废钢资源的应收尽收,保障资源的供给能力,并采取以旧换新等方式鼓励居民更换已达到使用寿命的钢铁制品,实现社会废钢积蓄量的管理。同时,与城市生活垃圾强制分类体系相衔接,积极引导可回收废弃物的经营者与正规回收企业合作(王晶,2021)。

其三,规范社会废钢资源采购流程。一是要求社会废钢供应商向经营地税务机关申请代开发票,作为所得税税前扣除的合法凭证,以此降低企业的税负;二是鼓励钢铁采购加工企业设立台账,加强采购流程管理(张文澜,2022)。

## (四)提高产业技术水平

废钢的回收利用水平离不开产业技术水平的提高。

其一,加大资金投入。鼓励国家级科技资金和重点攻关项目开展在提高转炉废钢比和高效化炼钢新装备及新工艺等方面的科研开发工作,努力将我国转炉炼钢技术提升至国际领先水平(刘浏,2020)。此外,应鼓励和引导社会资金的投入,大力发展科技创新,引进先进的废钢加工设备及技术,加大对智能化、绿色化电炉短流程炼钢工艺和装备等领域的投资力度,推动废钢资源的规范化和高质化利用,促进我国废钢产业高质量发展。

其二,逐步淘汰落后产能。钢铁行业是能源消耗大户,也是制造业中碳排放主要行业之一,绿色低碳和高质量发展迫在眉睫。要积极践行"绿水青山就是金山银山"的理念,推进供给侧结构性改革,全面推进高效、清洁、低碳、循环的绿色制造体系建设,对现有加工设备及技术进行升级,淘汰落后设备,逐步优化工艺,组织钢铁企业、有关科研机构及院校加强对废钢加工处理技术的研究,加快关键技术攻关,实施技术改造及项目建设,推行全废钢电炉工艺,解决废钢中所含杂质和有害物质的难题,通过技术进步来提高废钢的综合利用水平,为废钢产业的高质量发展提供基础保障。

## 第二节 我国大宗有色金属回收能力分析

有色金属是国民经济建设的重要物资。我国有色金属的产量和消费量居世界首位,但我国有色金属矿产大多为复杂共生矿,品位低,开采难度较大,产量有限。与世界人均水平相比,我国人均矿产资源量相对较低,有色金属矿产资源的供给不足已经成为制约我国可持续发展的重要因素。因此,废杂有色金属的回收利用是发展循环经济的必经之路(刘京青,2013)。

### 一、我国大宗有色金属回收能力现状

我国再生有色金属产业发展保持良好态势。据统计,2020年我国再生有色金属产量达到1450万t,其中铜、铝、铅3类占比达到90%,基本代表了整个再生有色金属行业。因此,本节主要分析再生铜、再生铝及再生铅原料的回收利用现状。

#### (一)废有色金属回收现状

**1. 回收来源**

我国废有色金属来源包括国内回收和国外进口,其中国内回收主要有工业来源、消费者来源两类。从工业来源来看,废有色金属主要是指在有色金属冶炼及加工过程中产生的含有色金属的废弃物,例如加工过程中产生的边角料及废料,电路板印刷时产生的含铜废水等。消费者来源是指居民生活中的有色金属制品使用后报废产生的废料,例如废旧的电线电缆,报废电气设备中的废铜废铝,以及电瓶车中报废的铅酸蓄电池等(辰于公司,2022)。

随着我国废杂有色金属回收量的不断增长以及中美贸易政策等多因素的影响,我国再生有色金属产业原料结构发生了重大改变,自2015年起,由以进口为主转变为以国内回收为主。如图5-5所示,从总回收规模来看,我国废有色金属回收量逐年增加,从2014年的665万t增长至2021年的1211万t,年平均增长11.73%。2021年,我国3种主要废有色金

属国内回收量约 1211 万 t,同比增长 11.61%。其中,回收废铜约 241 万 t,废铝和废铅约 700 万 t 和 270 万 t。

图 5-5 2014—2021 年我国废有色金属回收情况

[数据来源:商务部,《中国再生资源回收行业发展报告》(2016—2022)]

表 5-1 显示了 2015—2021 年我国含铜废料、含铅废料的进口情况。从进口规模来看,自国家的洋垃圾进口政策持续收紧以后,我国含铜废料与含铝废料进口量 2018—2020 年连续下滑。2020 年我国含铜废料进口量仅为 94.35 万 t,同比下降 36.52%;含铝废料进口量 82.33 万 t,同比下降 40.94%。在 2020 年 10 月再生铜、铝原料的进口标准修改后,我国含铜、含铝废料进口量开始缓和,2021 年进口量分别增长至 169.24 万 t、102.76 万 t。

表 5-1 2015—2021 我国含铜废料、含铝废料的进口情况

(数据来源:海关总署)

| 进口类别 | 2015 年 | 2016 年 | 2017 年 | 2018 年 | 2019 年 | 2020 年 | 2021 年 |
| --- | --- | --- | --- | --- | --- | --- | --- |
| 含铜废料进口量/万 t | 365.85 | 334.79 | 355.71 | 241.26 | 148.62 | 94.35 | 169.24 |
| 含铝废料进口量/万 t | 208.70 | 191.80 | 217.16 | 156.51 | 139.40 | 82.33 | 102.76 |
| 进口总量/万 t | 574.55 | 526.59 | 572.87 | 397.77 | 288.02 | 176.68 | 272.00 |

### 2. 废有色金属回收体系

1)回收利用途径

我国废有色金属的回收利用主要有两条途径:一是进入精炼环节,二是直接进入下游加工环节。以废铜为例,既可以经阳极炉熔炼用于生产精铜,也可以直接以铜合金的形式重新利用,用于生产铜棒等中间品。通常情况下,废铜的 1/3 用于直接生产精铜,剩余的 2/3 以铜合金的形式被重新利用。此外,不同于废铜,废铝的杂质含量高,大部分经分选预处理、熔炼、浇铸等生产工序用于生产铝合金锭,最终被降级利用。据行业研究机构 SMM 统计,80% 的再生铝最终用作铝铸件,15% 用于铝棒,剩余 5% 进入板带箔(王琪等,2022)。

## 2）回收利用产业格局

以再生铜为例，目前我国再生铜产业形成了以少数主要从事铜产品精炼加工的大型国有企业和民营企业为龙头，中小型民营企业为主，众多从事原材料预处理和粗加工的个体经营者为辅的产业格局。在国家产业规划下，初步形成了向长三角、珠三角以及环渤海经济区3个再生资源加工园区集聚发展的态势。

此外，再生铝产业也已形成了顺博合金、立中集团、山东南山铝业股份有限公司等龙头企业。再生铅产业以江苏新春兴、豫光金铅、浙江天能等一批大型企业为代表向园区化发展，实现了"电池+原生铅+再生铅"产业链的协同发展，并形成了"铅蓄电池生产-废铅蓄电池回收-再生铅生产-铅蓄电池生产"的闭合循环生产模式（王冰，2021）。

### （二）废有色金属利用现状

随着我国有色金属行业持续推进供给侧结构性改革，再生有色金属产业也在不断发展。从总量规模来看，再生有色金属产量创历史新高。如表5-2所示，2021年，我国3种主要再生有色金属总产量达1440万t，较2015年增长39.14%，占10种有色金属产量的比重为22.23%，比2015年增加了2.16个百分点。

《中国有色金属工业年鉴（2019）》显示，2016—2018年我国再生精炼铜、再生铝及再生精炼铅产量连续3年居于世界首位。2018年，我国再生精炼铜产量234.25万t，占世界总量的59.31%；再生铝产量695.47万t，占世界总量的45.37%；再生精炼铅产量224.57万t，占世界总量的30.74%。此外，我国制造厂直接利用的废铜量为91万t，居世界第二。据中国有色金属工业协会统计，2021年，我国再生铜产量占铜总产量（1539万t）的24%，再生铝产量占铝总产量（4916万t）的16.4%，再生铅产量占铅总产量（575.3万t）的46.9%。但美国的铅、日本的铝已经实现了完全由再生金属进行原料供给，相比之下，我国再生有色金属产业尚有较大的提升空间（王吉位，2021）。

表5-2 2015—2021年我国再生有色金属产量情况

（数据来源：中国有色金属工业协会《中国有色金属工业经济运行报告》）

| 项目 | 单位 | 2015年 | 2016年 | 2017年 | 2018年 | 2019年 | 2020年 | 2021年 |
| --- | --- | --- | --- | --- | --- | --- | --- | --- |
| 再生铜产量 | 万t | 304.7 | 300 | 320 | 325 | 330 | 325 | 370 |
| 再生铝产量 | 万t | 575 | 630 | 690 | 695 | 725 | 725 | 800 |
| 再生铅产量 | 万t | 155.2 | 166.2 | 205 | 225 | 237 | 245 | 270 |
| 再生铜、铝、铅总产量 | 万t | 1 034.9 | 1 096.2 | 1215 | 1245 | 1292 | 1295 | 1440 |
| 10种有色金属产量 | 万t | 5 155.9 | 5 350.9 | 5 653.7 | 5 750.3 | 5 866.0 | 6 188.4 | 6 477.1 |
| 再生铜、铝、铅产量占比 | % | 20.07 | 20.49 | 21.49 | 21.65 | 22.03 | 20.93 | 22.23 |

## 二、我国大宗有色金属回收的挑战

### (一)政策体系有待健全

一方面,产业归类还不够明晰。各级政府部门在政策执行过程中对再生有色金属的认定各不相同,因此部分政策在落实过程中无法准确有效地针对再生有色金属产业。例如,《国民经济行业分类》(GB/T 4754—2017)中将再生铜、再生铝的熔炼直接划入了"铜冶炼"和"铝冶炼"中,导致许多再生有色金属项目在申报立项时被划为"双高"行业(21世纪经济报道,2021)。而生态环境部发布的《环境保护综合名录(2020年新增部分)》中将再生粗铜的富氧熔池熔炼工艺、稀氧燃烧技术以及再生铝合金的双室熔炼炉熔炼工艺均划出了名录范围。

另一方面,产业政策还不够完善。在财政部、税务总局最新印发的《资源综合利用产品和劳务增值税优惠目录(2022年版)》中,虽扩大了废旧电池、工业废水等可再生资源的退税比例,但目录范围过窄,如废五金等含铝废料仍享受不到增值税优惠。另外,我国再生有色金属企业开票难的问题仍没有得到有效解决。以废旧铅蓄电池为例,废旧的铅蓄电池在回收环节难以取得增值税发票,但是在出售环节却需缴纳13%的增值税,为企业带来了极大的税负压力(朱逸慧,2021)。

### (二)产业结构有待优化

其一,产业整体实力不强。一方面,我国再生有色金属产业发展相对滞后,回收主体仍以中小企业为主,企业质量参差不齐,市场秩序较差。因此产业集中度较低,低水平重复建设现象严重,产能利用率低,产业整体布局呈现小、散、乱的特点,无法实现对再生资源的规模化与集约化利用。另一方面,企业在废弃物分类、预处理能力等方面存在不足,无法达到加工利用企业的原料标准,导致再生有色金属资源回收率较低。以铜为例,充分利用下的废铜资源的回收率可达到70%~90%,而目前我国大部分再生铜企业的废铜回收率不到50%。

其二,产品结构单一。目前我国再生有色金属产量逐年增长,2021年已经达到了1440万t,但再生有色金属产品结构单一。超过60%的再生铜产品用于生产电线电缆,超过80%的再生铝合金用于生产汽车零部件,而再生铅产品几乎全部用于生产铅蓄电池(陈丽荣,2020)。另外,我国再生有色金属产业中大部分企业以传统性生产为主,仅仅将废料加工成原料,相比于下游制造型企业,产业技术含量较低。因此,企业议价能力较弱,在价格谈判及产品质量纠纷的处理等方面处于较为被动的状态,导致企业的利润率较低且回款周期较长。

### (三)原料保障能力有待提高

其一,供需规模不相协调。我国再生有色金属原料来源仍以社会个体回收为主,具有一定规模的企业回收量在回收总量中的占比仍较低,回收端的供给与加工端的需求处于不匹配、不协调的状态,导致再生有色金属原料相对短缺。

其二，关键再生技术亟待突破。与发达国家相比，我国再生有色金属产业基础性研究不足，在技术层面上仍存在一定的差距，例如精细化分选和保级利用水平较低。具体来说，我国再生铜铝行业仍存在着"小作坊式"的生产方式，大量的拆解工作仍以人工为主，分类、分选技术落后，预处理后的原料达不到再生利用企业的标准，并且我国国防军工等领域有色金属材料的回收利用水平较低，亦有待提高。

其三，原料供应渠道不稳定。在产业结构调整、区域功能定位以及环境容量约束等因素的影响下，与10年前相比，我国再生资源集散市场在数量上有所减少，生产企业的原料供应渠道不稳定，导致原料的保障程度较低。在进口原料方面，以再生铜和铝为例，通过《再生黄铜原料》（GB/T 38470—2019）、《再生铜原料》（GB/T 38471—2019）及《再生铸造铝合金原料》（GB/T 38472—2019）3项国家标准的制定，我国进口再生铜铝原料品质有所提高，但可进口原料品种范围过窄。另外，虽然我国在"一带一路"相关国家也陆续布局了再生有色金属拆解加工产业，但还没有形成具有示范性的专业化国际产能合作园区。

## 三、提升我国大宗有色金属回收能力的政策建议

### （一）提供良好的发展环境

首先，强化顶层设计，改善政治环境。一方面，完善再生有色金属行业的归类工作。目前，国家工业和信息化部、发展和改革委员会、生态环境部三部门印发《工业领域碳达峰实施方案》，提出加强再生资源循环利用。实施废钢铁、废有色金属、废纸、废塑料、废旧轮胎等再生资源回收利用行业规范管理，鼓励符合规范条件的企业公布碳足迹。从国家层面来看，再生有色金属的产业定位是节能环保产业和战略性新兴产业，对国家经济社会可持续发展具有重要意义，建议将再生有色金属产业作为废弃资源综合利用业的子项单独列出，为政策的执行提供依据，改善各层级政府政策执行不一的现象。另一方面，健全相关税收优惠政策。完善《资源综合利用产品和劳务增值税优惠目录》，合理扩大目录范围，并从再生有色金属企业的实际发展需求出发，适当放宽加工环节税收优惠政策，在降低企业税务风险及税负的同时，避免由于税收政策导致的再生有色金属价格倒挂现象。同时，应加强对于再生有色金属企业的税务监管工作，依托物联网技术建设监控平台，从根本上解决业务的真实性问题（毛建华，2022a）。

其次，注重人才培养，完善人才环境。积极开展再生有色金属产业人才培养计划。人才是产业发展的基石，应通过开展培训课程、设立相关从业资格等形式，提高从业者的技能水平。另外，鼓励企业同有关部门共同开展产业人才培养、职工培训、技能等级认定等工作，为产业打造专业化、职业化的人才队伍，提升产业从业人员的整体水平。

再次，加强宣传科普，营造舆论环境。充分利用媒体、互联网等公共平台进行多种形式的宣传，充分科普再生有色金属的经济效益、环境效益及相关法律法规等，改变大众对回收的惯有思想，提高企业和公众对规范回收、资源综合利用的认知度，引导全社会共同参与再生有色金属回收利用体系的建设中，为回收产业发展营造良好的舆论环境。同时，也可以通

过组织"资源回收日""绿色回收进校园"等活动,让公众能够真正接触并参与到资源的综合利用项目中,感受资源再生的重要性,保障再生有色金属回收体系建设工作的顺利开展。

### (二)提高产业的整体水平

首先,积极培育龙头企业。鼓励各地级政府通过招商引资等方式,延伸再生资源精深加工产业链条,积极引进国内再生有色金属回收加工的龙头企业,与本地回收企业相结合,并适当给予税费减免、用地规划等优惠政策,促进当地再生有色金属回收体系的建设与完善(徐光,2011),促进铜、铝、铅等高效再生循环利用。

其次,鼓励中小企业资源整合。一方面,应鼓励中小企业以合作、联合及重组等方式进行资源整合,建立较大规模的联合体,提高市场竞争力,提升产业的集中度。另一方面,应逐步淘汰资源回收率较低、再生产品附加值较低、污染较为严重的小型企业,规范再生有色金属原料的流向。

### (三)提高原料的供给保障能力

首先,提高国内资源回收利用水平。一方面,加强基础研究,促进再生有色金属产业技术及装备的自动化、智能化升级,提高分选加工的科学化水平,实现对不同等级的原料的精细化管理,最大限度地提高有色金属的回收率。另一方面,加快关键技术攻关,鼓励企业与科研院所合作开发新技术,提升再生资源的保质保级利用水平,提高再生资源的可利用率。同时,应坚持绿色发展原则,提高无害化处理水平,降低生产过程中的能耗及污染物排放。

其次,强化海外产业布局。一方面,建议完善废有色金属进口政策,拓宽再生有色金属原料的进口范围,推进再生变形铝合金原料、再生纯铝原料等资源进口,加快完善进口再生有色金属原料供应链,为国内再生有色金属产业的发展提供原料保障。另一方面,以大型再生有色金属产业园区为核心,加强产业链上下游的信息交流与合作,建立废杂有色金属的交易市场与信息平台,为有色金属企业在采购、配送等方面提供便利,提高再生资源回收利用的效率。

另外,加强与"一带一路"相关国家的合作,鼓励将再生有色金属列入区域间、国家间绿色产业政府合作项目,合作共建再生有色金属产业园区,加强海外城市矿产就地转化加工能力(毛建华,2022b)。

## 第三节 我国关键矿产回收利用能力分析

### 一、我国关键矿产的回收能力现状分析

关键矿产是指能够制约国家经济安全、影响国家发展的战略性矿产资源。随着"双碳"

目标的推行与新能源的普及,我国锂、钴、镍、稀土等关键矿产资源需求呈增长态势。USGS 数据显示,2021 年我国锂矿、镍矿储量分别占全球总储量的 7%、3%,而钴矿仅占全球总量的 1%。在国内资源储量较低、对外依赖程度较高的大背景下,再生资源成为我国关键矿产资源的重要供给,战略地位突出。

### (一)再生锂钴现状

#### 1. 再生锂资源现状

我国再生锂资源主要来源于废旧锂电池的回收再利用,主要包括动力锂电池、消费锂电池。废旧锂电池的回收再利用可以分为两个部分,一部分电池容量衰减至 80% 以下的电池用于梯级利用,另一部分无法进行梯形利用的用于拆解回收,回收其中的锂、钴、镍等资源。按阳极材料的不同,锂离子电池主要可分为磷酸铁锂电池及三元电池。一般来说,磷酸铁锂电池更适合梯级利用,三元电池更适合再生利用。

从锂资源回收情况来看,据国际能源署(IEA)统计,截至 2021 年,全球锂回收率不到 1%(李丽旻,2021)。而 2021 年情况有所不同,据集邦新能源相关人士透露,2021 年我国国内回收含锂废料约 3 万 t,再生锂资源占本土锂原料供给的 19%,而全球范围内回收的锂资源在整体供给中占比仅为 2%~3%(卢奇秀等,2022)。图 5-6 显示了我国 2018—2021 年废旧锂电池回收情况。我国锂电池回收量逐年递增:理论回收量由 2018 年的 25.9 万 t 增长至 2021 年的 59.1 万 t。实际回收量由 2018 年的 9 万 t 增长至 2021 年的 23.6 万 t,其占比由 34.75% 上升至 39.93%。

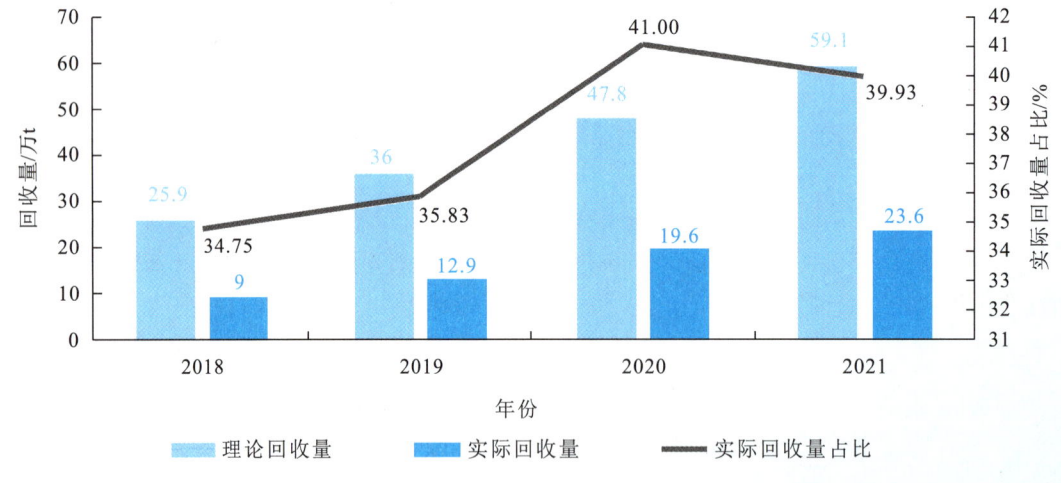

图 5-6 2018—2021 年我国废旧锂电池回收情况

(数据来源:EV Tank、华经产业研究院)

### 2. 再生钴资源现状

再生钴的回收来源主要有含钴废料、冶炼过程中的含钴废渣以及电池生产过程中的残次品。我国含钴废料主要包括废高温合金、废硬质合金及废二次电池材料等(郭豪杰等,2021)。2020年中国钴消费结构显示,电池制造领域占据了钴整个下游需求的84.4%,因此,废电池材料是国内含钴废料的主要部分。

与发达国家相比,我国再生钴产业起步较晚。安泰科数据显示,2011年我国再生钴的金属量约为2800t,其中约1300t来自于废旧电池领域,约1000t来自于废硬质合金,剩余约500t来自于废高温合金。2014年我国再生钴的金属量在5000t左右,而随着锂电池产量的迅速增长,废旧电池来源占比呈扩大趋势。中国地质调查局发展研究中心副研究员余韵表示,2020年前,我国新能源汽车动力电池再生钴与新增矿山钴相比数量较低,以致在统计上可以忽略不计,但未来最大的再生钴增量主要来自新能源汽车的动力电池。2021年,我国再生钴情况有所改观,2021年我国国内钴产量约12万t,其中再生钴约2.5万t,占总产量的21%左右(秦志伟,2021)。

### 3. 锂电池回收企业现状

从回收企业的合格资质情况来看,据电池工业网统计,我国现存的"动力锂电池回收"相关企业共计1.5万家,其中2020年全年动力电池回收企业注册量新增2579家,同比增长253.2%。而2021年上半年新增9435家,同比增长26倍。但工业和信息化部公布的3批符合《新能源汽车废旧动力蓄电池综合利用行业规范条件》的企业名单仅45家(除去重合的两家)。其中,具备再生利用合格资质的企业数量为16家,具备梯次利用合格资质的企业数量为20家,同时具备两种合格资质的企业数量仅有9家。由此可见,我国大部分动力锂电池回收企业并不具备相应资质。从"白名单"企业布局来看,我国具备回收资质的企业有8家位于广东省,6家位于浙江省,各5家位于江西省、安徽省以及湖南省,5个地区约占总量的64.4%(前瞻经济学人,2022)。

从开展动力电池回收利用试点的情况看,工业和信息化部数据显示,我国目前已在17个省(市)及中国铁塔公司开展动力电池回收利用试点工作。截至2021年12月底,173家有关企业已在全国31个省(区市)设立回收服务网点10 127个。截至2022年4月19日,工业和信息化部认定的新能源汽车动力蓄电池回收服务网点共有14 967个。在地域分布上,我国动力锂电池回收服务网点最多的3个地区为广东、江苏及山东,3个地区的网点数约占总量的24.69%。

## (二)再生镍现状

我国再生镍行业起步较晚,资源浪费仍比较严重。目前,我国在电镀、铜电解以及废旧动力电池等行业每年产生的含镍废料超过10万t,但回收量很小,仅2万t左右。而美国再生镍占消费量的比例可达到40%~50%,欧洲占比为35%~45%。与这些发达国家相比,我国再生镍产业仍存在较大的发展空间(刘贵清等,2020)。

从镍的下游需求来看,我国80%左右的镍用于不锈钢的生产,8%用于电池领域。近年得益于动力电池高镍化以及新能源汽车的迅速发展,我国动力电池领域镍消费占比呈逐渐增长趋势。据平安证券研究所的测算,这一比例将从2019年的2.0%提高至2025年的11.2%。

我国再生镍主要回收来源于不锈钢及电池两大领域。废不锈钢来自于不锈钢加工产生的废料、报废后的不锈钢制品以及拆解的建筑物等渠道,废旧电池主要是退役的镍钴锂三元电池、镍氢电池以及电池生产过程中的残次品。同时,我国近年也在不断增加对含镍废料的进口,2017年我国含镍废料进口量仅97.06t;2018年增长17.09%,至113.65t;2019年进一步扩大进口至1 175.03t,同比增长超过9倍。2020年增长幅度有所下降,但仍保持增长势头,进口1 355.79t,同比增长15.38%。

### (三)稀土回收利用现状

我国是最大的钕铁硼直接生产国。据上海有色金属网的数据,我国2021年钕铁硼毛坯总产量达到21.65万t,约占全球总供应的80%。钕铁硼永磁材料在生产和加工过程中会产生25%~30%的边角废料。另外,每年也会产生大量因达到使用年限而报废的钕铁硼磁体,主要包括各类汽车电机、消费类电子产品等。稀土的回收主要依赖于钕铁硼磁材废料的回收利用,钕铁硼废料回收行业以钕铁硼磁材边角料为主要原材料,其中稀土含量约占31%。

2018年,我国钕铁硼废料回收企业共回收氧化稀土约1.8万t,其中90%来自钕铁硼企业的生产废料,10%来自社会回收。其中,回收氧化镨钕约1.5万t,回收氧化镝460t,氧化铽70t,氧化钆1000t,氧化钬120t(于佳欣,2021)。2019年及2020年钕铁硼废料回收企业共回收氧化稀土分别约19 500t和约22 490t,据测算,我国钕铁硼废料中回收的稀土氧化物占稀土上游氧化物供应的38%~40%(何昱璞,2022)。目前,我国稀土回收业务具有一定的准入资质壁垒,代表性企业主要有华宏科技、南方稀土以及北方稀土。

## 二、我国关键矿产的回收利用问题探究

虽然我国已基本建立起关键矿产的再生资源循环利用产业链,并形成了一些行业龙头企业,但我国关键矿产在回收利用过程中仍存在一些问题。本节将以废旧锂电池回收为例,分析阻碍关键矿产再生产业发展的一些问题。

### (一)废旧电池供给不足

一方面,实际退役动力电池数量不及预期。现阶段,我国废旧锂电池产能大量闲置。以2019年回收情况为例,2019年我国退役数码锂电池回收量仅占市场理论报废量的47.7%,退役动力电池回收量仅占市场理论报废量的24.8%。究其原因,一是由于成本等方面因素的推动,部分车企或消费者会继续使用本该退役的动力电池,导致动力电池实际退役量小于理论退役量。二是受近年新冠病毒感染疫情的影响,居民出行受到了限制,汽车动力电池损耗情况相对下降,尚未达到退役期。另外,自2018年工业和信息化部发布《新能源汽车动力

蓄电池回收利用管理暂行办法》后,汽车生产企业多数都建立了"用户向4S店申请上交锂电池,后由4S店统一收集后再交还给汽车生产企业"的回收机制,进一步拉长了废旧锂电池的回收周期。

另一方面,社会来源废旧电池供给不足。目前,回收的废旧电池中大部分来源于电池生产企业的边角料以及生产过程中的残次品,社会回收的废旧动力电池数量较少,且广泛分布于各个地区,货源分散,但国内回收体系还不够完善,主要依靠下游的汽车企业,废旧电池统一收集的难度较大。此外,废旧电池的长途运输不仅存在安全隐患,而且增加了回收企业的成本。

### (二)废旧电池回收行业不规范

目前,我国废旧锂电池回收渠道及回收市场还不够健全,导致正规回收企业面临有市无货的境地。具体表现如下:

一方面,电池流向溯源追踪体系尚未完善。我国废旧锂电池市场以无资质的拆车厂为主体,并不具备锂电池梯次利用和分解的专业能力,通常在以高价收购退役锂电池后,经过包装进行二次贩售,导致部分废旧电池二次流入市场,并未流入正规回收渠道,这不仅与正规渠道销售的锂电池形成了市场竞争,还带来了极大的安全隐患。同时,这也极大地影响了电池回收规范企业的业务进行。

另一方面,废旧锂电池大量流入非正规渠道。目前我国电池回收规范企业规模较小,仅有45家,其中获得再生利用合格资质的企业数量为25家。电池回收行业门槛较低,小规模参与者众多,相比于规范回收企业,这些小规模企业在规范投入、环保投入等成本方面占有优势。由于电池型号、规格、品牌、剩余电池容量等种种不同,回收企业难以制定统一的回收价格标准,回收市场中存在价高者得的现象,从而接近八成的废旧锂电池流向非正规渠道的企业,规范回收企业的经济效益较差,导致资源回收效率较低,且回收行业存在暴力拆解及二次污染等安全及环保隐患问题。

### (三)相关配套政策不完善

其一,政策约束程度有待加强。虽然目前我国现行的动力蓄电池回收利用的相关政策已经涵盖了较多方面,并明确了相关企业在动力蓄电池回收利用各环节的相应责任,但行业仍缺乏强制性的管控措施及强有力的惩罚机制,对回收企业的约束能力不强,各主体的责任落实仍不到位。

其二,优惠扶持政策有待完善。虽然新公告《关于完善资源综合利用增值税政策的公告》〔财税40号文〕为小规模企业降低了税负压力,但回收企业在交易过程中除了存在开票难的问题外,还存在流程相对繁琐,企业对于实施细节尚不明确,传达及落实流程不畅的问题。

其三,相关标准及准入条件有待明晰。一方面,不健全的梯级利用体系仍是电池再生利用产业发展的一大障碍,目前我国对于梯级利用的电池容量标准仍未确定,因此对于废旧电池容量衰减到何种程度应进入梯级利用,达到何种程度应进入回收利用阶段,企业乃至整个行业仍没有一个明确的概念,因此对废旧电池的回收产业发展带来了一定的困难(黄珮,2018)。另一方面,梯级利用企业的准入条件不太明确,导致回收市场上存在缺乏安全环保处理能力的企业,打着"梯级利用"的名义,高价回收废旧动力电池进行非法经营,扰乱市场秩序(黎宇科等,2019)。

## 三、我国关键矿产的回收潜力预测

### (一)动力电池报废量

随着新能源汽车销量自 2015 年起的快速增长,动力电池装车量也持续走高。中国汽车工业协会数据显示,我国新能源汽车销量由 2015 年的 33.1 万辆增加至 2021 年的 352.1 万辆,年复合增长率达 48.3%,动力电池装车量由 2015 年的 15.7GW·h 增加至 2021 年的 154.5GW·h,年复合增长率达 46.4%。一般而言,运营类新能源汽车动力电池的平均寿命为 3～5 年,私人乘用车动力电池的平均寿命为 5～8 年。我们假设前期以商用车应用为主的磷酸铁锂电池使用年限为 4 年,梯级利用 2 年后进入报废环节;假设三元电池使用五六年后直接进入报废环节,因此我国国内第一批大规模量产的动力电池应陆续进入报废期,并且随着近些年新能源汽车的大力推广,预计从 2022 年起,我国的动力电池退役量将提速增加。2022—2027 年预计我国动力电池报废量如图 5-7 所示。

图 5-7 2022—2027 年动力电池预计报废量

(数据来源:前瞻产业研究院、中信证券研究部预测)

### (二)关键矿产资源回收量

假设:①三元电池使用 5 年后进入报废环节,磷酸铁锂电池正常使用 4 年,梯级利用 2 年后进入报废环节;②电池生产企业每年废料占当年装机量的 5%;③镍钴锰的电池回收率为 98%,锂的回收率为 85%。

如表 5-3 所示,根据中信证券研究部的预测,2027 年可回收锂 7.6 万 t,镍 29.1 万 t,钴 18.7 万 t。

表 5-3  2022—2027 全球锂电池回收市场空间测算

(数据来源:中信证券研究部《锂电池回收:加速构建产业链循环一体化》)

| 项目 | 电池类型 | | 年份 | | | | | |
|---|---|---|---|---|---|---|---|---|
| | | | 2022E | 2023E | 2024E | 2025E | 2026E | 2027E |
| 电池装机量/(GW·h) | 三元电池 | NCM523&333 | 185 | 212 | 224 | 201 | 269 | 347 |
| | | NCM622 | 59 | 80 | 115 | 161 | 215 | 277 |
| | | NCM811 | 93 | 141 | 256 | 402 | 538 | 693 |
| | | 其他 | 33 | 38 | 45 | 40 | 54 | 69 |
| | 钴酸锂 | | 67 | 73 | 81 | 89 | 98 | 108 |
| | 磷酸铁锂 | | 236 | 324 | 496 | 756 | 980 | 1268 |
| 电池生产废料/(GW·h) | 三元电池 | NCM523&333 | 9.3 | 10.6 | 11.2 | 10.0 | 13.4 | 17.3 |
| | | NCM622 | 3.0 | 4.0 | 5.8 | 8.0 | 10.8 | 13.9 |
| | | NCM811 | 4.6 | 7.1 | 12.8 | 20.1 | 26.9 | 34.7 |
| | | 其他 | 1.7 | 1.9 | 2.2 | 2.0 | 2.7 | 3.5 |
| | 钴酸锂 | | 3.3 | 3.7 | 4.0 | 4.4 | 4.9 | 5.4 |
| | 磷酸铁锂 | | 11.8 | 16.2 | 24.8 | 37.8 | 49.0 | 63.4 |
| 1GW·h 电池容量对应的正极材料质量/万 t | 三元电池 | NCM523&333 | 0.19 | 0.19 | 0.19 | 0.19 | 0.19 | 0.19 |
| | | NCM622 | 0.17 | 0.17 | 0.17 | 0.17 | 0.17 | 0.17 |
| | | NCM811 | 0.15 | 0.15 | 0.15 | 0.15 | 0.15 | 0.15 |
| | | 其他 | 0.22 | 0.22 | 0.22 | 0.22 | 0.22 | 0.22 |
| | 钴酸锂 | | 0.16 | 0.16 | 0.16 | 0.16 | 0.16 | 0.16 |
| | 磷酸铁锂 | | 0.19 | 0.19 | 0.19 | 0.19 | 0.19 | 0.19 |
| 正极材料的回收质量/万 t | 三元电池 | NCM523&333 | 17.0 | 19.1 | 19.0 | 25.9 | 38.0 | 43.4 |
| | | NCM622 | 2.6 | 3.4 | 4.5 | 7.2 | 11.9 | 15.8 |
| | | NCM811 | 2.4 | 3.7 | 5.3 | 10.0 | 18.2 | 26.5 |
| | | 其他 | 8.5 | 11.2 | 16.7 | 38.3 | 62.1 | 83.9 |
| | 钴酸锂 | | 8.1 | 9.4 | 10.2 | 11.0 | 11.8 | 12.7 |
| | 磷酸铁锂 | | 17.0 | 19.1 | 19.0 | 25.9 | 38.0 | 43.3 |
| 金属回收质量/万 t | 锂 | | 2.0 | 2.4 | 2.7 | 4.0 | 6.0 | 7.6 |
| | 镍 | | 6.3 | 7.7 | 8.9 | 13.8 | 22.3 | 29.1 |
| | 钴 | | 8.0 | 9.4 | 10.0 | 12.4 | 16.1 | 18.7 |

## 四、提升我国关键矿产回收利用能力的政策建议

### (一)政府层面

其一,完善财税支持政策,促进产业规模化发展。一是政府应完善已有的增值税优惠政策的实施细节,保障政策的落实。同时,应参考发达国家的先进理念和相关技术经验,出台更具体的扶持政策,为产业向规模化、集约化发展提供制度保障。二是通过财政补贴、政府专项资金等方式,加强对动力电池规范回收企业的扶持力度,提升规范回收利用渠道的竞争力,并鼓励相关部门通过建立专项发展基金等方式,为在电池回收再利用产业中作出突出贡献的企业及组织进行适当的奖励。

其二,加强制度约束力度,建立联合监管机制。在废旧电池的拆解过程及再生金属的冶炼过程中,会涉及人身安全及环保等一系列问题,应以《废旧电器电子产品回收处理管理》等相关政策为抓手,建立市场监管、环境保护等多个部门协同监管机制,对非法现象保持零容忍态度,加强对回收市场中非法回收、暴力拆解、二次污染等不合规现象的打击力度,营造公平竞争的市场环境。特别要加强对于电池回收再利用企业的资质审查,明确梯级利用企业的准入标准,包括产品的技术要求、梯级利用后废旧电池的回收责任等内容,避免企业以梯级利用为幌子高价收购废旧电池、扰乱市场秩序。

其三,加快海外城市矿产布局,保障再生原料供应。以《再生钢铁原料》《再生铸造铝合金原料》标准为参照,加快《再生电池原料》标准的制定,扩大对废旧锂离子电池等含关键矿产资源的物资进口。保障国内相应回收利用企业的原料供应。

### (二)企业层面

其一,推进动力电池全生命周期溯源工作的进行。借助大数据、区块链等新兴技术,建立动力电池数字编码制度和回收处理信息管理系统,层层落实相关主体的责任,实现退役动力电池的可溯源,避免退役动力电池二次流入市场,打造动力电池的全闭环商业模式(罗锦程,2022)。

其二,积极健全退役电池回收管理体系。一方面,参考借鉴我国电池回收领域先进区域的实践经验,采取收取押金、以旧换新、回购等措施,引导消费者主动参与废旧电池的回收利用管理体系中,扩大实际退役动力电池占比,为规范回收利用企业提供更多的再生电池原料。另一方面,鼓励利益相关的企业合作构建包括电池生产及回收在内的全产业链,例如,比亚迪与格林美合作构建了"材料再造-电池再造-新能源汽车制造-动力电池回收"的循环体系,通过资源整合建立合作共赢的商业模式。另外,要加强对正规回收渠道的信息宣传工作,通过多种渠道积极向用户普及废旧电池回收的相关知识,引导废旧锂电池进入正规回收渠道。

其三,提高全产业链技术能力建设。鼓励电池回收利用企业不断提升现有废旧锂电池

的回收工艺及装备水平,积极发展更易实现批量化处理、更少后续污染的回收利用技术,在保障安全生产的同时,提高资源的回收效率与利用率。同时,加大对废旧锂电池回收利用技术的研发投入,积极响应国家的低碳政策,研发低耗高能的回收工艺,提高全产业链的金属提炼水平、节能降耗水平。另外,组织产学研联合突破关键共性技术。对于废旧锂电池再生利用过程中的瓶颈问题,建议国家加强引导,通过政策扶持和市场化手段相结合的方式,组织企业与相关科研院所共同加强对废旧锂电池再生利用中的薄弱环节的研究,包括锂电池的退役判定标准及检测技术、可梯级利用电池剩余价值评估技术及电池的自动化拆解和材料分选技术等(李惜,2022),从而实现废旧锂电池的安全高效拆解与有价金属的整体化回收。

# 第六章　我国能源和矿产资源利用效率评价

《中共中央关于制定国民经济和社会发展第十四个五年规划和二〇三五年远景目标的建议》提出,"十四五"时期要"推动绿色发展,促进人与自然和谐共生",强调"全面提高资源利用效率"。改革开放以来,我国能源和矿产资源利用效率有所提高,但与世界先进水平相比仍存在一定的差距。我国能源利用效率、矿产资源总回收率等效率指标与世界先进水平相比明显偏低,资源浪费现象仍比较严重。

基于此,本章从分析我国能源和矿产资源利用现状出发,分别对能源利用效率、部分大宗紧缺金属矿产利用效率以及部分关键矿产利用效率进行实证分析,总结出新时期影响我国能源、大宗紧缺金属以及关键矿产利用效率的各种主要因素,最后针对性地提出效率提升的政策建议,以期全面提高能源和矿产资源利用效率,实现经济高质量发展。

## 第一节　我国能源利用效率分析

随着我国经济社会的快速发展,我国对各种能源的需求也呈现出较快的增长态势。能源是指能够提供能量的资源。《中华人民共和国节约能源法》中将能源界定为煤炭、石油、天然气、生物质能和电力、热力以及其他直接或者通过加工、转换而取得有用能的各种资源。我国严重依赖化石能源,化石能源长期在能源系统中占主体地位(吕清刚等,2022),因此本节重点对煤、石油以及天然气资源进行分析,在其利用现状的基础上,对能源的利用效率以及影响能源利用效率的因素进行分析,据此提出能够帮助提高我国能源利用效率的政策建议。

### 一、我国能源利用现状

作为最大的能源消费国之一,我国能源的利用现状是在制定和执行相关能源政策时的重点关注内容。本篇章主要对煤、石油以及天然气 3 类化石能源的分布、供给和消费现状进行了相应的总结和分析,为后续的效率分析以及政策建议的提出提供可靠的分析基础。

### (一)煤炭资源利用现状

煤炭是我国能源供应体系中的重要基础能源,也是关键的民生保障物资,对国家和社会的发展具有重大意义,在未来一段时期内煤炭在我国能源供应体系中的主体地位不会改变。

#### 1. 我国煤炭资源的分布

我国煤炭资源丰富但分布极不均衡,其地理位置的分布与地区的经济发达程度呈逆向分布的特点,主要集中在经济相对不发达的西部地区。我国西部地区的煤炭资源相对丰富,且煤质普遍较高(彭睿娥,2021)。依据《煤炭工业发展"十三五"规划》对煤炭布局分区,对我国东北、东部、中部和西部4个地区煤炭资源分布情况进行统计:截至2015年底,我国煤炭累计探获资源25 761.89亿t,保有资源储量19 579.86亿t;东北地区煤炭保有资源储量324.94亿t,占全国保有资源储量的1.66%;东部地区煤炭保有资源储量803.33亿t,占全国保有资源储量的4.10%;中部地区煤炭保有资源储量3 748.35亿t,占全国保有资源储量的19.14%;西部地区煤炭保有资源储量14 703.24亿t,占全国保有资源储量的75.10%(张建强等,2020)。图6-1显示的是我国4个地区煤炭保有资源储量的占比情况。

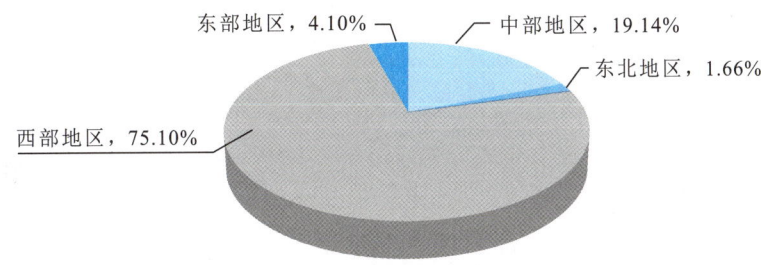

图6-1 我国不同地区的煤炭保有资源储量占比情况

(数据来源:中国煤炭数据库、国家统计局)

#### 2. 我国煤炭资源的供给现状

煤炭是我国的重要基础能源,产量十分巨大,其中原煤产量占绝大部分。根据《中国煤炭数据库》以及国家统计局的统计数据,得到2012—2021年我国原煤产量并计算出相应的增长率如图6-2所示。从图6-2中可以看出:近10年间全国原煤产量逐渐降低后又逐渐回升,2014年原煤产量首次出现负增长,2016年产量降到最低点,为34.11亿t;原煤产量增长率同样是先降低后上升的趋势,且前期降幅较大,2017年增长率回正,之后较为稳定。

由于我国进行能源结构调整,国家开始对煤炭资源和煤炭企业进行管控,一些小型煤矿和不合规的煤矿逐渐消失,因此前期原煤产量逐年下降。经过调整后的煤炭产业运行稳中向好,因此原煤产量在后期开始平稳增加。

#### 3. 我国煤炭资源的消费现状

随着我国能源结构的不断调整,煤炭消费量占能源消费总量的比重也在逐年下降,如图6-3所示。尽管煤炭资源的消费量占比在下降,但比重仍然在50%以上。这说明煤炭资

图 6-2 2012—2021 年我国原煤产量及其增长率情况

（数据来源：中国煤炭数据库、国家统计局）

源仍然是我国重要的基础能源，我国社会经济的发展在未来一段时期内对煤炭资源仍然具有较强的依赖性。

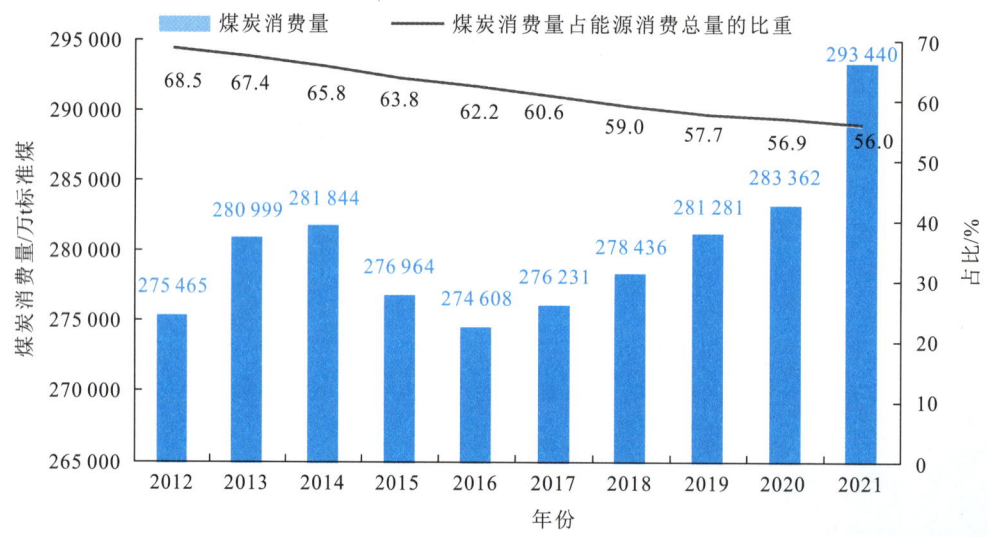

图 6-3 2012—2021 年我国煤炭消费量及其占比情况

（数据来源：中国宏观经济数据库、国家统计局）

本节选取煤炭消费主要行业 2012—2020 年煤炭消费量占比的平均值来分析各行业的煤炭消费情况。从图 6-4 可以看出，电力、热力的生产和供应业煤炭消费总量占比最大，为 46.00％，非金属矿物制品业、黑色金属冶炼及压延加工业以及有色金属冶炼及压延加工业 3 个产业煤炭消费总量总占比达 18.75％。

# 第六章 我国能源和矿产资源利用效率评价

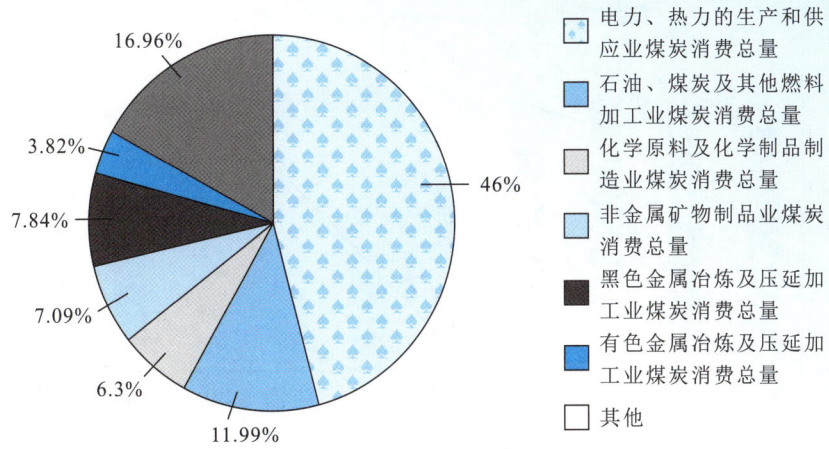

图 6-4 煤炭消费主要行业煤炭消费量占比情况(2012—2020 年均值)

(数据来源：中国宏观经济数据库、国家统计局)

## (二)石油资源利用现状

作为国民经济的压舱石和驱动器之一,石油资源同样是关系国计民生的基础性、战略性资源。石油资源的有效利用对保障国家能源安全和产业链平稳运行起到非常关键的作用。

### 1. 我国石油资源的分布

在亚太地区,我国的石油资源量稳居第一位,占该区可采资源量的 49.7%。我国石油可采资源量的丰度值约为世界平均值的 57%,人均石油可采资源量为 9.46t,为世界平均水平的 1/6(冯丹等,2020)。

我国石油资源集中分布在渤海湾、松辽、塔里木、鄂尔多斯、准噶尔、珠江口、柴达木和东海陆架八大盆地,可采资源量约占全国的 81.13%。其中大庆油田位于黑龙江省西部,松嫩平原中部。油田南北长 140km,东西最宽处 70km,总面积 5470km²。1960 年 3 月党中央批准开展石油会战,1963 年形成了 600 万 t 的生产能力,当年生产原油 439 万 t,对实现中国石油自给自足起到了决定性作用。

### 2. 我国石油资源的供给现状

图 6-5 是 2012—2021 年我国原油产量的变化情况,可以看出近年来我国原油的产量变化较为明显。2016 年中国原油产量跌破 2 亿 t,为 1.996 852 亿 t,较 2015 年下降 6.9%。这是 2010 年以来国内原油年产量首次低于 2 亿 t。此后,国内原油产量连续两年下降。2019 年,我国原油产量为 1.9 亿 t,扭转了 2016 年以来连续下滑的态势,比 2018 年增长 1.2%,在此之后我国原油产量稳步上升。近年来,海上采油技术的成熟以及内陆石油储量的不断减少使得海上石油的勘探开采成为了石油新的投资热点。

### 3. 我国石油资源的消费现状

近年来国内石油占能源消费的比重在不断增加,如图 6-6 所示。2015 年我国对石油的消费量较之前有了较大的提升,占能源消费总量的比重从 2014 年的 17.3% 上升到 2015 年的 18.4%,之后几年仍然保持着相近的比例,说明我国近年来对石油的依赖性在不断提高。

图6-5 2012—2021年我国原油产量变化情况
（数据来源：中国宏观经济数据库、国家统计局）

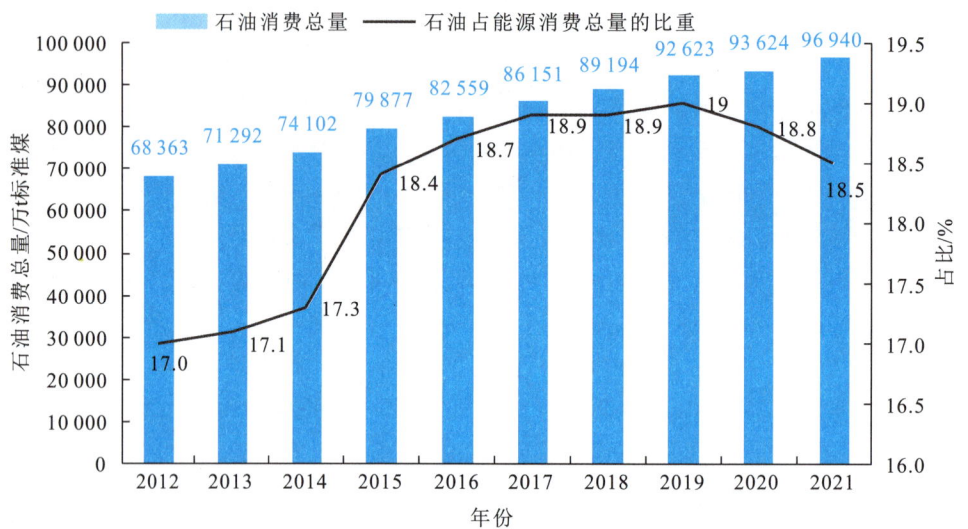

图6-6 2012—2021年我国石油消费总量及其占比情况
（数据来源：中国宏观经济数据库、国家统计局）

同样选取石油消费主要行业2012—2020年原油消费量占比的平均值来分析各行业的石油消费情况。从图6-7可以看出，我国石油主要用于能源、化工材料两大领域。石油、煤炭及其他燃料加工业原油消费占有相当大的比例，高达92.42%，生产成品油是石油消费的主要领域。化学原料及化学制品制造业所占比例为5.94%。但综合考虑经济增长率、汽车保有量及限行措施、新能源汽车替代等因素，石油的能源属性将日益减弱，材料属性将逐渐增强，即未来石油资源用于能源领域将逐渐减少，用于化工材料领域将逐渐增多，石油消费将由"能源化"时代迈入"材料化"时代（齐景丽等，2020）。

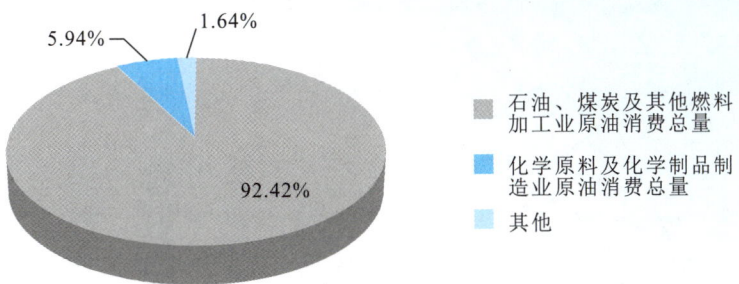

图 6-7　2012—2020 年石油消费主要行业原油消费量均值占比情况

（数据来源：中国宏观经济数据库、国家统计局）

## (三)天然气资源利用现状

近年来,我国天然气行业发展总体实现量增价稳,在一次能源消费结构中的占比稳步提升。天然气行业已经成为推动我国经济高质量发展、能源安全保障的重要行业力量。

### 1. 我国天然气资源的分布

我国的天然气资源集中分布在塔里木、四川、鄂尔多斯、东海陆架、柴达木、松辽、莺歌海、琼东南和渤海湾九大盆地,占全国可采资源量的 80% 以上。近年来,四川盆地天然气勘探不断有新发现、新突破或新进展。2021 年,中国石油天然气集团有限公司在四川盆地收获了两个万亿立方米大气区,除了落实泸州深层页岩气万亿立方米储量规模外,在川中古隆起蓬莱气区多层系立体勘探也获重大战略新突破,初步形成蓬莱万亿立方米储量气区(王蓓等,2022)。同时中国石油化工集团有限公司分别在四川盆地侏罗系凉高山组新层系油气勘探和海陆相新类型天然气勘探取得重要突破,累计探明天然气储量为 $1061×10^8 m^3$,成为四川盆地又一个千亿立方米级气田(王蓓等,2022)。

### 2. 我国天然气资源的供给现状

国内天然气的产量近年来总体呈不断上升的趋势,2014 年至 2016 年上升速度较为缓慢,2017 年较之前有了较为明显的提升,如图 6-8 所示。国内油气产量的提升与"七年行动计划"密切相关。为了大力提升国内油气勘探开发力度,2019 年中石油、中石化和中海油分别制定了 2019—2025 七年行动方案工作。近两年,新冠病毒感染疫情和"双碳"目标的提出,对石油行业产生了较大冲击,但国内仍然没有放松油气勘探开发力度。2021 年 7 月 15 日,国家能源局召开 2021 年大力提升油气勘探开发力度工作推进会指出,近年来,油气工业战线坚定不移推进油气增储上产,着力攻克深层技术难题,油气勘探开发工作卓有成效。

### 3. 我国天然气资源的消费现状

图 6-9 显示出近年来我国天然气消费总量不断上升且增长幅度也在逐年增长。由此可以看出,我国天然气市场需求旺盛。

此处同样选取天然气消费主要行业 2012—2020 年天然气消费量占比的平均值来分析

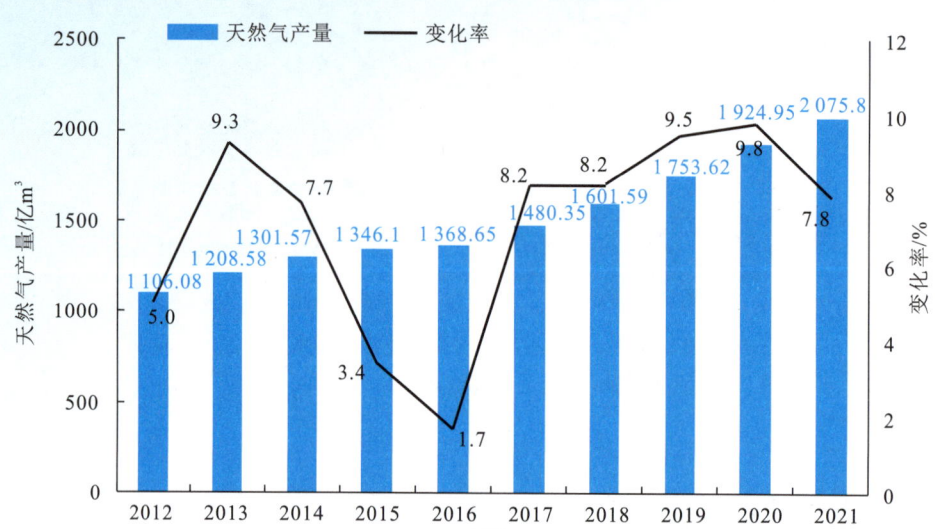

图 6-8 2012—2021 年我国天然气产量变化情况

(数据来源：中国宏观经济数据库、国家统计局)

图 6-9 2012—2021 年我国天然气消费总量及其占比情况

(数据来源：中国宏观经济数据库、国家统计局)

各行业的天然气消费情况,如图 6-10 所示。与煤炭和石油资源不同的是,居民生活对天然气的消费占天然气消费总量的较大比例,高达 17.86%,其次分别是电力、热力和生产和供应业、化学原料即化学制品制造业以及交通运输、仓储和邮政业。

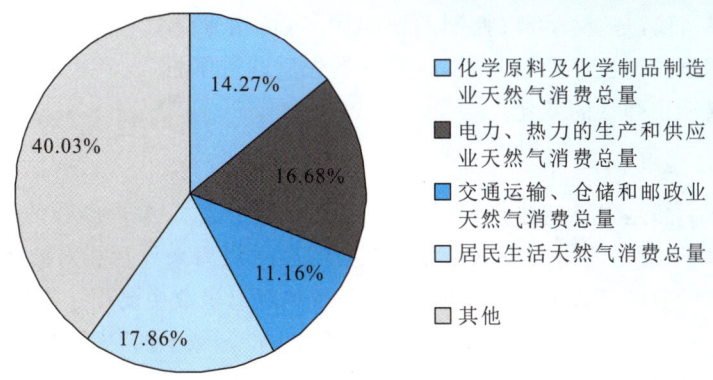

图 6-10　天然气消费主要行业天然气消费量均值占比情况(2012—2020 年均值)

（数据来源：中国宏观经济数据库、国家统计局）

## 二、我国能源利用效率实证分析

能源利用效率能够反映能源的消耗水平和利用效果，是衡量能源有效利用程度的综合指标。通过分析能源的利用效率，政府可根据具体情况采取相应政策措施，企业可据此改进工艺设备，挖掘自身节能潜力，提高能源利用效率。本部分将对我国的能源利用效率进行实证分析，从而发现我国能源利用过程中存在的问题。

### (一)效率分析方法的选择

能源利用效率分析的关键在于分析方法的选择。常用方法包括数据包络分析法(DEA)和随机前沿分析法(SFA)。本书对两种效率分析方法进行对比分析，并结合效率评价对象及评价指标体系，最终选择数据包络分析法(DEA)对我国的能源利用效率进行分析。

#### 1. 常用方法比较分析

数据包络分析法是基于多个决策单元(DMU)之间相对比较的、用于多投入多产出下的相对效率分析的非参数评价方法。该方法所用到的数据为已知的多投入多产出数据，依据所能观测到的 DMU 输入数据和输出数据，以相对效率为基础对同一类型的 DMU 进行效率评价。DEA 方法首先将各个 DMU 的输入、输出数据组，利用线性规划，以最优投入与产出作为生产前沿，构建数据包络曲线；然后通过衡量每个 DMU 离此前沿面的远近来判断投入产出的合理性。其中，有效点会位于前沿面上，效率值标定为 1；无效点则会位于前沿面外，被赋予一个大于 0 但小于 1 的相对的效率值指标。该方法可以使用的基本模型包括 CCR 模型、BCC 模型和 DEA-Malmquist 指数模型。

随机前沿分析法是利用先验生产前沿具体形式并通过对误差项的分解对决策单元的技术效率作出估计的、用于多投入单产出下的相对效率分析的参数评价方法。参数法在先验的生产函数或成本函数上提出了具有复合扰动项的随机边界模型，将随机扰动项 $\varepsilon$ 分为 $v$ 和 $u$。$v$ 是随机误差项，是企业不能控制的影响因素，具有随机性，用以计算系统非效率；

$u$ 是技术损失误差项,是企业可以控制的影响因素,可用来计算技术非效率。早期的 SFA 模型多以柯布道格拉斯生产函数为主,后期发展先后改进了投入、环境和时间等变量,同时考虑了生产要素产出弹性的变化。

### 2. 方法及模型的选择

DEA 和 SFA 都是先确定生产前沿,再构建非参数函数或参数函数的线性凸面来拟合实际投入产出水平,通过测量决策单元与前沿面的相对距离来计算相对效率值。SFA 将实际产出分为生产函数和复合随机扰动项,生产函数和距离函数主要用于测算相对技术效率。但技术效率是现实中的某厂商的生产率与估计出的生产函数上的"虚拟厂商"的生产率之比值,技术效率最高的厂商未必处于生产函数之上,且 SFA 无法满足能源和矿产资源多投入多产出情况下的效率评价。因此,DEA 更适合分析评价能源和矿产资源的开发利用效率。

DEA 的基本模型包括规模报酬不变(constant return to scale,CRS)的 CCR 模型和规模报酬可变(variable returns to scale,VRS)的 BCC 模型,其中 BCC 模型更适合评价能源和矿产资源的开发利用效率。BCC 模型剔除了规模效应对技术效率的影响,得到纯技术效率(pure technical efficiency,PTE)的相对值;根据"综合技术效率=纯技术效率×规模效率",通过综合技术效率(total efficiency,TE)和纯技术效率(PTE)可得到规模效率(scale efficiency,SE)。

## (二)指标体系构建和数据的选取

本部分结合不同种类能源的特性以及所在行业的特点,考虑数据的可获得性以及可靠性,构建出全国能源、煤炭资源以及油气资源的利用效率评价指标体系。

### 1. 全国能源

在时间跨度上,选择 2013—2021 年的数据,依据 DEA 方法中指标选取的原则,此处选取的投入指标为我国的能源消费总量和国有经济能源工业固定资产投资,选取我国的第二产业增加值作为产出指标,指标选取结果如表 6-1 所示,数据主要来源于中国能源数据库、中国宏观经济数据库以及国家统计局。

表 6-1　能源利用效率评价指标

| 类型 | 指标 |
| --- | --- |
| 投入指标 | 能源消费总量/万 t 标准煤 |
|  | 国有经济能源工业固定资产投资/亿元 |
| 产出指标 | 第二产业增加值/亿元 |

### 2. 煤炭资源

在时间跨度上,选择 2013—2021 年的数据,依据 DEA 方法中指标选取的原则,此处选取投入指标为我国煤炭采选业的固定资产投资以及我国的煤炭资源消费量,选取我国的第二产业增加值作为产出指标,指标选取结果如表6-2所示,数据主要来源于中国能源数据库、中国宏观经济数据库以及国家统计局。

表6-2 煤炭资源利用效率评价指标

| 类型 | 指标 |
| --- | --- |
| 投入指标 | 我国煤炭采选业固定资产投资/亿元 |
| | 我国煤炭资源消费量/万t标准煤 |
| 产出指标 | 第二产业增加值/亿元 |

3. 油气资源

在时间跨度上,选择2013—2021年的数据,依据DEA方法中指标选取的原则此处选取我国第二产业从业人数、我国石油和天然气开采业固定资产投资以及我国石油、天然气的消费量作为投入指标,选取我国的第二产业增加值作为产出指标,指标选取结果如表6-3所示,数据主要来源于中国能源数据库、中国宏观经济数据库以及国家统计局。

表6-3 油气资源利用效率评价指标

| 类型 | 指标 |
| --- | --- |
| 投入指标 | 第二产业从业人数/万人 |
| | 我国石油和天然气开采业固定资产投资/亿元 |
| | 我国石油、天然气消费量/万t标准煤 |
| 产出指标 | 第二产业增加值/亿元 |

## (三)效率评价

运用Stata 16,采用CCR模型和BCC模型进行效率评价,以投入为导向,分析2013—2021年全国能源利用效率以及全国煤炭和油气利用情况进行效率分析。全国能源利用效率如表6-4所示,全国煤炭资源和油气资源利用效率情况如表6-5、表6-6所示。根据最优效率原则找出有效年份,并对各年投入和产出冗余情况进行分析。

表6-4 2013—2021年全国能源利用效率

| DMU | CRS_TE | VRS_TE | SCALE | RTS | 相对有效性 | $S^{-1}$ | $S^{-2}$ | $S^{+1}$ |
| --- | --- | --- | --- | --- | --- | --- | --- | --- |
| 2013年 | 0.769 1 | 1.000 0 | 0.769 1 | irs | 无效 | 0.00 | 1 587.19 | 60 355.00 |
| 2014年 | 0.751 2 | 0.992 5 | 0.756 9 | irs | 无效 | 0.00 | 3 316.82 | 51 361.20 |

续表 6-4

| DMU | CRS_TE | VRS_TE | SCALE | RTS | 相对有效性 | $S^{-1}$ | $S^{-2}$ | $S^{+1}$ |
|---|---|---|---|---|---|---|---|---|
| 2015 年 | 0.752 1 | 0.984 3 | 0.764 1 | irs | 无效 | 0.00 | 3 946.00 | 48 981.80 |
| 2016 年 | 0.776 5 | 0.984 9 | 0.788 5 | irs | 无效 | 0.00 | 3 741.52 | 40 716.70 |
| 2017 年 | 0.875 8 | 0.996 3 | 0.879 0 | irs | 无效 | 0.00 | 2 269.42 | 19 508.30 |
| 2018 年 | 1.000 0 | 1.000 0 | 1.000 0 | — | 有效 | 0.00 | 0.00 | 0.00 |
| 2019 年 | 0.955 6 | 0.987 6 | 0.967 6 | irs | 无效 | 0.00 | 1 107.48 | 0.01 |
| 2020 年 | 0.893 8 | 0.970 2 | 0.921 2 | irs | 无效 | 0.00 | 3 640.69 | 0.00 |
| 2021 年 | 1.000 0 | 1.000 0 | 1.000 0 | — | 有效 | 0.00 | 0.00 | 0.00 |

注：$S^{-1}$ 为能源消费总量减少量，单位为万 t 标准煤；$S^{-2}$ 为国有经济能源工业固定资产投资减少量，单位为亿元；$S^{+1}$ 为第二产业增加值增加量，单位为亿元。

表 6-5　2013—2021 年全国煤炭资源利用效率

| DMU | CRS_TE | VRS_TE | SCALE | RTS | 相对有效性 | $S^{-1}$ | $S^{-2}$ | $S^{+1}$ |
|---|---|---|---|---|---|---|---|---|
| 2013 年 | 0.605 8 | 0.977 3 | 0.619 9 | irs | 无效 | 808.81 | 0.00 | 160 614.00 |
| 2014 年 | 0.639 3 | 0.974 3 | 0.656 2 | irs | 无效 | 646.75 | 0.00 | 145 283.00 |
| 2015 年 | 0.660 1 | 0.991 5 | 0.665 8 | irs | 无效 | 455.64 | 0.00 | 141 227.00 |
| 2016 年 | 0.874 4 | 1.000 0 | 0.874 4 | irs | 无效 | 0.00 | 16 741.80 | 42 455.10 |
| 2017 年 | 0.962 5 | 1.000 0 | 0.962 5 | irs | 无效 | 0.00 | 13 308.80 | 12 927.50 |
| 2018 年 | 1.000 0 | 1.000 0 | 1.000 0 | — | 有效 | 0.00 | 0.00 | 0.00 |
| 2019 年 | 0.907 4 | 0.999 6 | 0.907 7 | irs | 无效 | 0.00 | 0.00 | 38 713.30 |
| 2020 年 | 0.914 7 | 0.994 1 | 0.920 2 | irs | 无效 | 0.00 | 0.00 | 33 257.40 |
| 2021 年 | 1.000 0 | 1.000 0 | 1.000 0 | — | 有效 | 0.00 | 0.00 | 0.00 |

注：$S^{-1}$ 为我国煤炭采选业固定资产投资减少量，单位为亿元；$S^{-2}$ 为我国煤炭资源消费减少量，单位为万 t 标准煤；$S^{+1}$ 为第二产业增加值增加量，单位为亿元。

表 6-6　2013—2021 年全国油气资源利用效率

| DMU | CRS_TE | VRS_TE | SCALE | RTS | 相对有效性 | $S^{-1}$ | $S^{-2}$ | $S^{-3}$ | $S^{+1}$ |
|---|---|---|---|---|---|---|---|---|---|
| 2013 年 | 0.891 9 | 1.000 0 | 0.891 9 | irs | 无效 | 0.00 | 0.00 | 0.00 | 0.00 |
| 2014 年 | 0.898 8 | 0.996 1 | 0.902 4 | irs | 无效 | 0.00 | 357.71 | 0.00 | 1 163.35 |
| 2015 年 | 0.851 5 | 0.994 2 | 0.856 5 | irs | 无效 | 0.00 | 8.36 | 0.00 | 23 482.00 |
| 2016 年 | 0.857 9 | 1.000 0 | 0.857 9 | irs | 无效 | 4 893.52 | 0.00 | 0.00 | 45 944.90 |
| 2017 年 | 0.896 5 | 1.000 0 | 0.896 5 | irs | 无效 | 2 932.26 | 0.00 | 0.00 | 34 599.70 |
| 2018 年 | 0.927 6 | 1.000 0 | 0.927 6 | irs | 无效 | 1 626.77 | 0.00 | 0.00 | 25 599.60 |

续表 6-6

| DMU | CRS_TE | VRS_TE | SCALE | RTS | 相对有效性 | $S^{-1}$ | $S^{-2}$ | $S^{-3}$ | $S^{+1}$ |
| --- | --- | --- | --- | --- | --- | --- | --- | --- | --- |
| 2019 年 | 0.919 6 | 1.000 0 | 0.919 6 | irs | 无效 | 0.00 | 81.81 | 0.00 | 28 596.10 |
| 2020 年 | 0.900 4 | 1.000 0 | 0.900 4 | irs | 无效 | 996.72 | 0.00 | 0.00 | 42 225.40 |
| 2021 年 | 1.000 0 | 1.000 0 | 1.000 0 | — | 有效 | 0.00 | 0.00 | 0.00 | 0.00 |

注：$S^{-1}$ 为我国第二产业从业人数减少量，单位为万人；$S^{-2}$ 为我国石油和天然气开采业固定资产投资减少量，单位为亿元；$S^{-3}$ 为我国石油、天然气消费减少量，单位为万 t 标准煤；$S^{+1}$ 为第二产业增加值增加量，单位为亿元。

### 1. 全国能源

由表 6-4 可知，2017—2021 年全国能源利用效率在 2013—2021 年中相对较高，2018 年和 2021 年全国能源利用综合效率值、纯技术效率值和规模效率值均为 1，这两年处在有效状态。2013—2016 年规模收益较为稳定，但处于较低水平，2017 年之后规模收益水平则处在较高状态；2014—2017 年 $S^{-2}$ 能源工业投资均值 32 293.36 亿元，存在较大投入冗余情况，2018 年减至 31 040.04 亿元，2019 年之后逐步提升，2019—2020 年存在投入冗余情况，因此通过减少投入在一定程度上可以使得全国能源利用逐渐达到相对有效状态。由于我国的能源利用以煤炭资源为主，因此煤炭资源的利用效率会对我国能源利用效率产生较大影响。2018—2021 年煤炭资源利用逐渐达到稳定相对有效状态，在此期间全国能源利用效率也相对较高。

### 2. 煤炭资源

由表 6-5 可知，近年来，我国的煤炭资源利用效率总体呈现上升的趋势，2018—2021 年煤炭资源利用逐渐达到稳定相对有效状态。2018 年和 2021 年我国煤炭资源利用综合效率值、纯技术效率值和规模效率值均为 1，处在相对有效状态。2013—2018 年呈现规模收益递增，2018 年和 2021 年规模收益保持不变。2013—2015 年我国煤炭采选业固定资产投资均值达到 1400 亿元，是往后各年投入的 2~3 倍，导致这几年存在较大的固定资产投入冗余。其次，由于近年来我国的能源结构不断调整，煤炭资源的消费量出现了明显减少，其占能源消费总量的比重也在逐年下降，导致 2016—2017 年出现较大的产出冗余。2016—2021 年，煤炭采选业固定资产投入有所减少，使得煤炭资源利用相对综合效率值逐年提升，在 2021 年达到相对有效。我国一直在高效燃煤发电方面力求实现更多的技术突破，目前已积累了超超临界发电机组设计、制造和运行等方面的丰富经验，相关技术实现了跨越式发展。这也是近年来我国的煤炭资源利用效率总体呈现上升趋势的重要原因之一。

### 3. 油气资源

由表 6-6 可知，2013—2021 年我国的油气资源利用效率整体较高，2013—2020 年规模效益呈现递增状态，2021 年我国油气资源利用综合效率值、纯技术效率值和规模效率值均为 1，处在有效状态。2014—2020 年投入指标存在较大冗余情况，因而出现产出冗余现象。近年来我国油气资源消费量持续提升，需求的增加刺激供给的增加，即产出增加。

## 三、新时代影响我国能源利用效率的主要因素及效率提升的政策建议

新时代的发展要求我国全面推进能源消费方式变革,推动能源进入高质量发展新阶段。为了更好地推动我国能源产业的健康发展,提高能源利用效率,本部分在深度挖掘新时代我国能源利用效率影响因素的基础上,结合能源的利用现状以及能源利用效率实证分析,针对性地提出提升我国能源利用效率的政策建议。

### (一)新时代影响我国能源利用效率的主要因素

结合国内外学者的研究以及新时代我国能源行业的发展现状,可以将影响我国能源利用效率的因素主要归纳为以下几点。

#### 1.经济发展水平

我国的经济发展水平与能源利用效率之间的关系较为密切。这主要是由于经济发展水平的提高会增加对各类能源的消费需求,促进消费者提高对能源利用效率的关注度,从而带动社会的进步,因此经济发展水平提高通常会促进能源利用效率的提高。

#### 2.产业结构

产业结构在一定程度上能够反映所在地区的经济发展趋势,能够体现产业发展对能源利用的基本特征。通常来说,产业结构的优化过程体现在三次产业中第三产业的比重增加和第一产业的比重减少,同时各次产业内部也会有对应结构调整。产业结构优化的过程将改善社会资源配置水平,对能源利用效率的提升通常会带来正向影响。

#### 3.技术进步

一般情况下,技术进步对我国经济社会发展的各方面都会产生重要的推动作用。在降低能源损耗方面,相关的技术进步起着关键作用,可以在能源的利用过程中降低损耗或者将损耗的能源以其他形式再利用,从而直接提高能源利用效率。此外,其他行业的技术进步也可以通过优化企业管理、产业结构、能源消费结构等因素间接提高能源利用效率。

#### 4.能源消费结构

研究表明,能源消费结构与能源效率之间具有显著的长期影响关系。不同能源的利用效率不相同,通过对能源消费结构进行调整,加大利用效率高的能源在能源消费结构中所占比重,同时摒弃利用效率低、对环境污染较大的能源,可以提高能源利用效率。以煤炭为主的能源消费结构不利于提升能源效率,我国长期以来过于依赖煤炭消费,但近年来,我国一直在优化能源消费结构,这应该也是我国能源强度不断下降的原因之一。

#### 5.能源价格

能源价格也是影响各个行业能源利用效率的重要因素。能源是社会各界生产生活的基础性资源,在一定程度上合理恰当地提高能源价格能够促使能源的消费者节约使用能源,有

利于激励企业寻找和开发更高水平的能源利用技术,还可以推动消费者寻找相应能源的替代品,对能源消费结构产生影响,从而影响我国的能源利用效率。

### 6. 能源政策

我国作为能源消耗大国,在气候变化问题日益严重的严峻形势下,应积极主动地应对挑战并承担大国责任。生态文明建设的不断推进以及"双碳"目标的提出等都对我国的能源利用产生了较大影响。由于能源的耗用会产生大量的二氧化碳,而我国的环境治理则需要节能减排,在经济增长与节能减排的双重压力下,最有效的方式则是提高能源利用效率,因此我国的能源政策也会对能源利用效率产生影响。

## (二)效率提升的政策建议

通过梳理前文我国能源的利用现状、利用效率实证分析以及新时代影响我国能源利用效率的主要因素,结合研究的主要发现,本书提出以下几点政策建议。

### 1. 优化产业结构布局,加大工业内部调整

由于产业结构关系着能源资源的供给和需求结构,我国应当更加注重产业结构的优化,以期用较少的能源消费换取更高的经济收益,提高能源利用效率。首先要促进低能耗、低排放且具有较高经济效益和社会效益行业的发展,适当提高第三产业的比重。

与此同时,由于我国的能源利用主要为第二产业,因此要加大工业内部结构调整,明确轻工业与重工业的结构间关系。高新产业具有低能耗、高产出的特点,但目前我国此类产业的比重较低,因此我国应当在严格限制高耗能、高排放、低产出企业能耗的同时,重点发展低能耗和高产出的高端设备、新能源、新技术、新材料等战略性新兴产业,加快推动工业内部升级优化,实现更深层次的产业结构优化和升级,确保能源资源的有效利用,从而提高能源利用效率。

### 2. 推动煤炭行业整合开发,大力发展新能源产业

我国的经济发展在当前和未来较长一段时间内依然会高度依赖煤炭资源,以煤炭为主的能源消费结构在一定程度上不利于提升能源利用效率。煤炭行业是典型的资源和资本密集型产业,加快煤炭工业集约化的步伐也是其行业自身结构优化的客观要求。因此,煤炭产业结构的优化需要提高产业集中度,鼓励煤炭企业进行兼并重组。以全产业链的一体化发展为目标,推动煤炭产业与上下游产业间的协同发展,在对煤炭资源进行合理开发利用的基础上,促进其与电力、冶金、化工等产业的一体化。此外,还要改善运输条件,提高煤炭资源的运输能力与效率,缓解交通运输对煤炭工业发展的制约。

新能源产业作为我国的战略性新兴产业之一,具有技术含量高、未来市场潜力大、长期经济效益好、成长性高等优势,与我国的经济发展和生态环境关系密切。随着国内以及国际对能源利用的环保方面关注度越来越高,新能源行业的需求市场逐渐加大,我国应当及时探索和发现市场对新能源产业的各种需求,有针对性地完善相关的政策扶持以及其他服务。

### 3. 加大能源技术投入,提高能源利用效率

有关能源技术成果的创新与突破,除了要加大科研人员以及资金的投入,还应当加强地

区间相关技术的交流与合作。我国地大物博,各地区间的发展较为不平衡,通常经济发展水平高的地区能源技术水平也相对较高。因此应当鼓励各地区和相关企业充分利用有关的政策,追踪发现国内外重点能源企业的产业布局和投资动态,寻找可能的技术突破点,促进并深化重大能源技术方面的合作。

除此之外,还应鼓励企业依托国家重点能源项目,带动装备制造业技术进步。目前国家大力推进煤炭间接液化,高硫煤一体化清洁项目,鼓励具备条件的核准项目建设,大力推进烟气脱硫、脱氮,循环经济技术等环境保护技术;生物柴油、乙醇汽车燃料等再生能源开发技术;煤炭清洁燃烧利用、煤层气开发、天然气综合利用等能源能效提升技术。提高石油采收率和能源效率,增强能源自主创新。

#### 4. 完善能源市场机制,适当引导能源价格

目前影响我国能源市场发展的重要因素之一是我国碳市场的发展,建立碳排放权市场是我国实现碳减排目标的重要实践和探索。研究表明,碳排放权对能源市场存在负向影响,碳排放权价格较低会增加对能源的需求,而碳排放权价格升高会降低对能源的需求。较高的碳排放权价格有助于降低能源消耗。因此,在对能源市场机制进行完善时应当考虑与碳市场的联通,将碳市场的内在绿色发展理念与能源市场的发展紧密联系起来。

在完善能源市场机制的基础上,政府可以适当地引导能源的价格。当一种能源的价格有所提高时,基于替代原理,能源的消费者会选择其他能够产生相同效用的价格更低的其他能源。这有利于实现利用价格调整能源消费结构,从而提高我国的能源利用效率。

## 第二节 我国大宗紧缺金属矿产资源利用效率分析

大宗矿产资源是指需求量很大并且在国民经济建设中有举足轻重地位的主体型矿产资源,具有储量大、采出量大、消耗量大等特点。大宗矿产资源主要包括能源矿产煤、石油、天然气;黑色金属铁、锰;大宗有色金属铜、铅、锌、铝以及主要化工非金属矿产磷、硫、天然碱等。

大宗紧缺金属矿产资源是经济社会发展的重要初级产品。牢牢把握大宗紧缺金属矿产资源的战略安全,提高其资源利用效率,对我国经济安全和实现中华民族伟大复兴的中国梦具有十分重要的意义。因此,本节以大宗紧缺金属矿产资源的利用效率作为研究对象,从大宗紧缺金属矿产资源利用现状、利用效率的实证分析和影响其利用效率的主要因素等方面进行分析,在此基础上,为提升我国大宗紧缺金属矿产资源的利用效率提出针对性的政策建议。

### 一、我国大宗紧缺金属矿产资源利用现状

由于我国大宗矿产资源存在资源禀赋不佳、开发利用难度大、结构性矛盾突出、经济可

用资源储量小等缺陷,加上2019年新冠病毒感染疫情暴发后,铁、铜、铝等大宗矿产品价格暴涨,导致国内经济受到了巨大冲击。为了提高大宗紧缺矿产资源的利用效率,促进我国经济高质量发展,本部分选取铁、铜、铝3类具有代表性的大宗紧缺矿产资源,从其资源分布区域及储量、供给现状和消费现状3个方面分析我国大宗紧缺金属的利用效率现状。

### (一)我国铁矿利用现状分析

铁矿石是钢铁冶金工业较主要的原料,也是国民经济可持续发展的重要矿产资源。本节以铁矿作为大宗紧缺金属矿产的代表矿产,从资源分布区域及储量、供给现状和消费现状3个方面分析我国铁矿石的利用效率现状。

#### 1.我国铁矿资源分布区域及储量

铁矿石是指含有铁元素或铁化合物且可经济利用的矿石。中国是铁矿资源总量丰富、矿石含铁品位较低的一个国家。根据USGS资料,2020年全球铁矿资源和铁矿石储量保障年限分别达333年和75年,而中国只有99年和23.1年。中国铁矿资源以低品位、小规模、需选矿、高成本地下开采为主,平均铁矿石品位为34.5%,而世界平均铁矿石品位为46.7%(赵立群等,2020)。中国铁矿资源分布广泛,除上海市、香港特别行政区外,铁矿在全国各地均有分布,以东北、华北地区资源为最丰富,西南、中南地区次之。就省(区)而言,辽宁的铁矿查明储量位居榜首,河北、四川、山西、安徽、云南、内蒙古次之。中国铁矿以贫矿为主,富铁矿较少,富矿石保有储量在总储量中占2.53%,仅见于海南石碌和湖北大冶等地。图6-11为2010—2019年中国铁矿资源的查明储量。

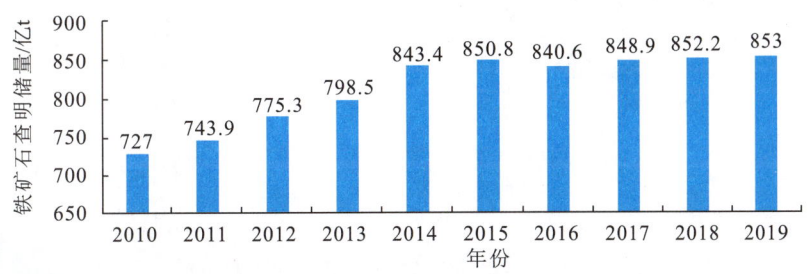

图6-11 2010—2019年中国铁矿资源查明储量

[数据来源:国家统计局、《中国矿产资源报告》(2011—2020)]

#### 2.我国铁矿的供给现状

1)国内铁矿石资源产量

中国是世界上主要的铁矿石生产国。从2000年开始,我国铁矿石的需求受到经济持续发展刺激后持续增长,产量也保持快速上升趋势。2014年,我国铁矿产量达到15.1亿t,同比增长4.1%。2015年开始,铁矿产量呈现下降趋势。图6-12为2012—2021年我国铁矿石原矿产量情况。

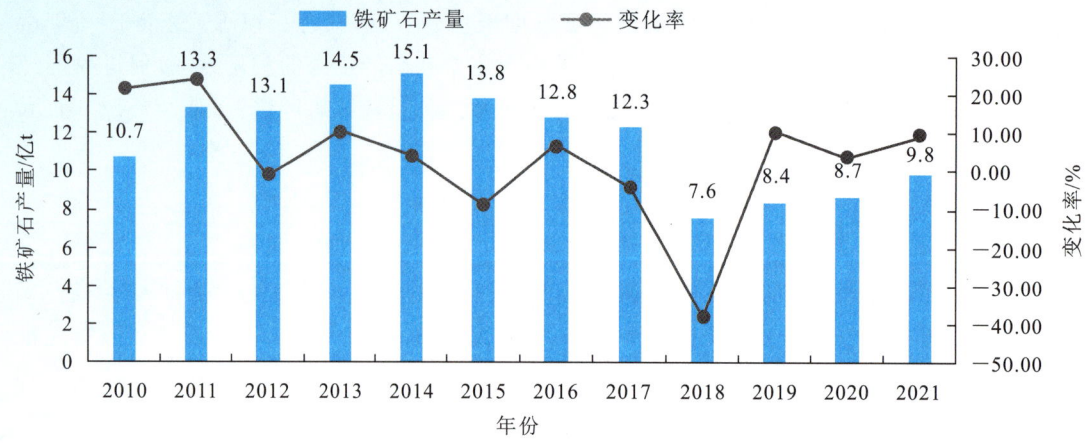

图6-12 2010—2021年铁矿石原矿产量变化情况

(数据来源:国家统计局、中国宏观经济数据库)

分省份看(图6-13):2021年,我国铁矿石的主要开采省份为河北省和辽宁省,其产量规模分别为4.01亿t和1.42亿t;四川、山西产量也较高,分别为1.13亿t和0.52亿t。

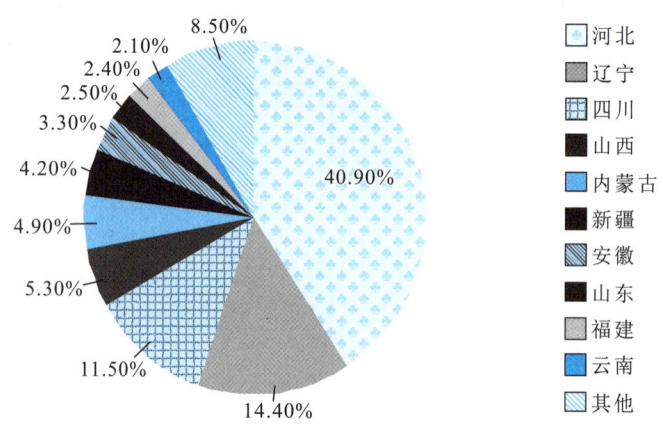

图6-13 2021年中国铁矿石产量省市分布结构图

(数据来源:国家统计局)

2)进口铁矿石资源量

中国铁矿石资源不足,企业生产需要依靠进口(温子龙,2020)。近年中国铁矿石进口量在整体上呈逐年上升态势,2020年铁矿石进口量11.7亿t,对外依存度80.6%。2021年我国铁矿石进口量为11.24亿t,对外依存度为76.2%,这是自2014年以来,我国铁矿石对外依存度首次低于80%。图6-14为2010—2021年我国铁矿石净进口量及对外依存度。

此外,我国铁矿石进口存在着高度集中的特点,80%的中国铁矿石进口量来自澳大利亚和巴西两国。2020年从这两国进口约9.5亿t,约占进口总量的81%,其中,从澳大利亚进口占比超过60%。

图 6-14　2010—2021年铁矿石净进口量及对外依存度

(数据来源:海关总署、《中国国土资源年鉴》(2011—2022))

总体而言,中国铁矿产的供给大于需求,但是存在进口量过大、进口过度集中以及对外依存度较高的问题。

### 3. 我国铁矿的消费状况

铁矿石在生产制造、科技、建筑等领域均有重要用途,主要用于素有"国民经济的支柱"之称的钢铁工业,冶炼含碳量不同的生铁和钢。作为钢材生产的原材料,中国铁矿石的消费量长期居于世界前列(武秋杰等,2020)。据统计,从 2016—2018 年我国铁矿石表观消费量逐步下降,但从 2019 年开始便有所上升。2021 年中国铁矿石表观消费量(国内产量+净进口量)为 15.2 亿 t(标矿)。图 6-15 为 2016—2021 年中国铁矿石资源表观消费量。

图 6-15　2016—2021年中国铁矿资源表观消费量

(数据来源:《中国矿产资源报告》(2017—2022))

铁矿石主要用于生铁生产,故从生铁的产量情况可以推算出铁矿石的需求情况。根据国家统计局数据:2013—2020 年,我国生铁的产量总体呈现增长趋势(图 6-16),2020 年为 8.88 亿 t,同比增长 9.77%;2021 年,我国生铁产量为 8.69 亿 t,同比下降 2.14%。

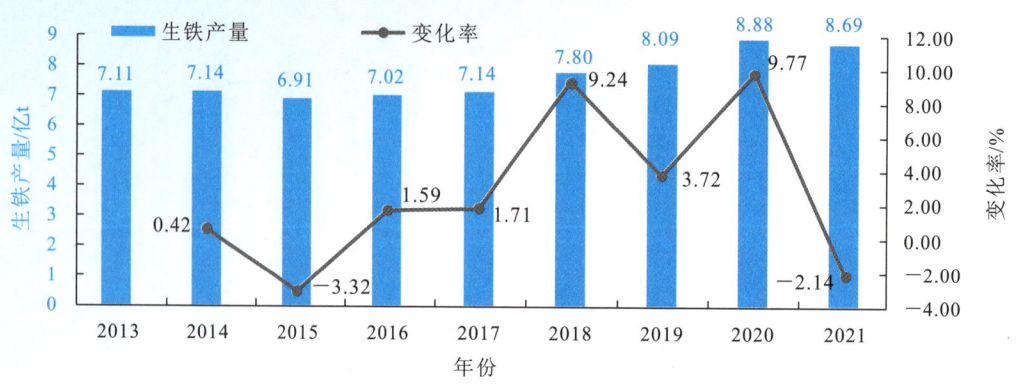

图 6-16　2013—2021 年中国生铁产量情况

（数据来源：国家统计局）

## （二）我国铜矿利用现状

铜作为有色金属之母，既是地球上消耗最大的三大金属矿产之一，也是未来几年最具战略意义的资源。本节以铜矿作为大宗紧缺金属矿产的代表矿产，从资源分布区域及查明储量、供给现状和消费现状 3 个方面分析我国铜矿的利用效率现状。

### 1. 我国铜矿资源分布区域及查明储量

铜矿是可以利用的含铜自然矿物集合体的总称，主要分为斑岩型、矽卡岩型、层状型、火山沉积型及铜镍硫化物型五大类。中国铜矿资源存在"三多三少"的特点：贫矿多、富矿少；中小型矿床多、大型超大型矿床少；共(伴)生矿多、单一矿少(熊靓辉等，2019)。

我国铜矿分布广泛，除天津市、香港特别行政区外，包括上海、重庆、台湾在内的全国各省(区市)皆有产出(任彦瑛，2021)。在已查明矿产地中，除天津以外，其余省(区市)均有不同规模铜矿资源。中国铜矿资源主要集中在西北、西南及华南等地区。其中，西藏、江西、云南 3 个省(区)合计占比超过 50%。此外，内蒙古、新疆、安徽、黑龙江、甘肃等地区均具有较丰富的铜矿资源。上述 8 个省(区)合计占比超过 75%。受这一分布情况影响，我国铜矿石的供应结构较为集中。

中国是世界上铜矿较多的国家之一。自然资源部的数据显示，2010—2019 年，中国铜矿查明储量由 8 040.7 万 t 增长至 11 253.6 万 t，2019 年新增查明储量达到 363.8 万 t，同比增长 61.6%(图 6-17)。

### 2. 我国铜矿的供给现状

1) 国内铜矿石资源产量

中国铜矿资源丰富。近年来，中国经济快速发展，中国精铜产量跃居全球首位。国家统计局数据显示，2011—2020 年，我国精炼铜产量呈逐年上升趋势，增速波动变化。2021 年精炼铜(电解铜)产量达 1 048.7 万 t，同比增长 4.6%(图 6-18)。

图 6-17　2010—2019 年中国铜矿资源的查明储量、新增查明储量

（数据来源：国家统计局、《中国矿产资源报告》（2011—2020））

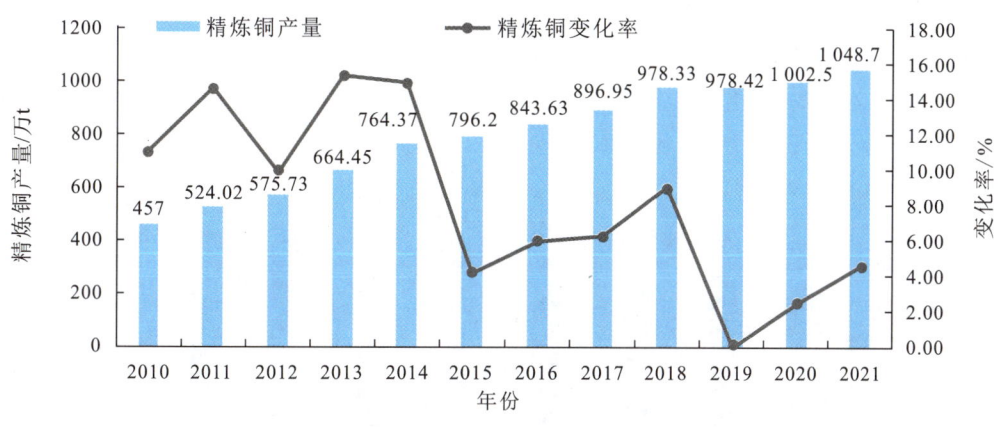

图 6-18　2010—2021 年中国精炼铜产量变化情况

（数据来源：USGS、国家统计局）

2）进口铜矿石资源量

中国铜矿资源品位较差，并没有产能集中的大型矿山或世界级铜矿企业。因此，我国虽然铜矿产量大，但仍需通过大量进口弥补自给上的不足，而供需严重失衡也导致市场对外依存度持续攀升（孙传尧等，2019）。根据海关总署数据，2021 年中国进口铜矿砂及其精矿量为 2 341.8 万 t，对外依存度由 2010 年的 58.31% 增长至 2021 年的 82%（图 6-19）。

中国铜资源进口来源地域高度集中，铜矿砂及其精矿进口地主要为智利、秘鲁、墨西哥。2021 年进口量分别为 889.67 万 t、554.78 万 t 与 145.91 万 t，3 个地区进口量合计占比 67.88%。随着环保要求的日益提高，我国铜企对高品位的铜精矿需求也将有所提高，对外依赖程度也将维持在较高水平，铜精矿贸易行业将拥有较大的发展空间。

3. 我国铜矿的消费状况

铜矿资源进入消费端需要通过铜矿冶炼、加工成材等过程，并加工为主要原料铜精矿，因此以铜精矿的消费量作为铜资源的消费情况。据统计，2013—2020 年我国精炼铜消费

图6-19 我国铜矿砂及其精矿进口量及对外依存度

[数据来源:国家统计局、海关总署、《中国国土资源年鉴》(2016—2022)]

量逐年上升,其中2020年我国精炼铜消费量为1423万t,同比增长15.69%,2021年精炼铜消费量下降到1384万t(图6-20)。

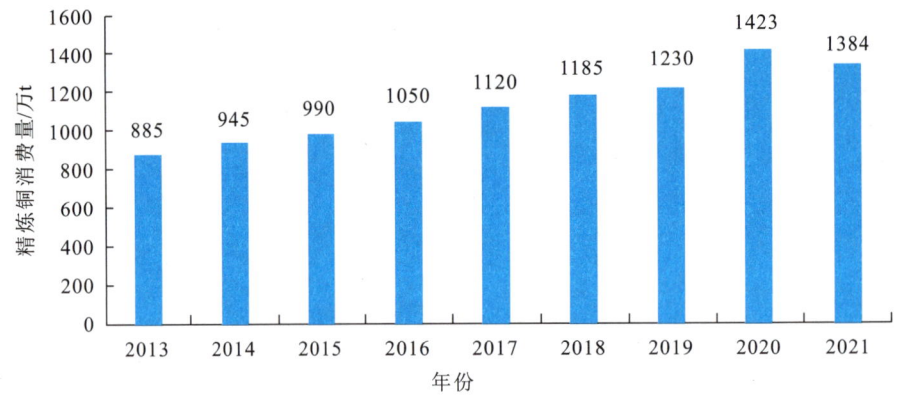

图6-20 中国精炼铜矿资源的消费量

(数据来源:《中国有色金属工业年鉴》、国家统计局)

  铜的应用领域非常广泛,各国的消费结构也有所差异。作为全球铜产业的主要精炼和消费国,中国精铜的主要消费市场集中在电力、空调制冷、交通运输、电子和建筑等领域(图6-21)。其中,电力行业消费量最高,约占中国精铜消费总量的52%。

  铜的应用几乎渗透至各行各业。由于铜在应用之前要先加工成各种铜材,比如铜线、铜管、铜排、铜板等,然后用于下游电力电缆、空调、建筑等行业,因此铜材的产量大体上可以代表铜的需求。从最近几年来看,2017年以前铜材产量逐年上升,在2016年达到峰值,产量为2096万t。受到环保政策影响后,2017年及2018年的铜材产量有小幅度下降。随着产业结构调整的完成,2019年铜材产量回升到2000万t以上。从这几年看,虽然铜材产量有着小规模调整,但总体趋于稳定。图6-22为2015—2021年我国铜材的产量。

  从各省份的铜材产量情况来看,2021年我国铜材产量前十的省份分别为江西、江苏、浙

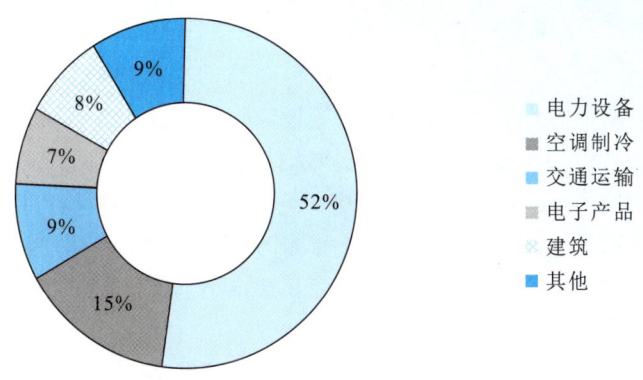

图 6-21 中国精铜消费结构图

（数据来源：资产信息网）

图 6-22 2015—2021年中国铜材产量及同比变化率

（数据来源：国家统计局）

江、广东、安徽、河南、山东、甘肃、天津、湖南，其中，江西位居全国榜首，产量为514.32万 t。此外，2021年江西、江苏、浙江、广东4个省的铜材产量均超250万 t。从产量细分结构来看，2020年我国铜材产量为2 045.5万 t，其中线材的产量占比最高，达47.9％，其次是铜管和铜棒，占比分别为10.2％和9.8％。

### （三）我国铝矿利用现状

铝土矿资源是工业制铝的基本原材料，因此，发展铝工业需要十分充足的铝土矿资源。然而，近年来中国铝工业迅猛发展，铝土矿供不应求，提升铝土矿的利用效率对我国高质量发展意义重大。本节以铝矿作为大宗紧缺金属矿产的代表矿产，从资源分布区域及查明储量、供给现状和消费现状3个方面分析我国铝土矿的利用效率现状。

#### 1. 我国铝矿资源分布区域及查明储量

铝土矿实际上是指工业上能利用的，以三水铝石、一水软铝石或一水硬铝石为主要矿物所组成的矿石的统称。中国铝土矿资源丰度属中等水平,产地 310 处,分布于 19 个省(区市),但铝土矿质量较差,98% 以上为加工困难、耗能高的一水硬铝石型铝土矿,而且适合露采的矿床不多,只占矿产总量的 34%(张海坤等,2021)。中国铝土矿分布高度集中,山西、贵州、河南和广西 4 个省(区)的储量合计占全国总储量的 91.17%。其中山西省的铝资源最多,保有储量占全国储量 41%。其他 15 个省(区市)的铝土矿储量合计仅占全国总储量的 9%(陈喜峰,2016;姚元文,2018)。在我国境内,铝土矿床以如下 3 种为主,分别是沉积型铝土矿、堆积型铝土矿和红土型铝土矿,其中沉积型铝土矿分布最广、数量最多(李瑞娜,2021)。

全球铝土矿资源丰富且分布在 50 多个国家,其中几内亚、澳大利亚的铝土矿资源占比为全球的一半左右。相比来说,中国铝土矿储量匮乏,仅占到全球铝土矿资源储量的 3.50%。2020 年,我国主要矿产中有 34 种矿产资源储量增长,其中铝土矿查明资源量 57.81 亿 t,增长 5.7%。图 6-23 为 2013—2019 年我国铝土矿查明资源量与新增查明资源量。

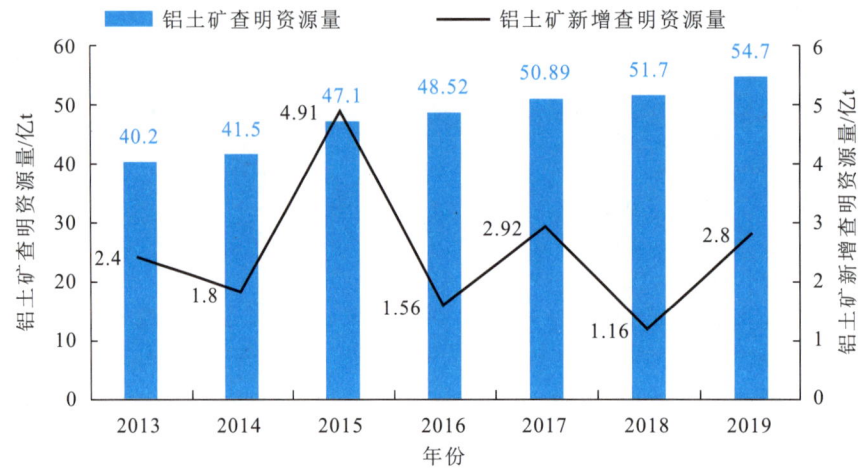

图 6-23 2013—2019 年铝土矿查明资源量与新增查明资源量

(数据来源:国家统计局)

### 2. 我国铝矿的供给现状

1) 国内铝矿石资源产量

随着国内需求激增,我国铝土矿开发利用规模不断扩大,国内铝土矿产量增长明显。据统计,我国在 2009 年已超越巴西成为全球第二大铝土矿生产国,目前我国正在用不足全球 3% 的储量生产着全球 17% 左右的铝土矿。2017 年与 2018 年我国铝土矿产量基本持平,2021 年我国铝土矿产量为 8440 万 t,同比上升 4.2%,我国铝土矿产量整体保持稳步上升的发展趋势(图 6-24)。

2) 进口铝矿石资源量

由于国内资源匮乏且禀赋不佳,中国铝工业在很大程度上依赖进口资源进行生产。近十余年来,中国铝矿的资源进口结构发生了明显变化:2005 年以前,中国以直接进口氧化铝为主,铝土矿对外依存度较低;随着中国使用进口矿的氧化铝产能不断扩大,我国转为进口

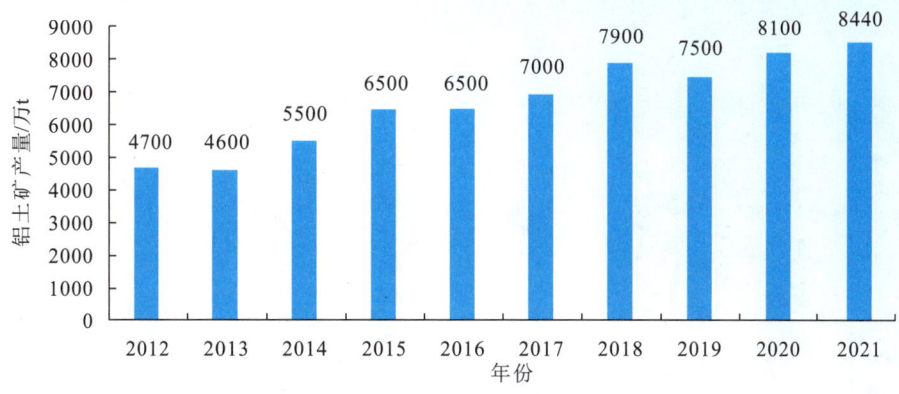

图 6-24　2012—2021 年中国铝土矿产量
（数据来源：USGS、国家统计局）

铝土矿,铝土矿对外依存度随之大幅提升,2021 年我国铝行业对进口铝土矿的依存度达 55%。近年来我国进口铝土矿规模呈波动上涨趋势,2019 年我国铝土矿共进口超过 1 亿 t,同比增长 21.9%。图 6-25 为 2010—2021 年我国铝土矿进口量。

图 6-25　2010—2021 年我国铝土矿进口量变化情况
（数据来源：海关总署、国家统计局）

在"一带一路"建设不断推进的背景下,中国在几内亚的铝土矿项目陆续投产运营,进口量也不断增加。2020 年几内亚已替代澳大利亚成为中国铝土矿进口最大来源国。目前,中国铝土矿进口主要来源为几内亚、澳大利亚和印度尼西亚,2021 年我国从几内亚、澳大利亚与印度尼西亚进口铝土矿分别为 5 483.89 万 t、3 408.05 万 t 与 1 783.97 万 t,合计占比 99.38%。该比例相比 2014 年的 43% 增加了 56 个百分点。

**3. 我国铝矿的消费现状**

我国工业化进程的加快提高了对氧化铝的需求量,也进一步刺激了我国铝土矿的消费规模。2018 年我国铝土矿表观消费量突破 1.5 亿 t,同比增长 10.15%（图 6-26）。

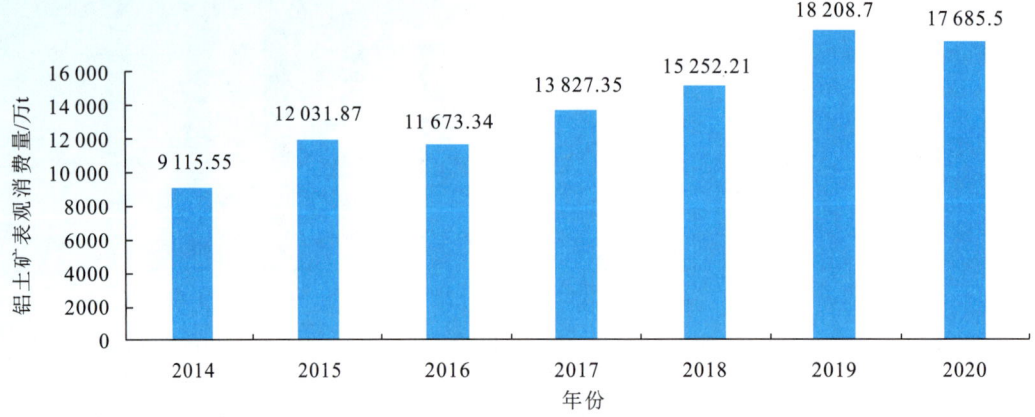

图 6-26　2014—2020 年中国铝土矿表观消费量

（数据来源：USGS、海关总署）

铝土矿是生产金属铝的原料，也是主要的应用领域，其用量占世界铝土矿总产量的九成以上，且铝土矿矿石用途多样：①炼铝工业。用于国防、航空、汽车、电器、化工、日常生活用品等。②精密铸造。矾土熟料加工成细粉做成铸模后精铸，用于军工、航天、通信、仪表、机械及医疗器械部门。③耐火制品。④硅酸铝耐火纤维等。

目前，我国正处于工业化转型时期，对矿产资源的需求居高不下，尤其是随着近年来轨道交通等的发展，我国对于铝产品的需求量一直居于高位。中国铝土矿的需求是以进口海外更为优质的三水铝土矿为主，占据全球铝土矿进口量的 3/4。据统计，2020 年我国铝土矿表观需求量为 20 421.28 万 t。图 6-27 为 2015—2020 年中国铝土矿表观需求量变化情况。

图 6-27　2015—2020 年中国铝土矿表观需求量变化情况

（数据来源：USGS、国家统计局）

## 二、我国大宗紧缺金属矿产资源利用效率实证分析

大宗紧缺金属矿产资源是我国重要的自然资源。通过前文对我国铁、铜、铝 3 个大宗紧缺金属矿产的利用效率现状分析可知,我国大宗紧缺金属矿产资源禀赋不佳,矿产资源供不应求,对外依存度高。因此,本部分进一步采用数据包络法(DEA)建立多投入多产出指标的指标体系,实证分析测度我国铁石矿、铜矿和铝土矿这 3 类具有代表性的大宗紧缺金属矿产资源的利用效率,从而为提升我国大宗紧缺金属的利用效率提出政策建议。

### (一)指标体系构建与数据选取

通过学习矿产资源开发效率相关文献,在考虑指标数据之间的信息冗余、多重共线性以及数据包络分析方法对数据要求的同时,结合我国大宗紧缺金属矿产发展实际情况以及数据收集过程中的系统性、科学性、显著性、可获取性,本部分选取矿山企业数、矿山企业从业人员数来表征社会投入和劳动力投入,选取矿山的年勘查投资额表征资金投入,选取矿产资源的年产矿石量和矿山企业工业总产值来表征矿业生产过程中产出(表 6-7)。

表 6-7  大宗紧缺金属矿产利用效率评价指标

| 类别 | 指标 |
| --- | --- |
| 投入指标 | 矿山企业从业人员数/人 |
| | 矿山企业数/家 |
| | 年勘查投资额/亿元 |
| 产出指标 | 年产矿石量/万 t |
| | 矿山企业工业总产值/万元 |

确定研究所用数据为 2010—2021 年期间中国大宗紧缺矿产资源铁石矿、铜矿和铝土矿的开发数据,数据主要来源于中国国土资源统计年鉴、中国统计年鉴、国家统计局及中国国土资源管理部门的国土资源报告、土地矿产资源统计报告等,对于部分缺失数据采用线性插值法进行补缺。

### (二)效率评价

运用 Stata 16,采用 CCR 模型和 BCC 模型进行效率评价,以投入为导向,分别对 2006—2020 年我国铁石矿、铜矿及铝土矿的开发利用效率进行实证分析,结果如表 6-8～表 6-10 所示。最后依据实证结果以及最优效率原则找出有效年份,并对各年投入和产出冗余情况进行具体分析。

## 提高能源和资产资源供给保障能力研究

表6-8 2010—2021年全国铁矿利用效率

| DMU | CRS_TE | VRS_TE | SCALE | RTS | 相对有效性 | $S^{-1}$ | $S^{-2}$ | $S^{-3}$ | $S^{+1}$ | $S^{+2}$ |
|---|---|---|---|---|---|---|---|---|---|---|
| 2010年 | 0.715 5 | 0.759 0 | 0.942 7 | drs | 无效 | 131 194.00 | 185.60 | 22.83 | 0.00 | 7 695 152.00 |
| 2011年 | 0.901 2 | 1.000 0 | 0.901 2 | drs | 无效 | 236 689.00 | 1 163.00 | 35.21 | 0.00 | 3 900 997.00 |
| 2012年 | 0.886 7 | 0.888 8 | 0.997 6 | drs | 无效 | 184 976.00 | 680.55 | 28.89 | 0.00 | 4 835 056.00 |
| 2013年 | 0.966 4 | 1.000 0 | 0.966 4 | drs | 无效 | 220 434.00 | 1 129.00 | 30.89 | 0.00 | 5 769 115.00 |
| 2014年 | 1.000 0 | 1.000 0 | 1.000 0 | — | 有效 | 197 361.00 | 1 093.00 | 21.20 | 0.00 | 7 273 656.00 |
| 2015年 | 0.974 8 | 0.993 9 | 0.980 8 | drs | 无效 | 139 347.00 | 987.28 | 13.16 | 0.00 | 13 400 000.00 |
| 2016年 | 0.974 1 | 1.000 0 | 0.974 1 | drs | 无效 | 94 720.00 | 870.00 | 5.94 | 0.00 | 13 400 000.00 |
| 2017年 | 1.000 0 | 1.000 0 | 1.000 0 | — | 有效 | 75 776.00 | 696.00 | 0.17 | 0.00 | 10 700 000.00 |
| 2018年 | 0.778 3 | 0.900 3 | 0.864 5 | irs | 无效 | 16 707.70 | 0.00 | 0.00 | 1.15 | 5 462 990.00 |
| 2019年 | 1.000 0 | 1.000 0 | 1.000 0 | — | 有效 | 36 592.20 | 485.03 | 0.00 | 0.00 | 788 035.00 |
| 2020年 | 1.000 0 | 1.000 0 | 1.000 0 | — | 有效 | 0.00 | 0.00 | 0.00 | 0.00 | 0.00 |
| 2021年 | 1.000 0 | 1.000 0 | 1.000 0 | — | 有效 | 0.00 | 0.00 | 0.00 | 0.00 | 0.00 |

注：$S^{-1}$为我国矿山企业从业人员减少量，单位为人；$S^{-2}$为我国矿山企业数额减少量，单位为家；$S^{-3}$为我国年勘察投资额减少量，单位为亿元；$S^{+1}$为年产矿石量增加量，单位为万t；$S^{+2}$为矿山企业工业总产值增加量，单位为万元。

表6-9 2010—2021年全国铜矿利用效率

| DMU | CRS_TE | VRS_TE | SCALE | RTS | 相对有效性 | $S^{-1}$/人 | $S^{-2}$/家 | $S^{-3}$/亿元 | $S^{+1}$/万t | $S^{+2}$/万元 |
|---|---|---|---|---|---|---|---|---|---|---|
| 2010年 | 0.636 4 | 0.945 3 | 0.673 2 | irs | 无效 | 9 593.51 | 0.00 | 39.20 | 400.07 | 1 910 432.00 |
| 2011年 | 0.701 6 | 0.923 3 | 0.759 8 | irs | 无效 | 4 803.64 | 0.00 | 34.76 | 299.67 | 1 416 501.00 |
| 2012年 | 0.803 3 | 0.887 1 | 0.905 6 | irs | 无效 | 9 932.58 | 0.00 | 37.72 | 0.00 | 1 338 829.00 |
| 2013年 | 0.768 4 | 0.864 4 | 0.888 9 | irs | 无效 | 16 959.30 | 0.00 | 41.17 | 0.00 | 1 484 593.00 |
| 2014年 | 0.860 7 | 0.889 5 | 0.967 6 | irs | 无效 | 0.00 | 6.91 | 43.52 | 0.00 | 933 701.00 |
| 2015年 | 0.878 3 | 0.948 9 | 0.925 6 | irs | 无效 | 0.00 | 21.76 | 40.78 | 0.00 | 1 653 546.00 |
| 2016年 | 1.000 0 | 1.000 0 | 1.000 0 | — | 有效 | 0.00 | 0.00 | 0.00 | 0.00 | 0.00 |
| 2017年 | 0.937 2 | 1.000 0 | 0.937 2 | irs | 无效 | 0.00 | 61.99 | 9.88 | 0.00 | 1 266 922.00 |
| 2018年 | 0.923 5 | 1.000 0 | 0.923 5 | irs | 无效 | 0.00 | 23.52 | 3.10 | 76.90 | 758 782.00 |
| 2019年 | 1.000 0 | 1.000 0 | 1.000 0 | — | 有效 | 0.00 | 0.00 | 0.00 | 0.00 | 0.00 |
| 2020年 | 1.000 0 | 1.000 0 | 1.000 0 | — | 有效 | 0.00 | 0.00 | 0.00 | 0.00 | 0.00 |
| 2021年 | 1.000 0 | 1.000 0 | 1.000 0 | — | 有效 | 0.00 | 0.00 | 0.00 | 0.00 | 0.00 |

注:$S^{-1}$为我国矿山企业从业人员减少量;$S^{-2}$为我国矿山企业数减少数;$S^{-3}$为我国年勘查投资额减少量;$S^{+1}$为年产矿石量增加量;$S^{+2}$为矿山企业工业总产值增加量。

表 6-10  2010—2021 年全国铝土矿利用效率

| DMU | CRS_TE | VRS_TE | SCALE | RTS | 相对有效性 | $S^{-1}$/亿元 | $S^{+1}$/万 t |
|---|---|---|---|---|---|---|---|
| 2010 年 | 0.228 6 | 0.368 5 | 0.620 3 | irs | 无效 | 0.00 | 3 000.00 |
| 2011 年 | 0.189 5 | 0.311 9 | 0.607 6 | irs | 无效 | 0.00 | 3 100.00 |
| 2012 年 | 0.171 1 | 0.287 7 | 0.594 9 | irs | 无效 | 0.00 | 3 200.00 |
| 2013 年 | 0.155 4 | 0.266 9 | 0.582 3 | irs | 无效 | 0.00 | 3 300.00 |
| 2014 年 | 0.166 7 | 0.239 5 | 0.696 2 | irs | 无效 | 0.00 | 2 400.00 |
| 2015 年 | 0.498 0 | 0.605 2 | 0.822 8 | irs | 无效 | 0.00 | 1 400.00 |
| 2016 年 | 0.375 4 | 0.456 3 | 0.822 8 | irs | 无效 | 0.00 | 1 400.00 |
| 2017 年 | 0.472 1 | 0.532 8 | 0.886 1 | irs | 无效 | 0.00 | 900.00 |
| 2018 年 | 1.000 0 | 1.000 0 | 1.000 0 | — | 有效 | 0.00 | 0.00 |
| 2019 年 | 0.911 9 | 0.960 5 | 0.949 4 | irs | 无效 | 0.00 | 400.00 |
| 2020 年 | 0.519 8 | 0.710 1 | 0.731 9 | drs | 无效 | 0.00 | 0.00 |
| 2021 年 | 0.513 1 | 1.000 0 | 0.513 1 | drs | 无效 | 0.00 | 0.00 |

注：$S^{-1}$ 为我国年勘查投资额减少量，$S^{+1}$ 为年产矿石量增加量。

**1. 铁矿**

由表 6-8 可知，总体来看，中国铁石矿开发利用的综合技术效率水平呈现波动上升的状态，其中 2010 年及 2018 年综合效率值相对偏低，其他年份的综合效率值相对较高，其中，2018 年由于规模效益相对较低导致综合效率低。另外，2014 年、2017 年、2019—2021 年全国铁矿利用综合效率值、纯技术效率和规模效率值均为 1，说明这 5 年我国铁矿开发利用处在相对有效状态；2011 年、2013 年及 2016 年的纯技术效率值为 1，但综合技术效率不为 1，说明这 3 年我国铁矿采矿业的相对技术效率有效，但综合效率由于其规模和投入、产出不相匹配导致无效。2010—2017 年铁矿的投入和产出均有较大冗余，可通过减少劳动力投入量 $S^{-1}$、社会投入量 $S^{-2}$、勘查资金投入量 $S^{-3}$ 以实现 DEA 有效。2018 年和 2019 年我国铁矿的勘查资金投入量 $S^{-3}$ 没有冗余，但劳动力投入 $S^{-1}$ 均存在冗余情况。此外，在 2020 年及 2021 年我国铁矿的开发利用效率达到了强有效状态，开发利用趋势向好。

**2. 铜矿**

由表 6-9 可知，中国铜矿开发利用的纯技术效率整体水平较高，综合效率水平弱于纯技术效率水平，其中 2010—2015 年铜矿的综合效率值相对较低。另外，2016 和 2019—2021 年全国铜矿利用综合效率值为 1，技术效率、纯技术效率和规模效率均达到有效状态，说明这四年我国铜矿的投入资源得到了有效的利用；2017 和 2018 年纯技术效率值为 1，但其规模效率却小于 1，表明在这五年我国铜矿的开发利用主要因为规模收益未达到有效状态，此时呈现为递增状态，因此主要原因是生产规模较小，应考虑在原有资源配置下加大投入、扩大生产规模,提高规模效率。2010—2013 年,铜矿的劳动力投入 $S^{-1}$ 和资金投入 $S^{-3}$ 出现冗余,需要减少这 2 个指标的投入量,提升 DEA 效率。2014—2015 及 2017—2018 年则是社会投入 $S^{-2}$ 和资金投入 $S^{-3}$ 出现冗余情况,因此,在这 4 年里需要减少其投入指标以实现铜矿利用效率的 DEA 有效。

### 3. 铝土矿

由于铝土矿数据可获得性问题,本部分从单投入单产出的指标体系对其进行开发利用效率分析,投入指标选取年勘查投资额,产出指标选取铝土矿的年矿石产量,实证结果如表 6-10 所示。

中国铝土矿开发利用的综合技术效率不高,呈现出波动下降的趋势,多年平均值仅为 0.433,改进空间相对较大。其中 2018 年和 2019 年全国的铝土矿利用效率在 2010—2021 年相对较高。仅 2018 年全国铝矿利用综合效率值、纯技术效率值和规模效率值均为 1,即仅 2018 年我国铝土矿的投入资源得到了有效利用,无须进行投入产出调整。从纯技术效率看,2021 年的纯技术效率值为 1,但综合技术效率值小于 1,表明 2021 年我国铝土矿的规模效率未达到有效状态。2010—2017 年及 2019 年,我国铝土矿利用效率均呈现为规模收益递增,仅在 2020 年和 2021 年呈现为规模收益递减。从投入指标来看,2006—2020 年间我国铝土矿的投入不存在冗余情况,投入指标不需要进行优化。从产出指标看,2010—2017 年和 2019 年矿产年产量均存在冗余情况,故需要充分调整矿业开发的投入产出比,实现投入高效利用和期望产出的增加。

## 三、新时代影响我国大宗紧缺金属矿产资源利用效率的主要因素及效率提升的政策建议

新时期高质量发展要求我国加快构建生态功能保障基线、环境质量安全底线、自然资源利用上线三大红线,2020 年党的十九届五中全会特别提出要贯彻"节约、集约、减约"的理念,推进资源总量管理、科学配置、全面节约、循环利用,提高矿产资源开发保护水平,全面提高资源利用效率。

在这一背景下,本节基于前文中对大宗紧缺金属矿产资源的开发利用现状和利用效率实证评价的研究结果,探讨影响我国大宗紧缺矿产资源利用效率的主要因素,并为提高其利用效率提出政策建议。

### (一)影响因素

随着我国矿产资源领域改革的推进,影响大宗紧缺矿产资源的开发利用效率的因素逐渐多样化,主要可从自然(资源)、经济、技术、社会和环境这几大方面进行分析。

#### 1. 自然因素

矿产资源的集中程度、组合方式和物理分布等的赋存差别,决定了区域矿产资源开采使

用的基本格局。与劳动、资本等要素不同,矿产资源的特殊性要求其开发利用必须在矿产的资源所在地进行。因此,一般来看,自然条件优越、人口密集、矿产资源丰富的地区更有利于大宗紧缺矿产的开发使用。同时,由于大宗矿产的不可再生性,矿种已有储量情况、新查明资源量、地质勘查完成情况等均会影响利用的水平和程度。

### 2. 经济因素

经济因素是指影响企业运营活动的一个国家或地区的经济状况,主要包括经济发展状况、经济结构、居民收入、消费者结构等。经济因素对大宗紧缺矿产资源开发利用的影响首先体现在注册资金投入的影响。资金投入多少会直接影响到机器设备的购买以及矿山的规模,而规模效应可以有效提升资源使用水平。此外,在地质勘查和环境恢复等方面的资金投入均会对大宗紧缺矿产资源的利用效率产生影响。

### 3. 技术因素

物质资料的极大丰富绝大部分应该得益于技术改进升级,而技术因素在矿产资源利用方面主要体现为经营管理和生产工艺,科学的管理和先进生产工艺的使用可以有效提高产出水平,节约成本,提高运营效率,在要素投入最小化的前提下使得产出量最大化,从而提高矿产资源的利用效率。此外,大宗紧缺矿产资源的利用,一般会造成环境的破坏,带来污染问题。这在一定程度上降低了社会总福利,技术改进能够有效促进矿产资源的绿色生产率提升,提高其利用效率。

### 4. 社会因素

社会因素是指影响矿产资源开发利用的人口数量(规模)、矿业政策导向等因素。人口是区域经济系统的主体,是创造制造和消耗物质财富的集合体。人口数量的多少、受教育程度、工作态度、工作的熟练程度和创新能力的高低,都会对大宗紧缺矿产资源的利用效率产生一定的影响。矿业方面的政策导向,如政府对矿产资源开发利用进行了合理规划,大力支持矿产企业研发提升矿产利用效率的技术,必然影响到大宗紧缺金属矿产资源的利用效率。

### 5. 环境因素

生态环境因素指和人们有紧密联系的,存在于多种多样社会实践活动中的形形色色的纯天然力量或作用的总和。矿产资源的勘查、开发及利用要一定程度地破坏自然环境,如在大宗矿产开发利用过程中会排放大量污水、产生大量废石尾矿并导致噪声、粉尘进入大气,而在可持续发展和绿色发展的观念下,对生态环境的保护会在一定程度上制约矿产资源的开发利用。

## (二)政策建议

### 1. 开发提高资源综合利用率的高新技术

进一步提升大宗紧缺金属矿产资源利用的技术水平。首先,大宗紧缺矿产选冶技术的革新不仅能够使矿产品的生产成本降低,提高矿业企业的生产效率,还能够使低品位、细粒、超细粒、难选冶的矿石得到高效合理利用,同时还可减轻矿产品生产全过程中的负面环境效应,进而使矿产资源的供应能力得到大幅度提高。因此,可以通过加大科技项目的支持,引导科研所、高校、矿山企业等机构联合攻关,开发新的技术和设备方法。其次,促进大宗紧缺金属矿产产生的尾矿等矿产的回收再利用技术的应用。随着一次性矿产品投入的不断加大和累积,完成其自身生命周期的矿产制成品陆续进入二次或多次循环系统,有必要加大对二次矿产以及加工后产生的废石尾矿的利用,因此推进资源回收利用技术的研发具有重要意义。

### 2. 健全提升矿产利用水平的激励机制,进行集约化规模经营

根据各矿区大宗矿产资源的丰富程度,合理调整税收政策,实行按矿石质与量级差收取资源税;将开采回采率与选矿回收率均高于既定标准的大宗紧缺矿产品纳入优惠目录,并给予这类矿山企业资金支持,充分推动矿产资源的充分利用,以此达到提升大宗紧缺矿产利用效率的激励机制。

此外,我国的大宗紧缺矿产资源存在贫矿、小矿多的现状,可以考虑推进中小型矿山的整合工作,鼓励大型企业运用兼并、入股或收购的方式,让优势资源向优势企业集中,在逐步优化矿区内资源配置的同时,实现对周围矿山资源的有效整合,从而达到矿产资源利用水平提升、生产成本降低、产能增加的目的。

### 3. 加强大宗矿产利用的法律体系、管理体系、标准体系及监管体系建设

首先,建立以宪法第九条为立法根本,以《矿产资源综合利用法》为统领,以《再生资源回收利用法》《固体废弃物综合利用管理法》等单行法为补充的法律法规体系,保证提升大宗矿产资源利用效率这一要求成为法治要求;其次,改革资源行政管理体制,强化对大宗矿产资源的保护,坚决制止"采富弃贫、粗放采选"的经营方式;再次,制定、修改完善矿产资源综合利用的技术指标体系和评价指标体系,包括规范大宗矿产资源的共伴生资源利用率、废石利用率和尾矿利用率、采矿回收率等重要评价指标,为我国大宗紧缺矿产资源的利用率评价提供定性标准;最后,加强政府统一监管职责,通过对企业开发大宗紧缺矿产矿山的矿产利用方案进行严格的科学审查,严格控制能耗高、资源利用率低、浪费严重的矿山建设立项,倒逼企业提升对大宗紧缺金属矿产的利用效率。

### 4. 重视矿产利用过程中的环境保护,发展矿业循环经济

在大宗紧缺金属矿产资源利用过程中,合理有序利用矿产资源,实施"源头预防、清洁生产、末端治理"的生产全过程综合防控。同时鼓励废旧金属矿产材料的重复利用和回收,提高再生金属比例和废旧金属资源循环利用率,大幅降低中国对境外大宗紧缺矿产资源的依赖,构建矿产资源循环经济。

## 第三节 我国关键矿产利用效率分析

在"双碳"目标的愿景下,全球能源系统从燃料密集型向材料密集型转变,其中锂、钴、

镍、稀土等关键矿产作为清洁能源技术的关键材料,逐渐成为国家未来能源安全的决定性因素。2021年国际能源署首次发布世界能源展望特别报告《关键矿产资源在清洁能源转型中的作用》,更加强调了关键矿产在可持续发展中的巨大作用。

目前我国的锂、钴、镍等关键矿产属于劣质矿产,开发能力不足,竞争能力较弱。在关键矿产供给不足、国际竞争压力加剧的形势下,我国必须着眼于提高关键矿产的开发利用技术。本节以提高关键矿产利用效率为目标,通过现状研究、实证分析、影响因素分析来探寻提高我国关键矿产利用效率之法。

## 一、我国关键矿产利用效率现状

按2015年,国务院所颁布了《中国制造2025》,按照高新技术领域将关键矿产可分为洁净能源领域、光伏电池领域、信息产业领域、航天航空领域和国防安全领域五大领域。次年国务院在五大领域的基础上,进一步深化了关键矿产与新兴产业的内在联系,审批通过了《全国矿产资源规划(2016—2020年)》,将"保障战略性新兴产业发展需求"纳入关键矿产的评判标准,同时列出了关键矿产的详细目录[具体情况如表6-11所示(佚名,2017)],2021年关键矿产的内涵又被进一步诠释,划分层面从高新技术维度上升到了国家维度,将国家经济安全、国防安全和国际战略竞争三大补充大领域纳入考察范围,该标准成为了现阶段认可度最高的关键矿产定义规范。

表6-11 中国关键矿产定义表

| 关键矿产 | 《中国制造2025》 | 《全国矿产资源规划(2016—2020年)》 |
|---|---|---|
| | 净能源领域(Gd、In、Y、Nd、U和Sn等) | 金属矿产:锂、锆、钨、锡、稀土、铬、钴、铁、铜、铝、金、镍、钼、锑 |
| | 光伏电池领域(Gd、Te、In、Ge、Li和Co) | 非金属矿产:磷、钾盐、晶质石墨、萤石 |
| | 信息产业领域(REE、Sb、Nb、W和Sn) | |
| | 航天航空领域(Re和Be等) | 能源矿产:石油、天然气、页岩气、煤炭、煤层气、铀 |
| | 国防安全领域(REE、W、Be、Nb和Ta等) | |

目前锂、钴、镍、稀土作为关键矿产的代表性资源,无论是在高新技术领域还是在国防安全领域,都发挥了举足轻重的作用,而基于我国供给不足的现状,提高该类关键矿产的利用效率是现阶段解决供需矛盾的重要手段,因此本节以锂、钴、镍、稀土4种关键矿产为代表,对其利用现状进行分析,为后期提高利用效率提供现实依据。

### (一)我国锂矿利用现状分析

锂矿作为锂离子电池的主要材料,又被称为"绿色能源",自2006年起便入选我国重要矿产潜力评价项目,是我国矿产资源领域的重要研究对象,因此将锂矿作为关键矿产的代表性矿产,极具研究价值。本部分主要从资源分布及查明储量、供给状况、消费状况对锂矿的利用现状进行分析。

1. 我国锂矿资源分布区域及查明储量

中国锂矿资源丰富,储量巨大,主要以硬岩锂(花岗岩型、伟晶岩型)和卤水锂(盐湖卤水型)两大类为主。其中花岗岩型矿床是我国分布最广的锂矿类型,主要位于华南地区,以江西414、湖南正冲和尖峰岭、广西栗木等矿床最为典型。该类矿床具有品位较低、开发利用成本较高的特点。伟晶岩型矿床集中分布在新疆和四川等地。盐湖锂资源大部分集中在青藏高原,整个地区盐湖锂矿床数量有90多个。锂矿床以硫酸盐型为主,已查明的资源储量约占全国盐湖锂储量的80.54%。其中有一半以上的盐湖锂资源集中在青海,青海氯化锂资源储量达到1982万t左右(李建康等,2014;刘舒飞等,2016)。

中国是个缺锂矿的国家,锂矿资源量只占全球锂矿资源量的6%。国家统计局数据显示,2015—2019年,中国锂矿资源查明储量由970.8万t增长至1078万t,且相比于2018年我国的锂矿查明储量,数值下降了1.28%,图6-28为2015—2019年我国锂矿资源的查明储量情况。

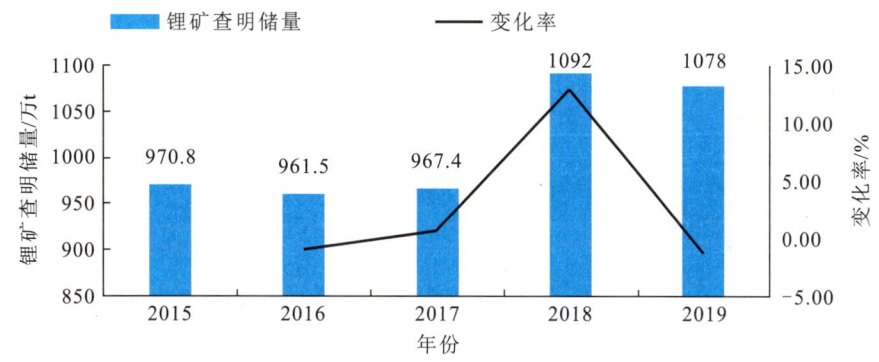

图6-28　2015—2019年我国锂矿查明储量情况

(数据来源:国家统计局、Wind数据库)

2. 我国锂矿的供给状况

2020年锂矿市场经过一段时间的低迷后,重新步入了上升阶段,锂资源开发热情持续高涨,而现阶段中国的锂资源展现出了一定的开发潜力,截至2020年底,中国碳酸锂产量达到了24万t,逐步形成了以盐湖为储蓄主体,以矿石为供应主体的供应链,促使全球的锂资源供应市场向多元化发展,目前在世界上已呈现出以南美和澳大利亚为主、中国为主要补充的资源供应格局(图6-29、图6-30)。

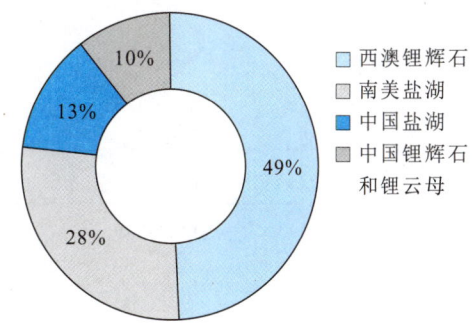

图6-29　2020年全球锂资源供应占比情况

(数据来源:北极星储能数据库、华经情报网)

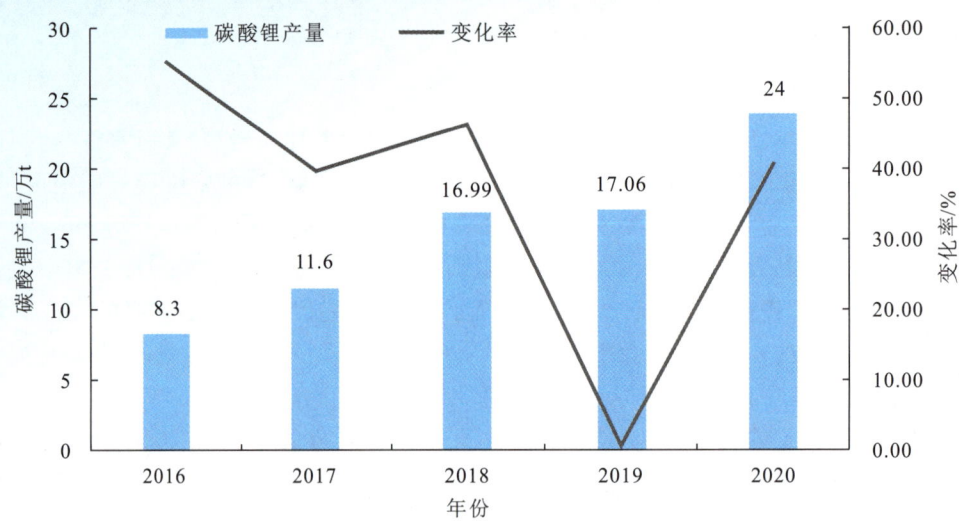

图 6-30 2016—2021 年碳酸锂产量及变化率

(数据来源：智研咨询)

### 3. 我国锂矿的消费状况

2012—2021 年,我国是全球锂矿消费增速最快的国家,从 2012 年的 5.5 万 t(碳酸锂当量)快速上升至 2021 年的 25.64 万 t(碳酸锂当量),增幅达 366.18%,年平均增速为 40.69%(图 6-31)。我国锂矿消费量占全球总消费的比例也从 2012 年的 31.7% 快速上升到 2021 年的 67%(王自国,2020)。

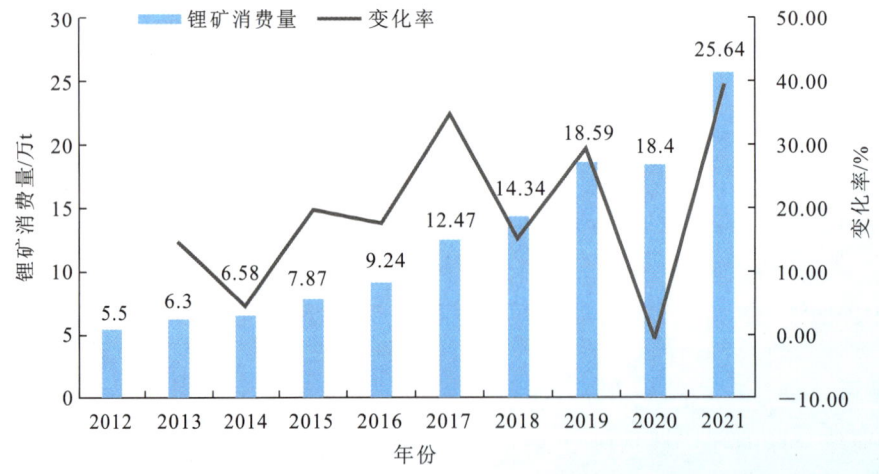

图 6-31 2012—2021 年中国锂矿消费量及变化率

(数据来源：中国宏观经济数据库、中国锂业协会)

现阶段,锂矿是高新技术产业发展的必要材料,其金属和化合物被广泛应用于电池、玻璃与陶瓷、润滑油、空调、医药、核聚变和航空航天等领域(王自国,2021;张泽南等,2020),具体消费结构见图6-32。

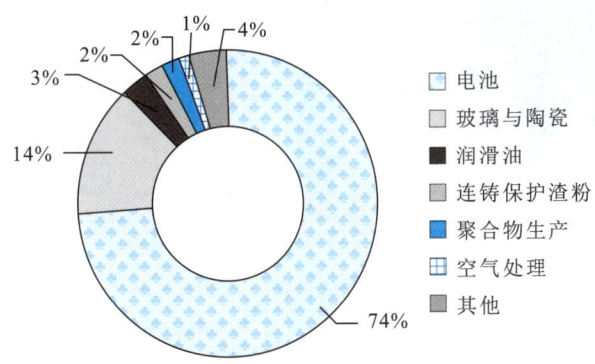

图6-32　2021年中国锂消费结构

(数据来源:华经产业研究院、中国锂业协会)

## (二)我国钴矿利用现状分析

钴矿属于战略性紧缺矿产资源,不仅是合金产品的重要原料,更是国防与高科技领域中处于"卡脖子"地位的重要资源,因此钴矿具有极高的研究价值。本部分主要从资源分布区域及查明储量、供给状况与消费状况几个方面对钴矿的利用现状进行分析。

### 1. 我国钴矿资源分布区域及查明储量

目前中国钴矿产地150处,分布于24个省(区),以甘肃省的储量最大,约占全国总储量的30%。我国钴矿品位较低,主要是作为副产品加以回收,加上工艺难度大和生产成本高等问题,致使我国成为钴矿资源严重短缺的国家。钴原料的对外依存度极高,很多中国企业为解决钴资源短缺的问题,在刚果(金)投资了大量钴矿,同时建设了多个冶炼项目,使我国成为了世界上主要的精炼钴生产国和钴消费国(刘彬等,2014)。

据USGS统计,全球查明钴矿储量760万t,钴矿资源分布极度不均,在刚果(金)、澳大利亚等国最为富集,其中刚果(金)的钴矿资源储量占全球总量的比重接近一半,而中国的钴矿资源储量占比仅有1%左右。因此,中国钴矿对国外依赖程度高,现阶段我国钴矿查明储量情况如图6-33所示。从图6-33中可以看出,近年来我国钴矿查明储量变化相对稳定,但是国内储量稀缺的现状仍旧存在(王素萍,2008)。

### 2. 我国钴矿的供给状况

2017—2018年纯电动汽车发展迅速,带动动力电池消费量的增长,而钴因为其耐热、铁磁等特性受到新能源行业的青睐。在全球市场中,刚果(金)是钴矿的主要生产国,截至2020年的产量为67.86%,而中国在全球中所占比例仅为1.64%,具体情况如图6-34所示。据统计,2021年我国钴产量为2105t,同比下降8.5%。从图6-35中可以发现,我国钴产量自2016—2017年经过巨大生产滑坡后,产量相对恒定,波动范围较小,2021年钴产量比

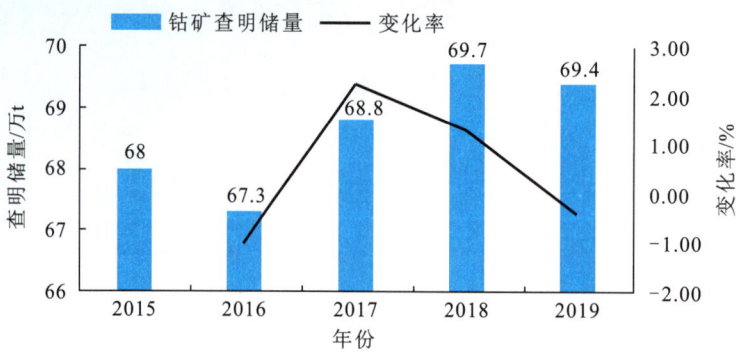

图 6-33 我国钴矿查明储量情况统计

（数据来源：国家统计局、Wind 数据库）

2020 年下降了 195t，同时根据现阶段我国钴产品需求的扩大，我国对国际钴矿市场的依赖性会进一步增强。

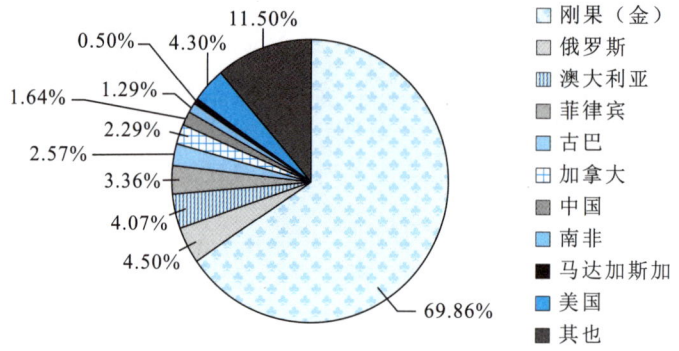

图 6-34 2020 年全球钴产量结构

（数据来源：USGS、智研咨询）

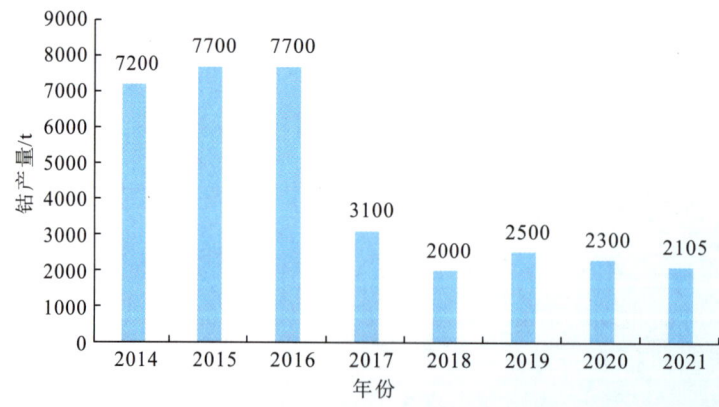

图 6-35 钴产量变化情况统计

（数据来源：USGS、智研咨询）

### 3. 我国钴矿的消费状况

国内市场方面,据统计,2016—2021 年,中国市场的钴产品消费量从 3.13 万金属吨增长至 5.47 万金属吨,年平均增长率为 14.95%,具体情况如图 6-36 所示。

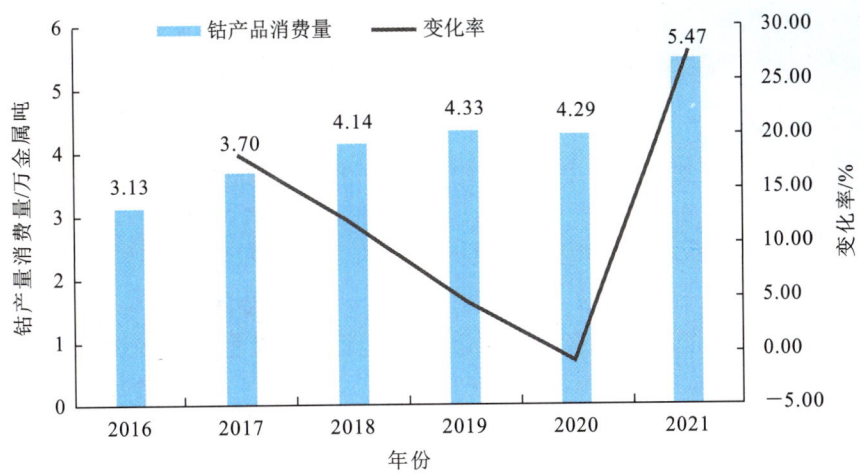

图 6-36　2016—2021 年我国钴产品消费量情况统计
(数据来源:中国宏观经济数据库、中商产业研究院)

其中 3C 电池对钴的消费量最大,2021 年占比达到 56%。动力电池领域是中国第二大钴产品消耗领域,2020 年占比为 31%。不同于全球市场,由于中国制造业腾飞,需要消耗大量切割工具,因此硬质合金成为中国第三大钴产品消费领域,2021 年占比达到 4%(刘超等,2019),我国具体钴产品消费结构如图 6-37 所示。

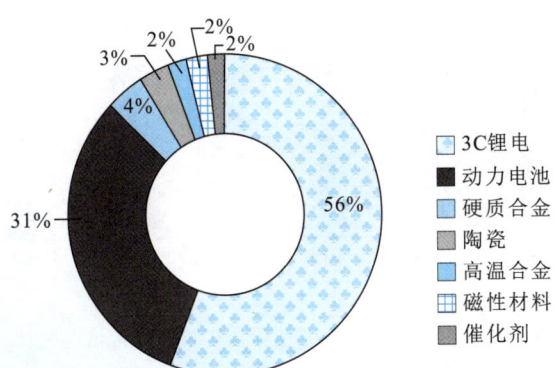

图 6-37　2021 年我国钴产品消费结构
(数据来源:前瞻产业研究院、华经产业研究院)

### (三)我国镍矿利用效率分析

镍,被誉为"钢铁工业的维生素",是国家扶持的重点清洁能源,不仅在军工和民用机械制造以及电子和化工领域得到了广泛应用,同时在新兴产业领域发挥了举足轻重的作用。因此镍作为关键矿产之一,极具代表性。本部分从镍矿资源分布区域及查明储量、供给状况、消费状况3个方面出发,对其利用效率现状进行分析。

#### 1.我国镍矿资源分布区域及查明储量

我国硫化物型镍矿资源较为丰富,主要分布在西北、西南和东北的19个省份,其保有储量占全国总储量的比例分别为76.8%、12.1%、4.9%。就各省(区市)来看,甘肃的镍矿储量最大,占全国镍矿总储量的62%(金昌的镍产提炼规模居全球第二),随后是新疆(11.6%)、云南(8.9%)、吉林(4.4%)、湖北(3.4%)和四川(3.3%)(刘金龙等,2022)。我国三大镍矿分别为金川镍矿、喀拉通克镍矿、黄山镍矿,其中金川镍铜矿是世界著名的、大型多金属共生的硫化矿。同时,我国也是红土镍矿资源比较缺乏的国家之一。目前全国红土镍矿保有量仅占全部镍矿资源的9.6%,不仅储量较少,而且品位较低,开采成本较高,这就意味着我国在红土镍矿方面并没有竞争力。

镍是国民经济、国防工业及战略性新兴产业所必需的基础材料和战略物资。就中国来说,镍矿既是我国战略性矿产,也是短缺矿产。近年来,中国镍矿查明储量统计情况如图6-38所示。2019年,我国镍矿查明储量为1 076.1万t,虽相较于2018年有所下滑,但仍旧保持在较高水平。

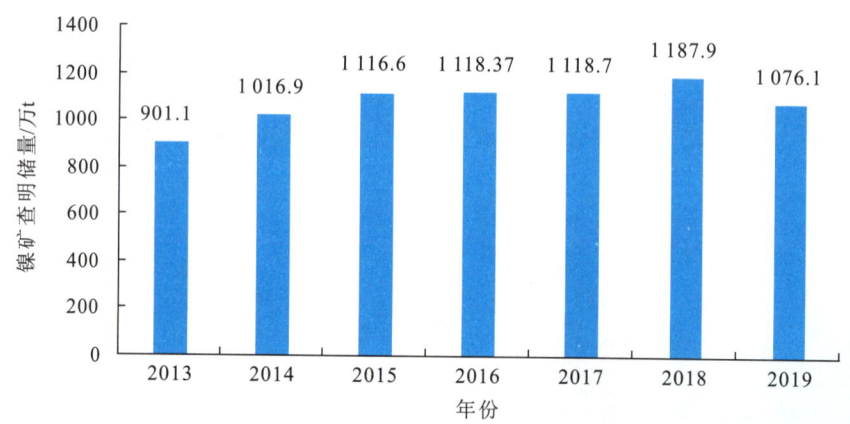

图6-38　2013—2019年我国镍矿查明储量情况统计

(数据来源:国家统计局、Wind数据库)

#### 2.我国镍矿的供给状况

我国近年来受到动力电池三元正极材料需求大幅增长以及电池高镍化的影响,硫酸镍需求呈现爆发式增长(图6-39)。其中2020年镍产量为12万t,虽与2019年产量持平,但在全球市场中的占比有所上升。从图6-37中可以发现,现阶段我国镍产品产量呈现波动变化,同时因为镍硬且具有延展性的特性,它既能够高度磨光和抗腐蚀又易于进行加工处理,因此在不锈钢和其他抗腐蚀合金如镍钢、镍铬钢及各种有色金属合金领域得到了广泛应用,属于亲民金属。因此,未来阶段我国对于镍矿的需求和供应会保持波动上升。

图6-39 我国镍矿产量走势情况统计

(数据来源:观研报告网、智研咨询)

### 3. 我国镍矿的消费状况

近年来,受到下游新能源电池迅猛发展的影响,我国镍消费量逐年增长。2021年中国镍矿消费量约143.85万t,同比增长5.69%(图6-40)。同时自20世纪90年代起,我国镍矿市场的供需平衡一直靠净进口支撑,有两个明显的特点:一是近十年进出口贸易发展很快,进口贸易增速显著高于出口贸易增速;二是我国镍冶炼能力迅速增长,进口产品以原料性产品为主。

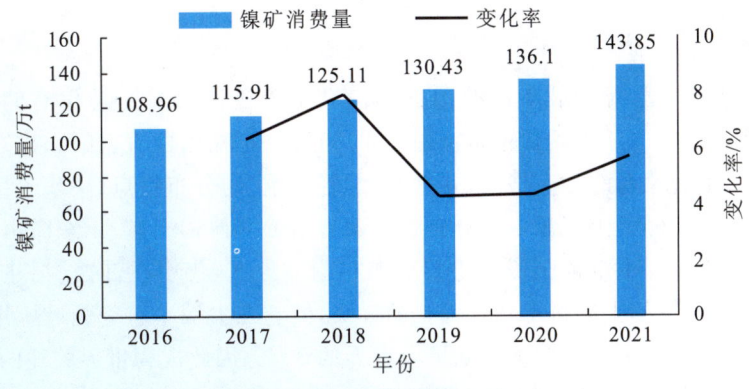

图6-40 我国镍矿消费情况统计

(数据来源:中国宏观经济数据库、国家统计局)

镍是一种重要的有色金属。一方面,因其优良的延展性、可塑性和耐腐蚀性,镍在现代工业中应用广泛(图6-41)。从图6-39中可以发现,现阶段镍资源消耗主要集中在不锈钢领域(张丹琳,2020)。不锈钢中添加镍,既可以抵抗大气和水蒸气的腐蚀,又可以抵抗酸、碱、盐的腐蚀,因此,镍被广泛用于冶炼、化工、建筑等行业,如建造石油化工、轻工、核能、纺织等工业中需焊接的塔、槽、器皿、管道等。另一方面,镍金属在电池领域也应用广泛,主要包括镍氢电池、镍锰电池和镍镉电池等。最近几年成长最快的是日趋实用化的 $MHx-Ni$ 电池。它的亮点是安全环保无污染,电池储电量较镍镉电池提高30%,且较镍镉电池更轻,寿命更长,以此种电池为动力的新能源电动汽车也已投入市场。因此,后期随着新能源汽车的发展,我国的镍矿消费量会持续加大。

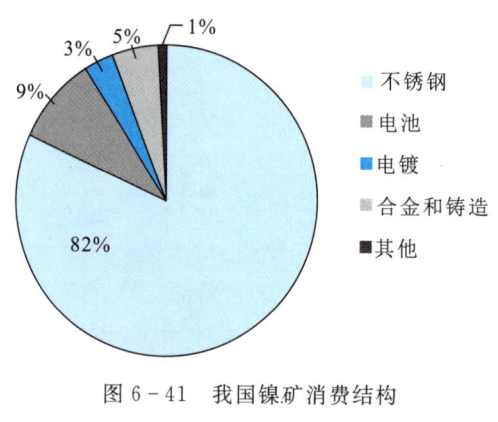

图6-41 我国镍矿消费结构

(数据来源:Wind数据库)

## (四)我国稀土矿利用效率分析

稀土被称为"信息时代的维生素",在新材料、航天、信息技术等战略领域发挥了重要作用,因此稀土在关键矿产领域极具代表性。本部分主要从资源分布区域及查明储量、供给状况、消费状况几个方面对稀土矿的利用现状进行分析。

### 1. 我国稀土矿的资源分布区域及查明储量

中国是世界上稀土资源最丰富的国家,素有"稀土王国"之称,总保有储量 $TR_2O_3$ 约9000万t,居世界第一位。中国稀土资源总量的85%分布在内蒙古、江西、广东、四川、山东等地区,形成北、南、东、西的分布格局,并具有"北轻南重"的分布特点(中华人民共和国工业和信息化部,2020)。轻稀土资源主要分布在内蒙古白云鄂博稀土矿、山东微山湖稀土矿、四川冕宁牦牛坪稀土矿。中重稀土资源主要分布在南方地区,集中在江西、福建、广东、广西、湖南、云南。虽然中重稀土储量不到轻稀土的零头,但它在尖端军事等领域应用的作用几乎无可替代。中国的重稀土资源储量占到了全世界的90%,因此成为世界关注的焦点。

根据USGS数据,2020年全球稀土总储量约为1.2亿t。2020年,中国稀土资源储量为4400万t,约占全球总储量的37%,具体情况如图6-42所示。但是近年来,随着我国稀土资源的过快开采和消耗,国内稀土矿查明储量相比2010年减少了20%。尽管如此,我国仍是全球最大的稀土储备国。

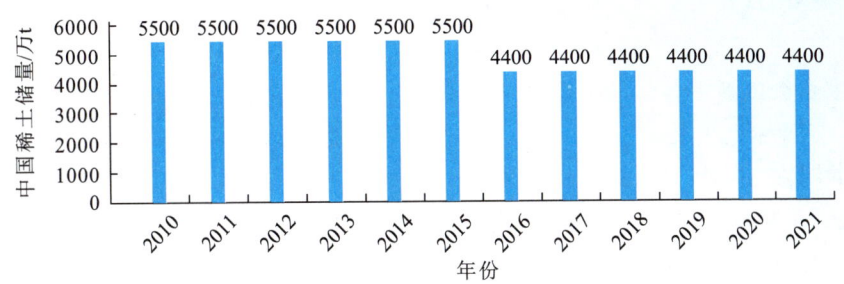

图6-42 2010—2021年中国稀土资源储量统计

(数据来源:国家统计局、Wind数据库)

### 2. 我国稀土矿的供给状况

中国是全球稀土供应大国,垄断了全球稀土资源的供给。根据USGS数据,2000年以来,我国稀土供应量一直占据全球69%以上的份额,2010年的全球占比达到近90%。数据显示,2018年中国稀土产量增长14.3%,至12万t(图6-43)。相比较于其他国家的稀土资源开采程度,中国的稀土被严重过度开采,2016年我国矿产开发量占全球总开发量的83%。近年来,随着国家政策上对开采进行总量控制,开采量有所下滑。2021年,中国仍是全球最大的稀土开采国,全年稀土产量约为16.8万t。

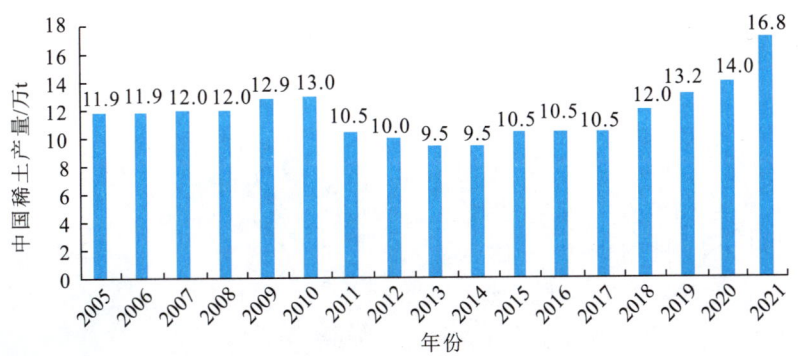

图6-43 中国稀土产量情况统计

(数据来源:国家统计局、Wind数据库)

中国的稀土矿产量也占据了全球的绝大一部分份额。2020年全球稀土产量24.33万t,其中,中国稀土产量14.0万t(生产配额,不包括无证生产),占比近58%。2011—2021年,中国稀土产量占据全球稀土产量的比重均保持在55%以上,说明了我国稀土产业在全球的重要地位。

### 3. 我国稀土矿的消费状况

作为"现代工业维生素",稀土的应用范围非常广泛。伴随着我国现代工业不断发展,稀土应用的各个领域在未来将呈递增式增长,外加石油化工消耗需求的燃料需求不断扩大,风电行业、新能源汽车等新兴行业也不断发展,将带动稀土永磁材料及电机产业快速增长,因此稀土需求量会逐渐上升。最新数据显示(图6-44),我国稀土消费量整体呈现上升趋势,且2020年中国稀土消费量为11.54万t,比2019年增加了0.49万t,消费增速达到了4.43%。同时在"双碳"目标提出后,新的经济结构也为稀土行业带来了新的发展机遇。"碳中和"形势下不断发展壮大的新材料、新能源汽车、高效电机等绿色环保新兴产业,以及能源转型下光伏、风电等新能源加快建设,对稀土需求不断加大。因此,我国稀土需求量后期将仍旧维持上升趋势。

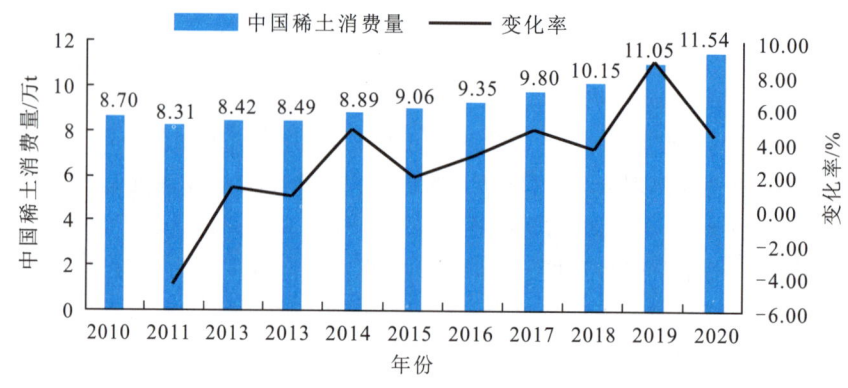

图6-44 中国稀土消费量情况统计

(数据来源:中国稀土协会、观研天下)

在稀土消费结构中,永磁材料是稀土下游最大的消费模块,具体情况如图6-45所示。据统计,2020年,中国稀土消费结构中永磁材料需求占比为41%。在该领域,钕铁硼以低成本和优质的磁性能成为稀土永磁的主要形式,而烧结钕铁硼以其应用广泛而成为主要稀土需求。同时稀土资源在冶金、化工、玻璃、发光材料等领域也被极度重视(侯增谦等,2020),综合而言,稀土已成为全球极其重要的战略资源,被称为"万能之土",市场前景广阔。

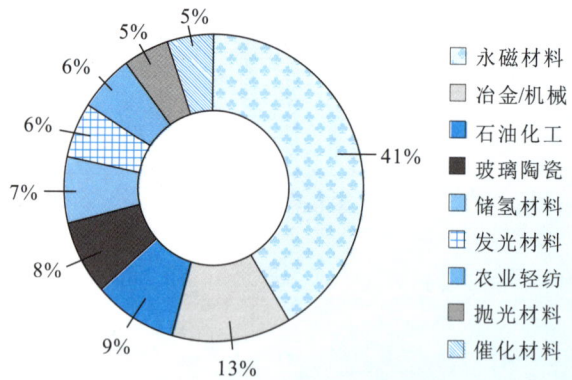

图6-45 中国稀土消费结构情况统计

(数据来源:观研天下)

## 二、我国关键矿产利用效率实证分析

关键矿产是我国新能源产业发展的支柱资源,在我国产业转型和节能减排的道路中发挥了重要作用。作为关键矿产的代表性资源,我国锂矿、钴矿、镍矿具有品位低、开发成本高的特点。近年来,由于我国"双碳"目标的提出,我国锂、钴、镍的供需矛盾进一步激化,迫使我国更加依赖国外能源市场的供应,加大了我国的能源供给风险。因此本部分基于关键矿产利用效率现状,以提高我国关键矿产的利用效率为实际切入点,选用包络分析法(DEA)对关键矿产利用效率展开研究,帮助各类关键矿产资源的利用状态趋向于相对有效。

### (一)指标体系

通过参考矿产资源利用效率的相关文献,以及我国关键矿产产业自身的特点,本书建立关键矿产多投入多产出的统一效率评价体系,另外考虑到稀土行业的特殊性以及数据的可获得性,将稀土矿效率评价指标体系从标准体系中单独分离来进行分析,具体体系结构如表6-12、表6-13所示。

表6-12 锂矿、镍矿、钴矿利用效率评价指标

| 指标类型 | 指标 |
| --- | --- |
| 投入指标 | 矿产企业数 |
| | 能源消耗量 |
| 产出指标 | 工业总产量 |

表6-13 稀土矿利用效率评价指标

| 指标类型 | 指标 |
| --- | --- |
| 投入指标 | 营业总成本 |
| | 固定资产 |
| 产出指标 | 营业总收入 |
| | 纳税总额 |

**1. 铁、镍、钴**

关键矿产(除稀土外)投入指标选取为矿产企业数与能源消耗量。其中,矿产企业数可以作为该行业的社会投入指标,表现为该行业的受众程度和需求度,通过群众需求进而影响市场以及国家政策的调整,从而使社会对该行业投入水平发生变化;能源消耗量可以作为该行业资源投入的指标,这与该行业产能直接挂钩。产出指标为工业总产量,表现为行业的产出能力。

锂矿的样本研究区间为 2010—2021 年,钴矿与镍矿的样本研究区间为 2017—2021 年,其中投入指标中的矿产企业数据来自 Wind 数据库与笔者整理,能源消耗量数据来自国家自然资源统计局、国家统计局以及笔者整理,工业总产量数据来自 Wind 数据库。

### 2. 稀土矿

考虑到稀土行业发展的特点以及数据的可获得性问题,对稀土矿行业利用效率的分析主要从企业角度出发,选取营业总成本与固定资产为投入指标,选取营业总收入与纳税总额为产出指标,建立稀土矿利用效率评价指标体系如表 6-13 所示。其中,营业总成本是因为该指标是企业日常生产经营的投入和消耗;固定资产是因为该指标能够反映企业规模和生产能力的大小;营业总收入可以作为行业的经济产出,是企业产出能力最直接的代表指标;纳税总额可以作为行业的社会产出指标,是行业发展对社会所做出的贡献的最直接体现。

随着我国稀土行业整合和金融市场的发展,稀土行业内的上市公司占据着绝对主导地位。这类企业资本优势和工业产能代表稀土产业前端生产规模。通过《上市公司行业分类指引》和 Wind 数据库,笔者拟选出 18 家稀土上市公司为研究样本,剔除上市时间较短且其产能所占份额较小的公司以及披露信息不完整的企业后,最终筛选出 14 家稀土企业(中国北方稀土(集团)高科技有限公司、五矿稀土股份有限公司、内蒙古包钢钢联股份有限公司、盛和资源控股有限公司、盛新锂能集团股份有限公司、厦门钨业股份有限公司、鸿达兴业集团、广晟有色金属股份有限公司、有研新材料股份有限公司、江门市科恒实业股份有限公司、中国铝业股份有限公司、烟台正海磁性材料股份有限公司、宁波韵升股份有限公司、北京中科三环高技术股份有限公司),并以公开披露的上市公司年度报表作为投入产出指标的数据源。

## (二)效率评价

运用 Stata 16,采用 CCR 模型和 BCC 模型进行效率评价,以投入为导向,根据最优效率原则找出有效年份,并对各年投入和产出冗余情况进行分析(表 6-14~表 6-18)。

### 1. 锂矿

由表 6-14 可知,2010 年和 2021 年全国锂矿利用综合效率值、纯技术效率值和规模效率值均为 1,表明这两年综合效率处在有效状态;2014—2019 年纯技术效率值和规模效率值均相对偏低,导致综合效率值偏低,锂矿开发利用效率较低;2012 年、2019 年、2020 年纯技术效率值为 1,说明这些年份的纯技术效率是有效的,由于规模与投入、产出不相匹配,规模效率值相对较低,导致综合效率值偏低。从规模报酬角度来看,在综合效率有效年份的规模报酬是不变的,2014—2016 年呈现规模收益递增,2011—2013 年及 2017—2020 年呈现规模收益递减。

表 6-14　2010—2021 年全国锂矿利用效率

| DMU | CRS_TE | VRS_TE | SCALE | RTS | 相对有效性 | $S^{-1}$ | $S^{-2}$ | $S^{+1}$ |
|---|---|---|---|---|---|---|---|---|
| 2010 年 | 1.000 0 | 1.000 0 | 1.000 0 | — | 有效 | 0.00 | 0.00 | 0.00 |
| 2011 年 | 0.978 5 | 0.996 4 | 0.982 0 | drs | 无效 | 0.00 | 0.00 | 0.00 |
| 2012 年 | 0.867 7 | 1.000 0 | 0.867 7 | drs | 无效 | 0.00 | 0.00 | 0.00 |
| 2013 年 | 0.770 9 | 0.941 0 | 0.819 3 | drs | 无效 | 0.00 | 0.12 | 0.00 |
| 2014 年 | 0.316 1 | 0.543 8 | 0.581 2 | irs | 无效 | 0.00 | 0.00 | 1 657.33 |
| 2015 年 | 0.225 5 | 0.453 0 | 0.497 7 | irs | 无效 | 0.00 | 0.00 | 2 018.69 |
| 2016 年 | 0.215 0 | 0.383 8 | 0.560 1 | irs | 无效 | 0.00 | 0.00 | 1 806.52 |
| 2017 年 | 0.486 5 | 0.804 6 | 0.604 6 | drs | 无效 | 0.00 | 0.00 | 0.00 |
| 2018 年 | 0.424 5 | 0.681 6 | 0.622 8 | drs | 无效 | 0.00 | 0.00 | 0.00 |
| 2019 年 | 0.507 1 | 1.000 0 | 0.507 1 | drs | 无效 | 0.00 | 0.00 | 0.00 |
| 2020 年 | 0.727 0 | 1.000 0 | 0.727 0 | drs | 无效 | 0.00 | 0.00 | 0.00 |
| 2021 年 | 1.000 0 | 1.000 0 | 1.000 0 | — | 有效 | 0.00 | 0.00 | 0.00 |

注：$S^{-1}$ 为我国矿山企业数减少数，单位为家；$S^{-2}$ 为我国年能源消耗减少量，单位为千吨；$S^{+1}$ 为年工业总产量增加值，单位为 t。

2012—2013 年，能源消耗量大幅增长，导致 2013 年间出现了投入冗杂现象；2014—2016 年，行业出现了产出冗余情况，行业产量增长幅度得以控制，于 2300 万 t 产量线中浮动；2018 年工业总产量为 7100t，2019 年产量成功突破 10 000t，达到了 10 800t，2020 年产量为 13 300t，2021 年产量为 14 000t，行业的综合利用效率水平不断上升，2021 年综合效率值达到相对有效状态。

2. 镍矿

由表 6-15 可知，整体而言，2017—2021 年我国镍矿开发利用效率水平都相对较高。其中，2019 年的全国镍矿利用综合效率值、纯技术效率值和规模效率值均为 1，说明镍矿开发利用相对有效；2017 年纯技术效率值为 1，说明这些年份的纯技术效率是有效的，规模效率相对无效，导致综合效率值小于 1；2020—2021 年规模效率值为 1，纯技术效率值小于 1，说明这两年的规模效率是有效的。从规模报酬角度来看，在综合效率有效年份的规模报酬是不变的，2017—2018 年呈现规模报酬递增状态。2020 年企业数量为 1548 家，相对于 2019 年的 1443 家，企业扩张速度过快，使得 2020 年社会投入 $S^{-1}$ 存在冗余；2018 年和 2021 年存在能源消耗量冗余。

表 6–15　2017—2021 年全国镍矿利用效率

| DMU | CRS_TE | VRS_TE | SCALE | RTS | 相对有效性 | $S^{-1}$ | $S^{-2}$ | $S^{+1}$ |
|---|---|---|---|---|---|---|---|---|
| 2017 年 | 0.981 4 | 1.000 0 | 0.981 4 | irs | 无效 | 0.00 | 0.00 | 0.00 |
| 2018 年 | 0.980 5 | 0.990 8 | 0.989 7 | irs | 无效 | 0.00 | 20.65 | 0.00 |
| 2019 年 | 1.000 0 | 1.000 0 | 1.000 0 | — | 有效 | 0.00 | 0.00 | 0.00 |
| 2020 年 | 0.958 3 | 0.958 3 | 1.000 0 | — | 有效 | 40.51 | 0.00 | 0.00 |
| 2021 年 | 0.910 4 | 0.910 4 | 1.000 0 | — | 有效 | 0.00 | 5.32 | 0.00 |

注：$S^{-1}$ 为我国矿山企业数减少数，单位为家；$S^{-2}$ 为我国年能源消耗减少量，单位为千吨；$S^{+1}$ 为年工业总产量增加量，单位为 t。

#### 3. 钴矿

由表 6–16 可知，2017 年的全国钴矿利用效率在 2017—2021 年中相对较高，并且全国钴矿利用综合效率值、纯技术效率值和规模效率值均为 1，说明 2017 年综合效率处在有效状态；2018—2021 年纯技术利用效率水平相对较高，受规模效率的影响，综合效率值偏低。从规模报酬角度来看，2018—2021 年行业整体呈现规模收益递增状态。2018—2021 年均存在社会投入冗余和工业总产量产出冗余的情况。2018—2021 年企业数量均值为 840 家，相比于 2017 年的 545 家，行业企业数上升趋势显著。2021 年速度减慢，社会投入得到控制，产出冗余逐年降低，说明钴矿开发利用未来会相对提高。

表 6–16　2017—2021 年全国钴矿利用效率

| DMU | CRS_TE | VRS_TE | SCALE | RTS | 相对有效性 | $S^{-1}$ | $S^{-2}$ | $S^{+1}$ |
|---|---|---|---|---|---|---|---|---|
| 2017 年 | 1.000 0 | 1.000 0 | 1.000 0 | — | 有效 | 0.00 | 0.00 | 0.00 |
| 2018 年 | 0.576 6 | 0.893 7 | 0.645 2 | irs | 无效 | 44.86 | 0.00 | 1 100.00 |
| 2019 年 | 0.689 1 | 0.854 5 | 0.806 5 | irs | 无效 | 113.82 | 0.00 | 600.00 |
| 2020 年 | 0.612 1 | 0.862 5 | 0.709 7 | irs | 无效 | 255.37 | 0.00 | 900.00 |
| 2021 年 | 0.537 0 | 0.756 6 | 0.709 7 | irs | 无效 | 210.89 | 0.00 | 900.00 |

注：$S^{-1}$ 为我国矿山企业数减少数，单位为家；$S^{-2}$ 为我国年能源消耗减少量，单位为千吨；$S^{+1}$ 为年工业总产量增加量，单位为 t。

#### 4. 稀土矿

由表 6–17 可知，我国稀土矿综合利用效率在 2008—2010 年受规模效率影响而导致综合效率值较低，2011—2021 年综合效率值相对较高。其中，2011 年、2017 年、2020 年以及

表 6-17　2008—2021 年全国稀土矿利用效率

| DMU | CRS_TE | VRS_TE | SCALE | RTS | 相对有效性 | $S^{-1}$ | $S^{-2}$ | $S^{+1}$ | $S^{+2}$ |
|---|---|---|---|---|---|---|---|---|---|
| 2008 年 | 0.227 199 | 1.000 000 | 0.227 199 | irs | 无效 | 0.00 | 0.00 | 6 870.58 | 49 045.00 |
| 2009 年 | 0.493 000 | 1.000 000 | 0.493 000 | irs | 无效 | 0.00 | 0.00 | 0.00 | 0.00 |
| 2010 年 | 0.287 214 | 0.894 943 | 0.320 930 | irs | 无效 | 0.00 | 0.00 | 1 050.48 | 32 065.30 |
| 2011 年 | 1.000 000 | 1.000 000 | 1.000 000 | — | 有效 | 0.00 | 0.00 | 0.00 | 0.00 |
| 2012 年 | 0.697 209 | 1.000 000 | 0.697 209 | irs | 无效 | 0.00 | 0.00 | 0.00 | 0.00 |
| 2013 年 | 0.730 070 | 0.989 611 | 0.737 735 | irs | 无效 | 0.00 | 0.00 | 0.00 | 0.00 |
| 2014 年 | 0.759 948 | 1.000 000 | 0.759 948 | irs | 无效 | 0.00 | 108.88 | 0.00 | 0.00 |
| 2015 年 | 0.530 095 | 0.688 721 | 0.769 681 | irs | 无效 | 0.00 | 171.95 | 0.00 | 0.01 |
| 2016 年 | 0.800 692 | 0.890 637 | 0.899 011 | irs | 无效 | 0.00 | 0.00 | 0.00 | 0.00 |
| 2017 年 | 1.000 000 | 1.000 000 | 1.000 000 | — | 有效 | 0.00 | 0.00 | 0.00 | 0.00 |
| 2018 年 | 0.693 779 | 0.733 648 | 0.945 657 | irs | 无效 | 0.00 | 0.00 | 0.00 | 0.00 |
| 2019 年 | 0.668 262 | 0.705 209 | 0.947 609 | irs | 无效 | 0.00 | 0.00 | 0.00 | 0.01 |
| 2020 年 | 1.000 000 | 1.000 000 | 1.000 000 | — | 有效 | 0.00 | 0.00 | 0.00 | 0.00 |
| 2021 年 | 1.000 000 | 1.000 000 | 1.000 000 | — | 有效 | 0.00 | 0.00 | 0.00 | 0.00 |

注：$S^{-1}$ 为企业营业总成本减少量，单位为亿元；$S^{-2}$ 为企业固定资产投资减少量，单位为亿元；$S^{+1}$ 为企业营业总收入增加量，单位为亿元；$S^{+2}$ 为企业纳税总额增加量，单位为万元。

2021年的全国稀土矿利用综合效率值、纯技术效率值和规模效率值均为1,这4年的稀土矿开发利用相对有效;2008年、2009年、2012年、2014年的纯技术效率值为1,说明纯技术效率相对有效,受规模效率影响,综合效率相对无效。从规模报酬角度来看,在综合效率有效年份的规模报酬是不变的,其余年份规模收益均呈现收益递增状态。由表6-17可知,整体来看,2008—2021年存在投入冗余和产出冗余的年份较少。2008年和2010年两个产出指标均存在冗余情况;2015年和2016年均存在固定资产投入冗余情况,通过减少固定资产的投入,在2020年和2021年逐渐达到相对有效状态。

由表6-18可知:2017—2020年各上市公司稀土矿开发利用效率水平相对较高,综合效率值均值普遍高于0.75;2021年仅内蒙古包钢钢联股份有限公司、鸿达兴业股份有限公司、广晟有色金属股份有限公司和有研新材料股份有限公司这4家公司的稀土矿综合利用相对有效,其余上市企业的规模效率均未处于有效状态,因而导致综合效率值偏低。其中,内蒙古包钢钢联股份有限公司这5年中的综合利用效率一直处于有效状态,2021年除盛新锂能集团股份有限公司、中国北方稀土(集团)高科技股份有限公司与盛和资源控股股份有限公司外,其余稀土企业的综合效率值均高于0.9,说明大多数稀土企业的综合利用效率均处于较高水平。

表6-18　2017—2021年各上市公司稀土矿利用综合效率

| DMU | CRS_TE | | | | |
| --- | --- | --- | --- | --- | --- |
| | 2017年 | 2018年 | 2019年 | 2020年 | 2021年 |
| 中国北方稀土(集团)高科技股份有限公司 | 1.000 000 | 1.000 000 | 0.980 876 | 0.952 986 | 0.821 650 |
| 五矿稀土股份有限公司 | 0.893 181 | 0.781 452 | 0.912 748 | 0.752 817 | 0.921 281 |
| 内蒙古包钢钢联股份有限公司 | 1.000 000 | 1.000 000 | 1.000 000 | 1.000 000 | 1.000 000 |
| 盛和资源控股股份有限公司 | 0.839 632 | 0.852 446 | 0.921 190 | 0.786 091 | 0.898 876 |
| 盛新锂能集团股份有限公司 | 1.000 000 | 1.000 000 | 0.991 786 | 1.000 000 | 0.647 791 |
| 厦门钨业股份有限公司 | 0.856 565 | 0.896 332 | 0.992 559 | 0.846 451 | 0.962 850 |
| 鸿达兴业股份有限公司 | 0.862 082 | 1.000 000 | 1.000 000 | 1.000 000 | 1.000 000 |
| 广晟有色金属股份有限公司 | 0.962 615 | 1.000 000 | 0.970 180 | 0.953 391 | 1.000 000 |
| 有研新材料股份有限公司 | 0.958 342 | 0.967 132 | 0.984 696 | 0.908 749 | 1.000 000 |
| 江门市科恒实业股份有限公司 | 0.910 939 | 0.953 268 | 0.956 767 | 1.000 000 | 0.997 818 |
| 中国铝业股份有限公司 | 0.940 320 | 0.958 894 | 0.956 584 | 0.893 591 | 0.969 694 |
| 烟台正海磁性材料股份有限公司 | 1.000 000 | 0.914 246 | 0.928 058 | 0.907 862 | 0.935 893 |
| 宁波韵升股份有限公司 | 0.852 025 | 0.987 271 | 1.000 000 | 0.893 161 | 0.912 888 |
| 北京中科三环高技术股份有限公司 | 0.825 890 | 0.841 082 | 0.898 466 | 0.844 871 | 0.937 274 |

## 三、新时代影响我国关键矿产利用效率的主要因素及效率提升的政策建议

目前,我国正处于第四次工业革命的关键时期。一方面关键矿产因耐热、难熔、耐腐蚀以及优良的光电磁等独特性质,在新能源、新材料、信息技术等新兴领域发挥了不可替代的作用,航空航天、国防军事产业等关系国家安全与国家国际地位的重要领域亦然出现关键矿产的身影;另一方面关键矿产作为高精尖、高附加值的新材料,前景尚未完全开发,仍然具有巨大的适用潜能。这便导致关键矿产的国际竞争进一步加大。

因关键矿产本身的稀缺特性,以及我国资源开采年限低,消耗速度快的发展现状,这将导致我国关键矿产供需失衡矛盾进一步激化。为满足内生资源的需求,实现国家经济双循环发展,迫切需要改善企业原有生产方式,在关键矿产数量恒定的情况下,提高关键矿产的利用效率,实现对于关键矿产需求的自主可控性。

### (一)影响因素

自党的十九大以来,我国将矿产资源安全推向了新的高度。党的十九届五中全会明确提出,要把安全发展贯穿国家发展的全过程,防范和化解影响我国现代化进程的各种风险,筑牢国家安全屏障,保障能源和战略性矿产资源安全;2022年中央工作会议将矿产资源安全的范畴进一步延伸,提出我们不仅要关注关键矿产在国家建设领域的安全问题,同时需要我们正确把握其在市场领域的供给保障安全。战略性关键矿产资源的供给安全问题已然成为现阶段我国需迫切解决的关键性问题。

基于此,本部分结合前文所述关键矿产利用效率现状与实证分析结果,分析总结关键矿产利用效率的影响因素,并给出提升关键矿产利用效率水平的相关政策建议。

#### 1. 经济因素

经济因素对关键矿产利用效率的影响,首先体现在资金投入上,比如注册资金总额的大小会影响到矿山企业的规模以及相关机器设备的数量和性能,而规模效率对提升资源开采使用水平具有重要影响,其次企业生产经营过程中的资金投入量会影响关键矿产的产量、质量和利用效率,最终作用于企业利润,因此充足的资金投入能够起到良好的保障和促进作用,为开采使用地质矿产提供有利的条件;反之,不合理的资金配比会给地质勘查活动带来消极影响,也就不能带来预期的结果。

#### 2. 科技因素

科技因素在关键矿产利用方面主要体现在经营管理和生产工艺上,二者必须通过人产生作用。科学的管理和先进生产工艺的使用可以有效提高产出水平,节约成本,提高运营效率,达到要素投入极小化、产出量极大化的效果,从而提高效率。根据内生经济增长理论,若技术进步充分有效,人均产出呈现正的最优增长率是可能的。因此,在科技水平达到预期高水平状态时,经济系统可以实现关键矿产资源配置的高效率利用。

### 3. 社会因素

社会因素主要指作为社会成员的人在资源开发利用活动进程中发挥的重要作用。人作为最为能动的要素，直接推动了经济的发展，并渗透到矿产资源开采使用的方方面面。矿业活动的顺利运营需要人力，人们的思想观念以及行为方式会对开采使用过程产生影响，同时，这也会以相反的方向发挥作用，即矿产资源的开采使用也会影响一定区域内人们的思想观念和生活方式，从而带来更深层次的社会影响，这会进一步强化社会因素在资源开发利用活动中所发挥的作用。

### 4. 资源因素

关键矿产作为一种矿产资源，相比于其他生产要素具有其特殊性。它赋存于地下，就须就地开采，甚至很多情况下就近加工，这就促使我国许多关键矿产产业结构都带有地方优势资源禀赋的印记。矿产资源的集中程度、组合方式和物理分布等的赋存差别，决定了区域矿产资源开采使用的基本格局。一般来说，在自然条件优越、人口密集、矿藏丰富的地区，矿产资源的生产成本较低，企业有更多的自由支配资金去改善生产技术吸纳更多科技人才来提高关键矿产的利用效率。

## （二）政策建议

### 1. 强化政府资源配置主导地位，优化新能源关键矿产行业支持政策

在我国推进生态文明建设和"双碳"行动过程中，新能源关键矿产资源开发利用也必须向绿色低碳化转型。一方面政府主管部门要强化对关键资源配置的主导作用，应优先考虑将关键矿产资源配置给技术实力强的大型骨干企业，保证高效集约地开发利用关键矿产资源，保证关键矿产资源的高效利用率，有效稳妥地保护生态环境；另一方面政府应当对新能源关键矿产领域的一些"专精特新"企业给予相关税收优惠政策或财政补助，以促使该类企业获得更多的自有资金来吸引科技人才或优化生产，从而进一步提高关键矿产的利用效率水平，促进矿产资源行业的高质量发展。

### 2. 加强科技研发，提高矿产资源合理开发利用技术经济指标

科技水平是引领经济发展，推动关键矿产上游和下游产业链高端技术研发应用，实现我国关键矿产的产业链协调发展的重要驱动力。我国虽然矿产资源丰富，但无论是矿业管理还是矿产资源采、选、冶和综合利用水平方面与世界先进国家仍旧存在巨大差距，要彻底解决关键矿产利用效率低的问题，必须充分依靠科技进步，通过吸纳更多高水平技术人才，攻克关键矿产开采利用的难题，优化生产布局，淘汰落后的生产加工方式，从而提高整个行业关键矿产的利用效率水平。

### 3. 加强宣传教育，积极培养全民资源意识

我国人口数量众多，但真正了解资源利用相关知识的人群却少之又少。这就导致了我国人口优势资源的大量浪费。一方面我们应树立起正确的资源观念、环境观念和可持续发展观念，密切关注该领域的时事热点，将保护和节约矿产资源、提高矿产资源利用效率的观

念付以行动;另一方面政府应制定相关优惠政策,积极引导相关人才投入到新材料、新技术的研究和应用以及矿产综合开发、综合利用的研究中,从而提高该领域人才基数,促进生产与科研结合,实现全民努力促进行业健康发展的美好愿景。

**4. 矿山企业实行集约化经营管理,同时加强法治建设与宣传**

一方面针对带有地方优势资源禀赋印记的大型矿床严格执行一个矿体只能设置一个采矿权,只能由一个采矿主体统一设计、实施开采方案。对已存在多家采矿主体的,应通过收购、参股、兼并等多种方式,对矿山企业依法开采的矿产资源及其生产要素、选矿的生产要素进行重组,逐步形成大型骨干矿业集团,这样不仅可以实施统一开采方案,减少矿界及保安矿柱的矿量损失,也有利于大大降低安全事故的发生。另一方面加强关键矿产的相关立法建设,使得关键矿产的生产利用更加规范,减少不必要的资源浪费;增强全民资源保护意识以及资源合理开发利用的自觉性,在社会上构建人人讲法、人人守法的社会环境;加大对关键矿产低利用水平企业惩罚力度,促进企业的兼并重组来优化产业结构,淘汰劣势企业,从而提高整个行业对关键矿产的利用效率水平。

# 第七章　提升能源和矿产资源供给保障能力政策建议

21世纪以来,矿产资源对人类社会的重要性日益提高,各国围绕矿产资源领域的博弈愈演愈烈。从我国基本国情出发,要想实现我国生态文明建设和经济高质量发展,就必须深刻地认识到复杂多变的国际环境给我国经济社会发展带来的新机遇和新挑战,积极提升能源矿产资源的供给保障能力。

## 第一节　主要的发达经济体能源和矿产资源供给保障策略

能源和矿产资源的供需问题关系国家经济社会发展的大局,科学地借鉴和吸收国外良好的资源供给保障制度对我国经济社会发展有着积极意义。

### 一、美国石油战略储备制度

美国是矿产资源大国,十分重视矿产资源战略储备工作。早在20世纪20年代,美国就创建了战略石油储备体系,该体系综合服务于矿产资源、矿产品和石油等能源储备。1975年,美国总统授权能源部管理战略石油储备体系,并确定了石油战略储备的目标管理和运行机制。自此,美国依靠完善的体系和灵活的运作模式拥有着充足的战略石油储备。

按照美国国家战略石油储备的有关规定,美国政府确立了在国际上比较规范的战略石油储备管理制度。制度主要包括以下5个方面:一是管理经费,国家原油归政府拥有,由政府直接负责管理本国的战略原油储备,并设置了专门的战略原油储备基金,主要承担政府在战略油库建造、原油购买、运营管理等方面各种费用的开支;二是战略决策,由美国财政部、能源部与白宫预算办公室联合制定的美国国家战略储备决议草案,必须经过美国总统审批和议会审查通过方可具有实际的法律效力;三是石油市场,美国原油首先采用招标的形式投资于美国市场,而后由原油企业按照市场售价向美国出售原油,然后进行长期供货协议的现场招标采购;四是政府权力,将政府的权力授予与美国能源部以及管理国家战略油气储备有关的重大事项,美国能源部按照政府要求的管理权限,每年都必须向总统和议会进行年度报告,报告事项主要涉及当年的项目建造、经营管理、计划实施和储备库存的情况,另外还有关于国家战略油气储量立法以及有关战略调整的情况；五是总统权利，规定了美国总统有启动战略储备石油使用权的权利，经美国总统同意，在国家能源状况危急时，可以将石油储备准确投放到需要使用石油的部门。

拥有充足的石油储备不仅可以满足美国国内基本市场供求，保持市场平衡与稳定为市场各方面发展服务，还能减少对进口石油的依赖和缓解国家能源压力以应对复杂多变的国际环境。美国的石油储备经验和可靠的战略储备体系，对我国建立科学的能源和矿产资源供给保障制度有着宝贵的借鉴意义。

## 二、欧盟等国能源供应战略

欧盟在全球范围内有着举足轻重的影响力，是欧洲重要政治和经济实体的综合体。进入 21 世纪，欧盟发布了关于欧盟能源供应的《欧盟能源供应安全战略绿皮书》，具体包括天然气、石油、煤炭等不可再生能源以及核能、风能、太阳能等可再生能源，还特别提出了关于能源运输、贸易与投资、能源研究与技术开发、能源国际合作等政策建议。欧盟能源供应政策的具体措施主要是：在欧盟内部政策范围内制定完善的能源市场规则；提高能源使用效率，大力发展可再生能源；建立严谨的能源检测和形势分析体系；加强欧美在国际能源市场的竞争力；制备统一的石油储备制度；提高和加强综合协调和管理水平。

2008 年 11 月，欧盟宣布了其原材料外贸政策：保障欧盟以外的原材料供应是应对欧盟原材料和国际资源需求增长过快的关键，重点是开发欧盟内部矿产资源的潜力。欧盟内部矿产资源的潜力主要是其内部经济条件、政策环境、能源使用效率方面可改善的余地，重点是为了促进原材料的可持续供应和能源回收再利用的发展。2020 年 9 月，欧盟决定开展扩大欧盟原材料和能源的供应商网络，以降低对第三国资源供应的依赖性。

为了协调国际与欧盟之间的市场和保持欧盟工业竞争力，欧盟目前正努力扩大供应商网络，旨在减少对单一国家的依赖。为此欧盟所采取的主要措施：一是建立一个重要的矿产资源联盟，包括从业者、矿产投资者、投资银行、欧盟国家等重要角色，使得欧盟整体共同采取策略，在重要矿产资源产业链中欧盟能在联合决策上提高韧性，从根本上协助支持欧盟重要矿产资源供应。二是建立国际战略伙伴，通过与他国签订协议，做到双赢。比如从 2021 年起，欧盟与非洲有关国家的矿业企业进行合作，从合作的非洲国家获得关键矿产资源用以缓解欧洲资源紧缺的问题。三是加大力度于欧盟矿产资源的勘查和加工，在有效减少对外国依赖的同时增加其内部供给。

多元化的策略同样是保障我国能源供给安全的方式之一。通过扩展矿产资源的进口来源，开发多样化的运输方式和构建多元化的资源结构，减少对一些发达经济体国家的依赖，并且在避免供给短缺危机的同时，也减轻了其他能源大国针对我国在能源出口方面的压力。

## 三、日本稀有金属储备制度

稀有金属作为一种特殊的材质，在高技术领域，比如芯片、航天设备、半导体等行业有着广泛的应用前景,现在和未来的发展都需要一套有效的稀有金属战略储备体系,保障稀有金属供应在任何一个国家都具有重要的政治与经济意义。

日本的矿产资源极其匮乏,特别是稀有金属储备特别稀少,有存矿种仅为12种。为了保证未来经济发展对稀有金属的需求,日本制订了稀有金属战略储备计划。1983年,日本确立了国家储备和民间储备的协作制度并由矿业事业团负责运行,并正式在国家层面上实施战略储备,包含锰、钼、镍、铬、钴、钨、钒等稀有金属。战略储备的目标是保障全国60d的消费量,即资源储备量在国家不生产新的资源量时能够满足全国60d的工业运作。经过几十年的制度建设,巨额储备成为日本资源安全体系的坚实基础,对保障市场资源供应的稳定和维护经济安全有着举足轻重的作用。近年来,由于高新技术的发展极大地拓展了稀有金属的应用领域,拥有相关稀土资源储量的一些主要国家也开始采取相关的限制和保护措施。即使面临愈发严峻的国际形势,日本不仅能够立足于目前稳定的供应,而且能够确保国家未来的长期发展需要。

尽管我国是一个稀有金属资源相对丰富的国家,并且是世界上重要的稀有金属供应国之一,但建立合理完善的储备制度以保障稀有金属供应仍然十分重要。近年来我国陆续出台了一系列措施保护国内稀有金属资源,限制低附加值产品出口。同时国家支持工业副产品的综合回收,铋、锗、钴等稀有金属是铅锌铜冶炼行业加工后的副产品属于综合回收产业。但在国内消费市场不足的情况下,限制稀有金属的出口,一定程度上会打压企业回收这些金属的热情,因此有必要建立适合中国国情的稀有金属储备制度。

## 第二节 政策对大宗矿产和高技术矿产的供给保障影响

矿产资源供给保障能力不仅受国际社会和经济发展的影响,也受到国内政策的影响,政府出台的各项重大政策会对矿产资源尤其是大宗矿产和高技术矿产的供给保障产生较大影响。

### 一、"双碳"政策环境

2020年9月,习近平主席在75届联合国大会上宣布:"中国力争于2030年前二氧化碳排放达到峰值、2060年前实现碳中和。""双碳"目标的出台对我国矿产资源的保障能力提出了新要求。2021年国务院发布《国务院关于印发2030年前碳达峰行动方案的通知》明确要求:"十四五"期间,严格控制煤炭消费增长。到2025年,非化石能源消费比重将达到20%左右,"十五五"期间,非化石能源消费比重进一步提高,煤炭消费逐步下降,到2030年时,非化石能源消费比重要达到25%左右,单位国内生产总值二氧化碳排放量将比2005年下降65%以上。"双碳"目标达成的过程十分艰难,关键是要控制和减少温室气体排放通过发展非化石能源和替代化石能源替代;限制现有高碳排放产业的发展,我国现在仍然是以化石能源为主的能源体系,应逐步向非化石能源为主的体系靠拢,最终实现"双碳"目标。

矿业行业面临实现"双碳"目标带来的新机遇和新挑战。对矿产资源迅速的需求不断增长,复杂多元的运营环境产生多重负面的内外部效应,要坚持系统性思维,统筹经济发展与资源安全,统筹资源开发与环境保护,统筹国内市场与国际市场,打开新的增长空间,培育强劲上涨动能,提高重要矿产资源自主供应能力和产业链供应链的韧性。

### (一)矿业面临的挑战——大宗矿产供需不平衡

在世界工业化进入资本迅速扩张时期,矿产资源产品在世界资源商品贸易中开始占据主导地位。供给问题的实质其实是需求问题,供给端如果缺乏足够的需求响应,就会影响社会化大生产,产生"骨牌效应",使得供应短缺。当前全球通货膨胀居高不下,反映在石油、天然气、铁矿石和煤炭等主要大宗矿产上是价格普遍上涨。2022年,由于俄乌争端爆发,国际形势动荡、全球大宗商品市场受此影响波动加剧,能源供应吃紧、价格高涨,为此,确保能源安全稳定供应变得极为重要。从长远来看,非化石能源是协调能源低碳转型和能源安全的必然选择。从近中期来看,中国对煤炭和石油的需求将保持在较高水平,对天然气的需求将继续增长。必须要巩固化石能源资源的供给保障能力,加快与新能源结合的优化步伐,从增产和保证煤炭供应的角度出发,优化煤炭生产和工程建设的调控政策。

国家在作出决策之前,必须考虑经济增长与碳减排之间的利益权衡,选择适当的碳减排技术,降低成本和投资风险,提高投资回报。目前,我国工业化进程使用传统能源的比重仍然很大,在技术研发和规模化方面存在许多困难。矿产资源消费结构将受"双碳"目标进行调整,战略性新兴矿产资源的消费增速和电力供给转向使用可再生能源的减碳问题受限于技术创新。做好技术创新,将化石和非化石能源比重重新调配,使得原本供应紧缺的大宗矿产产品需求缓解,可有效减轻供应负担,保障大宗矿产供应,使得供需达到新的平衡。

### (二)矿业发展机遇——高技术矿产发展创新

随着全球"双碳"目标的共识形成,能源体系逐渐由燃料密集型向物质密集型转变,导致新能源产业所需的重要高技术矿产资源的爆炸式增长。新能源体系发展需要用到很多重要的高技术矿产资源,比如锂、镍、锰、钴、石墨和磷等是制作电池所需的重要原材料;稀土金属则是制作电动机和风力涡轮机的关键金属;铜和铝金属则是日常生活中随处可见的电力传输材质;铜、硅、银等是新能源太阳能板所要使用的矿产资源。高技术矿产资源将在全球能源绿色低碳转型过程中发挥重要作用。高技术矿产产业发展模式,将极大地改变矿产品的需求结构,必将带动相应矿产资源消费和需求的高速增长,矿业也将迎来前所未有的发展机遇。因此,保障高技术矿产资源供应依然是这个阶段的主要命题。

## 二、大宗矿产供给保障

大宗矿产资源具有采出量大、储量大、消耗量大等特点,在国民经济中占据重要地位。

它主要包括煤、石油、天然气等能源矿产,铁、锰、铬等黑色金属,铜、铅、锌、铝等有色金属,以及磷、钾、硫、钠、天然碱等非金属。

### (一)煤炭

在"双碳"目标背景下,2021年以来我国煤电阶段性供应紧张问题突出,煤炭等能源价格创多年来新高。2022年以来,受俄乌局势影响,国际能源市场供需失衡,国际政治经济形势具有较大不确定性,导致国内外煤价持续飙升,引发限电、煤电企业亏损等问题。当前,国内煤炭目前仍承担着能源兜底的重任,煤炭"保供稳价"工作意义重大。煤炭的"保供稳价"工作就是保障煤炭供应,稳定煤炭市场价格,保障正常生产和民生用电。当前,地缘局势下煤炭供需面临调整,主要西方国家对俄能源制裁增加煤炭需求,限制煤炭供给,而运输距离和贸易链条变化抬高煤炭运输成本。在诸多因素推动下,全球煤炭将保持供给偏紧的局面,国际煤炭价格预计在高位波动。

2021年3月,十三届全国人大常委会四次会议表决通过的《中华人民共和国国民经济和社会发展第十四个五年规划和2035年远景目标纲要》提出:将煤炭行业的发展重点聚焦于国家煤炭资源富集区;进一步完善区域间的煤炭资源输送管道和收集物流体系,推进国家能源类区域可持续发展示范区建设和创新实验区工作,重点开展采面沉陷收缩点综合治理和独立工矿区整治等项目;推进煤等其他化石燃料的清洁有效使用;健全生产供应销售制度;提高能源长期安全的供给和风险能力,完善煤炭储存能力设计,实现煤炭供应保障。2022年4月,国务院常务会议关于煤炭保供稳价提出申明:要优化煤炭生产、项目建设等核准政策,落实地方稳产保供责任,保障煤炭供应涉及国内煤炭增产、铁路运力调度和煤炭进口等诸多方面。同年5月,李克强主持召开国务院常务会议时提出:要确保能源正常供应,决不允许出现拉闸限电,要优化政策、强化协调,安全有序地解放优质煤炭产能。

在国家发展和改革委员会的统一部署下,山西、陕西、内蒙古等重点省(区)发展和改革委会同市场监管部门,组织当地煤炭和电力企业、行业协会、煤炭交易中心召开专题会议,重点在持续出炉适应各地的地方规划,加强推进保供稳价政策落实。国家发改委还明确了煤炭价格合理区间、强化了区间调控,进一步完善煤炭市场价格机制的同时,大力推动煤炭增产增供。各地也纷纷推动重点煤炭企业在确保安全的前提下稳产高产,将部分保持稳定供应的临时产能转为长期产能,落后生产能力逐渐退出,大中型现代化矿井的产出质量改善、产出弹性提高,全国煤炭供应保障能力将进一步增强。

### (二)石油

原油是开采后未经处理、分硫、提纯的石油,石油产品是关系国计民生的基础性战略资源,与国民经济运行和人民生产生活息息相关。当前,随着全球石油开发能力不断提高,全球石油查明储量整体上呈现上升趋势,但整体储量变化并不明。2020年,全球的石油查明储量共有17 324亿桶,与2012年相比仅上升了2.81%,但总体来说储量较为充足。2021年,世界石油市场由供应过剩转向供应短缺,处于持续降库状态,国际油价大幅回升。国际主要成品油需求持续复苏,全球成品油贸易规模显著扩大。

石油石化类企业承担着能源和石油制品供应的重任,而几个月以来国际油价攀升导致的原料成本走高,已经影响到了企业的生产经营,受到国家层面关注。2021年9月,经国务院同意,国家粮食与运输储备总局将以轮换形式分期分批地投放全国的储备原油。这是自2006年建成第一个储备基地以来,我国第一次向外宣布向市场投放国储原油。此次投放重点针对国内炼化一体化公司,用以减轻生产型公司的原材料价格上涨负担。这是我国首次采取这一举措,发挥国家储备原油市场配置资源的作用,对中国石油工业发展和原油需求现状的一种干预措施。国家投资原油储备能够帮助企业稳定成本。从市场的角度来看,这种资源投入将有效地平衡炼化企业的成本压力,确保炼化企业的顺利运营,并在一定程度上提高国内产品在国际市场上的议价能力,对加强国内石油行业在国际市场上的地位起到重要作用。从宏观上看,实行国家石油储备正常轮换作用于储备市场调节,通过公开招标销售将国家储备原油投放市场,可以更好地稳定国内市场的石油供求平衡,有效地保障国家能源安全和突出中国能源供应的独立性。

### (三)天然气

　　作为一种重要的清洁能源,天然气将在实现"双碳"目标过程中发挥重要作用。中国对天然气的对外依存度已从2015年的32.6%上升到2021年的46%,并将在未来继续上升。天然气广泛应用于生活、供暖等民生领域、公共服务设施和关系国计民生的重点工业领域。当前,中国天然气进口面临新的形势:一是全球低碳转型加速,上游化石能源投资萎缩,天然气供应稳定存在风险;二是俄乌冲突严重影响国际天然气市场,欧洲从俄罗斯转移能源的进程加快,导致欧洲依赖进口液化天然气,以弥补俄罗斯管道天然气供应的缺口;三是中美博弈等地缘政治风险加剧,天然气进口存在不确定性风险。

　　在"双碳"目标的推动下,中国天然气市场进入了"快车道"。国务院发布的"十三五"能源发展规划和国家发展和改革委员会发布的"十三五"天然气发展规划,明确把发展清洁低碳能源作为调整能源结构的主要方向,逐步降低煤炭消费比重,提高天然气和非化石能源消费比重,大力发展天然气产业,逐步培育天然气作为主要能源之一,建立结构合理、供需协调、安全可靠的现代天然气工业体系。在国家发展和改革委员会发布的《天然气利用政策》中,"城市燃气"被列为鼓励产业。政策指出,推进国内发展与多元化引进相结合,天然气供应要立足国内需求,加大国内资源勘探开发投入,不断巩固资源基础,增加有效供应,建立引进国外天然气资源的多元化供应格局,确保天然气供应安全;总体布局与区域协调相结合,加强总体规划,加快天然气干线管网建设,促进和优化支线等区域管网建设,实现国家干线管网与区域管网的互联互通;确保供应和有效利用的结合,坚持高效、环保、节约第一的原则,提高利用效率,培育新兴市场,扩大天然气消费;加快调峰应急储备建设,确保管道安全。以人为本,提高天然气安全供应水平,保障民生用气需求。

　　《中国天然气发展报告(2022)》指出,在各项政策的影响下,面对极其复杂的外部环境,中国天然气产业的生产、供应、储存和营销齐心协力,总体发展稳定,预计2022年天然气产量将增加100多亿 $m^3$。在工业方面,城市燃气消费稳定增长,化肥燃气消费略有增加,商业燃气消费因新冠病毒感染疫情下降,工业和发电燃气消费增长速度明显下降。2022年下半年的需求将受到气候的不确定性以及国际能源市场价格波动的影响。

相关数据显示,到2021年,中国进口7900万t液化天然气,比去年同期增加1200万t,首次超过日本成为世界最大的液化天然气进口国。2022年,中国立足国内市场,增加国内供应潜力的释放,提高自主保障能力,大力加强勘探开发,围绕深水常规天然气、深层页岩气、煤层气等难以动用的储量推进低成本高效益生产。提前适度加快天然气基础设施投资建设,加快推进中俄东线南段、西气东输3号传输线中段、西气东输4号传输线、四川东输2号传输线等一批重大标志性项目,确保能源安全。为了满足日益增长的清洁能源需求,科学合理地引进国际液化天然气资源,确保天然气的安全供应,同时加大国内勘探开发力度,促进国内天然气的储存和生产,具有对我国国民经济发展有着重要的战略意义。

## 三、高技术矿产供给保障

高技术矿产是国家战略性新兴产业发展的重要基础。各国战略不同,高技术矿产清单也各有不同,我国界定的高技术矿产有35种,包括铂族元素、"三稀"矿产、萤石、硼、石墨、高纯石英等非金属矿产以及其他金属。

### (一)稀有、稀散金属

稀有、稀散金属是一种在地球上分布较少、分布稀疏或不易从原矿中分离出来的金属,是当代高科技产品的原材料,在航天、原子能、电子、国防等高技术领域属于相当重要的战略资源。稀有金属一般是指锂、钼、钨、铟、钛等。稀散金属一般是指由锗、镓、硒、铟、碲、铼、铊、铷、铪、钪、钒和镉等元素。

稀有、稀散金属在对应的行业中是必不可少的,并且具有很高的供给集中度和较强的商品属性。与此同时,稀有金属又是国家特殊的战略资源,具有很强的政策属性。近年来,国家对稀有金属保护政策和指导方针主要包括提高门槛、控制总量、限制出口配额、产业一体化等。政府想通过储备稀有金属来调节市场供求平衡,以达到维持价格稳定运行的目的。与此同时,每年减少出口配额的目的是进一步保障市场上稀有金属的供应,加强对在中国失去优势的稀有矿物的保护。

### (二)稀土金属

稀土金属由于其特殊的性质,在国家战略性新兴产业和经济发展中具有举足轻重的作用,对中国高新技术产业的发展具有特殊的战略意义。我国是世界稀土资源储量大国。2020年,我国的稀土矿产量约占全球稀土矿产量的63%,共有13.2万t。到2021年,我国稀土矿产量升至16.8万t,全球占地仍在60%以上。从1996年至今,随着经济和制度环境的变化,稀土行业相关政策一直围绕保障稀土资源供应主题推陈出新,可见我国对于稀土资源的高度重视。"九五"规划指出要进一步加强钨、锡、锑、钼、稀土资源的保护;"十五"规划指出要积极发展稀土深加工产品;"十一五"规划指出要加强对稀土和钨、锡、锑等资源的保护,促进稀土在高新技术产业中的应用;"十二五"规划推进强强联合,跨区域兼并重组优势企业,提高产业集中度,推进研发和产业化稀土材料;"十三五"规划指出,要加快突破稀土新材料领域的核心技术;"十四五"规划指出,稀土金属创新和应用的关键核心是技术培育和增强产业发展新动力。从国民经济"九五"到"十四五"的规划来看,国家对稀土产业的扶持政策始终离不开科技创新,加强对于稀土产业的开发,不仅可以满足市场需求,也能够高效利用稀土资源,以达到保障稀土金属供应的效果。

在"双碳"背景下,新能源产业兴起势必会提高市场对稀土的需求,而我国丰饶的稀土资源能向稀土厂商提供稳定的、价格合理的原材料。2021年1月,工业和信息化部在《稀土管理条例(征求意见稿)》中提出,国家对稀土开采、稀土冶炼和分离实行总量指标管理,实行稀土资源地和稀土产品的战略储备,并首次明确对违反规定企业的处罚条例;同年5月,工业和信息化部制定了中国稀土领域的首部法律法规——《稀土管理条例》,为中国稀土产业的全面规范化发展肃清障碍。同时工业和信息化部新出台的文件草案中还确定了国家稀土监督管理委员会责任划分、国家稀土开发和冶金重要建设项目批准管理制度、国家稀土开发和冶金技术指标管理体系,进一步明确了对中国稀土行业的全面监督管理,尤其是政府监管。政府监管目的是使全社会政府在资源分配中发挥更良好的功能,有效释放和管理相关自然资源。国家稀土条例的出台,有效推动了中国稀土产业链的良性循环发展,使中国稀土产业有法可依。在实现国家"双碳"目标的新轨道上,要提高资源综合利用率促进稀土的可持续发展,以"稀"价出售稀土产品促使稀土供应弹性被更严格地制约。

## 第三节 能源和矿产资源供给安全的资源优化配置方案与管理策略

伴随着全球资源政治化、价格金融化、政策调整逐利化等问题突出,并叠加新冠病毒感染疫情、主要资源生产国政治变化等不确定性因素影响,我国境外资源供应遭受不确定性冲击,矿产资源供应链体系将会变得脆弱。因此,中国应进一步健全资源安全供应保障策略,努力做好资源优化配置与市场管理规划。

### 一、国家能源和矿产资源供给安全

#### (一)能源和矿产资源未来需求

目前我国开始进入工业化中后期阶段,相应地,我国未来矿产资源需求虽然会持续增长,但是涨幅将逐渐减少,陆续达到需求峰值。为实现"两个一百年"奋斗目标,仍然需要提高人均消费水平,消耗较高资源,所以我国矿业还面临大量需求,合理保障能源和矿产资源供给安全非常重要。

国际能源署(IEA)发布的报告和国际货币基金组织(International Monetary Fund, IMF)预测显示,未来20年与新能源相关的关键矿产需求总量将会增加2~4倍,部分矿产需求也将会大幅飙升,例如锂的需求会增加13倍以上,石墨会增加8倍以上,钴会增加6倍以上,镍会增加6倍以上,锰会增加3倍以上,稀土会增加3倍以上,铜会增加2倍以上,钼会增加2倍以上,硅会增加2倍以上,等等。这些矿产资源将成为低碳社会的"粮食"或"新石油",新能源矿产的供需缺口必然会成为实现"双碳"目标的瓶颈,这进一步刺激了对矿产资源的需求。但未来很多矿产资源供应很有可能难以跟上新能源需求迅速增长的事实,很多重要矿产资源特别是新能源矿产供应紧张已经初露端倪。

### (二)战略性矿产资源供应面临的挑战

在全球形势变化不定和某些资源丰富国家矿业政策调整频繁的影响下,我国战略性矿产资源供应风险可能继续上升,安全保障面临着严峻挑战,主要表现在以下几个方面。

一是新增战略性矿产资源储量滞后于储量消耗增长。矿产资源属于不可再生资源,短期内通过勘查来增加战略性矿产资源储量面临着瓶颈。一方面,矿产资源勘查对科技要求提高。长期以来,由于我国勘查技术创新驱动不够,深部资源勘查能力有限,特别是海洋矿产资源开发利用技术创新的滞后,导致战略性矿产资源储量的增长速度减缓。另一方面,快速发展的工业化和城镇化进一步加强了对战略性矿产资源的依附度。近年来,受经济快速发展影响,矿产资源消费呈明显递增趋势,因此,新增战略性矿产资源储量滞后于储量消耗增长,资源透支较严重。

二是战略性矿产品的实际消费增长超过了生产供给。即使国民经济的快速发展加快了矿产品生产和消费的增长,但国内战略性矿产品生产供给的增长始终跟不上实际消费的增长速度,较为依赖外国进口,影响国家发展安全。在国内生产供给方面,关键性技术壁垒加大了战略性矿产资源生产难度。我国科技在某些方面落后并受制于西方发达国家,"卡脖子"技术在战略性矿产品生产上表现得尤为突出,导致战略性矿产品内部生产能力有限。另一方面,能源外交并不能从根本上消除战略性矿产品供应风险。战略性矿产品在国际交易中受到发达国家的严控,我国战略性矿产品国际竞争力和话语权不足,国外进口受制于人,影响了战略性矿产品的供应安全。

三是全球资源问题日益政治化。越来越多的国家开始重视战略性矿产并制约其他国家矿产品工业化发展,伴随着境外办矿标准提升、矿产品价格金融化,新冠病毒感染疫情、国际政治事变等问题,我国境外资源供应的潜在危机风险逐渐凸显。新能源产业带动新能源矿产品需求增长,但部分矿产品供应能力却不足以追赶上需求的增幅,导致能源转型延迟,还可能并发代价更大的经济风险。能源危机全球蔓延,增加了保供取暖和相关产业发展的供应压力;美欧更加重视矿产资源安全,在完善矿产资源供应链体系建设后,制约中国海外矿产资源投资与进口的可能性在增加。除了可能影响市场的地缘政治冲突和紧急情况之外,随着未来全球"碳中和"的推广,与新能源有关的矿物需求和竞争可能会增加。此外,国际资本将利用自身的优势和规则,炒作和控制与新能源相关的矿产品,矿产品价格和安全供应不稳定可能会成为当前我国所面临的风险。

### (三)战略性矿产资源安全保障策略

当今世界百年未有之大变局加速演进,经济社会发展的不确定性因素增多,战略性矿产资源供需出现区域性不协调,构建战略性矿产资源安全保障体系显得极为紧迫。中国的初级商品依赖进口,外采率较高,进口来源地相对单一。原材料价格上涨导致工业成本上升,针对身为制造业大国的中国,其能源及战略物资供应格局都将会受到成本上涨的负面影响,其资源供应将受到诸多风险因素制约。

为提升我国资源安全水平,需要努力做好以下工作:

(1)加强勘查顶层规划与开发投入力度。有针对性地加大对战略性矿产资源的勘查,加大战略性矿产资源储备和供应,比如锂、钴、离子型稀土等。构建常态化的中央—地方—企业投资体系,加大中央和地方勘查资金投入,鼓励和引导社会资金参与战略性矿产勘查领域,推动科技创新,推进战略性矿产资源勘探与开发利用的工作。

(2)提升数据信息知识整合与服务水平。数据信息知识整合与服务水平是保障战略性矿产资源安全的关键。首先,摸清战略性矿产资源底数。加强战略性矿产资源治理的智慧化,运用大数据技术,建立战略性矿产资源储备、供给及需求数据库,准确掌握战略性矿产资源家底。其次,建立动态的战略性矿产资源储备目录。整合国内和国际市场对战略性矿产资源定位信息,借助云计算技术,实现战略性矿产资源储备目录的动态变化,确保能源储备安全。最后,利用现代化手段和机制,提升信息服务质量。

(3)注重战略性矿产资源节约与综合利用。全产业链开源节流是保障战略性矿产品供应安全的内在要求。首先,提高战略性矿产资源的综合利用效率。在战略性矿产开采时,充分利用具有较高工业价值的共生、伴生矿产,推进矿产资源的集约利用。其次,加强战略性矿产资源的合理布局。提高矿产资源开发集中度,科学划分开发区域,合理设置矿产权,利用市场调节机制,促进战略性矿产资源的充分开发。最后,转移战略性矿产资源的需求。通过技术创新和产业的优化升级,减少材料浪费,降低工业发展对战略性矿产资源安全保障压力。同时,积极寻找工业生产所需能源替代品,在可能的情况下,用丰富廉价的能源来替代战略性矿产资源。

(4)营造合作与牵制并重的新型国际关系。将"一带一路"倡议作为契机,建立国与国之间安全的供应链体系。首先,通过多边合作,倡导贸易和投资自由化以扩大供应市场。建立和巩固与世界矿产资源丰富国家的能源供应链,保障进口稳定和运输线路的安全;同时,为了实施与主要矿业大国和地区之间矿业投资保障项目,必须要坚定与它们合作的态度和决心;其次,搭建高效的信息网络,利用现有、多功能和协同的外交与国际化的合作网络,整合各国战略矿产资源的行业信息,例如将发展趋势、关税法规、营销建议等信息提供给企业,促进搭线战略矿产资源企业的国际合作。

(5)提升本国企业竞争力。将提升本国企业竞争力作为参与国际能源合作的根本落脚点,加强对战略性矿产资源专业人才培养和政策倾斜,助推本国企业在国际能源贸易中抢占主导地位。

在保障最基本、最关键的资源产品供应后,如何在资源供应存在不确定性因素的时候用有限的资源最有效地满足社会经济发展的需求,需要各管理部门分担好工作,合理地配置资源。

## 二、资源优化配置方案与管理策略

能源和矿产资源作为一种资产和生产要素,应当有明确的配置目标,即在遵循能源矿产资源的自然属性和规律的前提下,以最有效的管理方式满足社会经济发展对有限资源的需求。能源矿产资源的优化配置本质上是国民经济建设和社会发展中资源资产的最优配置。应统筹生态保护和高质量发展,加强区域能源供需衔接,优化能源开发利用布局,提高资源配置效率,推动农村能源转型变革,促进乡村振兴。完善能源生产供应格局,发挥能源富集地区战略安全支撑作用,加强能源资源综合开发利用基地建设,提升国内能源供给保障水平。加大能源就近开发利用力度,积极发展分布式能源,优化能源输送格局,减少能源流向交叉和迂回,提高输送通道利用率。

### (一)发挥市场机制在资源优化配置中的基础性作用

充分发挥市场机制在矿产资源配置中的作用,要做好以下几方面工作:

(1)规范资源市场价格。建立权威的矿产勘查成果评估机构,增强投资者对矿产勘查投资的信心,配合矿业权交易和矿业资本市场的启动,深化价格形成机制的市场化改革,研究和完善成品油价格形成机制,稳步推进天然气价格市场化改革,最终实现通过市场拍卖不受行政审批,拍卖应体现公平原则,防止腐败,有效保护法人财产权。

(2)消除各种形式的垄断,让市场配置矿产资源。为了保证市场公平竞争,国家预算支持的特殊商业性矿产勘查项目应对勘查主体给予补贴和公平待遇,避免不正当竞争。同时,落实外商投资法律法规和市场准入负面清单制度,修改能源领域相关法律法规。支持新模式和新业务形式的开发。消除市场准入、投资和经营、参与市场交易以及新能源模式和新业务形式等方面的体制障碍。支持各类市场主体依法平等进入能源领域以外的负面清单。推进油气勘探开发市场化进程,实行勘探区块竞争性转让制度和更严格的区块退出机制,加快油田服务市场建设。积极稳妥地深化能源领域国有企业混合所有制改革,进一步吸引社会资本进入能源领域。

(3)推进矿产勘查开发企业规范化经营和集团化经营。中国矿业的发展必须要有一批规范的矿产勘查开发企业。但是,中国现有的地质勘探单位与大多数矿山企业在这一要求上还存在着差距。加快改革和优化能源产业组织结构,建设具有创新活力的能源企业,推进装备制造、工程建设、技术研发、信息服务等油气领域竞争性产业的市场化改革。

(4)促进能源资源的市场化配置。抓紧完成天然气交易市场顶层设计,形成竞争有序、供应有保证的天然气价格结构,进一步健全国际天然气交易平台。健全原油期货交易市场,及时开展全国成品油、天然气期货交易。促进全国中央与地方煤炭中国外汇交易中心和全国银行间同业拆借交易中心的统筹开发,加速形成统一、公开、层次分明、功能齐全、交易有序的现代煤炭市场系统。

### （二）加强宏观调控在矿产资源供给中的作用

在国家层面，由于我国当前矿产勘查的问题复杂，并且国际形势也不容乐观，要想消除矿业所面临的困难，仅仅靠市场机制来调配是不够的，政府必须介入其中加以强力有效的干预，要做到宏观调控和市场机制相互配合，以实现能源和矿产资源的最优配置。

加强宏观调控在矿产资源供给中的作用，要做好以下几方面工作：

（1）建立矿产资源利用效益、使用效率考核指标。建立一套鼓励和限制、奖励和惩罚的办法，以便促进资源的优化利用。对市场调节不起作用的领域，政府直接配置，倡导公益地质工作，减少商业性地质工作风险。

（2）加大矿业权的保护力度，严格控制新勘查单位的组建。严肃查处侵犯矿业权的事件，并公开曝光，引以为戒；控制新的国有独资勘查单位的组建，但允许非国有勘查单位的进入。

（3）深化油气管网建设和运行机制改革，引导地方管网以市场为导向融入国家管网公司，支持各类社会资本投资油气管网等基础设施，制定和完善管网运行调度规则，促进国家"一网"的形成。推动油气管网设施向第三方市场主体公平开放，提高油气集约输送能力和公平服务水平，承担起各方保证供应的责任。

（4）加强对化石能源行业监督管理。进一步优化能源市场监管，完善能源立法制度，逐步形成以能源法为指导，以煤炭、电力、石油燃气、可再生能源等领域的单项立法制度为基础，以有关配套法律制度为补充的能源立法制度。完善新能源行业自然资源垄断环节的监督管理体制机制，进一步强化对公平开放、市场运行调节、服务价格、企业社会责任等方面的监督管理。

（5）加强能源新型标准体系建设。修订支撑引领能源低碳转型的重点领域标准和技术规范，提升能源标准国际化水平，组织开展能源资源计量及其碳排放核算服务示范。加大行政执法力度，维护市场主体合法权益，促进市场竞争公平、交易规范和信息公开，持续优化营商环境，保障国家能源规划、政策、标准和项目有效落地。

（6）建立专项基金用于支持矿产勘查工作和对矿业的税收优惠。基金的管理要有专门机构和一套规范的办法。完善和落实财税、金融等支持政策。落实相关税收优惠政策，加大对可再生能源和节能降碳、创新技术研发应用、低品位难动用油气储量、致密油气田、页岩油、尾矿勘探开发利用等支持力度。落实重大技术装备进口免税政策。构建绿色金融体系，加大对节能环保、新能源、二氧化碳捕集利用与封存等的金融支持力度，完善绿色金融激励机制。对矿业实行税收优惠，减轻矿山企业和地勘单位负担，降低国内资源的勘查成本，提高竞争能力。在改革税种的基础上实行"税前扣减"和"亏损后移"的优惠政策。

# 主要参考文献

21世纪经济报道,2021.2025年需达到2000万吨年产量,再生有色金属何以被划为"两高"?[EB/OL].(2021-08-18)[2022-04-26].https://baijiahao.baidu.com/s?id=1708419854341341834&wfx=spider&for-pc.

辰于公司,2022.风光正盛 潜力待掘:再生有色金属行业展望[EB/OL].(2022-01-14)[2022-04-26].https://huanbao.bjx.com.cn/news/20220114/1199359.shtml.

陈甲斌,刘超,冯丹丹,2022.矿产资源安全需要关注的六个风险问题[J].中国国土资源经济(1):15-21,70.

陈丽荣,2020.2020年中国再生资源行业市场现状与发展前景分析 金属再生产业机遇挑战并存[EB/OL].(2020-12-24)[2022-04-26].https://www.qianzhan.com/analyst/detail/220/201224-045b3163.html.

陈蕊,秦晓勇,2014.我国石油定价话语权缺失的原因及对策建议[J].中国石油和化工经济分析(5):54-55,58.

陈田林,2011.我国采矿技术的现状及发展趋势[J].技术与市场,18(7):504.

陈喜峰,2016.中国铝土矿资源勘查开发现状及可持续发展建议[J].资源与产业,18(3):16-22.

成金华,刘凯雷,徐德义,等,2021.战略性关键矿产资源可供性研究现状与展望[J].石家庄经济学院学报,44(1):95-103.

程民贵,2022.国际气价大幅波动下中国天然气行业稳定发展的探讨[J].国际石油经济,30(8):51-57.

程少逸,高正波,曹建,2022.我国战略性矿产资源供应安全的挑战与应对[J].矿冶,31(1):126-130.

程新,沈镭,2011.欧盟矿产资源政策走向及对我国的影响分析[J].中国矿业,20(7):1-5.

邓光君,2006.国家矿产资源安全理论与评价体系研究[D].北京:中国地质大学(北京).

樊少华,2022.如何应对全球能源供给面临的挑战[J].中国对外贸易(3):28-32.

冯丹,陆朝荣,董仕宝,2020.我国国内石油供给安全形势分析[J].广州化工,48(8):21-23.

冯进城,2010.中国金属矿产资源安全战略研究[D].武汉:中国地质大学(武汉).

干勇,彭苏萍,毛景文,等,2022.我国关键矿产及其材料产业供应链高质量发展战略研究[J].中国工程科学,24(3):1-9.

高波,2021.定价机制转变对我国铁矿石进口的影响研究[J].冶金管理(16):27-33.

谷树忠,李维明,2014.实施资源安全战略确保我国国家安全[N].人民日报,2014-04-29(10).

观研天下,2021.2020年我国各省份铜矿储量占比情况[EB/OL].观研报告网.(2021-07-14)[2022-02-20]. https://data.chinabaogao.com/yejin/2021/0G454R5H021.html.

郭达清,2022.废钢对实现"双碳"目标作用重大[N].中国冶金报,2022-01-13(01).

郭达清,吕林,张雨恬,2021.全国炼钢综合废钢比"十四五"末将达30%[N].中国冶金报,2021-09-24(01).

郭豪杰,段灼,黄宇坤,等,2021.含钴二次资源综合回收技术研究进展[J].矿产保护与利用,41(5):55-64.

郭娟,崔荣国,闫卫东,等,2022.2021年中国矿产资源形势回顾与展望[J].中国矿业,31(1):11-17.

郭志强,2020.全国人大代表、华菱集团董事长曹志强:两大路径提升钢铁产业链供应链稳定性[J].中国经济周刊(10):86-87.

国家发展改革委,财政部,自然资源部,2021.关于印发《推进资源型地区高质量发展"十四五"实施方案》的通知:发改振兴〔2021〕1559号[A/OL].(2021-11-05)[2022-10-07]. https://www.ndrc.gov.cn/xwdt/tzgg/202111/t20211112_1303791.html?code=,%20state=123.

国家发展改革委,财政部,自然资源部,等,2020.关于加快推进天然气储备能力建设的实施意见:发改价格〔2020〕567号[A/OL].(2020-04-10)[2022-04-30]. https://www.ndrc.gov.cn/xxgk/zcfb/tz/202004/t20200414_1225639.html?code=,%20state=123.

国家发展改革委,国家能源局,2022.关于印发《"十四五"现代能源体系规划》的通知:发改能源〔2022〕210号[A/OL].(2022-01-29)[2022-04-30]. https://www.ndrc.gov.cn/xwdt/tzgg/202203/t20220322_1320017.html?code=,%20state=123.

国家能源局,2016.《国家石油储备条例(征求意见稿)》公开征求意见[EB/OL].(2016-05-31)[2022-04-30]. http://www.nea.gov.cn/2016-05/31/c_135402100.htm.

国家能源局石油天然气司,国务院发展研究中心资源与环境政策研究所,自然资源部油气资源战略研究中心,2020.中国天然气发展报告2022[EB/OL].(2020-08-19)[2022-10-09]. http://www.nea.gov.cn/1310654101_16611369890181n.pdf.

何兴华,1997.可持续发展论的内在矛盾以及规划理论的困惑——谨以此文纪念布隆特兰德报告《我们共同的未来》发表10周年[J].城市规划(3):48-51.

何艳,2020.废钢加工企业风险探究[J].冶金财会,39(12):36-39.

何昱璞,2022.需求旺盛供应紧张稀土价格再创新高[N].中国证券报,2022-02-16(A06).

河南有色金属,2022.中国有色金属工业协会会长葛红林在2022年中国铝业周开幕式上的致辞(信息量大)[EB/OL].(2022-11-23)[2022-11-24].https://mp.weixin.qq.com/s?__biz=MzAxMTEyMzg5OA==&mid=2650541150&idx=1&sn=afd2a804b5036cc83578ba3c33797a28&chksm=834d418bb43ac89daa576be9a4ac24f74e81b7fc0a1f5595c837569bff1a3f36d845fcf5f882&scene=27.

侯永丰,2021.浅谈中国进口铁矿石定价机制及变化趋势[J].现代营销(经营版)(7):10-11.

侯增谦,陈骏,翟明国,2020.战略性关键矿产研究现状与科学前沿[J].科学通报,65(33):3651-3652.

胡德胜,2022.德法英能源供给结构变革与制度演进及其对中国的启示[J].西安交通大学学报(社会科学版)(4):61-73.

胡争光,王新天,2019.浅析上海原油期货的定位与影响[J].区域金融研究,12:60-66.

黄珮,2018.锂电池规模化回收利用成行业难题[J].能源研究与利用(5):14-15.

黄文静,张文朗,彭文生,2022.中金2022下半年展望|通胀:喧嚣中的平静[EB/OL].(2022-06-14)[2022-10-10].https://finance.sina.com.cn/stock/stockptd/2022-06-14/doc-imizirau8303072.shtml?cref=cj.

贾逸卿,段红梅,柳群义,2021.中国废钢资源化利用趋势:2020—2035年分析预测[J].中国矿业,30(3):31-36,42.

江光宇,张照志,王贤伟,等,2017.中国铝土矿可供性分析[J].地球学报,38(1):85-93.

金油财经,2022.中国一季度进口原油价格出炉,伊朗最便宜,增加储备油的机会来了[EB/OL].(2022-05-21)[2022-10-09].https://baijiahao.baidu.com/s?id=1733435821991862431,%20wfr=spider,%20for=pc.

鞠建华,2022."双碳"目标背景下矿业发展新机遇与实现路径[J].中国矿业,31(1):1-5.

考拉矿业观察,2021.关于组建"海外铁矿石开发国家队"的畅想[EB/OL].(2021-05-12)[2022-06-06].https://www.zhaogang.com/article?id=46867&type=NEWS.

郎诗桐,2022.[安泰科研究]紧随市场产销两旺,立足主营业绩大涨——2021年国外跨国铝业公司运营及生产情况简析[EB/OL].(2022-05-10)[2022-10-10].https://www.antaike.cn/index.php?v=show&cid=7&id=2664.

黎宇科,李震彪,2019.我国新能源汽车动力蓄电池回收利用现状、问题及建议[J].资源再生(8):32-37.

李成章,2020.中国企业对外直接投资动因分析[J].广西质量监督导报(2):92-93.

李航,朱兴珊,孔令峰,等,2022."双碳"目标下中国天然气行业高质量发展建议[J].国际石油经济,30(8):16-22.

李建康,刘喜方,王登红,2014.中国锂矿成矿规律概要[J].地质学报,88(12):2269-2283.

李金发,2015. 找矿突破战略行动,实践阶梯式发展论的典型范例——找矿突破战略行动成就回顾与经验反思[J]. 国土资源(3):24-27.

李静,楠玉,2019. 人力资本错配下的决策:优先创新驱动还是优先产业升级?[J]. 经济研究,54(8):152-166.

李丽旻,2021. 加快锂资源"回笼"迫在眉睫[N]. 中国能源报,2021-08-09(008).

李玲,2022. 加快构建反映亚洲市场供需的油气价格体系[N]. 中国能源报,2022-06-13(09).

李瑞娜,2021. 我国铝矿资源现状分析及可持续发展建议[J]. 中国金属通报(2):5-6.

李天骄,梁海峰,李建武,等,2019. 基于Hubbert峰值模型的中国有色金属产量峰值研究[J]. 中国矿业,28(7):75-80.

李惜,2022. 健全废旧锂离子电池回收利用支撑体系[N]. 中国矿业报,2022-03-12(004).

李晓依,许英明,肖新艳,2022. 俄乌冲突背景下国际石油贸易格局演变趋势及中国应对[J]. 国际经济合作(3):10-18.

李璇,倪旭,张海亮,2021. 金属资源产业对外直接投资对中国与东道国全球价值链地位的影响[J]. 资源科学(10):1976-1989.

李裕伟,2015. 矿产资源可供性分析的原理与方法[J]. 中国国土资源经济,28(2):8-13.

梁凯,2005. 我国矿产资源可供性系统研究[D]. 北京:中国地质大学(北京).

刘彬,王银宏,王臣,等,2014. 中国钴资源产业形势与对策建议[J]. 资源与产业,16(3):113-119.

刘超,王嫱,冯丹丹,等,2019. 主要矿产品供需形势分析报告(2019年)[M]. 北京:地质出版社.

刘贵清,张邦胜,张帆,等,2020. 中国镍矿资源与市场分析[J]. 中国资源综合利用,38(7):102-105.

刘慧芳,2013. 我国稀土资源管理中国内利益相关方博弈分析[J]. 财贸经济(1):104-109.

刘金龙,李仫民,周永恒,等,2022. 镍矿床分布、成矿背景和开发现状[J/OL]. 中国地质(2022-04-28)[2022-08-01]. https://kns.cnki.net/kcms/detail/11.1167.P.20220427.1747.002.html.

刘京青,2013. 大力发展再生有色金属产业[N]. 中国有色金属报,2013-03-23(01).

刘凯,张文文,2018. 中国对外直接投资存在制度偏好吗——基于投资动机异质视角[J]. 宏观经济研究(7):59-75.

刘浏,2020. 钢铁工业的绿色发展[J]. 中国钢铁业(12):23-26.

刘满平,2022. 俄乌冲突重构全球能源供给版图[J]. 国企管理(12):18-19.

刘梅,戴涛涛,2020. 我国天然气资源现状与发展前景初探[J]. 石化技术,27(9):52-53.

刘明月,2020. 中国对外投资安全保障建设要点分析[J]. 现代经济信息(1):63-64.

刘舒飞,陈德稳,李会谦,2016.中国锂资源产业现状及对策建议[J].资源与产业,18(2):12-15.

刘羊旸,2020.《新时代的中国能源发展》白皮书发布[N].光明日报,2020-12-22(01).

卢大伟,2005.黑龙江省矿产资源保障程度评价及可持续发展研究[D].北京:中国地质大学(北京).

卢奇秀,李丽旻,2022.国内锂资源保供"有底气"[N].中国能源报,2022-04-04(001).

卢正源,杨玮圆,郑晨,2021.2021年全球及中国对外投资趋势全景分析报告[EB/OL].(2021-03-16)[2022-06-23].https://pdf.dfcfw.com/pdf/H3_AP202103161472403744_1.pdf?1615911018000.pdf.

鹿爱莉,孙志伟,张华,2010.我国铜矿资源可供性分析[J].资源与产业,12(1):12-16.

吕清刚,柴祯,2022."双碳"目标下的化石能源高效清洁利用[J].中国科学院院刊,37(4):541-548.

罗锦程,2022.完善废动力电池回收处理体系的思考[J].新农业(4):83-84.

马骏,2021.高价格下中国铜产业运行承压产业结构调整工作仍任重道远——2021年上半年中国铜产业运行态势分析[J].中国有色金属(12):42-45.

毛建华,2022b.何金碧代表:加快我国再生有色金属产业高质量发展须解决好三方面问题[J].中国有色金属(6):50.

毛建华,2022a.李炜代表:建议进一步调整和完善再生金属产业税收政策[J].中国有色金属(6):48.

苗琦,孟刚,陈敏,等,2020.我国煤炭资源可供性分析及保障研究[J].能源与环境(2):6-8,23.

牟小刚,马杰,朱青,2013.我国对铁矿石进口价格话语权的缺失及应对策略[J].对外经贸实务(10):29-32.

穆光宗,2010.还原马尔萨斯和马寅初人口思想的历史价值[J].人口与发展,16(3):87-100.

彭睿娥,2021.煤炭资源分布特征与勘查开发前景研究[J].内蒙古煤炭经济(1):203-204.

齐景丽,申传龙,王凡,等,2020.我国石油消费新趋势研究[J].当代石油石化,28(8):20-24.

祁新,2020.国际油价大幅下跌回顾及2020年国际油价走势分析[J].中国能源,42(9):25-27.

前瞻经济学人,2022.2022年中国动力锂电池回收行业市场竞争现状分析广东地区回收服务网点和企业分布较多[EB/OL].(2022-04-06)[2022-04-26].https://baijiahao.baidu.com/s?id=1729338758423529347&wfr=spider&for=pc.

乔宇,2022.采矿工程中的采矿技术与施工安全研究[J].当代化工研究(1):72-74.

秦新丽,吕涛,2011.应对突发性能源短缺的应急能力评价模型研究[J].能源技术与管理(5):65-68.

秦志伟,2021."钴奶奶"发威"两条腿"应对[N].中国科学报,2021-11-08(003).

任春梅,2007.清洁发展机制对我国可持续发展的影响分析[D].长春:吉林大学.

任彦瑛,2021.中国铜矿资源的现状及潜力分析[J].中国金属通报(1):5-6.

上海有色网,2022.全球与中国铜资源中长期供需格局[铜峰会][EB/OL].(2022-07-19)[2022-10-07].https://news.smm.cn/news/101883830.

石洪宇,王利宁,李玮,2020.全球石油市场现状及未来走势研判[J].国际石油经济(9):49-56.

宋建军,王国平,2022."双碳"背景下保障关键矿产供应链安全的思考[J].中国国土资源经济,35(8):4-9.

苏铭,2022.以系统思维保障能源安全[N/OL].经济日报,2022-09-06[2022-10-10].https://baijiahao.baidu.com/s?id=1743174367131987853&wfr=spider&for=pc.

孙传尧,宋振国,朱阳戈,等,2019.中国铜铝铅锌矿产资源开发利用现状及安全供应战略研究[J].中国工程科学,21(1):133-139.

孙燕铭,谌思邈,2021.长三角区域绿色技术创新效率的时空演化格局及驱动因素[J].地理研究,40(10):2743-2759.

碳客LAB,2020.中国成第一大进口国!买买买背后的天然气存储挑战……[EB/OL].(2020-04-26)[2022-04-30].https://mp.weixin.qq.com/s/AZ-WbaYxyyo_JAumz83YbA.

汤明明,2021.简述现代化采矿工艺在采矿工程中的应用[J].当代化工研究(20):138-139.

汤绪,2022.高度关注气候脆弱性对未来能源供给安全的可能影响[J].防灾博览(2):6-11.

佟家栋,2000.国际贸易理论的发展及其阶段划分[J].世界经济文汇(6):39-44.

汪金峰,赛娜,康契瀛,2022.构建战略性矿产资源安全保障体系[N/OL].中国社会科学报,2022-04-20[2022-05-27].https://baijiahao.baidu.com/s?id=1730590295522569428&wfr=spider&for=pc.

汪民,2016.在全国矿产资源规划实施动员暨找矿突破战略行动第三阶段工作部署视频会上的讲话[J].国土资源通讯(24):13-17.

王安建,王高尚,邓祥征,等,2019.新时代中国战略性关键矿产资源安全与管理[J].中国科学基金,33(2):133-140.

王安建,肖克炎,王全明,1999.国土资源评价若干构想——以矿产资源评价为例[J].中国地质(6):4-6,29.

王蓓,高芸,胡逸丹,等,2022.2021年中国天然气发展述评及2022年展望[J].天然气技术与经济,16(1):1-9,16.

王冰,2021.紧抓新机遇谋划新空间助力绿色发展——中国再生铅产业链高质量发展峰会在阜阳召开[J].资源再生(5):24-28.

王晨,2021.2025年需达到2000万吨年产量,再生有色金属何以被划为"两高"?[EB/

OL]. (2021-08-18)[2022-04-26]. https://m.21jingji.com/article/20210818/herald/fc993656691559ab7d8e4010bd1306eb.html.

王登红,2019.关键矿产的研究意义、矿种厘定、资源属性、找矿进展、存在问题及主攻方向[J].地质学报,93(6):1189-1209.

王迪狄,2022.2021年国内外原油市场分析[J].石化技术,29(6):279-280.

王吉位,2021."十四五"再生有色金属产业发展战略研究思路和重点[J].资源再生(7):3.

王晶,2021.我国废钢资源利用现状及促进废钢行业发展的政策建议[J].冶金管理(8):14-16.

王琪,刘思蒙,2022.我国再生铝回收跑向成熟"赛道"[N].中国有色金属报,2022-01-27(05).

王嫱,2020.矿产品对外依存度计量方法模型与应用研究[J].中国国土资源经济,33(9):60-67.

王素萍,2008.我国钴矿供需形势分析及对策建议[J].世界有色金属(7):34-35.

王轶辰,2022.补齐天然气储气设施短板[EB/OL].(2022-09-15)[2022-10-10]. https://baijiahao.baidu.com/s?id=1743995213570973235&wfr=spider&for=pc.

王翊,2008.可持续发展研究中的不同经济理论模型[J].生态经济(11):68-71,77.

王越,潘继平,2020.新一轮低油价对石油行业的影响及对策建议[J].国际石油经济,28(3):59-64.

王自国,2020.锂供需分析及价格波动分析[J].中国矿业,29(S1):16-18.

王自国,2021.国内外锂资源开发现状及产业发展预测[J].中国煤炭地质,33(S1):52-55.

魏巍,2017.论述矿井综合物探技术在矿井防治水中的应用[J].技术与市场,24(7):223,225.

温子龙,2020.2019年中国铁矿供需现状及未来发展建议[J].冶金经济与管理(1):28-31.

文博杰,陈毓川,王高尚,等,2019.2035年中国能源与矿产资源需求展望[J].中国工程科学,21(1):68-73.

吴巧生,周娜,成金华,2020.战略性关键矿产资源供给安全研究综述与展望[J].资源科学,42(8):1439-1451.

吴小飞,2019.石油金融化对我国石油安全的重要性分析[J].化工管理(16):134-135.

武秋杰,吕振福,曹进成,2020.我国铁矿大型资源基地开发利用现状研究[J].现代矿业,36(8):113-115,138.

奚佳蕊,2021.中国首开释放国家石油储备大门的意义重大[EB/OL].(2021-09-15)[2022-04-30]. https://mp.weixin.qq.com/s/nJ8wFPb9uHtT92rP7Lq-gg.

熊靓辉,李调丽,张会琼,等,2019.国内外铜矿资源供需现状及趋势分析[J].矿产勘查,10(2):159-164.

熊岚,2022.数说世界|中国石油进口情况分析[EB/OL].(2022-04-20)[2022-04-30].https://m.thepaper.cn/newsDetail_forward_17705428.

徐光,2011.构建广西再生有色金属回收网络研究[J].中国城市经济(15):388-389.

徐曙光,陈丽萍,王威,2009.铁矿可供性分析模型的构建与思考[J].国土资源情报(5):19-21,52.

许拟,2015.沪铜价格变化与期货市场定价话语权研究[J].中国软科学(9):182-192.

许勇,2021.中国拉动全球矿业市场企稳回暖[N].中国黄金报,2021-10-29(03).

雪球网,2022.2021年中国原油、成品油数据[EB/OL].(2022-04-03)[2022-10-09].https://xueqiu.com/4774493504/216058575.

杨丹辉,张艳芳,李鹏飞,2017.供给侧结构性改革与资源型产业转型发展[J].中国人口·资源与环境,27(7):18-24.

杨宏明,2006.铜企业竞争力评价指标体系研究[J].矿冶(3):102-104.

杨建锋,马腾,王尧,等,2020.全球与中国主要金属矿产资源勘查长期趋势分析[J].中国矿业,29(10):1-7,19.

杨净茹,罗娜,2021."双循环"新发展格局下的矿业之路[N/OL].中国有色金属报,2021-06-29[2020-04-20].https://www.chinania.org.cn/html/jienengxunhuan/xunhuanjingji/2021/0630/44544.html.

杨倩,2012.中国钢企增加铁矿石定价话语权[J].金属矿山(8):79.

杨永明,2021.中国能源大数据报告(2021)——天然气篇[EB/OL].(2021-06-16)[2022-10-07].https://news.bjx.com.cn/html/20210616/1158388.shtml.

杨永明,2022.中国能源大数据报告(2022)——天然气行业发展[EB/OL].(2022-07-07)[2022-10-07].https://news.bjx.com.cn/html/20220707/1239454.shtml

杨子,2021.低碳发展扩大应用推动全国废钢资源利用实现新高——对话中国废钢铁应用协会专家委员会主任李树斌[J].资源再生(10):16-18.

姚元文,2018.我国有色金属矿产资源勘查开发现状与政策探讨[J].世界有色金属(7):143-144.

佚名,2017.《全国矿产资源规划(2016—2020年)》发布[J].中国矿业,26(2):151.

佚名,2022.国际石油市场回顾与展望[N].中国石化报,2022-04-29(06).

于佳欣,2021.2021年第二届中国稀土产业链论坛在成都召开[J].稀土信息(5):1.

于晓飞,龙宝林,赵立群,等,2019.新中国矿产勘查进展与未来重点勘查方向[J].国土资源情报(12):21-31.

余娜,2022.备战碳减排钢铁工业2030年前碳达峰可期[N].中国工业报,2022-03-22(01).

余韵,陈甲斌,2017.危机矿产全球研究进展初探[J].中国国土资源经济,30(11):15-21.

余泽远,2020.不确定性环境下电力系统风险评估及应急能力评价研究[D].广州:华南理工大学.

袁铂宗,祁欣,2021.对外投资合作促进"双循环"新发展格局的实践路径及优化对策[J].国际贸易(9):52-60.

张炳达,王杰,2019.充分利用原油期货市场促进我国石油产业发展探析[J].经济师(1):81-84.

张丹琳,2020.当前稀土资源现状与供需形势分析[J].国土资源情报(5):37-41.

张海坤,胡鹏,姜军胜,等,2021.铝土矿分布特点、主要类型与勘查开发现状[J].中国地质,48(1):68-81.

张继勇,2022.我国废钢产业内生动力强劲[N].中国矿业报,2022-02-28(01).

张建强,宁树正,陈美英,等,2020.我国煤炭资源开发前景及对策[J].地质评论,66(1):143-145.

张莓,2002.美国矿产资源可供性分析系统和工作原理简介[J].中国矿业(3):15-17.

张锐,房迪,2022.气候变化背景下的能源安全困境与全球能源治理[J].国际石油经济(5):1-9.

张生玲,胡晓晓,2020.中国能源贸易形势与前景[J].国际贸易(9):22-30.

张帅,李蕾,2008.对我国能源经济安全问题的思考[J].理论视野(3):54-59.

张苏江,崔立伟,孔令湖,等,2020.国内外锂矿资源及其分布概述[J].有色金属工程,10(10):95-104.

张文澜,2022.废钢回收加工企业涉税风险及规范化运作建议[J].冶金财会,41(2):12-14.

张小陌,2019.美日矿产资源战略储备制度研究及其借鉴意义[J].矿业研究与开发,39(1):134-138.

张雪卉,2022.扬帆起航 蓄力前行——2021年中国稀土行业发展回顾[N/OL].中国有色金属报,2022-01-01[2022-04-20]. https://mp.weixin.qq.com/s?__biz=MjM5MDI2NTkyNA==&mid=2651716143&idx=4&sn=ea3a7dc04ae4d000ef990971f9daca68&chksm=bdbe3d048ac9b4127a990d0e4fbec81335ab497393feaba73c28ae412846c1f65c72d580b503&scene=27.

张泽南,张照志,吴晴,等,2020.中国锂矿资源需求预测[J].中国矿业,29(7):9-15.

赵国伟,李海洋,2022.2021年中国石油和化学工业经济运行报告[J].现代化工,42(3):249-251.

赵宏图,2022.碳中和与国际能源政治新变局[J].现代国际关系(2):29-37.

赵立群,王春女,张敏,等,2020.中国铁矿资源勘查开发现状及供需形势分析[J].地质与勘探,56(3):635-643.

中国废钢铁应用协会,2021.废钢铁产业"十四五"发展规划[J].资源再生(8):16-21.

中国青年网,2020.「数说十年」能源转型持续推进 节能降耗成效显著[EB/OL].(2020-10-08)[2022-10-09]. https://baijiahao.baidu.com/s?id=1746123579946679100,%20wfr=spider,%20for=pc.

中国日报北京记者站,2022.《国内外油气行业发展报告》在京发布——恢复与转型:全球油气行业发展主基调[N/OL].中国日报,2022-04-12[2022-06-07]. https://baijiahao.baidu.com/s? id=1729916151734321213&wfr=spider&for=pc.

中国石油新闻中心,2020.数独天然气[EB/OL].(2020-11-11)[2022-04-30]. http://news.cnpc.com.cn/epaper/sysb/20201111/0147419004.htm.

中华人民共和国工业和信息化部,2020.2019年稀土磁性材料生产情况[EB/OL]. (2020-01-22)[2020-04-10]. https://wap.miit.gov.cn/gxsj/tjfx/yclgy/xt/art/2020/art_f94ea22d3151443d9acb2139adebd053.html.

中华人民共和国国家发展和改革委员会,2020.国家发展改革委有关负责人就加快推进天然气储备能力建设答记者问[EB/OL].(2020-04-14)[2022-04-30]. https://www.ndrc.gov.cn/xxgk/jd/jd/202004/t20200414_1225638.html? code=,%20state=123.

中华人民共和国国务院,2015.国务院关于印发《中国制造2025》的通知[J].中华人民共和国国务院公报(16):10-26.

中华人民共和国国务院新闻办公室,2012.中国的稀土状况与政策[EB/OL].(2012-06-20)[2022-04-30]. http://www.scio.gov.cn/ztk/dtzt/77/3/Document/1175752/1175752.htm.

中华人民共和国商务部,国家统计局,国家外汇管理局,2021.2020年度中国对外直接投资统计公报[M].北京:中国商务出版社.

中华人民共和国应急管理部,2018.国家安全生产事故灾难应急预案[EB/OL].(2018-02-20)[2022-02-20]. https://www.mem.gov.cn/xw/jyll/201802/t20180220_230331.shtml.

中华人民共和国自然资源部,2021.中国矿产资源报告(2021)[M].北京:地质出版社.

中华人民共和国自然资源部,2022.中国矿产资源报告(2022)[M].北京:地质出版社.

周淑慧,王军,梁严,2021.碳中和背景下中国"十四五"天然气行业发展[J].天然气工业,41(2):171-182.

周永章,王树功,李倩,等,2017.中国矿产资源安全与全球配置对策分析[C]//中国矿物岩石地球化学学会,中国地质学会.第八届全国成矿理论与找矿方法学术讨论会论文集.南昌:中国矿物岩石地球化学学会:893.

周园园,2019.中国锂资源供需形势及对外依存度分析[J].资源与产业(3):46-50.

朱日平,李婧,屈宏斌,2016.新丝绸之路系列之四:海外投资欣欣向荣[R].上海:汇丰银行.

朱逸慧,2021.勿让固有标签成为再生金属产业发展桎梏[J].中国有色金属(19):3.

朱永光,2021.战略性关键矿产可供性影响因素及其作用机制研究[D].武汉:中国地质大学(武汉).

《柳钢科技》编辑部,2021.双碳背景下我国废钢资源供给分析[J].柳钢科技(4):6-8.

《冶金企业文化》编辑部,2019.新时代 新钢铁 新征程 钢铁行业召开庆祝中华人民共和国成立70周年座谈会[J].冶金企业文化(5):3.

ACEMOGLU D, 2002. Directed technical change[J]. Review of Economic Studies, 69(4): 781-809.

AHRENS L H, 1954. The lognormal distribution of the elements (A fundamental law of geochemistry and its subsidiary)[J]. Geochimica et Cosmochimica Acta, 5(2): 49-73.

BLACKWOOD L G, 1992. The log normal distribution, environmental data, and radiological monitoring[J]. Environmental Monitoring and Assessment, 21(3): 193-210.

BP, 2022. BP statistical review of world energy 2022[EB/OL]. [2022-10-10]. https://www.bp.com/content/dam/bp/business-sites/en/global/corporate/pdfs/energy-economics/statistical-review/bp-stats-review-2022-full-report.pdf.

NORTHEY S A, MUDD G M, WERNER T T, 2018. Unresolved complexity in assessments of mineral resource depletion and availability[J]. Natural Resources Research, 27(2): 241-255.

NORTHEY S, MOHR S, MUDD G M, et al., 2014. Modelling future copper ore grade decline based on a detailed assessment of copper resources and mining[J]. Resources, Conservation and Recycling, 83: 190-201.

SCHMOOKLER J, 1966. Invention and economic growth[M]. Cambridge, MA, USA: Harvard University Press.

SCHWERHOFF G, STUERMER M, 2019. Non-renewable resources, extraction technology, and endogenous growth[R]. Working Papers 1506. Dallas, TX, USA: Federal Reserve Bank of Dallas.

SCOTT W R, 1995. Institutions and organizations: ideas, interests and identities[M]. Thousand Oaks, CA, USA: Sage.

STOPFORD J F, 1998. Multinational corporations[J]. Foreign Policy(113): 10197-10204.

U.S. Department of the Interior, U.S. Geological Survey, 2022. Mineral commodity summaries 2022[EB/OL]. [2022-10-10]. https://pubs.usgs.gov/periodicals/mcs2022/mcs2022.pdf.

WATSON B J, EGGERT R G, 2021. Understanding relative metal prices and availability: combining physical and economic perspectives[J]. Journal of Industrial Ecology, 25(4): 890-899.

WEST J, 2011. Decreasing metal ore grades: are they really being driven by the depletion of high-grade deposits?[J]. Journal of Industrial Ecology, 15(2): 165-168.

YAKSIC A, TILTON J E, 2009. Using the cumulative availability curve to assess the threat of mineral depletion: the case of lithium[J]. Resources Policy, 34(4): 185-194.